출애굽 사건은 유대교–기독교 신앙의 한가운데에 있는 가장 중요하고도 풍성한 사건 중하나다. 그럼에도 출애굽 사건의 역사성에 대한 우리의 관심은 그리 크지 않다. 이런 가운데 트레비사나토 박사는 이 책에서 출애굽의 열 가지 재앙을 과학적으로 재구성하고자 애쓴다. 출애굽의 역사성을 증명하고자 하는 그의 수고에 우리는 마땅히 감사해야 할 것이다. 결과적으로 이 책이 출애굽의 열 가지 재앙이 연속적인 사건으로 일어난 것이라는 점에 대하여 안목을 열어주는 것도 이 책의 주목할 만한 장점이다. 다만 출애굽 사건이 빚어진 이집트를 비롯한 고대 근동 지역의 역사적·문화적·정치적 상황에 대해서는 좀더 넓고 세밀하게 포착하지 못하고, 그로 인해 출애굽 사건을 기록한 성경의 저자와 독자들이 누렸을 그 동감을 충분히 자아내지 못한다는 점은 못내 아쉽다. 이 책이 독자에게 불러일으킬 출애굽 사건에 대한 더 큰 관심이 결국 그러한 충분한 이해에까지 이르기를 바라며이 책을 추천한다.

김동문(목사, 「한겨레21」 중동 전문위원 · 통신원, 『요르단: 예수님의 세례터를 찾아서』 저자)

저자는 출애굽 과정에 발생한 나일 강의 열 가지 재앙이 지중해의 산토리니 화산 대폭발에서 기인한 연쇄적 자연 재앙의 결과임을 밝혀내고 있다. 이집트의 고대 파피루스, 동위원소 연대 측정 및 지질학적 고찰 등이 돋보이는 책으로 성서 배경 이해에 적지 않은 도움을 줄 책이다.

김정한(전 연세대학교 생명공학과 교수, 『과학사와 함께 읽는 창세기 이야기』 저자)

산토리니 화산 폭발이라는 지질 재해가 인류 역사에 준 영향을 과학적으로 역추적하고해석하는 것은 한정된 증거로 인한 오류와 재해석을 거듭하는 험난한 과정이다. 또한 열가지 재앙을 산토리니 화산과 모두 연결해낼 뿐 아니라 그 연대를 그토록 정확하게 추정한다는 것은 더더욱 여러 종류의 비평에 열려 있을 수밖에 없는 작업이다. 그러나 저자는방대한 고고학 자료와 성경 본문 및 과학적 자료를 통합적으로 추론하여 그 난해한 작업을 과감하고 흥미롭게 풀어나간다. 그러한 과거의 자료들을 엮어내는 것이 엄청난 고통을 동반하는 작업임을 알기에 저자의 노력을 높이 평가하지 않을 수 없다. 이 책을 통해교계나 학계에서 비평적인 동반자적 자극이 많이 생겨나서 성서 고고학적 토론과 연구가더 풍성히 촉진되길 간절히 바라며, 동일하게 진리를 탐구해나가는 연구자의 마음으로이 책을 추천한다.

박형동(서울대학교 에너지자원공학과 교수)

성경을 읽는 시각은 하나가 아니고 여럿이다. 문자적으로 읽을 수도 있고, 역사적으로도 읽을 수 있으며, 신학적으로 읽을 수도 있다. 성경 말씀을 읽는 시각이 하나가 아니고 여럿이라는 것은 성경 말씀의 세계를 풍성하게 해석하는 일에 기여한다. 성경 해석에 대한 이 같은 자세는 구약의 출애굽기를 해석하는 과정에, 특히 출애굽기 7-13장에 수록된 열 가지 재앙 기사를 해석하는 과정에 요긴하다. 과학자인 트레비사나토 박사의 책 『이집트 10가지 재앙의 비밀』은 이 점에서 우리에게 큰 도움이 된다. 출애굽기의 열 가지 재앙 사건을 고고학적으로, 과학적으로, 역사적으로 해석하도록 이끌기 때문이다. 성서학자들에게 이 책은 구약성서가 고백하는 성서적 역사의 역사성 연구에 초석을 놓았던 윌리엄 올브라이트 박사의 세계로 새삼 들어서게 한다. 아니, 그보다 훨씬 더 극적으로 출애굽기 7-13장의 사건과 실제로 병행하는 역사적 재앙을 과학자의 시각으로 소개하면서, 전승이라는 이름으로 보존되어온 구약의 기사를 신화가 아닌 역사로 볼 수 있는 토대를 제공하고 있다. 김회권 교수가 이룬 수려한 번역도 이 책을 해독하는(!) 재미를 더해주고 있다. 목회자와 신학자, 평신도 모두에게 이 책의 일독을 적극 권한다.

왕대일(감리교신학대학교 구약학 교수, 한국구약학회 16-17대 회장)

그동안 구약 출애굽 연구에서 학계는 오랫동안 출애굽의 역사적 발생 연대(전기설이냐 후기설이냐)뿐 아니라 홍해 도강을 둘러싼 논쟁에 많은 시간을 들여왔다. 그러나 상대적으로 출애굽의 재앙에는 별 관심을 기울이지 못했다. 그냥 그것은 우리의 과학적 탐구의 범주를 훨씬 벗어난 연속적인 초자연적 재앙의 영역이라고만 판단했던 것 같다. 그런데 뜻밖에도 시로 이기노 트레비사나토 박사는 동시대의 산토리니 화산 폭발 연구를 중심으로 매우 설득력 있게 출애굽 재앙의 역사성을 제시하고 있다. 이것은 성경의 권위를 진지하게 수용하는 모든 설교자들이나 성경 학도들에게 흥분된 소식이 아닐 수 없다. 이 흥미진진한 연구를 통해서 성경의 드라마 속으로 다시 들어가 우리 시대의 출애굽을 희망하는 진지한 말씀의 부흥이 일어나기를 소망해본다.

이동원(지구촌교회 원로목사)

이집트 10가지 재앙의 비밀

고고학, 역사, 과학이 밝혀낸 출애굽의 기적들

이집트 10가지 재앙의 비밀
고고학, 역사, 과학이 밝혀낸 출애굽의 기적들

이집트 10가지 재앙의 비밀

고고학, 역사, 과학이 밝혀낸 출애굽의 기적들

시로 트레비사나토 지음 | 김회권 옮김

아내 경진, 아들 마르코,
아버지 지노 로메오 비토리오 트레비사나토,
어머니 로핸 리츠 헤셀버그에게
이 책을 바칩니다.

투쟁은 만물의 아버지요 지배자다.
투쟁을 통해 어떤 존재들은 신이 되었고,
또 다른 존재들은 인간이 되었다.
투쟁을 통해 어떤 존재들은 노예가 되었고,
또 다른 존재들은 자유민이 되었다.

헤라클레이토스

차 례

고대 문화에 대한 폭넓은 연구 경험과 열정을 가진 시로 이기노 트레비사나토 박사(Dr. Siro I. Trevisanato)는 성경을 과학적으로 연구함으로써 성경이 증언하는 이집트의 열 가지 재앙의 역사성 문제를 탐색한 과학자다.

본서 『이집트 10가지 재앙의 비밀: 고고학, 역사, 과학이 밝혀낸 출애굽의 기적들』(*The Plagues of Egypt: History, Archaeology and Science Look at the Bible*)은 성경의 몇몇 본문이 증거하고 있는 이집트에서 일어난 열 가지 재앙을 둘러싼 질문들에 대답하고 있다. 이 책의 목적은 외견상으로는 신화적인 이야기처럼 보이는 이 재앙 이야기들의 역사성을 규명하는 것이다. 이 문제를 연구하고 검토하는 과제가 너무나 어려운 까닭에, 제시된 증거를 자세히 조사하고 얽혀 있는 쟁점들을 평가하고 그 해결책을 찾기 위한 다차원적인 연구 방법론들과 문헌 자료들에 대한 포괄적인 검토가 요구되었다.

고고학, 역사, 과학적 자료들을 충분히 검토한 후에 저자가 얻은 결론은 스스로도 놀랄 만한 것이었다. 저자가 걸어간 연구 여정을 그대로 따라가는 독자들도 동일한 경험을 맛볼 수 있을 것이다. 이 책에 사용된 영어 성경 구절들은 1989년판 미국교회협의회 기독교교육국이 발간한 신개정 표준번역본(New Revised Standard Version)에서 인용되었다. 한국어 번역판에서 사용된 성경 구절은 개역개정판에서 인용하였다.

18세기 말, 서양학문이라는 의미의 "서학"(西學)을 통해 한국에 도입된 기독교 신앙은 한 세기 후에 미국 선교사들이 한국에 도착함으로써 한층 더 활발하게 한국인의 마음에 파고들게 되었다. 선교사들이 세운 기독교 대학과 교회, 그리고 그들의 성서 번역 등은 고요한 아침의 나라에 기독교 신앙으로 나아가는 문을 활짝 열어주었다. 그때부터 기독교 신앙은 한국에서 번성일로를 걷게 되었는데 심지어 일제의 강제 병합과 뒤이은 현대사의 온갖 격변에도 불구하고 성장을 멈추지 않았다.

복음의 이러한 주체적 수용은 한국 본토에서나 전 세계에 흩어진 한국 교포들에게서나 공히 한국인들의 영적 추구 열정이 얼마나 심오한지를 반영한다. 그것은 가치 있는 삶에 대한 한국인들의 부단한 모색, 삶의 의미에 대한 해답을 찾으려는 그들의 분투, 그리고 이 세상을 창조하신 그 거룩하신 존재에 대한 이해를 얻고자 하는 그들의 고투를 반영한다.

『이집트 10가지 재앙의 비밀: 고고학, 역사, 과학이 밝혀낸 출애굽의 기적들』의 한국어판 출간은 더욱 숭고한 가치들에 대한 한국인들의 추구와 모색에 적절한 동반자가 될 것이다. 디모데에게 보낸 바울의 말을 빌려서 말하자면, 이 책은 한국 그리스도인들의 신앙 경주를 돕고 선한 싸움을 싸우고 믿음을 지키는 데 도움이 될 수 있을 것이다.

이 책의 원고를 출판사들에 보냈을 때 그 첫 반응은 편견에 찬 냉대였다. 원고는 기독교와 성경에 편견을 가진 세속적인 편집자와 출판인들의 선입견과 싸워야 했다. 그리고 일단 책으로 출판되자, 책이 제시하는 주장은 사방으로부터의 도전에 직면했고—아래서 곧 이야기할— 다양한 공격을 견뎌내야 했다.

이 책은 독자들이 한층 더 깊이 성경의 배경을 이해할 수 있게 도울 것이다. 그것은 두 가지 이유 때문이다. 첫째로, 이 책은 어떻게 성경이 실제로 일어난 사실들의 세계와 견고하게 연결되어 있는지를 우리에게 보여준다. 출애굽기에 기록된 이집트의 재앙들을 묘사하는 어떤 성경적인 진술도 그저 꿈이나 마음의 희망이나 환상이 아니다. 이집트의 재앙들을 기록한 성경의 진술은 실제로 일어난 사실들을 반영하는 것이다.

둘째로, 한국어판은 2005년에 미국에서 출간된 영어책 원서보다 몇 가지 더 나은 장점들을 갖고 출간된다. 예를 들면, 영어판에 제시된 나의 출애굽기 재앙 설명 모델은 그 이후로 여섯 종류의 이집트 의학 파피루스(예를 들면 『런던 의학 파피루스』와 『에버스 파피루스』)에 의해, 또 다른 방식으로 확증되었기 때문이다. 이 이집트 파피루스들은 그 보도하고 있는 몇 가지 의학적 상황들이 이집트의 재앙 기록들에 의해 묘사된 현상들과 밀접하게 관련되어 있음을 보여주며, 특히 화산 폭발이라는 원천적 사건과 연관이 있다는 것을 보여준다. (이 한국어판에서 좀더 보강하는 내용은 한국어판 서문 뒤에 언급하겠다.)

마지막으로, 이 책은 성도들의 신앙생활을 돕는 책이 될 것이 틀림없다. 이 책의 논증 방법과 그 결과들은 견고한 토대를 제공한다. 그것은 모래가 아니라, 반석 위에 구축된 토대다. 언론, 학자들, 그리고 보다 더 넓은 세상 사람들이 성경에 가하는 허무주의의 창수를 견뎌낼 만한 집을 지을 토대인 것이다. 이 책은 이집트의 재앙들에 대한 성경의 진술들이 역사적으로 얼마나 확실한 사실인가를 확신시켜준다.

결과적으로 이 책은 오늘날 현대 사회를 지배하는 세속주의와 무신론이 팽배한 시대정신에 도전한다. 실제로 출애굽기에 나오는 그 열 가지 재앙들, 그것들의 본질, 그리고 그 발생 순서는 주전 17세기에 일어난 산토리니 화산 폭발의 충격적 역학과 효과를 고스란히 반영하기 때문이다. 이집트의 재앙들에 대한 이 성경 기록은, 자기가 낳은 알을 품지 않고 방치하는 무책임한 타조처럼 불행히도 세속주의자들과 무신론자들이 스스로 제기해놓고 그것과 씨름하기를 회피하는 듯 보이는 바로 그 쟁점들을 다시금 상기시킨다.

모래에 머리를 처박고 숨지 않는 사람들, 즉 진실과 대면하기를 회피하지 않는 사람들은 산토리니 화산 폭발과 이집트의 재앙들을 연결시켜봄으로써 성경에 대한 더욱 심오한 연구를 위한 튼실한 연대기적인 틀을 발견할 수 있다. 예를 들어, 이집트의 재앙들이 일어나기 전의 성서 기사 하나와 재앙들 이후의 성서 기사 하나를 각각 살펴보자.

고고학자들이 주전 1550년 직전에 일어났다고 추정하는 여리고 성의 붕괴는 산토리니 화산 폭발과 이집트의 재앙들과 아무런 문제없이 연결된다. 두 벌의 자료가 서로를 보완해주고 있기 때문이다.

마찬가지로 이러한 연관성은 이집트의 재앙 발생보다 앞선 시기의 자료들, 즉 모세의 생애에 대한 자료가 역사적으로 정확하다는 것을 확증해준다. 성경은 모세가 출애굽 때, 곧 마지막 재앙이 일어날 때, 80세였다고 말한다(출 6:7). 이런 점에서 주전 2세기 알렉산드리아의 유대인 역사가 아르타파누스(Artapanus)가 저술하고 4세기의 교부이자 최초의 교회사가인 가이샤라의 유세비우스가 인용하는 한 역사서가 특별히 언급될 필요가 있다. 그 책은 오늘날까지 무시되어왔으며 모세가 역사적 실존 인물이 아니라고 조롱하는 데 이용되었다.

간략히 말하자면, 아르타파누스는 모세가 이집트가 여러 나라로 분열되어 있던 시대에 태어났으며 그 나라들 중 하나가 멤피스의 상부 지역에 위치하고 있었으며 케네프레스(Khenephres)에 의해 통치되고 있었다고 말한다. 이 아르타파누스의 기록 배후에 숨겨져 있던 깊은 의미는 이제 막 조금씩 이해되기 시작하고 있다. 고고학 자료들과 파피루스의 발견 등으로 아르타파누스가 묘사한 그 이집트 나라가 역사적으로 실재했던 나라임이 밝혀지고 있다.

아르타파누스가 언급한 그 통치자는 상상력이 지어낸 허구적인 인물이 아니었다. 아르타파누스가 제공한 그 이름과 유사한 이름을 가진 고대 이집트 왕이 오직 한 명 있었음이 밝혀졌다. 그는 카네페레 수베크호테프 4세(Kaneferre Sobekhotep IV)였다. 더욱 놀라운 사실은 이 왕이 모세가 태어났던 시대의 이집트의 분열상을 묘사했던 아르타파누스의 증언과 정확히 일치하게도, 이집트가 여러 나라로 분열되어 있었던 시대에 이집트의 한 지역을 통치했다는 사실이다. 카네페레가 다스렸던 이집트 지역은 바로 아르타파누스가 말해준 그대로 정확하게 멤피스의 상부 지역이었다.

마지막이지만 그러나 결코 덜 중요하지는 않은 사실은 이 역사적 실존 인물인 카네페레 왕은 이집트 13왕조 중엽의 왕이었으며 그의 통치 기간이 주전 1700-1670년 이긴이었다는 것이다. 내부분의 사람들이 이 연대를 소화하는 데 어려움을 겪지만, 정확하게도 이 연대가 산토리니 화산 폭발과 이집트 재앙들이 함께 어우러지면서—독립적으로—우리에게 가리키는 그 시점이다. 우리가 이 책에서 설정한 산토리니 화산 폭발과 이집트 재앙들의 발생 시기와 같은 보다 분명한 연대기적 틀 덕분에 검토될 수 있고 그래서 더욱 분명하게 해명될 수 있는 훨씬 더 많은 부분이 있다.

성경 본문들 안에 있는 외견상의 모순은 아마도 다른 문제들을 별 문제가 아닌 것으로 축소시켜줄 것이다. 한편으로 우리는 이집트의 재앙들이 일어난 시점과 솔로몬의 성전 건축 착공 사이에 480년이 경과되었다는 말을 듣는다(왕상 6:1). 언뜻 보기에, 이 구절은 이집트의 재앙들의 발생과 성전 건축 사이에 대략 600년이 흘렀다고 말하는 많은 성경 구절들과 충돌하는 것처럼 보인다. 독자들 스스로 한번 계산해보라. 출애굽에 소요된 햇수, 가나안 정복에 소요된 햇수, 여호수아의 활동 연수, 사사기의 연수, 엘리의 활동 연수, 사무엘의 활동 연수, 그리고 왕들의 통치 기간 83년을 모두 합산해보라.

이제 이 연구는 이미 시작되었다. 결과는 곧 발표될 것이다. 너무 많은 것을 누설하지 않고도 나는 그 햇수가 잘 맞아떨어진다는 것을 얼마든지 확신시킬 수 있다. 지금으로서는 아주 역설적으로 들릴지 모르겠지만 이 충돌하는 것처럼 보이는 두 연대 계산이 모두 정확하다. 내가 이 책을 쓰면서 누렸던 그 즐거움을 독자 여러분 모두가 이 책을 읽으며 누리기를 바란다.

2011년 5월
시로 트레비사나토 박사

여섯 개의 파피루스(『런던 의학 파피루스』, 『에버스 파피루스』, 『에드윈 스미스 파피루스』, 『히어리스트 의학 파피루스』, 『칼스버그 파피루스 8』, 『라메세움 파피루스 III』)에 의해 내가 2005-2006년에 출애굽기의 이집트 재앙들에 관해 설명한 모델이 확증되었다고 전술한 것을 보충하기 위해 한두 가지 더 언급할 필요가 있다.

나의 이 모델과 연대 추정은 산토리니 화산 폭발과 관련하여 신뢰할 만한 탄소 동위원소 연대 추정에 투신해온 덴마크의 오르후스 대학교(University of Aarhus)의 발터 프리드리히(Walter L. Friedrich) 박사가 2006년에 「사이언스」(Science)에 실은 보고서에 의해 지지되었다. 산토리니 화산 폭발로 죽은 나뭇가지의 가장 바깥 나이테의 연대를 추성한다는 그의 영리한 착상에 기반하여 나온 결과로, 그 화산 폭발이 주전 1627-1600년 사이에 일어났음이 드러났다.

또한 나의 모델은 여러 방면에서 쇄도하는 공격들을 효과적으로 막아냈고, 결과적으로 디욱디 견고해졌다. 그린란드의 잔류 황산염 자료에 근거한 나의 화산 분출에 대한 평가가 프리드리히 박사가 설정한 범위 안에 맞아떨어지긴 했지만, 좀더 미묘한 문제점도 나타났다.

이탈리아인 고고학자인 티치아노 판투치(Tiziano Fantuzzi)와 캐나다인 수학자인 더글라스 키난(Douglas J. Keenan)은 나의 모델 안에 있을 법한 모순점들을 찾으려고 했고 그로써 그들은 나로 하여금 최근에 부상한 두 가지 쟁점들을 의식하게 만들었다. 첫째, 산토리니 화산 폭발로 인한 화산재의 최초 분출과 마지막 분출 사이에 경과된 시간은 화산학자들에 의해 아무리 길어도 12개월 정도일 것이라는 평가를 받았다는 점이다. 둘째, 내가 화산 폭발 연대를 계산하기 위해 사용했던 황산염 자료들은 얼음 벌판에서 당근들을 채취하여 연구했던 연구팀에 의해 부정확한 것으로 보고되었다는 점이다.

이 점에서 나는 판투치와 키난에게 대단히 감사한다. 그들의 공격이 나로 하여금 나의 모델을 더욱 정밀하게 돌아보게 만들었기 때문이다. 나는 다섯째 재앙과 일곱째 재앙 기록에서 직간접적으로 증언되고 있는 하늘에서 떨어진 비와 기타 낙하물에 의해 습기가 찬 날씨가 전개되는 동안에 여덟째 재앙인 메뚜기 재앙이 현실화되기 위해 꼬박 1년이 소요될 필요가 없다는 사실을 알아차렸다. 그래서 우리는 한 여름의 끝 무렵에서 처음 시작되고 다음 해 봄 초까지 연쇄적으로 일어난 열 가지 재앙의 발생 과정을 확인하게 되었다.

더 나아가서, 잔류 황산염 자료 문제로 돌아가, 그 자료를 발표했던 학자들이 만든 오류들을 교정하기 위한 만곡선을 다시 그리려고 할 때, 우리는 화산 폭발 연대를 새롭게 계산해 추정하는 일이 여전히 현실적으로 실현 가능하다고 본다. 그렇게 새롭게 계산해 나온 그 교정된 연대는 프리드리히 박사가 산정한 범위의 끝 부분이 아니라 중심 부분에 가깝다는 결론에 이르게 되었다.

다른 말로 하면, 이집트의 열 가지 재앙은 여전히 산토리니 화산 폭발의 결과로 인해 생겨난 것이고, 재앙들은 대략 8개월에 걸쳐 점진적으로 발생했다. 더 구체적으로 말하자면 재앙들은 주전 1613년 늦은 여름부터 주전 1612년 이른 봄까지 발생했다.

나는 『이집트 10가지 재앙의 비밀』의 한국어판이 여러 한국인의 의미심장한 협조와 지지로 출간될 수 있었다는 점을 강조하고 싶다. 이 한국어판은 우연히 이 책을 보고 한국어 번역에 관심을 보여주었던 숭실대학교의 전은경 교수의 격려가 없었다면 나올 수 없었을 것이다. 또한 이 책은 번역자인 숭실대학교 기독교학과 구약학 교수인 김회권 교수의 통찰력, 열정, 지식이 없었다면 나올 수 없었을 것이나. 이 책이 다루는 연구의 토대 작업부터 한국인의 기여가 있었음을 밝힌다. 여기에 제시된 모델은 책에 발표되기 전에, 나의 오랜 친구로서 기독교인인 뉴욕의 윤숙현 박사와 철저하게 토의되었다. 끝으로, 아내 경진과 아들 형우(마르고 안토니오)에게 감사한다. 이 책의 모든 페이지에는 내가 매일 아내와 아들로부터 얻은 영감이 숨 쉬고 있다.

서론

성경에 나오는 이집트에서 일어난 재앙들은 중기 청동기 시대*에 실제로 일어났던 역사적 사건이다. 이 책에서 수행된 연구들이 자세하게 제시하듯이, 그 재앙들은—현대의 독자들이 너무 빈번하게 잘못 생각하고 있는 것처럼—허구의 산물이 아니다. 오히려 성경에 열거된 그 재앙들은 가히 상상을 초월하는 막대한 위력으로 단기간에 이집트를 강타했던 일련의 사건들이다.

역사, 고고학, 과학의 자료들에서 나온 증거들은 서로 밀접하게 협조하면서 그 재앙들의 발생과 전개 과정을 재구성해내고 있다. 또한 이 연구를 통해서 제시된 증거와 재구성된 재앙들은, 그것들을 보도하는 성경 본문들이 역사적 사건을 충실하게 묘사한 것임을 보여준다. 우리가 역사적으로 신빙성이 있는 성경 본문들을 붙들고 연구하다 보면, 그 본문들을—최소한 재앙 관련 본문들을—한 권의 역사책으로 읽지 않을 수 없다. 이것은 성경을 허구적 이야기로 폄하시키는 데 익숙해진 오늘날의 일반적 입장에서 볼 때는 충격적인 소식이 아닐 수 없다.

결론적으로 우리는 다음 세 가지 사실에 대하여 확실하게 말할 수 있다. 첫째, 우리는 성경에 나오는 열 가지 재앙 이야기가 실제적인 토대를 지니고 있는지에 관한 논쟁을 끝낼 수 있다. 즉 열 가지 재앙 이야

* 용어 해설을 보라.

기를 담고 있는 성경 본문들(출 7:14-13:16; 시 78:43-51; 시 105:26-36)이 역사적인 사실이라는 것을 밝힐 수 있다. 또한 우리는 열 가지 재앙을 보고하는 성경 본문들이 청동기 시대의 동부 지중해 일대(레반트)*를 깊이 살펴볼 수 있게 만드는 통찰력을 제공해준다고 확신을 가지고 말할 수 있다. 마지막으로 우리는 히브리**민족의 이집트 탈출과 궁극적으로는 유대교–기독교적 가치들의 발전에 결정적인 영향을 끼친 사건들을 입체적으로 추론하고 체험할 수 있다.

내가 이 연구를 처음 시작할 때만 해도 성경에 나열된 열 가지 재앙은 불확실하고 애매모호한 영역에 방치되어 있는 것처럼 보였다. 왜냐하면 이집트를 덮쳤다고 소문만 무성한 그 재앙들이 실제로 일어난 것인지, 그리고 언제 일어났는지를 어느 누구도 증명할 수 없었기 때문이다. 오히려 열 가지 재앙의 역사성을 부정하는 반대편 주장들이 더욱 그럴듯해 보였다. 성경 본문들이 그 재앙들의 희생자가 된 사람들의 이름이나 재앙들이 발생한 지역의 이름에 대해 침묵하고 있기 때문에 우리는 다른 방법에 호소하지 않으면 안 되었다. 신빙성 있는 다른 자료들, 즉 역사 자료나 고고학 자료를 통해서만 이 재앙들의 진실에 접근할 수밖에 없었다. 이 점에서 성경 본문들은 이집트 사람들의 문헌에는 반영되어 있지 않은 것처럼 보이는 자료들을 제시하고 있는 셈이다. 그

● 동부 지중해 연안을 가리키는 역사적인 이름으로, "동쪽"의 뜻이 담겨 있는 "해가 뜬다"라는 프랑스어에서 유래되었다. 오늘날의 요르단, 레바논, 시리아, 터키 남동부, 북부 이라크를 포함한다—옮긴이.

●● 용어 해설을 보라.

러나 히브리인들은 열 가지 재앙으로 인해 대규모로 이집트 탈출을 감행할 수 있었고, 이후 그 사건은 그들 역사의 중심이 되었으며 그들의 존재 이유를 확보해주었다.

열 가지 재앙의 역사성 문제를 둘러싼 정체된 연구 현황을 타개하기 위해서, 나는 한 참신한 연구 방법을 선택하고 연구의 진행 과정마다 그 방식을 적용했다. 간단하게 말하자면, 나는 고대의 세계관을 현대의 세계관으로 번역했고, 이 번역 과정을 통해 고대 저술가들의 세계와 언어를, 양자를 이해할 수 있게 되었다. 어떠한 것도 당연한 것으로 간주하지 않았다. 모든 가설과 발견이 그 자체로 각각 입증되거나 반증되도록 했을 뿐 아니라 다른 자료에 비추어 이중으로 검증되게끔 했다. 우리는 역사적인 자료들, 고고학적인 유물들, 과학적인 자료들을 마치 퍼즐 조각을 맞추듯이 그렇게 심혈을 기울여가며 천천히 하나하나 취합하였다. 이런 느리지만 꾸준한 과정을 통해 성경의 열 가지 재앙에 대한 유기적이면서도 일관성 있는 완성된 형태의 그림이 나타나기 시작했다. 그 그림은 물리학, 생물학, 지리학, 그리고 역사적 자료들과 양립할 수 있는 그림이었다. 이런 식으로 더 많은 조각들이 제자리를 찾아가며 더 온전한 그림을 그려내기 시작했다. 그리고 일단 그림이 완성되고 나니, 그 그림은 열 가지 재앙이 실제로 일어난 사건들이었음을 보여주었다. 그것도 성경에 묘사된 그대로 그 재앙들이 진짜 일어났음을 말이다! 일단 재앙들의 발생 과정을 재구성하고 난 후, 더 깊은 탐구를 해보니 그 재앙들의 발생 연도까지도 밝혀낼 수 있었다.

성경이 보고하고 있듯이, 나일 강이 피로 붉게 물들고 죽은 물고기들이 둥둥 떠올랐을 때 모든 재앙이 시작되었다. 그 일이 있고 난 직후 개구리들이 이집트의 토지를 침범했고, 대개는 "이"(kinnîm)와 "파리"(ʿārôb)로 번역되는 정체불명의 벌레들이 그 뒤를 따랐다. 그런 다음 동물들이 죽었고, 악질과 독종이 발하여 사람들과 동물들의 피부가 손상되었다. 하늘에서는 우박이 내렸고, 메뚜기가 온 들판을 공략했으며, 흑암이 3일 동안 온 땅을 뒤덮었다. 마지막으로 장자(초태생)가 죽었다.

이것들은 단순한 자연 재해가 아니었다. 강은 오염되었고 농경지가 파괴되었으며, 사람들과 가축들이 단순한 상해 이상의 질병을 겪었다. 그것은 실로 대재앙이었다. 이 재앙들은 그것들이 어디서 누구로부터 유래했는지를 드러내는 일종의 "저자 날인"을 지니고 있었다. 혹은 다른 말로 하면 그것들은 놀라운 특징을 공유하고 있었다. 그것들은 모두 아주 강력했고 또 연쇄적으로 발생했다. 하나의 재앙이 끝나면 또 다른 재앙이 뒤따랐다. 마치 누군가에 의해 계획된 것처럼, 즉 더 높은 힘에 의해 의도된 것처럼 일어났다. 따라서 이들 각각의 사건은 신학적인 견지에서 이해되었다. 그 재앙들은 신의 메시지를 담고 있었다. 성경 저자들이 재앙 관련 본문들에서 포착하여 독자에게 전달하려고 애썼던 것은 바로 이 형이상학적인 메시지였다. 그런데 이 과업은 결코 쉬운 일이 아니었다. 결과적으로 성경 저자들은 본문들에 묘사된 그 사건들을 신학적인 용어로 풀어씀으로써, 재앙들의 자세한 내용은 물론이며 그 재앙들이 일어났을 때 사람들이 마음속에 품었던 두려움도 독자에게 전달해주려고 노력했다. 성경 저자들은 오직 신학적인 해석을 시도함으로써만, 피로 붉게 물든 나일 강, 사람과 동물을 가리지 않고 달라붙었던 독종, 온 땅을 뒤덮었던 흑암을 제대로 평가할 수 있었다. 오늘날의 역사와 달리, 성경 이야기는 신학과 역사를 함께 엮는 대화인 셈이다.

　실로 히브리인들의 전승은 앞 시대의 고통스런 경험에 비추어 그 재앙들을 이해했다. 히브리인들은 일찍이 그들의 고향인 가나안에 가뭄이 덮쳤다고 주장했다. 하지만 그들은 조상들이 믿던 하나님이 개입하신 덕분에 이집트의 풍요로운 나일 강변으로 이주해 정착할 수 있게 되었다. 그런데 시간이 흐른 후, 히브리인들은 이집트 내부 정책의 희생자로 전락했다. 그 결과 그들은 모두 노예로 강등되어 노예들의 집단 거주지에서 살게 되었다. 그곳에서 그들은 하나님이 다시 한 번 그들을 위해 구원의 권능을 발휘해주기를 기대했다. 그 상황에서 히브리 지도자들 중 한 명인 모세가 하나님의 전권 대사로 등장했다. 그는 이집트 통치자 파라오에게 하나님이 히브리 노예들 편을 들고 있으며, 곧 노예들을 해방시키실 것이라고 통고했다. 그러나 그 통치자는—성경 본문은 구체적인 이름보다는 집의 주인, 즉 집과 그것에 부속된 토지와 영토의 주인을 의미하는 "파라오"라고 칭한다—하나님을 끝까지 모독하면서 모세의 경고를 거절했다. 그는 하나님의 사자인 모세에게도, 모세가 전한 경고 메시지에도, 그리고 그 메시지를 보낸 하나님에게도 전혀 관심과 존경을 보이지 않았다. 그 결과 우리가 성경에서 듣는 대로, 열 가지 재앙이 이집트에 들이닥쳤다. 그 재앙들은 이집트 땅에 사는 사람들에게 고통과 죽음을 강요했으며, 결과적으로 땅은 황폐해졌고 경제가 만신창이가 되었다. 이 상황을 틈타 히브리 노예들은 강제 노동 수용소 같은 집단 거주지를 탈출하여 자유를 얻게 된다.

　당연히 히브리인들은 이집트에서의 탈출뿐 아니라 그 모든 재앙의 발생 과정도 신학적으로 이해했다. 히브리인들이 그 재앙들을 이집트 통치자의 어리석은 도전에 대한 하나님의 응징으로 해석한 것은 당연했다. 따라서 이집트를 타격한 열 가지 재앙과 그 결과로 일어난 히브리 노예들의 이집트 탈출은 압제당하는 노예를 해방하고 보호하시는 하나님에 대한 믿음의 초석이 되었다. 이집트에서 발생한 재앙들과 이집트 탈출 과정을 상세하게 묘사하고 기록해둠으로써, 토라(Torah)⁺는 오는 모든 세대에게 하나님이 인간 역사의 구체적인 지점에서 자신을 드러내신다는 진리를 예증할 수 있었다. 노예들을 해방하시기 위해 역사에 간섭하시는 하나님에 대한 이 신앙고백은 후에 그리스도인들에 의해 재해석되었으며, 결국 그들의 신앙고백의 일부로 수용되었다.

이에 반해 오늘날은 사건들을 하나님(또는 신들)과 인간 사이의 상호 작용보다는 사회학, 경제학, 물리학, 생물학에서 도출된 요인들의 상호 작용으로 설명한다. 제1차 세계대전이 전형적인 경우다. 우리가 익히 아는 대로, 강력한 국가산업들을 부흥시키고자 하는 야심들이 서로 충돌하여 사상 유례가 없는 제1차 세계대전이 일어났다. 당시에 영국과 독일은 해상권 장악을 놓고 팽팽하게 겨루고 있었다. 오스트리아–헝가리 왕국은 유럽 중심부에 대한 특권적 지배권을 사수하려고 애쓰고 있었다. 반면 러시아 황제는 지중해까지 세력을 확대하는 범슬라브 제국을 꿈꾸고 있었다. 터키는 중동을 지키기 위해 애쓰면서도 한편으로는 근대화로 가는 중요한 개혁을 추진하고 있었다. 군사 및 경제적 이익을 얻고자 광분하던 일본 제국은 태평양과 아시아 본토에서 자원

● 용어 해설을 보라.

과 시장을 확보하기 위해 세력을 확장하고 있었다. 미국은 그동안의 고립주의적인 틀에서 탈피하고 있었다.

그런데 이러한 사회경제적인 충돌이 상호 작용하여 또 다른 재앙을 촉발시키고 확산시켰다. 마침내 한 중대한 전염병이 발생했다. 그 질병은 알려지지 않은 요인들의 영향을 받아 생성된 것으로 이해되었는데, 스페인 언론에 처음으로 보도되었다. 스페인은 중립국이어서 전쟁중인 다른 나라들과 달리 언론에 대한 군사 검열이 없었기 때문이었다. 그리하여 그 질병은 "스페인 독감"으로 일러지게 되었다. 1918년부터 1919년에 걸쳐 그 끔찍한 악성 독감은 삽시간에 퍼져 나갔고 수천만의 사람들이 그 질병에 걸렸으며, 4,000만 명 이상의 사람들이 그 독감으로 죽었다. 이것은 전쟁으로 인한 사망자보다 더 많은 숫자다.

그 질병의 정체는 무엇이었을까? 그것은 어떻게 퍼졌을까? 그것은 어디에서 생겨났을까? 마침내 그 질병이 퍼진 방식을 확실하게 추적할 수 있었다. 집으로 귀환하던 혹은 새로운 임무 수행을 위해 파병되던 군인들이 대양과 육지를 가로질러 지구의 가장 먼 구석에까지 그 질병을 옮겼던 것이다. 보스턴에 상륙한 미국 군인들이 그 독감을 그들의 고향으로 옮겼고, 뉴질랜드 군인들이 집으로 돌아가는 길목에 잠시 머물렀던 아프리카와 태평양 도상의 항구들에서 그 독감을 옮겼던 것이다.

그 질병의 원인, 즉 그 독감 인자가 바이러스였다는 게 처음으로 알려진 것은 1933년이었다. 그 인플루엔자는 과학적으로 말하면 아주 특이했다. 그것은 두 개의 외부 구조(뉴라미니다아제를 의미하는 N과 헤모글루터닌을 의미하는 H로 명명된)를 담지하고 있는데 그 외부 구조들 덕분에 인간은 자연스럽게 항체를 발전시키고 질병과 싸울 수 있게 된다.

그러나 바이러스에 걸린 H와 N 구조에 맞설 항체를 생성할 수 없는 사람들은 결국 죽고 만다. 이 바이러스는 그 후로도 오랫동안 계속해서 과학계를 괴롭혔다. 이 유행성 독감은—치명적이지 않기는 했어도—20세기 후반에 몇 차례 더 세계를 덮쳤다. 과학자들은 이 바이러스가 돼지와 조류 속에서도 살 수 있다고 밝혔다. 그 속에서 그 바이러스는 변형될 수 있으며, 항체가 아직 나타나지 않은 새로운 N과 H를 갖고 인간에게 되돌아온다는 것이다.

과학자들은 1997년에 북극 근처의 스발바르 제도(Svalbard Islands)에 속한 섬에서 얼어붙은 시신으로 발견된 광부에게서 스페인 독감을 일으켰던 원래의 바이러스를 추출하여 한 단계 더 깊은 연구를 진척시켰다. 오늘날의 분자생물학 도구를 사용하는 심층 연구에 이 바이러스 유전자를 활용할 수 있게 된 것이다. 그 정보는 이 특별한 유행성 질병과 그 후의 질병에 관한 다량의 자료와 맞먹을 정도로 귀중하며, 그 질병을 정확하게 이해하고 예방할 수 있는 많은 정보들을 제공해준다.

오늘날 우리는 스페인 독감을 이해하는 것과 똑같은 방식으로 성경에 나온 이집트에 내린 재앙들을 바라본다. 그 재앙들의 정체는 정확히 무엇이었는가? 그것들은 어떻게 해서 발생했는가? 그 재앙들은 어떻게 퍼져 나갔는가? 우리는 장차 그것들을 막아낼 수 있는가?

이 질문들에 제대로 대답하기 위해서는 우리는 이 열 가지 재앙 이야기가 우리와는 다른 문화적 맥락 안에서 진술되고 있다는 사실을 깨달아야 한다. 성경 본문들은 신학과 역사가 주고받은 대화록이다. 오늘날은 역사를 사회-경제적, 물리-화학적, 그리고 생물학적 요인들의 산물로 간주한다. 따라서 우리는 성경 저자의 세계관을 오늘날의 용어로

"번역"할 필요가 있다. 예를 들면, 성경 본문이 나일 강이 피로 붉게 물들고 물고기들이 다 죽은 사태를 놓고 그것이 이집트 통치자가 하나님께 도전한 결과라고 언급할 때, 우리는 "그때 정말로 진행되고 있었던 것은 무엇인가?"를 질문해야 한다는 것이다.

성서학자들, 고고학자들, 역사가들은 성경에 나온 이집트의 열 가지 재앙의 물리적·역사적 실체를 정확하게 "번역"해 밝히려고 애써왔다. 그러나 이런 시도들은 끊임없이 겉돌며 항상 제자리걸음만 할 뿐이었다. 어느 누구도 열 가지 재앙이 서로 어떻게 연결되는지는 말할 것도 없고, 각 재앙의 정체를 분명하게 밝혀내지 못했다. 심지어 그 재앙들이 일어났던 때도 분명히 밝혀내지 못했다. 열 가지 재앙 목록도 해명하지 못했다.

성경 저자가 이야기를 지어내거나 미화한 것이 아니라 실제 일어난 사건들을 구술하고 있다는 주장은 아예 주목조차 받지 못했다(이집트가 이와 개구리의 습격을 받았다고?). 그런데 열 가지 재앙 이야기들이 저자가 지어냈거나 미화한 이야기라면 그것들은 얼마든지 "흥미를 유발하는 요소들", 예를 들면 서사시적 향료들에 의해 윤색되었을 것이다. 하지만 성경은 붉게 물든 나일 강, 개구리, 이, 파리, 죽은 우양, 사람과 동물의 몸에 붙은 독종, 우박, 메뚜기, 흑암, 장자의 죽음을 일견 밋밋하게 보여준다.

그런데 이상한 점은 여기서 멈추지 않았다. 성경 본문에 상응하는 일부 이집트 기록도 남아 있다. 하지만 그것들도 시원스럽게 해석되지 못했다. 옛 이집트 역사가들이 자신의 저작물에서 더 오래된 자료들을 인용하여 단편적으로 언급한 바에 따르면, 이집트의 신들—히브리인들이 추앙한 하나님이라기보다는—이 거대한 힘으로 인간 역사에 간섭하여 무시무시한 재앙을 일으켰던 때가 있었다. 이집트 신들이 히브리인들이 이집트에서 살고 있는 상황을 불쾌하게 여겨 그런 재앙들을 내렸다는 것이다. 그 단편들에서 언급된 왕들의 이름이나 행동은 역사적으로 알려진 이름과 맞지 않는다. 예를 들면, 아멘호텝(Amenhotep)은 —이집트 역사가 마네토(Manetho)*가 열 가지 재앙 사건과 히브리인들의 이집트 탈출이 일어났던 시기에 이집트를 다스렸다고 믿는—대략 주전 1525년부터 1350년까지 이집트를 통치했던 같은 이름을 가졌던 파라오들 중 어느 누구와도 일치하지 않는다. 역사상 아멘호텝이라는 이름을 가진 왕들이 이집트를 통치했던 기간중에는 재앙에 관한 어떤

그림 0.1. 메르넵타 석비.

기록도 없을뿐더러, 이집트가 부리던 노예들이 대규모로 탈출했다는 것을 가리키는 어떤 증거도 없다. 또 다른 예는 알렉산드리아의 리시마코스(Lysimachus)가 히브리인들과 관련된 이집트 재앙들과 출애굽 사건의 맥락에서 언급한 보코리스(Bocchoris)라는 왕이다. 그런 왕이 실제 존재했다는 것은 역사가들만 알고 있다. 그는 히브리인들이 실제로 가나안 땅에 살고 있었다고 이집트인들 스스로가 기록해둔 이른바 "메르넵타 석비"(the Merneptah stele)˙˙가 세워진 주전 13세기보다 후대인 주전 725-500년 사이에 이집트를 다스렸던 왕이다.

이처럼 성경 자료를 고대 이집트 역사 자료와 끼워 맞추는 것은 동그라미와 네모를 맞추는 것만큼이나 힘든 일처럼 보였다. 설령 뭔가 들어맞는 지점이 존재한다고 해도, 기껏해야 부분적으로만 가능할 것이다. 역사가들은 성경의 이집트 재앙들이 일어났던 연도를 멀게는 주전 2200년경으로, 가깝게는 주전 1200년경으로 추정한다. 전자는 대략적으로 말하면 이른바 이집트의 고왕국 문명을 파괴시킨 가뭄 시기와 분명히 일치한다. 이 가뭄의 습격을 받은 후 이집트는 2세기 후에나 재도약을 할 수 있었는데 그제야 풍부한 양의 물이 공급되었기 때문이었다.

학자들은 후자의 시기가 역사상의 이집트와 성경상의 이집트가 가장 근접하게 일치할 가능성이 있는 때라는 판단에 동의한다. 이 시기는 미국 영화 <십계>(*The Ten Commandment*, 1956년)에 의해 널리 알려졌다가 좀더 후에는 이 주제를 직접 다루거나 그 이야기를 배경으로 사

● 용어 해설을 보라.
● ● 용어 해설을 보라.

용하는 영화, 다큐멘터리, 만화, 소설을 통해 세계적으로 알려졌다. 영화 <십계>나 그 아류들이 제작한 시나리오는 대부분 네덜란드 레이덴 대학 소재 파피루스*인 『레이덴 파피루스 348』에 기초하고 있다. 이 이집트 문서는 철권 통치자였던 람세스 2세가 계획한 새로운 성을 짓기 위해 고된 강제 노역에 동원된 익명의 외국인 노예들을 언급하고 있다. 따라서 그것은 "비돔과 람세스"에서 노예생활을 한 히브리인들의 이야기를 반향하는 게 사실이다. 그러나 람세스 2세와 관련된 이집트 문서 중에는 재앙이 그 나라를 덮쳤다고 적시한 문서가 없다. 오히려 람세스 2세는 정복자요 건축자였다. 그의 군대와 건축 노동자들은 강력한 경제적 지원을 받았다. 그가 다스렸던 이집트는 성경에 묘사된 재앙들로 초토화된 이집트와는 결코 비할 바가 아니다. 결국 성경상의 이집트는 람세스 2세가 통치하던 이집트와는 상당히 거리가 멀다.

람세스 2세 가설을 통해 성경 이야기와 이집트 역사를 끼워 맞추려는 시도는 아주 엉성하기 때문에, 다른 시기를 설정하여 열 가지 재앙의 신비를 풀어보려고 시도했던 새로운 사람들이 나타났다. 예를 들면, 지그문트 프로이트(Sigmund Freud)는 그 주제에 관한 통속적인 이론을 내놓았다. 정신분석의 창시자인 프로이트는 『모세와 유일신교』**라는 책에서 열 가지 재앙에 뒤이은 히브리 노예들의 이집트 탈출이 주전 1350년경의 이집트 통치자 아크나톤(Akhenaton)의 치세 동안에 일어났다고 주장했다. 이 점에서는 비교종교학의 거장인 미르체아 엘리아데

* 용어 해설을 보라.
** Sigmund Freud, *Moses and Monotheism* (1936).

(Mircea Eliade)도 프로이트에 동의했다. 엘리아데의 『종교적 관념의 역사』[*]는 모세의 일신교적 관점과 아크나톤의 일신교적 관점 간의 유사성을 주목한다. 엘리아데는 모세가 아크나톤이 지닌 종교적 관점의 영향을 받았다고 추정한다. 이 견해는 이집트 작가 아흐메드 오스만(Ahmed Osman)이 이런 관점을 바탕으로 『모세와 아크나톤』이라는 소설을 출판한 이래로 오늘날 이집트 학자들 사이에서 폭넓은 인기를 얻고 있다.

특별히 북미주의 기독교 근본주의자들은 성경에 나온 재앙들은 아크나톤 시대보다 한 세기 앞선 주전 1450년에 일어났다고 본다. 그들은 그들의 연내 추정을 지지해줄 역사적 문서와 고고학적 자료를 활발하게 찾고 있다.

반면에 고고학자들은 이 문제에 대해 상당히 다른 접근 방식을 취한다. 오스트리아 태생의 고고학자 한스 괴디케(Hans Goedicke)는 성경의 이집트 재앙들이 하트셉수트 여왕(Queen Hatshepsut)의 치세 동안에 일어났다고 본다(대략 주전 1475년). 그녀의 통치 시기를 적어놓은 간단한 비문을 보면, 사막에서 불어온 모래가 이집트의 적들을 삼켰다는 내용이 나온다. 괴디케는 이집트인들의 이 비문을 재앙 후에 뒤따라 일어난 히브리인들의 탈출과 연결시켜볼 수 있을 것이라고 제안했다. 돌비에 조각된 또 다른 글은 남부 이집트를 초토화시킨 아주 강력한 폭풍과 관련되어 있다. 그것은 주전 1550년에서 1525년 사이에 세워진 것으로 추정되는데, 성경의 재앙들에 대하여 한 가지 이상의 설명을 해준다고

- Mircea Eliade, *A History of Religious Ideas* (1976-1985).

생각되고 있다.

그 외에도, 오스트리아 고고학자 만프레트 비탁(Manfred Bietak) 교수는 히브리인들의 탈출은 북부 이집트에 거주하던 수많은 아시아 족속들이 이집트에서 추방된 상황을 반영한다고 추측한다. 이 이민족들의 추방은 이집트 문헌에 의해 고증되는 사실이다. 주전 1560년부터 1550년 무렵에, 이집트를 침략하여 한동안 다스렸던 힉소스* 침입자들이 이집트에서 쫓겨나고 있었고 그 후 그들이 수월하게 가나안에 다시 정착했던 역사가 있다.

이처럼 이집트 역사와 성경 구절의 연결점을 찾는 게 어렵기 때문에 많은 사람들은 성경의 이집트 재앙 이야기는 지어낸 이야기라고 단정해버렸다. 즉 지금껏 그 재앙들을 역사적으로 알려진 사건들과 연결시킬 수 있는 사람이 아무도 없었다는 사실에서 그 이야기의 허구성이 잘 드러난다는 것이다. 그것은 실제로 일어난 사건이 아니라 만들어진 사건일 뿐이다. 성경의 이집트 재앙 이야기는 이처럼 아주 간단하게 처리되었고 사건은 종결되었다.

그러나 우리는 "정말 그런가?"를 묻지 않을 수 없었다. 답보 상태에 놓여 있는 이 쟁점의 연구 상황을 돌파하기 위해 우리는 다른 접근 방식을 강구했다. 우리는 고대 세계관을 번역하고 여기에 엄격한 과학적 방법론을 결합하여 사건을 수사하는 탐정처럼 접근했다. 재앙들은 닫힌 체계, 즉 "이집트 실험실" 안에서 일어난 사건이라고 전제되었다. 어

● 용어 해설을 보라.

느 것도 당연하게 여기지 않고, 그 재앙들에 관한 모든 가설과 발견들을 역사적 문서와 고고학적 유물과 과학적 자료에 비추어 거듭 검토했다. 그리고 이 접근 방식은 의미심장한 결과를 낳았다.

그런 다음 우리는 그 결과들을 토대로 하나의 시나리오를 구성했는데, 그것은 과연 견실한 결론으로 수용될 수 있는지를 검증하는 각종 시험을 통과했다. 그 시나리오는 끝까지 일관성이 있어야 하고, 그 주제에 관한 이용 가능한 모든 역사적·고고학적·과학적 문서로 뒷받침되어야 할 필요가 있었다. 이 시험을 통파한 시나리오라야 확고한 것으로 간주되어 다음 단계로 나아갈 수 있었다.

이렇게 해서 완성된 오직 하나의 역사적 재구성 시나리오만이 이집트를 덮쳤던 그 옛 재앙들을 생생하게 되살릴 수 있었다. 그것은 재앙들이 도미노 효과를 일으키는 방식으로 연쇄적으로 발생했다는 사실을 명백하게 밝혀냈다. 그 재앙들은 비교적 짧은 기간에 일어났고, 모두 기후와 깊이 관련되어 있었으며, 이집트뿐만 아니라 동부 지중해 지역 전체에 파급된 재앙으로 밝혀졌다. 그것은 과거에 생각했던 것보다 훨씬 더 넓은 지역에 영향을 미쳤던 재앙들이었다.

그 재앙들이 이집트 너머 지역까지 타격했다는 사실을 발견함으로써 우리는 또 하나의 도구를 얻었다. 우리는 "다른 실험실"이 "이집트 실험실"에서 구축된 시나리오를 확증할 수 있는지의 여부를 한 번 더 확인했다. 그런데 효과가 있었다! 그 재앙들의 재구성을 통해 출현한 이집트의 과거 그림이 주변 나라에 반영되어 있었다. 비록 각 지역의 지리학적 조건에 맞춰지기는 했으나 다른 나라에서도 재앙들이 똑같은 양상으로 나타났던 것이다.

끝으로 의미심장한 말을 하나 더 첨언하자면, 우리가 확보한 다양한 영역의 자료들은 열 가지 재앙이 언제 이집트를 덮쳤는지를 발견하도록 도와주었다는 사실이다. 이렇게 해서 이집트의 열 가지 재앙을 둘러싼 전체 역사의 그림이 완성되었다. 이 결과들은 성경에 나온 재앙들이 허구의 산물이며 미화된 것이라는 근대주의적 신화를 산산이 박살낸다. 오히려 성경의 열 가지 재앙 이야기가 실제 역사적으로 일어났던 사건을 묘사하고 있음을 확증한다.

독자 여러분이 이처럼 신비로 가득 찬 성경의 광대한 세계에 발을 들여놓게 된 것을 환영한다. 이 페이지 너머에는 열 가지 재앙의 수수께끼를 재구성해가는 탐사 여정이 기다리고 있다. 여러분은 사건을 해결해가는 탐정들처럼 이론들, 경건한 소망들, 딱딱한 자료들을 엄밀히 조사하게 될 것이다. 여러 가지 선택 사항을 시도해보려는 호기심에 적극 호응해가며 다양한 분야의 학문들을 섭렵하여 적절히 활용하는 태도가 이 문제의 답을 찾는 열쇠가 될 것이다. 우선 자연과학적인 관점에서 성경의 재앙들을 발견할 것이다. 그런 다음에 물리적 환경에서 발생한 그 재앙들이 어떻게 신학적인 틀 안에서 재해석되었는지를 살펴보려 한다.

제1장

이집트를 덮친 성경 속의 재앙들

성경에 기록된 역사 진술의 신빙성과 가치는 논란이 많은 주제다. 연속해서 일어난 이 열 가지 재앙 이야기가 대표적인 예다. 성경에 따르면 이 재앙들이 이집트를 무기력하게 만들어버렸으며 그 결과로 히브리 민족이 떼를 지어 이집트를 떠날 수 있게 되었다고 한다.

이 재앙들의 역사성에 대한 찬반논쟁 양편은 각자 상대의 입장을 무효화시키려고 하면서 서로 타협의 여지를 거의 보여주지 않는다. 예를 들면, 성경의 역사성을 거의 인정하지 않으려는 "최소주의자들" (minimalist)*은 열 가지 재앙과 히브리인들의 이집트 탈출 자체가 역사적으로 아예 일어난 적이 없다고 주장한다. 그들의 논점 중 하나는 히브리 노예들이 시나이 반도를 거쳐 탈출했음을 입증하는 고고학적 기록이 없다는 것이다.

그러나 탈출 경로를 다시 추적해볼 수 있는 물리적인 증거나 그릇 조각들이 하나도 없다고 해서 열 가지 재앙과 히브리인들의 이집트 탈출 사건의 역사성을 입증하지 못하는 것은 아니다. 사실 시나이 반도를 거쳐간 대규모 민족 이동을 언급한 이집트 문서가 있음에도 불구하고, 고고학자들이 시나이 반도를 통과한 대규모 민족 이동에 관한 고고학적 유물들을 발견할 수 없었던 경우가 있다. 예를 들면 이집트인들과

● 용어 해설을 보라.

힉소스 족속 간의 전쟁이 끝날 무렵에(주전 1567-1564년) 세 번의(한 번도 아니고) 대규모 민족 이동이 있었다.

첫 번째 이동은 이집트인들의 공격을 막아낼 수 없었던 힉소스족이 나일 강 삼각주 지역을 떠나 가나안 요새로 퇴각했던 일이다. 그들 중 일부는 틀림없이 배를 타고 갔을 것이고, 나머지 사람들은 이집트와 가나안 사이의 편리한 왕래를 위해서 이집트인들이 닦아두었던 육로인 호루스 길(Horus Road)을 따라 이주했을 것이다. 그럼에도 그릇, 무기, 의류 또는 퇴각하는 동안에 죽은 사람들의 무덤 등 그 어떤 유물도 그 이동로와 주변에서 전혀 발견되지 않았다.

두 번째 이동은 이집트 군대가 도망치던 힉소스인들을 추격했던 일이다. 이집트인들은 도로변에 건설되어 있던 요새뿐 아니라 호루스 길과 해변을 장악했다. 그 후 그들은 3년간의 전쟁을 통해 가나안에 있는 힉소스 부대를 공격했다. 그럼에도 군대가 있었다는 흔적들(그릇 조각, 무기, 옷 또는 가나안으로 가는 동안에 죽은 군인들의 무덤)은 전혀 발견되지 않고 있다.

세 번째 이동은 힉소스족을 멸망시킨 이집트 군대가 본국을 재건하기 위해 되돌아오는 여정이었다. 그럼에도 그릇 조각, 무기, 옷, 또는 본토로 돌아오는 길에 다치거나 아파서 죽었을 군인들의 무덤은 없다. 이처럼 시나이 반도를 통과하는 세 번에 걸친 대규모 이동이 있었지만 그 사막 중간에는 그들이 남긴 어떠한 물리적인 증거도 남아 있지 않다! 다른 세 번의 이동이 아무런 증거를 남기지 않았는데, 왜 히브리 민족의 집단 이동만 반드시 물리적인 증거를 남겨야 한단 말인가?

성경의 열 가지 재앙 이야기를 역사적/고고학적 증거와 끼워 맞추

는 것은 동그라미와 네모를 맞추는 것과 비슷해 보인다. 그렇다면 이

표 1.1. 이집트의 재앙들을 다룬 성경 본문들에 묘사된 재앙

출애굽기 7:14-13:16	시편 78:43-51	시편 105:27-36	신명기 28:23-42
붉은 강물과 죽은 물고기 (출 7:14-25)	붉은색을 띠고 독으로 오염된 강물 (시 78:43-44)	흑암 (시 105:27-28)	청동색 하늘, 비처럼 내린 먼지 (신 28:23-24)
개구리 떼 (출 8:1-15)	기는 벌레들 (시 78:45)	붉은 강물과 죽은 물고기 (시 105: 29)	많은 종류의 독종들 (신 28:27)
기는 벌레들 (출 8:16-20)	개구리 떼 (시 78:45)	개구리 떼 (시 105:30)	볼 수 없는 상황 (신 28:28-29)
곤충 떼 (출 8:21-25)	메뚜기 떼와 황충들 (시 78:46)	곤충 떼 (시 105:31)	독종들 (신 28:35)
죽은 동물들 (출 9:1-7)	우박과 서리에 훼손된 포도나무와 무화과나무들 (시 78:47)	기는 벌레들 (시 105:31)	메뚜기 떼 (신 28:38)
피부병들 (출 9:8-12)	뇌우로 죽은 동물들 (시 78:48)	우박과 번갯불에 손상된 포도나무와 무화과나무 (시 105:32-33)	벌레들에 먹힌 포도나무, 수확 못한 감람나무 (신 28:39-40)
우박 (출 9:13-35)	맹렬한 분노와 질식 (시 78:49)	메뚜기 떼와 벌레들 (시 105:34-35)	메뚜기 떼 (신 28:42)
메뚜기 떼 (출 10:1-20)	장자의 죽음 (시 78:50-51)	장자의 죽음 (시 105:36)	
흑암 (출 10:21-29)			
장자의 죽음 (출 11:1-13:16)			

둘을 맞추기 위해서 우리는 정확하게 무엇을 살펴야만 할까? 그 답은 (표 1.1에 나타나 있듯이) 이집트를 덮친 재앙들에 대하여 말하는 네 개의 성경 본문들을 먼저 자세히 비교하며 살펴봄으로써 얻을 수 있다. 재앙들의 중심 이야기는 토라의 일부인 출애굽기에 있다(출 7:14-13:16). 그 이야기는 나일 강이 피로 붉게 물들었을 때 시작된 열 가지 재앙을 언급한다. 강에 사는 물고기가 죽었고, 사람들은 강물에 둥둥 떠다니는 죽은 물고기 때문에 강물을 마실 수가 없었다. 개구리, 구더기, 파리, 모기, 이 또는 다른 곤충들이 이집트 땅을 침입했다. 얼마 후 동물들이 죽기 시작했으며, 사람과 동물들의 피부에는 독종이 발하였고, 우박이 쏟아져 막 싹트기 시작한 보리와 삼(혹은 아마)을 손상시켰다. 그 다음엔 메뚜기가 쳐들어와 들판에 남아 있는 곡식들을 먹어치웠다. 그 다음엔 흑암이 온 땅을 덮었다. 마지막에 죽음의 천사가 그 땅을 누비면서 이집트 사람들의 장자를 죽였다.

출애굽기에 나온 재앙 본문보다는 덜 알려진, 재앙과 관련된 구약 본문이 세 개 더 있다. 출애굽기와 마찬가지로 역시 토라의 일부인 신명기에 이 재앙의 일부가 언급되어 있다. 거기엔 흑암, 메뚜기, 독종 그리고 식물들이 황폐화된 재앙만이 언급된다. 마지막으로 시편 78편과 105편에도 재앙 사건이 언급되어 있다. 시편 78편은 피로 붉게 물든 나일 강과 더 이상 음용수로 사용할 수 없게 된 강물을 묘사한다. 개구리, 파리 떼, 해충이 몰려와서 그 땅을 덮쳤다. 우박이 포도나무를 파괴시켰고 찬 서리가 무화과나무를 죽였다. 소와 양이 우박과 번갯불에 맞아 죽었다. 나중엔 맹렬한 분노와 환난이 땅의 거주민들에게 임했다. 염병에 운명을 저당 잡힌 그들의 생명이 숨도 제대로 쉬지 못하는 고통을 겪었다. 그런 다음 이집트 장자들이 대량으로 살육을 당했다(시 78:43-51). 시편 105편은 흑암, 피로 물든 강물, 죽은 물고기, 개구리, 기어오는 해충, 모기, 우박, 화염에 대해 말한다. 무화과나무와 포도나무가 찍혔으며, 메뚜기와 벌레가 그 땅의 소산물을 먹어치웠다. 마지막으로 장자가 죽었다(시 105:28-36).

히브리인들이 남긴, 성경 이외의 문헌˙에도 이집트를 덮친 재앙 사건이 언급되고 있다. 아르타파누스(Artapanus), 유폴레무스(Eupolemus), 알렉산드리아의 필론(Philo of Alexandria), 그리고 플라비우스 요세푸스(Josephus) 같은 후대의(주전 300년경부터 등장하기 시작한) 유대인˙˙ 저술가들도 그 재앙들에 대해 논평했다. 때때로 그들은 지진, 이집트 신전들의 파괴, 폭풍우를 포함해서 성경에는 나오지 않은 것으로 보이는 요소들을 소개하기도 했다.

성경 이외의 전승은 제쳐놓고, 이 재앙들을 다루고 있는 네 개의 성경 본문들을 먼저 살펴보면 그것들이 각자 서로 다른 시나리오를 제시하고 있음을 알 수 있다. 표 1.1에서 볼 수 있듯이, 어떤 재앙들은 자주 등장하는 데 비해 다른 것들은 한두 차례밖에 언급되지 않는다. 네 본문들은 재앙들의 순서에 관해서도 각자 다른 순서를 제시하고 있다. 몇 세기 동안 랍비들과 주석가들은 이 재앙들의 정확한 순서에 대해 다양한 견해를 제시해왔다.

재앙들의 순서를 정하는 것이 얼마나 힘든 일이었는가를 보여주는

● 　용어 해설을 보라.
●● 　용어 해설을 보라.

예가 라인 판 벰멜렌(Rein W. van Bemmelen)의 가설이다.[*] 수마트라 섬의 거대한 호수 토바(Toba)의 특성을 규명해서 유명해진 독일 지질학자인 판 벰멜렌은 이집트를 덮친 성경의 재앙들은 화산 폭발로 일어난 사건이라고 확신했다. 그는 성경의 설명—출애굽기의 설명에만 제한하여—을 자신의 모델에 끼워 맞추려고 노력했다. 그는 표준적인 화산 폭발이라면 적합할 것이라고 생각한 방식으로 재앙들의 순서를 어설프게 재구성해서 그 재앙들의 발생 과정을 규명해보려고 했다.

판 벰멜렌은 흑암 재앙(출애굽기에서는 아홉째 재앙인)을 화산 폭발 직후 처음으로 발생한 재앙이라고 보았다. 그는 그 흑암이 화산 폭발 때 생기는 화산 기둥 때문에 발생한 것이라고 주장했다. 다음에 그는 공기 중에 떠다니던 미세한 화산재가 우박 재앙(일곱째 재앙)을 야기했다고 주장했다. 그 후 화산재가 떨어지는 바람에 산성물로 변한 강물을 피해 개구리들(둘째 재앙)이 강물 밖으로 도망쳤을 것이다. 마침내 화산재가 강물을 산성화시켜 물 색깔을 붉게 만들자 나일 강이 핏빛으로 변하였고 물고기가 죽었다. 남은 재앙들(셋째부터 여섯째까지의 재앙, 즉 기는 해충, 파리 떼, 죽은 동물들, 독종, 그리고 여덟째 재앙인 메뚜기 떼의 습격)은 위생 상태가 최악인 시기에 통상적으로 발생하는 사건들로 이해되었다. 그것들은 여러 가지 이유에 의해, 열째 재앙(장자의 죽음)의 경우처럼 이집트의 재앙 이야기에 뒤늦게 합쳐지게 되었다. 판 벰멜렌은 이 결합이 가장 종교적인 문서 안에서 뜻이 완벽하게 통하는 하나의 도덕

●   Rein W. van Bemmelen, *Acta of the 1ˢᵗ International Scientific Congress on the Volcano of Thera, 15-23 September 1969* (1971).

적 이야기가 만들어지는 과정에서 일어난 일이라고 추정했다.

우리는 이 책에서 출애굽기 순서에 따라 열 가지 재앙을 연구할 것이다. 그 이유는 출애굽기가 토라의 다른 네 책과 더불어 "가장 거룩한 책"으로 여겨졌기 때문이다. 사실 히브리 민족은 토라의 거룩함이 깨어졌다고 느꼈던 일부 사람들로 인해 민족 분열을 경험하기까지 했다. 토라만을 신성한 책으로 고집하던 사마리아 사람들은 히브리인들의 오랜 종교 관습에 토라 외의 요소들을 도입하는 유대인들을 정죄했다. 그들은 다른 책들보다 "더 거룩한" 토라는 변개될 여지가 훨씬 더 적어야 한다고 생각한 것이다. 이처럼 토라의 구절들은 다른 어떤 거룩한 문서들보다 더 정확한 것으로 여겨졌고, 시편도 토라와 비교했을 때 열등한 것으로 여겨질 정도였다. 우리가 토라의 역사적 가치를 의심하는 합리주의적/최소주의적 접근을 수용한다 할지라도, 시편이 토라에 비해서는 여전히 권위가 떨어지는 책으로 여겨지는 것이 사실이다.

마지막으로 신명기도 가장 신성한 토라의 일부긴 하지만, 재앙들을 다루는 신명기 구절들이 파편적인 까닭에 출애굽기만큼이나 많은 정보를 제공하지는 못한다. 따라서 재앙들의 보도에 관한 한 출애굽기가 가장 나은 본문인 셈이다. 이 연구를 통해 출애굽기가 말하는 재앙의 순서가 별 의미가 없는 것으로 밝혀지면, 우리는 출애굽기 이야기에 제시된 재앙의 순서를 따르려는 우리의 결정을 재고할 것이다. 그때 가서 우리는 재앙이 일어난 순서를 새롭게 제시할 것이다. 만일 그 재앙이 실제 일어난 사실이기만 하다면 말이다.

열 가지 재앙 이야기 중에서, 주목할 첫 번째 사실은 나일 강이 피로 물들었을 때 재앙들이 시작되었다가 이집트 사람들의 장자들이 대량으로 살육당했을 때 끝난 것으로 보인다는 점이다. 시편 105편은 흑암 재앙을 강물이 피로 물든 재앙 바로 앞에 둔다. 이 시편의 흑암이 출애굽기가 아홉째 재앙으로 말한 흑암과 똑같은 재앙을 가리키는지도 모른다. 신명기는 중간에 등장하는 재앙들에 대해서 보고하고 있는 것 같다.

결론적으로 우리는 물고기 사체들이 떠다니는 피로 붉게 물든 강을 첫째 재앙으로, 장자들의 대량 살육을 마지막 재앙으로 설정한다. 시편과 출애굽기에 각각 언급된 두 가지 흑암 재앙은 토라에 나온 순서에 함께 배치한다. 그러고 나면 빈 칸을 채우는 문제, 즉 그 빈 칸들에 어떤 재앙들을 배치할 것인가 하는 문제가 남게 된다. 개구리, 기는 무척추동물, 벌레 떼 침입은 여러 기사에 걸쳐서 등장하는데 결국은 하나의 연속적인 재앙 3부작처럼 보인다. 따라서 개구리 재앙은 우리의 연구 목록에서 둘째 재앙의 일부로 분류되어야 한다. 무척추동물들이 기어오는 재앙은 개구리 재앙 뒤에 온 것이므로 셋째 재앙이 된다. 그리고 곤충 떼 재앙은 넷째 재앙이 되는 셈이다.

순서를 정하기가 비교적 쉬워 보이는 또 다른 재앙이 있다. 바로 메뚜기 재앙이다. 출애굽기에서는 이것을 독립적으로 언급하고 있다. 시편 78편과 105편 모두 들판의 소산물을 먹어치우는 벌레들 또는 다른 무척추동물들과 함께 메뚜기 떼를 언급하고 있다. 신명기에서는 그것들이 두 번 언급된다. 토라(출애굽기와 신명기 둘 다)에서는 "벌레 떼 재앙"에 대한 언급이 "누락되어" 있다. 그래서 이 두 시편이 오히려 그 사건에 관한 한층 더 상세한 묘사를 담고 있다고 생각할 수도 있다. 메뚜기 떼가 지나간 뒤에 곧바로 벌레들이 소산물을 갉아먹었을 가능성도 있다. 재앙들의 유사성을 고려하여, 토라가 그 둘을 하나의 포괄적인 재앙으로 압축했는지도 모른다. 아니면 출애굽기 저자(또는 저자들)가 그 벌레들을 진정한 재앙으로 여기지 않았을 수도 있다. 개구리와 기는 해충 재앙의 경우에는, 우리는 출애굽기의 재앙 순서를 따를 것이다. 따라서 메뚜기 재앙은 흑암 재앙 바로 직전에 일어난 재앙으로 설정된다. 흑암 재앙은 장자들의 대량 살육 직전에 일어났다.

자, 이제 순서를 정하기가 쉽지 않은 재앙들의 발생 시점을 정리해보자. 토라는 다섯째 재앙으로 다섯 종류의 동물들 ─ 말, 당나귀, 낙타, 황소, 양 ─ 이 죽임을 당했다고 말한다. 시편 78편은 동물들의 죽음을 심한 우박 및 번갯불과 연결시킨다. 동시에 그 때문에 상해를 입은 것들(무화과나무와 포도나무의 파괴)은 시편 105편에 나온 우박으로 인한 파괴와 비슷하다. 따라서 우박이 몇 차례나 일어났는지는 명확하지 않다. 예를 들면 출애굽기에 나온 다섯째 재앙과 일곱째 재앙 사이의 구별이 정확한지의 여부도 분명하지 않다. 그러나 반대 증거가 나오기까지는 우리는 이 순서를 그대로 사용할 것이다. 게다가 우리는 두 우박 재앙 앞에 일어난 사건, 즉 피부병 문제들도 역시 출애굽기가 말하는 것처럼 여섯째 재앙으로 설정할 것이다. 출애굽기는 피부에 생긴 이 질병을 여섯째 재앙으로 묘사하고 있고, 신명기는 이것에 대해 두 번 언급하고 있다.

재앙들에 대한 이 분석이 아직도 다루지 않은 재앙이 있다. 시편 78편이 재앙 속에 포함시킨 "맹렬한 분노와 질식"이 바로 그것이다. 이 재앙에도 적합한 순서를 부여해주어야 한다. 지금까지 살펴본 재앙들은 표 1.2에 정리된 것처럼, 최종적인 것은 아니지만 한층 유기적인 순서로

표 1.2. 성경 본문들에 묘사된 재앙들의 발생 순서를 결정하기 위한 작업가설

출애굽기 7:14–13:16	시편 78:43–51	시편 105:27–36	신명기 28:23–42
붉은 강물과 죽은 물고기	붉은색을 띠고 독으로 오염된 강물	붉은 강물과 죽은 물고기	
개구리 떼	개구리 떼	개구리 떼	
기는 벌레들	기는 벌레들	기는 벌레들	
곤충 떼		곤충 떼	
죽은 동물들	뇌우로 죽은 동물들		
피부병들			독종
우박	우박과 서리에 훼손된 포도나무와 무화과나무	번갯불과 우박에 의해 손상된 포도나무와 무화과나무	벌레들에 먹힌 포도나무, 수확 못한 감람나무
	맹렬한 분노와 질식		
메뚜기 떼	메뚜기 떼와 황충들	메뚜기 떼와 벌레들	메뚜기 떼
흑암		흑암	청동색 하늘, 비처럼 내린 먼지, 볼 수 없는 상황
장자의 죽음	장자의 죽음	장자의 죽음	

다시 정리될 수 있다. 강이 피로 물들었고, 개구리 떼(뒤따라 해충들이 기어왔고)와 파리 떼가 온 땅에 쇄도했다. 사람들의 피부에는 독종이 생겼고, 우박과 메뚜기가 농촌 지역을 파괴했다. 사람들은 분노했다. 흑암이 온 땅을 뒤덮었다. 마지막으로 장자들이 대량으로 죽었다. 이 모든 사건들을 어떻게 설명할까?

이 재앙들의 본질을 분석하면서 우리는 한 번에 한 가지 가설을 사용하여 그 진위 여부를 조사할 것이다. 재앙들을 설명할 수 없는 가설들은 폐기될 것이다. 재앙들을 약간이라도 설명하는 가설이라면, 그것이 이어지는 다른 재앙 설명에도 도움이 되는지 여부를 검토할 것이다.

만일 이 재앙들이 역사적 사실들을 반영한다면 그 사실들을 밝혀낼 수 있어야 할 것이다. 예를 들면 오늘날 많은 사람들은 일부 재앙이 생물학적 요인 때문에 발생했다고 생각한다. 따라서 독종 재앙은 셋째와 넷째 재앙에서 나온 벌레들에 의해 생겼을 수 있다는 것이다. 왜냐히면 사람들이 자신들을 공격해온 벌레들을 퇴치해냈을 때 그 생물들의 몸에서 나온 독소가 사람들의 피부와 접촉해 피부병을 일으켰을 수 있기 때문이다. 이 생물들의 몸에서 분출된 화학 물질이 인간의 피부에서 화학 반응을 일으켰다가 며칠 후에 물집과 화상을 초래했다는 것이다.

그러나 우리가 재앙 이야기들의 역사적 토대를 구축하는 데 실패한다면 결국 재앙 본문들은 지어낸 이야기로 판명될 수도 있다. 윤리적 교훈을 강화하기 위해 성경 저자들이 지어낸 이야기일 수도 있다. 즉 성경 저자들은 이런 재앙 이야기들을 통해 하나님의 말씀을 듣지 않으면 심각한 결과를 초래할 것이라고 경고하고 있는 것이다. 이 경우 재앙 이야기는 아이들이 자랄 때 부모나 조부모한테서 듣는 옛날이야기와 비슷한 것이 될 것이다. 이집트의 절대 군주가 감히 하나님께 덤볐을 때 어떻게 파멸했는가를 보여주는 이야기인 셈이다. 성경의 재앙 이야기는 "옛날 옛적에 이집트 땅에 한 사람이 살았어요. 아주 어리석은 사람이었죠. 그는…"으로 시작하는 옛날이야기 같은 이야기라는 것이다.

아니면 이 이야기를 사실도 아니고 허구도 아니라고 보는 절충적

견해도 있을 수 있다. 판 벰멜렌이 주장하듯이, 그 재앙 이야기들은 사실과 허구 모두를 반영할 수도 있다. 이는 어쩌면 일부 재앙들은 실제로 일어났으며, 동시에 히브리 민족 전승을 보전하는 자들이 그것들을 적절히 활용하여 이스라엘 민족의 역사를 의미 있게 해석하는 과정에서 허구적인 상상력의 도움을 받아 오늘날 우리가 보는 이야기로 발전시켰다고 보는 입장이다.

제2장

습격당한 이집트_재앙의 시작

첫째 재앙과 둘째 재앙

성경 본문들은 재앙이 급작스럽고 맹렬하게 시작되었다고 보도한다. 시퍼런 나일 강이 붉게 물들었으며, 죽은 물고기가 수면으로 둥둥 떠올랐다. 잠시 후 강물은 엄청난 숫자의 개구리들을 강둑으로 토해냈다. 많은 재앙들이 추가로 뒤따랐다.

> [···] 그 물이 다 피로 변하고 나일 강의 고기가 죽고 그 물에서는 악취가 나니 애굽 사람들이 나일 강 물을 마시지 못하며 애굽 온 땅에는 피가 있으나···애굽 사람들은 나일 강 물을 마실 수 없으므로 나일 강 가를 두루 파서 마실 물을 구하였더라(출 7:20-24).

> [···] 그들의 강과 시내를 피로 변하여 그들로 마실 수 없게 하시며(시 78:44).

> [···] 그들의 물도 변하여 피가 되게 하사 그들의 물고기를 죽이셨도다 (시 105:29).

첫째 재앙은 특히 맹렬했으며 뒤따라올 아홉 가지 재앙의 강도와 규모를 확정짓는 재앙이었다. 이 첫째 재앙은 수천 년 동안 이집트 사람들이 의지했던 생명줄인 나일 강을 무용지물로 만들어버렸다.

우리 인간은 모두 물에 의존해서 산다. 우리 몸은 60-70퍼센트가 물로 구성되어 있다. 북미와 일부 다른 나라들에서는 풍부하고 깨끗한 물을 이용하는 것이 당연시되지만, 지구상의 대부분 지역 사람들은 이 행운을 누리지 못하고 있다. 물의 중요성을 더 잘 이해하기 위해서 물이 없으면 우리 삶이 어떻게 될지 잠깐 생각해보는 것도 좋겠다. 물이 없는 지구 환경은 우리에게 익숙한 모습이 결코 아닐 것이다.

이집트에는 유일한 물의 근원인 나일 강이 있다. 이집트인들은 나일 강과 함께, 나일 강을 따라 사는 삶의 기술을 발전시켜 왔다. 비옥한 강둑 너머에는 모래와 햇빛에 바짝 마른 바위만이 보인다. 즉 서쪽으로는 사하라 사막이 있고, 동쪽으로는 크기는 더 작지만 사하라 사막 못지않게 접근하기가 힘든 누비아 사막이 있다. 이집트의 남쪽 끝에서 북쪽 끝까지 관통하는 나일 강은 삶과 죽음의 경계를 만들어낸다. 북미에서 인구, 농업, 상공업 등이 커다란 강 하나에 의존하고 있다고 한번 상상해보라. 그 강이 캐나다의 세인트로렌스 강 또는 미국의 미시시피 강이라고 해보라. 그 나라의 나머지 부분은 강 양쪽으로 광활하게 펼쳐진 모래사막이라고 상상해보라. 이것이 바로 이집트다.

고대 이집트 사람들은 고대 이집트 말로 케메트(*kemet*)라고 부르던 비옥하고 검은 토양이 광활하게 펼쳐진 강둑에서 살았다. 이 비옥한 강둑 지대와는 달리, 주변 광야는 데쉐레트(*desheret*)로 알려진 붉은색의 모래투성이 땅이었다. 이집트인들은 세계를 신들의 창조물이라고 보았다. 따라서 고대 이집트인들의 눈에는, 강과 사막이 이중으로 배치되어 있는 것도 신들의 조화(造化)로 보였다. 검고 비옥한 토양은 오시리스-이시스-호루스라고 불리는 세 명의 신들과 연결되었다. 이것은 강과 관련된 세 개의 농업 주기를 대표했다. 붉은빛의 모래는 세트 신과 연결되었다.

관개시설로 강물을 끌어들인 지역은 비옥해질 수 있었지만 물을 공급받지 못한 지역은 사막이 되었다. 고대 이집트인들은 이 현상을 신들이 서로 충돌하는 가운데 일어나는 일로 이해했다. 예를 들면 세트는 사막의 붉은 모래가 나일 강을 포위하게 함으로써 오시리스와 그 가족을 위협하고 있었던 것이다.

그래서 나일 강은 그 자체가 신으로 여겨졌다. 그 강물은 세 단계의 삶을 사는 것처럼 보였다. 그 강물은 천체 중 가장 밝은 별이었던 시리우스별(천랑성)이 몇 달 동안 하늘에서 사라졌다가 6월 중순의 어느 날 새벽에 수평선 너머로 나타난 후에 불어나곤 했다. 그런 다음 그 강물은 강둑까지 범람하였고, 강둑에는 기름진 토양이 퇴적되었다. 그런 후에 그 강물은 10월경에 강바닥이 훤히 드러날 정도로 수위가 낮아졌고, 그때서야 농부들은 농사를 시작할 수 있었다. 2월부터 씨앗이 싹터서 농부들은 파종한 지 몇 개월 만에 풍성한 수확물을 거두곤 했다. 그런 다음 들판은 뜨거운 여름 몇 달간 휴경지로 관리되었다. 그런 다음 수평선 위로 새벽에 시리우스별이 다시 떠오르면 새로운 주기가 시작되었다.

이런 자연의 순환운동이 너무나 규칙적이고 또 중요해서 이집트인들은 나일 강의 수량 주기를 기초로 달력을 만들었다. 6월에 강물이 불어나면 홍수 철과 함께 새해가 시작되었다. 10월경에 강물이 물러가 나일 강 수위가 낮아지면 씨 뿌리는 철이 되었다. 그 후에는 수확기였다. 이처럼 나일 강 덕분에 이집트인들은 풍요롭고 다양한 농사를 지을 수 있었고 풍성한 수확물을 거둘 수 있었다. 게다가 강둑에 형성된 진흙으로는 벽돌을 만들었는데, 모든 사회 계층 사람들이 그것을 사용하였다. 그 벽돌은 왕과 귀족들의 궁궐, 지주들의 곡식 창고, 군대의 요새, 노동자들과 그 가족들의 거처를 짓는 재료가 되었다.

또한 나일 강은 또 다른 자산 가치를 가지고 있었다. 그것은 전국을 하나로 묶고 연결하는 거대한 수로 역할을 했다. 나일 강은 사람들과 가축 떼를 운송하고, 물건과 정보 교환, 문화 교류와 통행을 가능하게 하는 요로였다.

한마디로 나일 강이 이집트였다. 즉 나일 강 자체가 이집트의 영혼, 이집트의 신, 이집트의 식량, 이집트의 문화, 이집트의 시간, 이집트의 삶이었다. 비옥한 강둑과 그 사이로 흐르는 강물은 이집트 전역의 사회 체계를 군건하게 지지해주었고 이웃 나라들의 부러움을 샀다. 나일 강을 가진 이집트는 모든 것이 완벽해 보였다.

그러던 어느 날 이집트가 거대한 재앙을 맞았다. 성경이 말하듯이 나일 강이 핏빛으로 변해버린 것이었다. 죽은 물고기가 강 위에 어지럽게 떠다녔고 더 이상 강물을 마실 수 없게 되었다. 나라가 중대한 위기에 내몰리고 말았다.

신들의 걸작으로 여겨진 세상에 살던 이집트인들은 충격의 도가니에 빠졌을 것이다. 생명을 주는 나일 강물이 주변 사막의 토양과 비슷한 색깔을 띠게 된 것이었다! 사막의 신 세트가 이집트의 다른 신들에게 전쟁을 선포한 것이었다. 히브리인들은 그들 나름대로 신학적인 해석을 하였다. 그 사건은 바로, 자신들을 몇 대에 걸쳐 꼼짝 못하게 억류해놓은 채 강제 노동을 강요하고 착취하며 자신들로 하여금 수용소 같은 거주지를 떠나지 못하게 하며 학대했던 이집트가 하나님께 징벌을

그림 2.1. 첫째 재앙,
"Water Is Changed into Blood",
James Jacques Joseph Tissot (1836-1902).

받고 있는 것이었다. 어떤 경우든 그 재앙은 너무나 엄청난 것이어서 신적인 원인이 작동하고 있다고 생각하지 않고는 달리 이해할 방도가 없었다. 신들의 진노에서 살아남고자 필사적으로 애썼던 이집트인들은 어쩔 수 없이 나일 강에서 멀리 떨어진 곳에서 우물을 팠으나, 그 우물물도 이내 바닥나버렸다.

그 재앙은 이집트의 영혼, 정체성, 존재에 대한 공격으로 이해되었다. 그 충격은 9·11 테러나 제2차 세계대전 당시 일본의 진주만 공격 때에 미국인들이 느꼈던 충격과 아주 흡사한 것이었다. 미국을 겨냥한 이 두 공격에 관한 자료들은 많다. 당시의 신문기사들, 목격자들의 진술,

영화, 사진, 잔해, 시신들 등등. 그러나 고대 이집트를 겨냥한 그 공격과 관련해서는 무슨 자료들이 남아 있는가? 하나 또는 그 이상의 신들의 개입으로 일어난 것이라 이해된 그 공격에 관해 증거를 얻을 가능성이 있는가? 우리는 과연 어떤 자료를 다루어야 할까? 바로 성경 본문들이다. 성경 본문들이 그것에 대한 세부 자료들을 제시하고 있다. 성경 구절들은 그 재앙들이 세 가지 양상으로 일어났음을 분명히 밝히고 있다.

- ◆ 강물이 붉은색으로 변했다.
- ◆ 물고기들이 죽었다.
- ◆ 사람들은 강물을 마실 수 없었다.

그러나 이처럼 분명한 성경의 묘사에도 불구하고, 그로부터 수십 세기 후에 살고 있는 우리는 여전히 그 재앙들이 어떤 모습으로 발생했는지에 대하여 여전히 궁금해하고 있다. 현대 세계에서는 붉은 강물, 죽은 물고기, 마실 수 없는 물 등은 산업 오염과 연관되어 있다. 그러나 산업 오염이 없었던 수천 년 전에는 이런 현상들이 도대체 무엇과 연관되어 있었을까?

성경 이야기의 자세한 진술 자체가 그 사건들이 정말 일어났으며 허구가 아니라는 점을 보증한다. "이집트 사람들이 마실 물을 구하기 위해 우물을 팠다"는 이 짧막한 기록은 그것이 목격자의 증언이라는 인상을 풍긴다. 강둑의 토양이 나일 강의 물을 여과시켜 사람들이 마시기에 적합하게 증류해주었을 수도 있었을 것이다. 이집트인들은 여과를 이용한 정수 기술을 알지 못했지만, 그들은 주도면밀한 과학적 방식보다는 경험에 의한 지식을 사용해서 행동했다.

우리는 두 개의 고대 이집트 문서를 통해 나일 강이 이집트 역사에서 언젠가 붉은색으로 변한 적이 있었다는 사실을 알게 된다. 두 문서는 네덜란드의 레이던 대학 박물관에 소장되어 있는 『신관 파피루스에 적혀 있는 한 이집트 현자의 권면들』[The Admonitions of an Egyptian Sage from a Hieratic Papyrus in Leiden (Gardiner, 1909년)]이라고 불리는 문서와 런던 대영박물관에 소장되어 있는 이집트의 한 의학 파피루스(London Medical Papyrus)˚다. 『신관 파피루스에 적혀 있는 한 이집트 현자의 권면들』은 고대 이집트의 고위 궁중자문관이었던 이푸웨르(Ipuwer)의 글과 연관되어 있다. 네덜란드의 레이던 박물관에 보관된 그 문서(Leiden 344)는 더 간단하게는 종종 『이푸웨르 파피루스』(Ipuwer Papyrus)라고 불린다. 이 책에서는 이 짧은 제목을 사용할 것이다.

그 파피루스 문서가 언제 그리고 어떻게 생겨나게 되었는지에 관해서는 약간의 설명이 필요하다. 이 문헌을 기록한 필사자는 이른바 흘려 쓰는 신관 서체(hieratic script)로 썼다. 신관 서체는 고대 이집트에서 사용하던 세 가지 서체 중 하나였다. 그 서체를 살펴보면, 필사자는 주전 1250-1225년경에 그 작업을 수행한 것을 알 수 있다. 그러나 그는 이전의 문서에 적힌 글을 단순히 베낀 것에 불과했다. 그 파피루스에 실린 글들은 훨씬 이전의 저자(아마도 이푸웨르의 비서일 수도 있음)가 원본을

● 이 파피루스는 독일어로 된 책, Hildegard von Deines, Hermann Grapow, and Wolfhart Westendorf, *Grundriss der Medizin der alten Ägypter IV 1, Übersetzung der medizinischen Texte* (1958)에 실려 있다.

제2장 습격당한 이집트_재앙의 시작: 첫째 재앙과 둘째 재앙 61

그림 2.2. "The Plague of Blood",
14세기 초 카탈루냐의 "The Golden Haggadah."

기록했음을 무심코 드러낸다. 따라서 현재 레이덴 박물관에 소장된 파피루스는 이전에 있던 원본 파피루스에 적힌 글들을 누군가가 새 파피루스에 보존하려고 하다가 또는 부유한 구매자의 도서관에 소장할 사본을 만들기 위해 이전의 오래된 문헌을 옮겨 적는 과정에서 탄생했다.

『이푸웨르 파피루스』는 이집트가 총체적인 혼돈에 빠져 있었던 때를 다루고 있다는 점에서 특히 흥미롭다. 그 혼돈을 유발시킨 사건들, 그에 수반되는 사건들, 그리고 그 사건들로부터 파생되는 사건들에 직면해서, 이푸웨르는 이렇게 썼다. "[…] 도처에 피가 있다.…강물이 핏물이다. 사람들은 물을 마시려다 주춤한다.…물을 찾아 이리저리 헤맨다"(*Ipuwer*, 2.5-6, 10).

성경 본문도 이와 아주 유사하다. 이집트의 유일한 강인 나일 강이 피로 변해서 아무도 그 강물을 마시지 못했다. 이처럼 나일 강이 적어도 한때 붉게 변한 적이 있었고, 이집트가 큰 혼란에 빠진 적이 있었다는 것은 보다 분명한 사실이다. 여기서 『이푸웨르 파피루스』가 성경에 나오는 열 가지 재앙들을 말하는 것인지 아닌지를 따지는 것은 부적절하다. 이푸웨르의 글들이 토라에 상응하는 이집트의 거룩한 문서임이 밝혀진다면, 뒤따라 발생한 아홉 가지 재앙을 다룰 때에 두 문서의 유사점들이 추가로 등장할 것이기 때문이다. 추가적인 유사점들이 발견되는 경우에 우리는 『이푸웨르 파피루스』를 다시 살펴볼 것이다. 지금 우리의 초점은 붉게 물든 나일 강을 어떻게 설명할 것인가에 맞춰져 있다. 이푸웨르는 고대 이집트 역사의 한 시점에 나일 강이 붉게 변했다는 점을 분명히 확증한다.

『런던 의학 파피루스』(*London Medical Papyrus*)의 55번째 단락도 나일 강의 물이 붉은색을 띠었다고 말한다. 그런데 이 수장은 화상으로 고통당한 사람들에 관한 기사가 적힌 문맥에서 등장한다. 이 파피루스는 화상을 치료하고자 진흙, 송진, 황토, 기름, 우지(牛脂)를 섞어 만든 약재를 환부에 동여매기 위해서는 잘게 부순 밀랍을 사용하라고 추천하고 있다. 화상을 입을지도 모른다는 느낌 때문에 이집트 사람들은 붉은색의 강물을 마실 수 없었는지도 모른다. 이렇게 해서 또다시 우리는 붉은빛의 나일 강에 대한 이집트 사람들의 증언을 확보한 셈이다. 그 이야기는 『이푸웨르 파피루스』와 성경 본문의 진술, 즉 붉은빛의 나일 강이 대혼란을 초래했다는 사실을 확증한다.

자, 이제 원래의 질문으로 돌아가보자. 무엇이 나일 강을 7일 동안 붉게 만들었고, 그 강의 물고기를 죽였고, 사람이 도저히 마실 수 없게 했을까? 이 질문에 대한 한 가지 가능한 추론적 답변은 붉은 모래가 강물을 붉게 변하게 했을 가능성이다. 오늘날에도 사막의 붉은 먼지와 모래는 이집트의 수도 카이로의 큰 골칫거리다. 따라서 붉게 물든 나일 강에 대한 성경과 이집트 문서들의 증언에 비추어볼 때, 사막에서 불어온 강력한 바람이 상당량의 붉은 모래를 나일 강으로 날려 보냈을 가능성이 크다.

우리는 또한 붉은 비가 내릴 수도 있다는 것을 알고 있다. 수천 년 전에 키케로(Cicero, 주전 106-43년)는 『신탁에 관하여』(De divinatione)라는 글에서 이 현상을 정확히 관찰하여 언급했다. 오늘날까지 이탈리아에 있는 키케로의 고향 아르피노(Arpinum)에서는 바람에 날려온 사하라 사막의 붉은 흙이 비와 섞일 때 종종 붉은 비가 내린다.

더 나아가 헬라화된 시리아인이었던 루키아노스(Lucian, 대략 주후 115-190년)도 『시리아 여신에 관하여』(De Dea Syria)에서 이 점을 언급하였는데, 그는 어느 강(오늘날 시리아의 이브라힘 강)의 붉은빛 물이 레바논 산에서 흘러내려 비블로스[Byblos, 오늘날의 주니에(Jounieh)] 근처 지중해까지 도달했다고 설명했다. 루키아노스에 따르면, 그 강물이 붉게 변해서 결국 강어귀까지도 붉게 변했다. 당시 비블로스의 거주민들은 철따라 불어오는 바람이 산의 붉은빛 흙을 강물에 쏟아버리면서 주변 강의 색깔을 변화시킨 것으로 생각했다.

따라서 바람이 사하라 사막에서 수백 킬로미터 떨어진 이탈리아에 붉은 비를 내리게 할 수 있다면, 당연히 사하라 사막 근처에 있는 강물은 어떠했겠는가? 만약에 철따라 부는 바람이 붉은 먼지를 강으로 불어넣어 레바논의 강물을 붉게 만들 수 있다면, 이집트에서는 왜 이런 일이 일어날 수 없었겠는가? 어쩌면 사하라 사막의 붉은 먼지(물에 녹지 않는 모래가 아니라)가 강물을 물들인 붉은색을 설명해줄 수 있을지도 모른다.

그러나 우리는 여전히 왜 물고기가 죽어서 나일 강 수면에 둥둥 떠다녔는지를 설명해야 한다. 여기서 난관에 부딪힌다. 먼지가 물고기를 죽일 수 있는 유일한 방법은 막대한 양의 먼지가 강물에 쏟아져서 그 강을 아주 얕게 만들거나 진흙탕으로 만드는 수밖에는 없기 때문이다. 그러나 이것은 붉은 강물에 대해 말하는 성경 본문과 어울리지 않는다.

여기서 생각해볼 점이 한 가지 더 있다. 먼지가 강물을 독으로 오염시켜 이집트 사람들이 부득이하게 다른 데서 우물을 파서 물을 마시게 했을 가능성은 전혀 없다는 점이다. 유독성 먼지나 토양은 화학 물질이 토양이나 강물에 스며들어간 현대의 현상이거나,* 우물물 과용 때문에 발생하는 현상이다(예를 들면 비소로 오염된 방글라데시의 강물). 어느 경우든, 설령 산업 용수로 이용된다고 하더라도, 나일 강 같은 강물은 붉게 변하지 않고, 물고기를 죽이지 않으며, 며칠 동안 마시지 못하는 상태가 되지는 않는다. 나일 강이 붉게 변한 것이 사막의 토양 때문일지도 모른다는 점이 매우 유혹적이라 하더라도, 우리는 여기서 다른 이유를 찾아볼 필요가 있다.

붉은 나일 강의 물리적 원인(예를 들면 붉은 토양처럼)이 될 만한 또 다른 가능한 요인이 있다면 그것은 생물학적 원인일 것이다. 생물학에 기초한 가장 잘 알려진 논의는 다음과 같다. 본래 해수나 담수 중에서 광합성 작용을 하는 단세포체 또는 다세포체의 식물인 조류(algae)가 강물을 붉은색으로 변화시켰고, 물속의 산소를 고갈시켜 물고기를 죽였으며, 그래서 결국 이집트 사람들이 나일 강물을 더 이상 마실 수 없도

● 예를 들면 미국 뉴욕 주의 러브커낼(Love Canal)과 일본의 미나마타(Minamata)는 유해 화학 물질로 인해 환경오염이 일어난 대표적 지역들이다.

록 오염시켰다는 가설이다.

대부분의 사람들에게 조류는 낯설지 않다. 사람들은 조류들을 수족관, 해변 또는 생물 수업 시간에 볼 수 있다. 한국식당이나 일본식당에서 그것을 먹어봤을지도 모른다. 그런데 이런 조류는 크고 또 그 색깔은 초록이나 갈색이라서 나일 강을 붉게 만든 재앙과 관련되었을 가능성이 없다.

하지만 강물의 색깔을 붉게 만들 수 있는 다른 조류들이 있다. 이것들은 크기가 아주 작지만 환경을 손상시킬 수 있다. 예를 들면 북부 독일의 플뢴 호(Plön Lake)에서 처음 확인된 "오스킬라토리아 루베스켄스"[Oscillatoria rubescens(rubeo는 "붉다"는 의미의 라틴어)]라는 남조류*가 급격하게 번식하여 강물을 붉게 할 수도 있다. 남조류는 번식할 때 생존을 위해 물속의 다른 유기체들로부터 산소를 빼앗아 사용하는 경향이 있다. 그래서 남조류가 비정상적으로 번식한 수역에서는 산소 부족 현상이 일어나 물고기가 숨을 쉬지 못해 죽게 되고, 죽은 물고기가 강물 위로 떠다니게 된다. 이것이 바로 미시시피 강 삼각주 바로 밑에 있는 멕시코 만에 "죽음의 수역"을 형성시킨 그 메커니즘이다.

그렇다면 우리는 드디어 나일 강이 붉게 변하고, 물고기가 죽고, 사람들이 그 물을 마실 수 없게 된 원인을 찾은 셈인가? 그렇지 않다. 조류 번식은 물이 끊임없이 흘러가는 강이 아니라 다소 잔잔한 수역에

● Cyanophyte 혹은 blue green algae. 독특한 남색을 내기 때문에 남조류라는 이름이 붙여져 있으나 다른 여러 색소들도 많이 있기 때문에 실제로는 많은 종이 녹색·갈색·노란색·검은색·붉은색으로 나타난다―옮긴이.

서 일어나기 때문이다. 더욱이 어느 지역의 조류가 번식하려면 상당량의 영양분이 아주 급격하게 제공되어야 한다. 이 현상은 케모스타트(chemostat)*라고 불리는 미생물 배양장치인 유리 용기에 있는 조류를 사용하는 실험실에서 쉽게 테스트해볼 수 있다. 통제된 환경에서는 개체군의 크기와 영양분의 양이 신중하게 유지된다. 거기서 조류는 최소한의 영양분만 섭취하기 때문에 그 개체수는 적게 유지된다. 영양분의 양은 보충되지만 똑같은 농도로 유지되고 있다. 소모된 양만큼의 물과 섭취된 만큼의 영양분이 일정하게 공급되기 때문이다. 결국 최소량의 신신한 먹이와 함께 소량의 신선한 물을 계속해서 추가해주면 조류의 개체수도 일정하게 유지된다. 그 결과 역동적인 균형이 이루어져 영양분이 있는 못(pool)과 조류 군집은 늘 조화로운 평형을 유지할 수 있다. 그러나 물속의 영양분이 최소량만 존재하다가 급격하게 불어나게 되면, 조류 번식이 일어난다.

　　그런데 인간이 개입하지 않는 이상 자연에서 이런 현상은 극히 드물다. 오늘날 학자들이 생각하는 조류 번식의 표준 시나리오는 이렇다. 들판에서 씻겨나간 상당량의 영양분이 강물로 흘러들어 결국 조류 서식지까지 이르게 되고, 갑자기 등장한 상당량의 영양분이 남조류의 먹이가 되어 번식을 조장한다는 것이다. 그 결과 조류가 폭발적으로 증가한다. 그러나 이런 현상은 먹을 만한 영양물이라고는 똥거름이나 재밖에 없었던 수천 년 전에는 불가능하다. 따라서 남조류 때문에 나일 강

●　용어 해설을 보라.

이 붉게 물들고, 물고기가 죽고, 강물이 마실 수 없게 되었다고 말할 수 없다.

그레타 호르트(Greta Hort) 박사는 독일의 한 구약학 잡지에 「이집트의 재앙들」이라는 획기적인 논문을 발표했다.[*] 그것은 이집트를 덮친 열 가지 재앙에 관한 기념비적인 연구로 판명되었다. 그녀는 어떻게 성경의 열 가지 재앙 모두가 도미노 효과를 일으키는 방식으로 서로 연결되었는지 보여주고자 했다. 그녀는 성경에 나온 열 가지 재앙이 역사적으로 일어난 사건일 개연성을 보여주는 하나의 틀을 논리적인 관점에서 구축하려고 했다.

호르트 박사는 성경의 재앙들은, 진흙뿐 아니라 유기체들이 살고 있던 강을 독성으로 오염시켜 물고기까지 죽인 홍수 때문에 처음 발생했다는 가설을 세웠다. 물고기의 대량 멸종으로 박테리아가 번식했고 탄저균 독소가 방출되었다는 것이다. 이들 독소의 출현으로 개구리들이 나일 강의 제방들 위로 올라왔고(둘째 재앙), 그 결과 후속적인 재앙을 일으키는 사건들이 연쇄적으로 이어졌다는 것이다.

호르트 박사의 시나리오는 극심한 폭풍우가 주도했던, 특이할 정도의 이상 기후 현상이 재앙들의 원인이라는 가설을 세운다. 그런 이상 기후가 평소에는 고지대의 타나 호수(Lake Tana)에 살고 있던 미생물들을 나일 강으로 옮겨놓았다고 보는 것이다. 그 미생물들은 막대한 양의 붉은 진흙과 함께 지류를 따라서 나일 강으로 흘러들어 갔을 것이다.

• Greta Hort, "The Plagues of Egypt," *Zeitschrift für die altestamentische Wissenschaft* 69 (1957): 84-103; 70 (1958): 48-59.

결과적으로 그 강은 진흙 때문에, 그리고 본래 붉은색을 띠고 있는 유글레나 생귀네아(*Euglena sanguinea*)와 해마토코쿠스 플루비알리스(*Haematococcus pluvialis*) 같은 미생물들 때문에 붉게 변했을 것이다. 이 두 종의 미생물 공격을 받은 물고기에서 나온 피 또한 강을 붉은색으로 보이게 만드는 데 기여했을 것이다. 수많은 물고기가 죽었고, 죽은 물고기가 강물 위에 떠 있는 것을 본 사람들은 무서워서 안절부절못했을 것이고 감히 강물을 마실 수 없었을 것이다.

이러한 호르트 박사의 설명은 아주 건실해 보인다. 그녀의 가설은 붉은 나일 강, 죽은 물고기, 마시려는 사람들에게 혐오감을 불러일으키는 강물에 대한 그럴듯한 설명을 제공한다. 그러나 그녀의 가설이 내세우는 주장은 증거들에 의해 뒷받침되고 있을까? 첫째 재앙과 후속 재앙들의 연쇄적 돌발 사태에 대해 효과적인 설명을 제시하고 있는가?

그녀의 주장에 대한 첫 번째 반론은 첫째 재앙을 유발시킨, 아주 심각하게 나쁜 날씨 혹은 홍수는 이집트의 재앙을 다루는 성경 본문들 어디에서도 발견되지 않는다는 점이다. 그러나 이것은 사소한 문제다. 성경 저자가 어쩌면 이상 기후 현상에는 아예 관심이 없었다고 말하면 되기 때문이다.

실상 그녀의 가설에서 발견되는 더 곤란한 점은 두 종의 미생물, 즉 유글레나 생귀네아와 해마토코쿠스 플루비알리스는 인간에게 전혀 해롭지 않다는 사실이다. 설상가상으로 이 유기체 중 어느 것도, 심지어 이와 비슷한 어느 것도 나일 강이나 그 지류 또는 타나 호수에서 발견되지 않았다는 점이다. 오히려 반대로 이런 유기체들은 핀란드 남서부에 있는 욀란(Øland) 한류 수역이나 이탈리아의 아펜니노 산맥에 있는 피안 페르두토 디 구알도(Pian Perduto di Gualdo) 호수 같은 차가운 물속에서 번식하는 것처럼 보인다.

호르트 박사의 호소력 있는 이론의 타당성을 재확인하기 위해서 이제 둘째 재앙, 즉 이집트 땅을 침범한 개구리 재앙을 대략적으로나마 살펴보자. 호르트 박사는 나일 강의 죽은 물고기들이 탄저균을 발생시킨 원인이 되어 개구리들을 강둑 밖으로 몰아냈다고 주장했다. 그러나 탄저균은 오직 육지 포유류에만 영향을 끼친다. 생애 절반을 물속에서 보내는 양서류인 개구리들에게는 영향을 끼치지 못한다. 따라서 아무리 생각해봐도 호르트 박사의 "붉은 진흙과 미생물 이론"은 타당한 근거를 갖지 못한다.

우리는 연쇄 반응에 대한 호르트 박사의 착상을 아주 소중하게 생각하지만, 애석하게도 그녀의 구체적인 연구 방법과 과정은 받아들이기 힘들다. 이처럼 붉은 진흙과 미생물이 홍수처럼 밀려왔다는 이론은 첫째 재앙부터 설명하지 못하기 때문에 나머지 아홉 가지 재앙에 대해서도 설명할 수 없을 것이다.

호르트 박사의 착상을 버리기 전에, 또 다른 미생물이 첫째 재앙을 설명하는 데 도움이 되지는 않겠는지를 고려해보고자 한다. 유글레나나 그와 유사한 미생물 유기체는 양서류인 개구리의 행동에 영향을 끼칠 수 없기에 나일 강을 중심으로 일어난 재앙들의 발생에 관여했을 가능성은 없다. 그렇다면 다른 미생물이 재앙의 연쇄 반응을 유발하지는 않았을까?

뉴욕 시 보건부서의 핵심 책임자인 전염병학자 존 마아(John S. Marr) 박사와 워싱턴 DC의 전문보건부(Exponent Health Group) 소속 전염병학자 커티스 말로이(Curtis D. Malloy) 박사의 말을 들어보자. 이 두 과학자는 최근 이집트의 열 가지 재앙 발생과 관련하여 중요한 가설을 발표했다. 그들은 피에스테리아(*Pfiesteria*)라는 미생물과 함께 시작된 병원균이 잇달아 등장하여 도미노 효과를 일으키는 방식으로 재앙의 연쇄 반응을 일으켰다고 주장했다.[*] 그들의 논문은 과학계 잡지에 실렸으며 인터넷을 통해 널리 알려졌다. 그리고 그들의 연구는 <이집트의 열 가지 재앙>(*The Ten Plagues of Egypt*, 1998년)이라는 TV 다큐멘터리로 만들어졌다. 그들의 이론은 또한 로드니 베이기(Rodney Baker)가 1998년에 『그리고 강물이 피로 변했다』(*And the Waters Turned to Blood*)라는 제목의 책을 쓰도록 영감을 주기도 했다.

마아 박사와 말로이 박사는 첫째 재앙이 피에스테리아라는 미생물의 폭발적 증가 때문에 발생했다고 주장했다. 이 유기체는 1996년에 미국 노스캐롤라이나의 한 강어귀에서 10억 마리나 되는 물고기가 참혹하게 떼죽음을 당했을 때 처음으로 언급되었다. 이 재앙에 대한 뉴스는 세계적인 화제가 되었다. 동물들의 피부가 치명적인 상처를 입은 것으로 드러났으며, 좀더 작은 다른 유기체, 즉 피에스테리아가 그 자리에 발견되었다.

그럼 피에스테리아 또는 유사한 유기체들이 고대 이집트에서도 강물을 핏빛으로 변하게 하고 또 마실 수 없게 만들지는 않았을까? 노스캐롤라이나 주의 물고기 떼죽음 사건이 있었을 때 처음으로 이 가

- John S. Marr and Curtis D. Malloy, "An Epidemiologic Analysis of the Ten Plagues of Egypt," *Caduceus* 12 (1996): 16-24.

능성이 제기되었다. 그러나 몇 년간에 걸쳐 조사를 했지만, 와편모류(dinoflagellate)*인 피에스테리아 피스키디아(*Pfiesteria piscidia*)가 어떻게 물고기들을 죽일 수 있었는지에 대해서는 여전히 명확하게 밝혀진 것이 없다. 생물학자들은 결론을 유보한 채, 독성 모델, 포자, 진균류에 의한 동시 감염 또는 다른 유형을 포함한 다양한 가설들을 내놓았다. 또 하나의 문제는 인간의 건강에 미치는 피에스테리아의 위험이 과대평가된 것처럼 보인다는 점이다. 다른 말로 하면, 피에스테리아가 정말 노스캐롤라이나의 물고기 떼를 죽였는지를 아직도 확실히 모른다는 것이다. 그렇다고 해서 이 점이 그 이론을 무작정 거절할 수 있는 근거를 제공하는 것은 아니다.

피에스테리아 가설은 여전히 붉은 나일 강, 독소, 죽은 물고기의 문제를 풀기에 가능한 해결책으로 보인다. 피에스테리아 또는 유사 유기체들은 물고기를 공격해서 강물에 그 피가 방출되게 할 수도 있었을 것이다. 물고기가 죽어 둥둥 떠다니는 광경과 악취뿐만 아니라 오염된 물 때문에도 사람들은 그런 물을 마시기를 꺼렸을 것이다. 이런 가능성을 확신하게 되면 자연스럽게 후속 재앙들을 생각할 수밖에 없다. 피에스테리아가 도미노 방식의 재앙 발생의 출발점이었다면, 그 영향은 성경에 기록되어 있는 후속적인 재앙들에서 드러날 가능성이 크기 때문이다.

우리의 관심을 끄는 가설이 또 하나 있다. 화산재 가설이다. 화산재가 나일 강을 붉게 변화시켰는가? 이것은 아주 새로운 것은 아니지만,

---

* 식물 플랑크톤의 종류 중 황색식물문의 와편모강에 속하며, 가로 홈에 꼬인 편모가 둘러 있고 후미 홈에는 종편모가 세포 뒤쪽에 있다—옮긴이.

아직까지 철저하고 완벽하게 연구되어본 적도 없는 질문이다. 이미 19세기에 영국인 찰스 비크(Charles Beke)는 성경의 이집트 열 가지 재앙과 히브리인들의 출애굽 사건에 화산과 관련된 요소들이 개입되어 있었을 것이라고 주장한 적이 있다. 존 베네트(John G. Bennet)는 이 생각을 더 정교하게 다듬어 1925년에 구체적인 가설을 세워 발표했다. 에게 해[*]의 "테라"(Thera, 산토리니[**]로도 알려진) 섬의 화산 폭발이 이집트의 재앙을 촉발시킨 원인이었다고 주장한 것이었다.

앙겔로스 갈라노풀로스(Angelos. G. Galanopoulos)는 여기서 한 설음 더 나아가 「지질학적 관점에서 바라본 이집트의 재앙들과 이스라엘의 탈출」이라는 세목의 논문을 발표했다.[***] 그 글에서 그는 재앙들에 대한 성경 본문들은 화산 폭발의 영향을 기록한 역사적인 문서라고 규정했다. 1964년 즈음에 알려진, 그 고대의 화산 폭발은 지중해의 테라 섬을 두 동강 냈으며, 청동기 시대(주전 2000-1200년)의 미노스 문명을 파괴시켜 그 잔해를 에게 해 전역에 흩뿌려놓았다. 그러나 갈라노풀로스는 나일 강 삼각주에서 800킬로미터나 떨어진 테라의 화산 폭발 사건이 어떻게 이집트의 재앙들을 촉발시켰는지에 관한 자세한 설명을 제시하지는 않았다. 테라 섬의 화산 폭발 사건은 지난 1만 년의 역사를 통틀어 지중해에서 일어난 것 중 가장 큰 화산 폭발이었다. 화산 폭발의

- 용어 해설을 보라.
- ● 용어 해설을 보라.
- ●●● Angelos G. Galanopoulos, "Die ägyptischen Plagen und der Auszug Israels aus geologischer Sicht," *Das Altertum* 10 (1964): 131-137.

범위와 참상의 정도를 측정하기 위해 우리는 이미 알려진 다른 많은 화산 폭발 자료들로부터 세부적인 것들을 모았다. 유추가 가능한 목록들을 작성했지만, 통일된 이론은 세울 수 없었다.

- 1902년 카리브 해의 마르티니크(Martinique)에서 일어난 펠리(Pelée) 화산 폭발에서 살아난 유일한 생존자는 감옥에 있던 한 남자였다.
- 1815년 오늘날의 인도네시아 탐보라(Tambora) 지역에 있는 화산의 폭발은 멀리 미국 하늘까지 화산재를 날려 보냈으며, 지구 전역에 걸쳐 최소 1년간 심각한 날씨 변동을 초래했다.
- 1883년 오늘날의 인도네시아 크라카토아(Krakatoa) 지역에 있는 화산 폭발의 굉음은 수백 킬로미터나 떨어진 인도양 중앙에 있는 차고스(Chagos) 섬에서도 들릴 정도였다.
- 79년 이탈리아 베수비오 산의 화산 폭발로 몇 개의 도시(폼페이, 헤르쿨라네움, 스타비아)가 화산재와 다른 물질들에 파묻혔다.
- 그리스 시인 핀다로스는 주전 450년경에 이탈리아 시칠리아에서 일어난 에트나(Etna) 화산의 야간 폭발을 자세하게 묘사했다.
- 그리스 역사가 헤시오도스의 『신계보학』(*Theogony*, 주전 800년경에 최종 완성)은 어쩌면 청동기 시대에 있었던 테라 섬의 화산 폭발에 대한 기억을 담고 있는지 모른다.
- 흑해와 지중해 사이에 있는 터키의 넓은 고원지대인 아나톨리아(Anatolia)에 있는 신석기 유적지인 차탈 회육(Çatal Höyük)에

있는 어느 집(차탈 회육에서 50킬로미터 떨어진 카파리나르 고원지대 중 한 곳)의 벽에 그려진 화산 폭발 그림은 가장 오래된 화산 폭발 기록 유적이다. 이 그림에는 또한 화산 기둥의 방향도 보인다.

수 세기에 걸쳐 화산 폭발은 인간을 매혹시키는 관심사였지만 화산 폭발 연구를 가능케 하는 자료는 거의 남아 있지 않다. 우리가 어떻게 화산 폭발 자료들을 수집할 수 있을까? 이 자료들 중 어떤 것이 성경의 재앙에 대한 통찰을 얻는 데 실제로 유용할까? 그 자료들이 성경에 기록된 각각의 재앙과 이어지는 재앙의 순서를 올바르게 확정하는 네 도움을 줄 수 있을까? 개구리 재앙 다음에 붉은 나일 강이 발생하는 재앙 순서가 아니라 그 반대 방향, 즉 붉은 나일 강 재앙(첫째 재앙) 다음에 개구리 재앙(둘째 재앙)이 발생한 것을 입증해야 하는 지난한 과제를 풀어가는 데 도움을 줄 수 있을까?

성경의 재앙들을 적절하게 설명할 방법을 찾을 수 없었던 많은 학자들은 자신의 무력함을 고백하거나 아니면 성경 본문들이 잘못되었다고 주장했다. 따라서 그들은 자신이 재앙과 그 순서를 설명할 수 있었던 곳에서만 성경 본문을 받아들이려고 했다. 그렇지만 각각의 재앙 사이를 연계하여 설명하는 것이 불가능할 때는 성경 본문이 잘못되었다고 결론을 내려버렸다. 그 결과 어떤 재앙들은 화산과 관련된 원인을 가지고서 설명되었으나, 다른 어떤 재앙들은 화산과 관련 없는 원인들로 발생했다고 설명되었다. 예를 들면 아홉째 재앙인 흑암은 화산 기둥으로 인한 것으로 설명했고, 나머지 재앙들은 열악한 위생 상태 때문에 발생했다고 설명하는 식이었다.

오늘날까지 어느 누구도 열 가지 재앙 모두가 화산 폭발에서 비롯된 재앙들이라고 간주할 수 있게 만드는 완성된 그림을 그려내지는 못하였다. 또한 모든 재앙들을 화산 폭발 사건을 공통분모 또는 "접착제"로 이용하여 상호 연결시킨 사람도 없었다. 이러한 사실은 그 "접착제"를 찾는 일을 매우 흥미를 돋우는 도전적인 일로 만든다!

화산 폭발로 인해 나일 강이 붉게 되었을 가능성을 모색하려고 할 때, 가장 눈에 띄는 사실은 성경의 토라가 화산 폭발을 직접적으로 언급하지 않는 점이다. 이것은 화산 이론의 가능성을 결정적으로 봉쇄하는 것처럼 보일 것이다. 그러나 우리는 화산 폭발 가설이 올바른 길이라고 생각한다. 우리의 말을 끝까지 들어보라.

이집트에서는 지질학적 시간대로 보자면 아주 "최근의 지질학 시간대" 동안에, 즉 지나간 만 년 동안에 활발한 화산 활동이 없었다. 따라서 재앙을 초래할 수 있었던 화산 폭발 사건이 실제로 하나라도 발생했다면 그것은 이집트 바깥에서 일어났을 것이다. 히브리인들은 재앙들이 발생했던 시기에 이집트에 있었기 때문에, 히브리인들이 쓴 성경 본문이 화산 폭발 자체를 묘사하기를 기대할 수 없다. 오히려 화산 폭발의 여파를 묘사하는 것 정도를 기대할 수 있을 뿐이다.

따라서 성경 본문에 화산 폭발에 대한 묘사가 없다는 점은 첫째 재앙의 원인이 화산과 관련되었을 가능성을 배제하지 않는다. 폭발했으리라 추정된 화산은 지질학상으로 히브리인들 근처에는 없었을 것이기 때문이다. 다른 곳에서 화산 폭발이 있었고, 단지 화산 폭발의 결과만이 히브리인들에게 미쳤을 것이다. 결국 성경 본문은 화산 폭발의 여파만을 기록했던 셈이다. 이 사실은 "그렇다면 이집트 밖에서 일어난 화산 폭발이 어떻게 이집트에 영향을 미쳤을까?"라는 질문을 불러일으킨다. 간략하게 대답하자면 그것은 화산재 때문이다. 화산재가 이집트에 영향을 미쳤을 것이다.

화산이 폭발할 때 수반되는 전형적인 현상들을 대략적으로나마 개관해보자. 많은 사람들은 텔레비전 화면을 가득 채우며 무섭게 녹아내리는 용암의 이미지를 금방 떠올릴 것이다. 어떤 사람들은 지진과 그 결과로 일어나는 해일을 생각할 수도 있다. 이 모든 것들이 화산 폭발과 연결되어 있지만, 화산은 그저 지구 표면 아래에 갇혀 있던 기체, 액체, 고체가 한꺼번에 분출되는 지점이다.

가스는 화산이 폭발하는 모든 순간에 방출된다. 이 가스에는 유황과 같은 부식성 혼합물이 풍부하며 대개는 이 가스들과 수증기와 입자들이 서로 합쳐져 화산 구름 또는 화산 기둥을 형성한다. 이 화산 구름이나 기둥이 화산으로부터 부글부글 끓어오르며 공중으로 분출된다.

화산 폭발 때에는 액체도 분출된다. 폭발하고 있는 화산에서 흘러나오는 녹은 암석을 용암이라고 한다. 용암 바로 위로 "용암 거품"이라고 할 수 있는 유체가 떠다닌다. 이것이 식어서 응고되면 부석(浮石)이 된다.

가스와 액체 외에 다양한 크기의 고체도 분출된다. 어떤 것들은 이른바 화산탄(응고된 암석층으로 덮여 있는 용융된 물질)이다. 이것들은 화산에서 나오는 굉장한 금빛 광선을 형성하고 밤에 가장 잘 보인다. 화산탄은 보통 화산 입구로부터 3킬로미터 이내에 떨어진다. 크기가 훨씬 작은 화산재로 알려진 다른 고체들도 있는데 이것들은 훨씬 더 멀리까지 날아갈 수 있다. 화산재는 크기가 작기 때문에 일단 공중에 떠오르면 기류의 영향을 받는다. 이 화산재가 가스와 합쳐지면 화산 구름을 형성하게 되고, 이 화산 구름은 바람에 따라 위치를 바꾸어 이동할 수 있다. 대부분의 입자들이 떼를 지어 다니지만, 그중 많은 것들은 흩어지며, 땅과 태양 사이에 먼지 차양막을 형성한다. 따라서 화산재는 태양빛을 가릴 수 있고, 지구 전역의 기온을 떨어뜨릴 수 있다.

공중에 떠다니는 화산재 입자들은 크기가 작기 때문에 멀리까지 갈 수 있고, 처음에 그것들을 공중으로 분출한 화산에서 멀리 떨어진 곳까지 피해를 끼칠 수 있다. 좀더 구체적으로 그것들은 성경의 첫째 재앙에 거의 버금가는 현상을 일으킬 수 있다.

화산재는 소금과 유리를 포함한 몇 개의 물질로 이루어져 있다. 유리는 물에 녹지 않는 물질이지만 소금은 녹는다. 소금은 강물에 용해되어 강물 색깔을 변화시킬 수 있다. 예를 들면 구리와 스트론튬과 나트륨이 들어 있는 황산염은 붉은빛을 띤다. 따라서 화산재는 나일 강의 붉은색을 설명할 수 있다.

마찬가지로 화산재는 물고기의 떼죽음을 설명해줄 수 있다. 이 화산 물질은 산성도가 높다. 상당량의 화산재가 떨어졌다면 강의 물맛을 시큼하게 했을 것이다. 그 결과 화산재가 떨어진 지점에 살고 있던 물고기가 영향을 받았을 것이고, 어마어마한 양의 산성 물질이 유입된 강물에 살던 물고기들은 떼죽음을 당했을 것이다. 수중 서식지의 산성화로 인해 물고기가 죽은 비슷한 경우가 관찰된 적이 있었다. 이는 1980년대에 스칸디나비아에서 공중에 떠돌아다니는 (산업 폐기물의 부산물이었던) 미세 먼지로 일어난 일이었다. 수중 생물의 몸체가 화산 작용에 의해 산성화됐다는 기록이 인도네시아에도 남아 있다.

인간은 어떤가? 죽은 물고기가 둥둥 떠다니고 악취를 풍기는 붉고 시큼한 강물 때문에 사람들은 나일 강을 멀리했을 것임에 틀림없다. 중요한 사실은, 성경 본문에 묘사된 것처럼, 강둑의 토양에 포함된 모래는 산성화된 강물을 여과시켜 식용수로 만들 수도 있다는 점이다(출 7:24).

이처럼 이집트 밖에서 일어난 화산 폭발로 분출된 화산재는 성경의 첫째 재앙의 세 가지 요소, 즉 나일 강물의 붉은색, 물고기의 떼죽음과 악취, 변질된 강물 맛의 원인을 제공해준다.

따라서 붉은 나일 강에 대한 가능한 여러 설명을 분석하는 마지막 단계에 이른 이 지점에서, 우리는 앞에서 검토했던 세 가지 가설들(모래폭풍, 남조류, 미생물 섞인 붉은 진흙)을 버려도 무방할 것이다. 이제 남은 피에스테리아 가설과 화산재 가설이 다음 단계의 연구까지 고려될 것이다. 이 두 가지 가설은 후속 재앙들의 발생을 규명하는 연구에 활용될 것이다. 성경 본문들에 따르면 물고기가 죽은 후에 개구리들이 보통 사람들의 거주지까지 들어왔으며, 대범하게도 왕궁에까지 침범했다. 개구리들이 죽자, 사람들이 그것들을 무더기로 쌓아두었다. 이 상황을 성경 저자들은 다음과 같이 묘사한다.

> […] 개구리가 올라와서 애굽 땅에 덮이니.…모세가 바로에게 이르되 "내가 왕과 왕의 신하와 왕의 백성을 위하여 이 개구리를 왕과 왕궁에서 끊어 나일 강에만 있도록 언제 간구하는 것이 좋을는지 내게 분부하소서."…개구리가 집과 마당과 밭에서부터 나와서 죽은지라 사람들

이 모아 무더기로 쌓으니 땅에서 악취가 나더라(출 8:6-14).

[…] 하나님이…개구리를 보내어 해하게 하셨으며(시 78:45).

그 땅에 개구리가 많아져서 왕의 궁실에도 있었도다(시 105:30).

개구리 재앙은 나일 강 주변에서는 주기적으로 일어나던 사건으로 흔히 설명된다. 대개 가을이 되면(20세기에 아스완댐이 건설되기 전까지) 개구리들이 나일 강둑으로 기어 올라오곤 했다. 성경에 묘사된 쇄도하는 개구리들은 보통 가을에 강둑을 주기적으로 기어오르는 양서류들보다 훨씬 많았을 것이다.

이 설명은 처음엔 꽤 그럴듯하게 들린다. 그러나 너무 당연해 보여서 오히려 진실과 멀다. 실제로 여기에는 도저히 풀어낼 수 없는 몇 가지 문제들이 내포되어 있다. 가을철에 주기적으로 발생하는 것으로 간주되는 개구리들의 인간 거주지 침범은, 그 개구리 떼의 규모가 아무리 크다고 할지라도, 다음 세 가지 이유 때문에 성경의 개구리 재앙 묘사와 부합되지 않는다.

- 그런 식으로 주기적으로 육지로 올라오는 개구리들 또는 두꺼비들은 대단한 재앙이 아니다.
- 개구리들의 주기적인 인간 거주지 침범은 왜 개구리들이 죽었는지 그 이유를 설명해주지 못한다.
- 그것은 "관찰된 사실을 설명해줄 수 있는 두 가지 이론이 있다

그림 2.3. "Plague of Frog",
1680년 영어 성경.
◆ 그림의 훼손된 부분은 원자료상의 상태다.

면 어느 한쪽을 지지하는 확실한 증거가 나오기 전까지는 더
단순한 이론을 택해야 한다"는 이른바 오컴의 면도날(Ockham's
razor)● 원리를 위반하는 설명이다.

당연히 개구리들이 침범할 것이라고 예상할 수 있는 때에 찾아오
는 개구리들의 대규모 침범 때문에 사람들이 정색하며 당황하지는 않
을 것이다. 이 양서류의 주기적 육지 침범 가설에 따르면 이집트 사람

● 용어 해설을 보라.

들은 개구리들이 침범해올 것을 의당 예상했어야 하고 놀라서도 안 될 것이다. 비록 개구리들이 개굴개굴 시끄럽게 울어대 성가신 존재가 되었을 수는 있었겠지만 그렇다고 그것이 엄청난 재앙은 아니었을 것이다. 오히려 사람들은 어쩌면 평상시의 음식 외에 그렇게 많은 고기가 해마다 스스로 찾아오는 것을 신나게 즐겼을지도 모른다. 생선이 부족해진 상황 직후에 엄청난 양의 개구리들이 제 발로 사람들에게 찾아왔다면 특히 그랬을 것이다. 성경은 개구리 떼의 규모가 예상보다 훨씬 컸던 점을 주목하며, 그것을 단지 가을철 개구리들의 주기적인 육지 출현이라고 보지 않고 그 현상 안에는 뭔가 이상한 것이 작용하고 있다고 진술한다.

개구리들은 강둑에만 침범한 것이 아니었다. 개구리들은 들판과 심지어 사람들의 거주지까지 쳐들어왔다. 그 생물들이 이집트 사람들의 주택 안까지 들어왔으며, 평상시에는 감히 접근도 못할 왕궁에까지 침입했다. 왕궁은 인간이 거주하는 가장 거대한 건물로, 개구리들이 정말 제 힘으로 쉽게 들어갈 수 있는 장소는 아니었을 것이다.

재앙의 때에 사람들이 본 개구리들이 "가을 주기에 따라 움직이는 자연적인 개구리들"일 수 없음을 드러내는 두 번째 모순이 있다. 평상시에 개구리들은 강둑으로 올라왔다가 나중에 기꺼이 강물로 되돌아갔다. 그러나 성경 본문들은 개구리들이 그들이 나왔던 곳으로 되돌아가기보다는 집, 밭, 왕궁, 들판에서 발견되었다고 진술한다. 마치 개구리들이 강물로 되돌아가는 길이 막혔던 것처럼 보인다. 실제로 그 생물들은 강물로 되돌아가지 못하고 육지에서 집단 폐사하고 말았다. 가을철 개구리 침범설은 개구리들이 왜 강 쪽으로 몇 번만 폴짝 뛰면 되는 강둑에서 죽기를 선택했는지를 설명해주지 못한다.

마지막으로 가을철 개구리 침범설에는 또 하나의 문제점이 있다. 그 이론은 오컴의 면도날의 원칙을 위반한다는 것이다. 오컴의 면도날은 특별한 면도날이다. 그것은 중세 영국 철학자인 윌리엄 오컴(William of Ockham, 1285-1349년)이 체계화한 철학적 논리로, 불필요한 설명은 제거되어야 함을 주장한다. 즉 "불필요한 가정을 추가해서는 안 된다"는 것이다. 이 책에서 오컴의 면도날은 각각의 사건들이 서로 연관되어 있다면 그것들은 일련의 인과 관계 안에서 일어난 사건들이었을 가능성이 한층 높다는 것을 주장하기 위해 사용될 것이다.

따라서 서로 무관한 두 개의 재앙이 일어났다기보다는, 즉 첫째 재앙과 둘째 재앙이 완전히 상호 독립적인 사건이었다기보다는, 하나의 거대한 재앙(첫째 재앙)이 후속 재앙을 병발시켰을 가능성이 훨씬 높다는 것이다. 이렇게 보면 첫째 재앙과 둘째 재앙 둘 다를 설명할 수 있는 시나리오가―개구리들의 이동이 이전의 치명적인 강물 변질 사태와 아무런 상관이 없었다는 주장보다는―훨씬 더 설득력 있는 주장이 되는 셈이다.

요컨대 오컴의 면도날은 일반적으로 더 복잡한 설명보다는 더 단순한 설명을 선호한다. 이제 우리가 "가을철 개구리들"이 둘째 재앙을 유발시켰다는 가설을 받아들인다면, 우리는 가을철 개구리들과는 상관없이 발생한 첫째 재앙의 원인을 설명해야 하고(피에스테리아 또는 화산재), 아울러 첫째 재앙과 무관하게 발생한 둘째 재앙을 또다시 설명해야 하는(비록 대규모였기는 하나 철 따라 발생한 개구리들의 육지 쇄도 가설) 입장에 직면하게 된다. 첫째 재앙과 둘째 재앙이 별도의 원인으로 발생했다고 가정하는 것은 무리한 논리라는 말이다. 오히려 두 재앙이 진짜로 현실 세계에서 일어났다면, 그것들은 관련이 있을 뿐 아니라 도미노 효과를 일으키는 방식으로 연쇄적으로 발생했을 가능성이 크다.

오컴의 면도날을 사용하면 앞의 두 가지 방법론(피에스테리아 가설과 가을철 개구리 가설)이 드러낸 약점을 정확하게 알 수 있다. 즉 가을철마다 대규모의 개구리들이 강둑을 넘어 육지를 침범했다는 것은 미약하기 짝이 없는 주장일 뿐이다. 이 주장은 첫째 재앙과의 연관성을 제시하지 못하는 것은 물론이고 둘째 재앙 자체도 제대로 설명하지 못한다.

열외로 취급되긴 하지만, 이외에도 개구리 재앙을 설명하기 위한 또 다른 개구리 가설이 있었다. 어떤 지역에서 개구리들이 종종 비처럼 떨어지는 경우가 있었다고 한다. 거센 바람이나 다른 천재지변이 일어나 개구리들이 한 지역에서 공중으로 휩쓸려 올라가 다른 지역에 쏟아부어졌을지도 모른다는 것이다. 이 주장은 문제점이 많다. 첫째, 그것은 첫째 재앙과 연관되어 있지 않다. 둘째, 개구리들이 공중으로 휩쓸려 올라갈 정도로 강한 바람이 불었다면, 아마도 개구리들은 다른 물질들(잡초, 나뭇잎, 벌레, 물고기 등)과 함께 휩쓸려 올라갔을 것이며 따라서 그것들과 함께 땅으로 떨어졌을 것이다. 그런데 성경 본문들에는 다른 물질에 대한 언급이 없다. 셋째, 하늘에서 떨어지는 충격에서도 살아남은 개구리들이 왜 가까운 강으로 되돌아가지 않고 대신 강둑 위에서 죽기를 선택했는지 그 이유가 분명치 않다. 결국 개구리들이 비처럼 하늘에서 떨어졌다는 주장은 성경의 둘째 재앙을 설명해주지 못한다.

10월경의 가을철 개구리들과 비처럼 내린 개구리들 가설과는 대조적으로 피에스테리아 가설과 화산재 가설은 왜 개구리들이 나일 강에 머물 수 없었는가를 설명할 수 있다. 피에스테리아나 화산재가 덮친 나일 강물이 물고기에게 치명적이었듯이, 개구리들에게도 치명적이었을 것이다. 그러나 물고기와는 달리 이 생물들은 나일 강을 빠져나갈 수 있었다. 이것은 단지 평상시보다 개구리가 더 많이 육지로 쇄도했다는 사실뿐만 아니라, 왜 이전에 결코 본 적도 없고 감히 상상도 할 수 없는 많은 개구리 떼가 육지로 올라왔는지를 설명해줄 수 있을 것이다.

그러나 일단 강 밖으로 도망쳐 나온 개구리들은 곤경에 처하게 되었다. 즉 개구리들은 나일 강에서 죽든지 아니면 육지 위에서 말라죽는지 두 가지 선택 사이에 놓이게 되었다. 개구리들은 본능적으로 강에서 널리 벌어져 있는 깨끗한 물을 찾았다. 전에는 본 적도 상상한 적도 없는 수많은 개구리들이 정상적인 물을 구할 수 있는 연못 같은 장소를 찾아다녔다. 하지만 그 어느 곳에서도 마땅한 피난처를 찾을 수 없게 된 개구리들은 도시와 사람들의 거주 공간, 일반 사람들의 집 그리고 그보다 큰 건물들로 발길을 옮기지 않을 수 없었다. 그래서 개구리들은 왕궁까지 침투했다. 그 양서류들은 어쩌면 이런 곳에는 샘물과 물그릇 등이 있다는 것을 알았을 것이다. 그러나 결국 개구리들은 육지 위에서 말라 비틀어져 죽어갔다. 깨끗한 물을 찾으려고 발버둥 쳤으나 결코 찾지 못했던 것이다.

결국 피에스테리아 가설과 화산재 가설은 둘째 재앙에 대한 그럴듯한 설명뿐만 아니라, 첫째 재앙과 둘째 재앙의 연관성에 대해 개연성 있는 설명을 제공해준다. 피에스테리아 또는 화산재에서 비롯된 상황을 고려하면, 오염된 나일 강을 떠날 수 있었던 모든 동물은 멸종을 면하기 위해 강물 밖으로 도망쳤다는 것이 이치에 맞다. 이집트의 "모험심 넘쳤던" 개구리들은 그렇게 했다. 피에스테리아가 물고기를 공격했을 것이며 이내 강물은 피로 물들었을 것이다. 이 미생물이 개구리들도 공격했겠지만, 이 양서류 생물들은 물고기와 달리 피해를 주는 환경을 스스로 벗어날 수 있었을 것이다.

아니면 유황 성분이 함유된 산성 화산재가 강물을 붉게 물들였을 것이다. 강물의 산성도가 높아져 물고기가 떼죽음을 당했을 것이고, 이 상황은 개구리들을 강둑으로 내몰았을 것이다. 붉은빛의 강물, 시큼한 물맛, 죽은 물고기 때문에 사람들은 그 강물을 도저히 마실 수가 없었을 것이다.

이 경우 중 어느 것이었든 개구리들은 강으로 되돌아가려고 하지 않았을 것이다. 두 경우 모두 개구리들은 개굴개굴 울면서 나일 강 강둑에 남아 죽어가는 운명을 받아들였을 것이다. 첫째 재앙에서 이집트 사람들이 우물을 팠던 것과 마찬가지로 개구리들도 왕궁 으슥한 데와 샘물에서 물을 찾으려고 돌아다녔고 결국 물을 찾지 못한 그 생명체들이 금방 죽었다고 진술하는 성경 본문은 마치 그 상황을 지켜본 목격자의 생생한 증언처럼 들린다.

붉은 나일 강과 개구리 떼 사건 사이에 일주일이 지나갔다는 점을 들어(출 7:25), 혹자는 개구리들이 강물에서 뛰쳐나오는 데 왜 그렇게 오랜 시간이 걸렸느냐고 물을지 모른다. 이런 상황에서는 당연히 개구리들이 할 수 있는 한 오랫동안 강물에 들락날락하기를 반복했기에 일주일이 경과되었을 것이다. 그러나 화산재나 미생물이 계속 늘어났을 때는 개구리들도 더 이상 선택의 여지가 없었을 것이다. 일주일 동안, 개구리들이 도저히 살 수 없는 지경까지 미생물들이 증가하였거나 상류의 강물에 화산 물질이 점점 더 스며듦에 따라 강물 전체의 화산재 농도가 증가했을 수 있다. 특히 화산재 산성 농도가 하류까지 퍼졌다면 하류의 개구리들은 두 배나 강한 산성 화산재에 노출되었을 것이다. 그때도 여전히 나일 강이 붉었는지, 또는 그 즈음에는 강물을 붉게 물들이지는 않았던 두 번째 화산재가 밀려왔는지는 분명하지 않다.

열 가지 재앙의 발생 초기 단계에 대한 분석을 마무리하는 이 시점에서 이제 우리가 엄밀하게 검증해야 할 이론은 결국 두 가지 가설임을 깨닫게 된다. 즉 성경의 재앙들은 피에스테리아류의 유기체 혹은 화산재에 의해 촉발되었다는 것이다. 남아 있는 여덟 가지 재앙에 대한 분석을 통해 우리는 성경의 재앙들이 피에스테리아 감염 때문에 발생한 것인지, 아니면 화산재에 의한 오염 때문에 발생한 것인지 그 수수께끼를 꼭 풀어야 한다.

제3장

꼬리를 물고 일어나는 재앙

셋째 재앙부터 여덟째 재앙까지

일단 한 번 시작된 재앙은 결코 끝날 것처럼 보이지 않았다. 성경 이야기에 따르면, 나일 강이 죽은 물고기로 가득 차고, 개구리 사체 무더기가 강둑을 따라서 썩고 난 다음에, 어마어마한 양의 킨님(*kinnîm*)이 육지를 기어다니기 시작했고 아롭(*'ârôb*)이 그 뒤를 따랐다고 한다.

[…] 애굽 온 땅의 티끌이 다 이가 되어 사람과 가축에게 오르니(출 8:17).

[…] 무수한 파리가 바로의 궁과 그의 신하의 집과 애굽 온 땅에 이르니 파리로 말미암아 그 땅이 황폐하였더라(출 8:24).

[하나님이] 쇠파리 떼를 그들에게 보내어 그들을 물게 하시고 개구리를 보내어 해하게 하셨으며(시 78:45).

여호와께서 말씀하신즉 파리 떼가 오며 그들의 온 영토에 이가 생겼도다(시 105:31).

이 또는 파리로 번역된 두 종류 벌레의 정확한 정체가 무엇인지에 대해서는 학자들의 의견이 분분하다. 히브리 본문에 나온 용어는 현대 생물학에서 사용하는 것과 일치하지 않는다. 대부분의 학자들은 킨님

그림 3.1. "Plague of Flies",
1469년 쾰른 성경의 판화.

을 "모기" 또는 "이"로 이해하고, 아롭은 "파리", "등에" 또는 불특정 해충을 지칭하는 말일 수 있다고 생각했다.●

그럼에도 불구하고 많은 학자들이 두 벌레의 정확한 이름을 발견하려고 노력해왔다. 예를 들면 피에스테리아 가설을 내세운 마아와 말로이는 킨님과 아롭을 아주 다른 특수한 두 종류의 곤충이라고 보았으며, 이에 맞는 가능한 후보군을 찾아내기 위해 갖은 방법을 동원했다.

두 종류의 벌레들이 왜 둘째 재앙 도중에 발생했는지 그 이유는 아주 간단하다. 개구리와 물고기는 곤충을 잡아먹는다. 그런데 개구리와 물고기가 죽었기 때문에 곤충들은 계속 늘어날 수 있었던 것이다.

두 저자는 그 후보군을 살피면서, 불가능한 후보들을 먼저 뺐다. 체체파리,●● 흑파리, 말파리, 집파리는 이 재앙에 맞지 않는다고 했다.

● 한글 개역개정 성경은 전자를 "이", 후자를 "파리"로 번역한다―옮긴이.
●● 수면병 등의 병원체를 매개하는 아프리카 흡혈 파리 종류다―옮긴이.

체체파리는 비가 많이 내리는 열대 지역에서 등장하는데, 이집트는 여기에 해당되지 않는다. 흑파리나 말파리도 개체 통계학상 폭발적으로 증가하지 않는다. 집파리는 떼를 이루기는 하지만 물지는 않는다.

두 벌레 중 하나는 작고 까다로운 등에모기(*Culicoides*)였을 수 있다. 그것은 사람을 무는데, 물리면 엄청나게 가렵다. 하지만 등에모기는 50미터밖에 날지 못한다. 한때 그 수가 폭발적으로 증가한 것으로 알려진 침파리도 물리면 엄청 괴로운데, 아마 그것이 아롭이었을 수 있다. 마아와 말로이는 등에모기와 침파리가 둘째 재앙에서 기인했었을 것이라고 설명한다. 그들의 설명이 지금까지도 유력한 견해로 받아들여지고 있는 것처럼 보인다.

이것과는 다른 종이면서도 마찬가지로 흥미 있는 곤충의 한 종류가 다른 연구자들에 의해 확인되었다. 저명한 의학저널인 「란세트」(*The Lancet*)에 투고한 한 논문에서 노턴(Norton)과 리온즈(Lyons)는 셋째와 넷째 재앙은 단 한 종류의 곤충, 즉 가룃과의 딱정벌레(blister beetle)가 촉발한 재앙일 것이라고 간략하게 제안했다.* 이 관찰의 가치는 파이데루스 알피에리(*Paederus alfierii*)라는 학명을 가진 딱정벌레에 독성 화학 물질이 들어 있다는 것을 밝힌 점이다. 이 벌레들은 처참하게 짓이겨지면 즉시 화학 잔류물을 방사한다. 피부나 동물 가죽 위에서 죽으면 화학 잔류물이 며칠 내에 흡수되고, 신체와 반응하여 극심한 화상을 일으킬 수 있다. 따라서 노턴과 리온즈는 셋째와 넷째 재앙을 여

* S. A. Norton and C. Lyons, "Blister Beetles and the Ten Plagues," *The Lancet* 359 (2002): 1950.

셋째 재앙, 즉 사람과 동물의 피부에 생긴 독종 재앙과 연결시켰다.

이제 화산 폭발이 셋째와 넷째 재앙도 설명할 수 있는지 생각해볼 차례다. 실제로 화산 폭발이 셋째와 넷째 재앙도 설명할 수 있다. 둘째 재앙 후에 이집트는 동물들의 사체가 무더기로 쌓인 나라로 변했다. 죽은 물고기가 강물에 떠다녔고, 죽은 개구리들이 강둑에 줄을 잇고 있었다. 마아와 말로이가 관찰한 대로, 물고기와 개구리는 둘 다 곤충을 잡아먹는다. 그런데 이 동물들이 죽자 천적이 사라진 곤충들은 개체수를 증가시킬 수 있었다. 게다가 보통의 정상적인 경우에는 "먹잇감"이었을 그 곤충들이 이제는 거꾸로 그 천적들의 썩어가는 몸체를 마음껏 즐기게 되었다. 파리들과 다른 곤충들이 이 어마어마한 고기에다 알을 낳았을 것이고, 이내 그 알들에서 유충이 부화했을 것이다. 순식간에 그 땅 사방이 기어 다니는 벌레들로 가득 차게 되었을 것이다. 성경 본문에 정확하게 묘사된 것처럼, 킨님이 도처에 있었다. 흔히 "이"로 번역된 킨님은 이 문맥에서 기어 다니는 벌레들 또는 "피 빨아먹는 구더기"로 번역되는 게 제일 자연스럽다.

이 기어 다니는 벌레들은 이내 성충으로 자랐다. 생물학자들이라면 당연히 이것을 예견했을 것이다. 또한 이것은 성경 본문에서 묘사된 것과 꼭 같다. 사실 성경 본문은 날아다니는 수많은 벌레들로 묘사된 아롭 떼가 넷째 재앙을 초래했다고 진술한다. 따라서 우리는 재앙마다 하나의 특정한 곤충을 원인자로 추적하기보다는(혹은 노턴과 리온즈처럼 두 재앙 모두 하나의 곤충에 의해 초래되었다고 주장하기보다는), 좀더 단순한 설명을 선호한다. 이집트에는 상당히 다양한 종류의 곤충들이 있었고 지금도 있다. 지역마다 왕성하게 서식하는 곤충들이 다르다. 어떤 지역에서는 파리가 더 많고, 어떤 지역에서는 모기가 더 많다. 또 다른 지역에서는 나방이 더 많다. 그런데 여기서는 온갖 종류의 곤충들이 물고기와 개구리 사체 안에다 알을 낳았다. 그 결과 온갖 종류의 애벌레들이 부화하여 대량의 성충으로 자랐다. 등에모기나 침파리 혹은 딱정벌레만이 성충으로 자랐다고 믿을 아무런 이유가 없다. 따라서 마아와 말로이의 이론조차도 이 현상에 걸맞게 수정되어야 한다. 즉 피에스테리아가 물고기들을 죽이고 개구리들을 강둑으로 밀어냈으며, 그리하여 곤충들이 죽은 개구리들 안에 알을 낳아서 유충으로 자랐으며, 그 유충들이 (적당한 때에) 성충이 되었다고 보아야 한다는 것이다.

그러나 이 두 재앙에 대한 분석을 끝내기 전에 검토할 사항이 하나 더 있다. 성경 본문은 셋째 재앙이 이집트 전역을 강타했지만, 넷째 재앙은 고센—히브리인들이 사는 지역—에는 일어나지 않았다고 진술한다는 점이다. 이것을 어떻게 설명할 수 있을까? 아마 재앙이 진행되면서 곤충들(처음엔 유충, 나중엔 성충)의 개체수가 죽은 물고기와 개구리들 안에 있던 알의 숫자에 비례하여 더 늘어났거나 아니면 줄어들었을 것이다. 날아다니는 곤충들의 개체수 역시 수많은 종류의 날 곤충들이 동물의 사체에 낳은 알들의 수에 비례했을 것이다. 물론 어떤 종류의 곤충들이 물고기와 개구리에다 알을 낳았는지는 정확히 알 수 없다. 다만 고센 지방에는 넷째 재앙이 일어나지 않았던 이유는 아마도 개미들과 그 외에 날지 못하는 곤충들이 고센 지방에 더 많았기 때문일 수 있다. 그래서 많은 수의 유충이 생겼지만 고센에는 상대적으로 날아다니는 곤충들이 적었을 것이다. 반면에 이집트의 다른 지역에는 모기들과 그 외의 날아다니는 곤충들이 더 많았을 수 있다. 그런 지역에는 많은 수의 유충이 생겼고 그에 비례하여 날아다니는 성충들의 수도 그만큼 더 많아졌을 것이다.

우리는 이 점에 대해서 충분하게 자세히 알 수 없다. 물고기와 개구리들이 죽었을 때 그 사체들은 벌레들과 곤충들의 난투장과 같았고, 모든 곤충들이 거기에 앞다투어 알을 낳았을 것이라는 점은 분명하다. 하지만 이집트의 온 땅에 곤충류가 균일하게 분포되어 있었으리라고 추측할 이유는 없다. 성경에 묘사된 유충들과 성충들은 이집트 각 지역에 이미 있던 곤충들의 자연적 분포 상황을 반영하고 있는 개체들이었으리라.

여기서 첨언할 사항이 한 가지 더 있다. 마아와 말로이가 처음 제시한(위에서 수정되긴 하였지만) 피에스테리아 가설과 화산재 가설 둘 다 셋째와 넷째 재앙을 설명할 수 있다는 점이다. 따라서 이 시점에서 우리는 두 경우 중 어느 것이 성경이 묘사하는 일련의 재앙들을 최초로 촉발했는지를 확증할 수 없다.

그러나 다음 재앙을 고려할 때 즈음이면 명쾌한 구별이 가능할 것이다. 출애굽기는 동물들의 죽음에 대하여 이야기한다. 성경의 다른 기사들에서 발견되는 동물들에 대한 유일한 언급들이 온 농촌 지역을 쑥대밭으로 만든 폭풍우들과 관련되어 있다는 사실만 없다면, 동물들의 죽음에 대한 출애굽기의 언급은 꽤 명료한 진술로 이해될 것이다. 출애굽기는 단 한 번의 폭풍우에 대해서만 언급한다. 그리고 그 한 번의 폭풍우는 우박을 동반한 폭풍우였고 또 보리와 삼을 파괴한 폭풍우였다고 묘사되고 있다.

[…] 여호와의 손이 들에 있는 네 가축 곧 말과 나귀와 낙타와 소와 양

에게 더하리니 심한 돌림병이 있을 것이며. 여호와가 이스라엘의 가축과 애굽의 가축을 구별하리니 이스라엘 자손에게 속한 것은 하나도 죽지 아니하리라 하셨다 하라 하시고(출 9:3-4).

우박이 내림과 불덩이가 우박에 섞여 내림이 심히 맹렬하니 나라가 생긴 그 때로부터 애굽 온 땅에는 그와 같은 일이 없었더라. 우박이 애굽 온 땅에서 사람과 짐승을 막론하고 밭에 있는 모든 것을 쳤으며 우박이 또 밭의 모는 채소를 치고 늘의 모든 나무를 꺾었으되 이스라엘 자손들이 있는 그 곳 고센 땅에는 우박이 없었더라.……그 때에 보리는 이삭이 나왔고 삼은 꽃이 피었으므로 삼과 보리가 상하였으나 그러나 밀과 쌀보리는 자라지 아니한 고로 상하지 아니하였더라(출 9:24-26; 출 9:31-32).

그러나 시편 78편과 105편은 다른 이야기를 하는 것처럼 보인다. 거기서는 두 개의 폭풍우, 즉 우박을 동반한 폭풍우와 비를 동반한 폭풍우를 언급하고 있다. 그 두 차례의 다른 폭풍우들이 이집트 하늘을 산산이 부수어 이집트의 동물들을 죽이고 나무들을 파괴시켰다는 것이다.

[그가] 그들의 포도나무를 우박으로, 그들의 뽕나무를 서리로 죽이셨으며 그들의 가축을 우박에, 그들의 양 떼를 번갯불에 넘기셨으며(시 78:47-48).

[그가] 비 대신 우박을 내리시며 그들의 땅에 화염을 내리셨도다 그들

의 포도나무와 무화과나무를 치시며 그들의 지경에 있는 나무를 찍으셨도다(시 105:32-33).

그러나 출애굽기는 다섯째 재앙(동물들의 죽음)은 일곱째 재앙(우박 재앙)과 아주 달랐다고 진술한다. 그리고 그 사이에 여섯째 재앙으로 독종(피부병)이라는 완전 별개의 재앙이 있었다고 지적한다. 이 경우 신명기에 흩어져 있는 내용들은 별로 도움이 되지 않는다. 독종 재앙과 가장 밀접한 구절에서는 벌레들로 피해를 입은 포도나무와 수확을 못한 감람나무에 대한 이야기가 나오기 때문이다(신 28:39-40). 여러 개의 재앙 이야기 판본들이 과연 다섯째 재앙과 일곱째 재앙 사이에 어떤 일이 일어났는지를 정확하게 재구성하는 데 혼란을 야기한다. 그래서 이집트의 재앙들을 역사적으로 재구성하려고 하는 학자들이 시편과 신명기 판본의 재앙 구절들을 무시하려고 하는 것은 하등 이상한 일이 아니다.

사실 마아와 말로이의 가설적인 재구성은 각 재앙을 일으킨 후보가 될 만한 원인으로 단지 보다 많은 병원균을 계속 내놓을 뿐이다. 그들은 다른 성경 본문들에 나온 이야기와 출애굽기의 관련 구절 사이의 상관관계는 아예 제쳐두고, 어떤 질병이 동물들을 죽였는지를 결정지으려고 애쓰면서 동물들의 죽음에만 주목했다.

재앙 본문들에 동물들과 함께 인간이 죽었다는 기록이 없는 것을 볼 때 탄저균은 다섯째 재앙의 원인이 될 수 없다. 왜냐하면 탄저균은 인간도 죽일 수 있기 때문이다. 수족구병을 일으키는 병원균도 역시 제외된다. 동물이 그 질병에 걸렸다는 징후(예를 들면 다리를 저는 현상)가 성경의 이야기에 나오지 않기 때문이다. 체체파리가 뿌려놓은 병원균도 후보군에서 제외된다. 이 파리들은 이집트에 살지 않기 때문이다.

아프리카 마역(African Horse Sickness)*은 말과 노새와 당나귀한테 해를 끼친다. 하지만 소와 낙타한테는 해를 끼치지 않는다. 그런데 성경에 따르면 소와 나귀들도 죽었다. 혀를 푸르게 만드는 청설병(Blue-tongue)**은 소, 양, 염소한테 해를 끼친다. 따라서 마아와 말로이는 다섯째 재앙이 아프리카 마역과 청설병에 의해 촉발되었다는 결론을 내렸다. 언급된 모든 동물들의 죽음은 이런 식으로(사람은 죽지 않았다는 사실도 함께) 설명될 수 있었다.

그러나 이 설명은 오래 지탱되지 못한다. 무엇보다도 그것은 시편과 신명기의 병행 구절들에 언급되는 내용들을 고려하지 않고 있다. 시편과 신명기 본문들의 내용은 이 점에서 아주 다른 재앙 시나리오를 제공하고 있기 때문이다. 설상가상으로 아프리카 마역이나 청설병 중 어느 것도 피에스테리아와 연결될 수 없다. 두 질병은 서로 무관하며(오르비바이러스가 아프리카 마역을 일으키고, 레오바이러스가 청설병을 일으킨다) 또 피에스테리아와도 무관하다.

이것은 오컴의 면도날 원칙을 심각하게 위반하는 것이다. 여기에 세 가지의 별개의 원인들이 있는데, 그중 두 가지—오르비바이러스와 레오바이러스—는 둘이 서로 무관하더라도 동시에 나타나야 한다! 여

- ● 말과 노새 등 마과에 속하는 동물에 거모기 또는 모기를 매개로 발생되는 바이러스 질병이다—옮긴이.
- ●● 양, 소 등 반추동물에 곤충을 매개로 생기는 바이러스 질병으로 이 병에 걸리면 동물 혀의 색깔이 검푸르게 변한다—옮긴이.

기서 도미노가 넘어지다 중단된다. 아울러 피에스테리아에 기초한 가설에 대한 고려도 멈춘다.

노턴과 리온즈의 수정된 이론도 피에스테리아에 기초한 가설을 구해낼 수 없다. 그들이 곤충들(셋째 재앙과 넷째 재앙)과 독종(여섯째 재앙)을 연결시켰던 것은 상당히 타당하지만, 그들은 다섯째 재앙의 발생 원인을 설명하지 못한다. 또한 그들의 이론은 일곱째 재앙과도 연결점이 없다.

이렇게 해서 생물학적 병원균에 의해 재앙들이 연쇄적으로 발생했다는 이론들은 좌초되었다. 이제 물리화학적 이론, 즉 화산재 가설이 이 점에서 지지를 얻느냐 못 얻느냐의 문제만 남게 된다.

놀랍게 들릴지 모르겠지만, 출애굽기, 신명기, 시편 78편과 105편에 나온 이야기들의 복잡한 묘사와 언급 때문에 발생한 혼란은 화산재 가설을 살핌으로써 해결될 여지가 있다는 것을 의미한다.

두 시편 모두 우박과 비에 대해 말하는데, 그 비는 비정상적인 비였으며 뜨겁거나 불타는 비라는 점이 특이하다. 우박이 내리칠 때는 비가 내리지 않기 때문에 일종의 폭풍우 같은 우박과 이례적으로 불타는 비가 있었음이 틀림없다. 둘 중 어느 것이 나무들(포도나무와 무화과나무)을 쓰러뜨리고 동물들을 죽였는지는 분명하지 않다. 적어도 폭풍우와 우박 중 하나가―어쩌면 둘 다―그렇게 했을 것이다.

폭풍우는 화산과 관련되어 일어나는 현상으로 볼 수 있다. 즉 공중을 날아다니는 화산재는 대기 중에 흩어져 있다가 상당 기간 날씨 구도에 영향을 미친다. 대기 중에 상당량의 화산재가 있게 되면, 기온이 떨어지고 일반적으로 날씨가 나빠질 수 있다. 예를 들면 북미의 상당히 넓은 지역에서는 1980년 5월 워싱턴 주에 있는 세인트헬렌스 산의 폭발로 오랫동안 열악한 날씨를 경험했다.

더군다나 천둥 번개를 동반한 폭풍우는 동물들을 능히 죽일 수 있는 것으로 알려졌다. 최근 리트자우(Ritzau) 통신사는 아주 극심한 폭풍우를 보도했는데, 2004년 8월 중순에 스칸디나비아의 신문들(예를 들면, BT, Ekstrabladet, Dagbladet)에 발표되었다. 유틀란트 반도에 있는 덴마크의 헤르닝(Herning) 인근 지역에서는 나무 아래서 피할 곳을 찾던 서른한 마리의 소들이 번개에 맞아 죽었다. 또한 유틀란트 반도의 그린스테트(Grindsted)에 있는 밍크 농장에서는 2,000마리의 밍크가 죽었다. 기네스 세계기록사무국도 지금껏 그와 같은 규모의 짐승 대량 참사에 대한 기록을 갖고 있지 않다. 마찬가지로 이집트에 내린 폭풍우도 재앙 혹은 그에 준하는 사태로 간주될 수밖에 없을 정도로 짐승들의 떼죽음을 일으켜 도저히 잊기 어려운 사태를 유발했을 것이다.

이제 질문은 이것이다. 다섯째 재앙을 일으킨 폭풍우와 일곱째 재앙을 일으킨 폭풍우는 화산 폭발과 관련하여 있을 수 있는 현상이며, 동시에 성경의 네 군데 증언들을 다 함께 반영하고 있는가? 이 질문에 대한 짤막한 답은 "그렇다"이다. 우리는 여기서 화산재가 이집트의 정기적인 우기(10월에서 3월까지) 바로 직전에 폭풍우를 일으켰을 가능성을 생각한다. 동물들이 옥외에 있었고, 번개가 쳤다는 사실을 고려해볼 때 이 재앙이 일어난 시기의 날씨는 여름 날씨였을 것이다. 특히 8-9월경에 열매를 맺기 때문에 이 시기의 날씨에 크게 영향을 받는 포도나무와 무화과나무에 대한 두 시편의 뜬금없는 언급 또한 이 다섯째 재앙이 여름에 일어났을 가능성을 추가로 증명하는 것일 수 있다. 특히 흥미를 끄는 점은 감람나무 열매들이 수확되기 전에 떨어졌다는 신명기의 단편적 언급이다. 이런 세부 내용 역시 다섯째 재앙이 감람나무 열매 수확 전, 즉 10월경이나 그보다 앞선 때였음을 가리키는 것으로 볼 수 있다. 이는 무화과나무와 포도나무에 대한 언급으로 제시된 시나리오를 확증해준다.

나중에 등장하는 다른 폭풍우는 겨울에 일어났던 것 같다. 왜냐하면 우박이 내리쳐 한창 꽃이 피고 있었던 삼을 상하게 했을 때, 보리는 거의 수확을 앞두고 있었으며 밀과 나맥은 아직 자라지 않았기 때문이다. 이 모든 일은 이집트에서 2월경에 일어나는 현상이다.

성경 본문은 또다시 지역에 따라 재앙의 발생 유무를 구별한다. 즉 고센 지방은 이집트와 똑같은 재앙을 겪지 않았다는 것이다. 이제 우리는 이집트와 고센 땅(오늘날 나일 강 삼각주 바로 동쪽에 있는 와디 투미라트) 간의 차이를 설명해야 한다. 고센 땅은 이집트에 유입된 많은 이주민들이 정착한 지역이었다. 이 땅은 늪지에서 끝나는 나일 강 지류를 따라 길게 뻗어 있다. 분명히 그 지역은 나머지 나일 강 삼각주보다 강우량이 적다. 따라서 폭풍우가 나머지 나일 강 삼각주를 덮치고 고센 땅은 피해 갔을 가능성이 꽤 크다. 사실 이집트(재앙으로 얼마나 많이 파괴되었는지는 불분명하지만)는 큰 피해를 당했고, 고센 땅은 그렇지 않았다는 사실은 그 폭풍우 재앙이 다소 국지적이었음을 알려준다.

실제로 다섯째 재앙이 새로운 화산재로 인한 여름 폭풍우로서 밖에 있던 짐승들을 기습적으로 죽였다면, 이 폭풍우는 아주 특이한 폭풍우였음을 의미한다. 그것은 대기 중에 있던 상당량의 화산재 때문에 산성도가 높은 폭풍우였을 것이다.

실제로 다섯째 재앙 바로 다음에 사람들의 피부와 동물들의 가죽

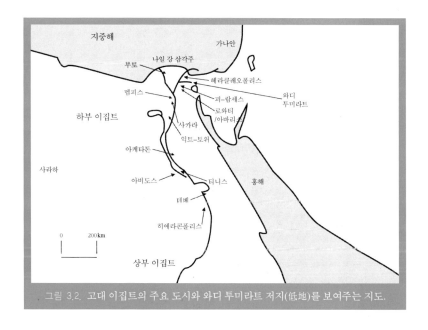

그림 3.2. 고대 이집트의 주요 도시와 와디 투미라트 저지(低地)를 보여주는 지도.

에 악성 종기—더 나은 말로 산성 화상—가 생겼다고 출애굽기는 전한다. "…사람과 짐승에게 붙어 독종이 발하고…"(출 9:10). 더군다나 이 재앙은 재앙 목록 중에서 의학적인 명칭이 붙은 유일한 재앙이다. 여섯째 재앙인 독종은 쉐힌(*shehin*), 즉 치료가 필요한 상처라고 불린다.* 이것은 피부 화상의 일종으로서 이집트의 의학 파피루스를 포함하여 고대 의학에서 꽤 자주 논의되던 질병이다.

- S. S. Kottek, "Epidemics in Ancient Jewish Lore," *Israelite Journal of Medical Science* 32 (1996): 587-588.

시편 78편이나 105편 어느 것도(신명기도) 이 재앙을 하나의 독립된 재앙으로 언급하지 않는 것은 놀랍지 않다. 두 차례의 폭풍우와 그로 인한 모든 피해가 혼합된 형식으로 쓰였다. 여기서는 사람들에게 미친 광범위한 심리적 충격을 묘사한 출애굽기와는 달리 시골 구석구석과 식량 자원에 끼친 피해 상황이 세부적으로 묘사되고 있다.

여섯째 재앙이 화산재로 인해 발생한 산성비 때문이었다고 확신하지 못하는 사람들을 위해서 더 나은 대안적 가설들을 찾아볼 수 있다. 피부 질환들은 여러 방식, 즉 생물학적·생화학적·화학적 방식으로 설명될 수 있다. 생물학적 설명은 피부병들을 박테리아나 바이러스와 같은 매개물과 연결시킬 수 있다. 이것들은 수두와 같은 다른 질병에서 나타나는 여드름, 뾰루지, 부스럼 자국 등을 발생시킨다. 생화학적 설명은 신체의 생화학적 경로가 부적절하게 기능하는 것과 연결된다. 예를 들면 지방질(脂肪質)이 너무 많은 음식을 먹으면 지방이 꽉 찬 뾰루지가 생길 것이다. 화학적 설명은 피부에 문제를 일으키는 자극적인 물체에 노출되어 생긴 피부 질환을 설명해준다. 이런 이유로 산, 염기, 벤젠 그리고 다른 유해성 매개물을 다루는 근로자들은 보호용 의복을 입는다.

혹자는 한센병(나병)을 일으키는 나균(*Mycobacterium lebbrae*)과 같은 박테리아가 여기서 말하는 독종의 원인임을 밝히려고 시도했다. 그러나 이 미생물은 붉은 나일 강, 죽은 물고기, 강둑으로 나온 후 강물로 되돌아가려고 하지 않은 개구리들, 기어 다니는 벌레, 파리 떼, 번개와 천둥을 동반한 폭풍우 등의 발생 원인을 설명하지 못한다. 한센병 가설은 오컴의 면도날 법칙을 위반한다. 한센병은 또한 전염이 어렵다. 이병은 상처 부위에 직접 접촉해야 감염된다. 그리고 한센병의 경우 동시에 수많은 희생자들이 나타나지는 않았을 것이다.

화산재 가설과 달리, 이런 설명들 중 어느 것도 짧은 시간 내에 사람과 동물 모두에게 대규모로 퍼진 악성 종기를 말하는 성경을 만족시키지 못한다. 따라서 다섯째, 여섯째, 일곱째 재앙은 피에스테리아 때문에 발생한 것이 아니라 화산재의 활동으로 발생했을 가능성이 있는 인과적이고 연쇄적인 "단일 재앙"인 셈이다. 더군다나 이 화산재 가설은 네 군데의 성경 이야기를 모두 고려하고 있으며, 다른 어떤 새로운 원인을 끌어들이지도 않는다. 따라서 오컴의 면도날 법칙을 존중하고 있다.

그렇지만 재앙은 여기서 멈추지 않았다. 겨울이 지나고, 메뚜기들이 이집트를 습격해서 들판에 있는 것은 뭐든지 다 먹어치웠다. 그 엄

그림 3.3. "Plague of Locusts", 1469년 쾰른 성경.

청난 재앙은 벌레들까지 농작물을 갉아먹으려고 가세하는 바람에 더 커졌다.

> …여호와께서 동풍을 일으켜 온 낮과 온 밤에 불게 하시니. 아침이 되매 동풍이 메뚜기를 불어들인지라. 메뚜기가 애굽 온 땅에 이르러 그 사방에 내리매 그 피해가 심하니 이런 메뚜기는 전에도 없었고 후에도 없을 것이라. 메뚜기가 온 땅을 덮어 땅이 어둡게 되었으며 메뚜기가 우박에 상하지 아니한 밭의 채소와 나무 열매를 다 먹었으므로 애굽 온 땅에서 나무나 밭의 채소나 푸른 것은 남지 아니하였더라(출 10:13-15).

> [하나님이] 그들의 토산물을 황충에게 주셨고 그들이 수고한 것을 메뚜기에게 주셨으며(시 78:46).

> 여호와께서 말씀하신즉 황충과 수많은 메뚜기가 몰려와 그들의 땅에 있는 모든 채소를 먹으며 그들의 밭에 있는 열매를 먹었도다(시 105:34-35).

메뚜기는 오늘날에도 중동 지역의 나라에서 해를 끼치는 골칫거리다. 이 곤충들은 큰 무리를 지어서, 홍해를 가로질러, 먹이를 찾아 농경지를 습격한다. 이집트 바로 동쪽에 위치한 사우디아라비아는 메뚜기 번식지로 잘 알려진 나라다. 사실 메뚜기도 철이 있다. 대략 11월부터 5월까지가 그 철이다. 동풍이 불어서 메뚜기 떼가 홍해를 가로질러 나일 강 유역에 이르게 했을 것이다.

문제는 이 메뚜기 재앙을 실제로 화산재와 연결시킬 수 있느냐 하는 것이다. 이 경우 땅의 습기와 일반적인 대기 습도 같은 환경적 요소들이 평소에 평화롭게 행동하는 메뚜기들의 공격적인 행동을 촉발시킨 것처럼 보인다. 앞선 재앙들을 일으킨 폭풍우와 대기 중의 화산재 입자들 때문에 당시의 이집트는 당연히 평상시보다 습도가 높았을 것이다. 따라서 공격적인 메뚜기들이 출현하기에 딱 좋은―어쩌면 몇 세기만에 최적의―상태가 도래한 셈이다.

메뚜기와 함께 온 깃으로 언급된 횡충들에 관해서도 비슷한 설명이 가능하다. 역시 토양의 습기가 더 높아져 더 엄청난 수의 황충들과 다른 기생충들이 출현했다고 보는 게 타당하다. 메뚜기 떼와 함께 이 해충들이 농작물을 해쳤을 것이다.

지금까지 우리는 인과적인 순서에 따라 일어난 연쇄적 재앙들을 최초로 촉발시킨 단일 사건―화산 폭발―을 중심으로 첫째 재앙부터 여덟째 재앙까지 여덟 가지 재앙의 발생 원인과 경과를 설명할 수 있었다. 이제 화산과 관련된 설명만이 남게 된 것이다. 우리는 앞으로 나올 세 가지 재앙, 즉 이집트를 뒤덮은 흑암, (출애굽기에서는 나오지 않은) 이집트인들의 분노와 질식, 그리고 마지막 재앙인 장자의 죽음을 여전히 화산재와 관련지어 설명해야 할 것이다.

표 3.1. 이제까지 살펴본 처음 여덟 가지 재앙들에 대한 네 가지 성경 본문 개관

출애굽기 7:14-13:16	시편 78:43-51	시편 105:27-36	신명기 28:23-42
붉은 강물과 죽은 물고기 (출 7:14-25)	붉은색을 띠고 독으로 오염된 강물 (시 78:43-44)	붉은 강물과 죽은 물고기 (시 105:29)	
개구리 떼 (출 8:1-15)	개구리 떼 (시 78:45)	개구리 떼 (시 105:30)	
기는 벌레들 (출 8:16-20)	기는 벌레들 (시 78:45)	기는 벌레들 (시 105:31)	
곤충 떼 (출 8:21-25)		곤충 떼 (시 105:31)	
죽은 동물들 (출 9:1-7)	동물들을 죽이고 포도나무와 무화과나무를 손상시킨 천둥번개를 동반한 폭풍우(시 78:47-48)	포도나무와 무화과나무를 손상시킨 번갯불 (시 105:32-33)	벌레들에 먹힌 포도나무와 수확 못한 감람나무 (신 28:39-40)
피부병들 (출 9:8-12)			독종들 (신 28:27, 35)
우박 (출 9:13-35)	우박 (시 78:48)	우박 (시 105:32-33)	
메뚜기 떼 (출 10:1-20)	메뚜기 떼와 황충들 (시 78:46)	메뚜기 떼와 벌레들 (시 105:34-35)	메뚜기 떼 (신 28:38, 42)
흑암 (출 10:21-29)	맹렬한 분노와 질식 (시 78:49)	흑암 (시 105:27-28)	청동색 하늘, 비처럼 내린 먼지 (신 28:23-24) 볼 수 없는 상황 (신 28:28-29)
장자의 죽음 (출 11:1-13:16)	장자의 죽음 (시 78: 50-51)	장자의 죽음 (시 105:36)	

제4장

터널의 끝에도 빛은 없다

아홉째 재앙

이집트 사람들과 가축과 들판이 여덟째 재앙의 공격으로부터 회복되면서 모든 것이 정상화되는 것처럼 보였다. 신들의 분노가 잠잠해졌고, 생활은 이전처럼 당연히 그래야 할 상태로 되돌아가고 있었다.

그런데 갑자기 태양신 라(Ra)가 사라졌다. 흑암이 온 땅을 뒤덮었다. 사람들은 사흘 동안 서로를 볼 수가 없었고 장님이 된 것처럼 걸었다.

> …곧 더듬을 만한 흑암이리라.…캄캄한 흑암이 삼 일 동안 애굽 온 땅에 있어서 그 동안은 사람들이 서로 볼 수 없으며 자기 처소에서 일어나는 자가 없으되 온 이스라엘 자손들이 거주하는 곳에는 빛이 있었더라(출 10:21-23).

고대 이집트 문서들은 이집트 사람들이 상당 기간 지속되는 흑암에 익숙했음을 보여준다. 그런 일들이 자주 일어나지는 않았지만, 일단 시작되었을 때는 달가운 게 아니었다. 어쨌든 태양신 라는 가장 강력한 신이었고 낮을 주관하는 신으로 숭배되었다. 태양이 곤란에 빠지자 이집트도 곤란에 빠졌다. 예를 들면 주전 2000년에서 1950년 사이에 쓰인 『네페르티의 예언들』(*Prophecies of Neferti*)에는 태양이 가려져 달처럼 보였을 때 사람들이 더 이상 살 수 없었다는 말이 나온다(*Prophecies of Neferti*, 24-25, 53-54).

그러나 성경에 나온 아홉째 재앙은 구름 낀 하늘을 묘사한 시적인 은유 이상의 현상이다. 흑암 이전에 일어난 모든 재앙들은 물리적인 사건이었지 은유적인 사건이 아니었다. 따라서 아홉째 재앙을 구름 낀 하늘이라고 표현한다면 그것은 앞의 재앙들과 관련해서 일관성을 결여한 묘사일 것이다. 게다가 출애굽기는 흑암이 구체적으로 감촉되는 현상, 즉 물리적으로 감촉할 수 있는 어둠이었다고 진술한다.

이것은 흑암을 물리적으로 설명해야 한다는 것을 의미한다. 흑암에 대한 전형적인 설명은 사막의 강한 바람이 엄청난 양의 모래를 공중에 흩날리게 해 태양빛을 가릴 수 있었다는 것이다. 이것은 마아와 말로이 같은 과학자들이 제시한 설명이다. 또한 최소주의자/합리주의자* 학자들, 그리고 제임스 호프마이어(James Hoffmeier) 같은 기독교 계통 학자들이 사용하는 설명이기도 하다.** 이 모래 폭풍이 흑암의 이유를 설명하고 특히 만질 수 있다는 특질을 가진 흑암의 정체를 설명할 수 있을지도 모른다.

그러나 성경에는 바람에 대한 언급이 없다. 만약 모래 바람이 흑암의 원인이었다면, 성경 본문에 바람이 언급되지 않았다는 것은 아주 이상하다. 물론 바람이 여덟째 재앙인 메뚜기 떼의 출현과 퇴장을 포함하여 모세 오경의 다른 몇 군데에서 언급된다(출 10:13; 출 10:18). 바람이 강물을 적당한 방향으로 밀어내 히브리인들의 홍해 도하를 도왔다는 사실도 언급되어 있다(출 14:21). 하지만 아홉째 재앙과 관련해서는 바

• 용어 해설을 보라.
•• James Hoffmeier, *Israel in Egypt: The Evidence for the Authenticity of the Exodus Tradition* (1999).

람에 대한 언급이 없다.

게다가 바람은 앞의 여덟 가지 재앙을 설명하지 못한다. 그것은 개구리 떼와 악성 종기를 설명하지 못한다. 그것은 앞서 일어난 어떤 재앙 발생도 설명하지 못한다. 따라서 아홉째 재앙을 일으켰을 것으로 추정된 모래 폭풍은 연속된 재앙들을 설명하는 데 동원되는 두 번째 원인이 되는 셈이다. 그런데 "바람"이라는 요인의 도입은 앞서 우리가 제시한 전체 설명을 약화시키는 결과를 가져올 뿐이다.

이 때문에 우리는 여기까지 우리를 이끌어온 이론, 즉 화산재 이론으로 되돌아가게 된다. 얼핏 보면, 화산재 구름으로 인해 생긴 흑암은 이 시섬보나는 재앙의 초기에 있었어야 이지에 맞을 것이다. 사실 시편 105편은 흑암을 재앙들의 맨 앞에 배치하고 있다. 이와 비슷하게 신명기는 청동빛으로 변한 하늘을 첫째 재앙이라고 말한다. 더군다나 화산 가설이 옳다면, 설명되지 않은 채 남겨진 시편 78편의 질식 재앙 또한 화산 기둥, 곧 아홉째 재앙을 묘사하는 것으로 이해될 수 있을 것이다.

실제로 아홉째 재앙이 화산 폭발로 생긴 화산 기둥이었다면, 화산재에 혹사당한 이집트의 거민들이 화를 내고 질식했다고 묘사한 것은 자연스럽게 들릴 수 있다(시 78:49). 거대한 불길이 내뿜는 연기 속을 통과하는 것은 상당히 불쾌한 일이다. 화산 기둥은 그보다 더 나쁘다. 거기엔 재와 가스가 들어 있기 때문에 독성이 아주 강한 화산재가 입과 코 안으로 들어온다면 질식이 일어날 것이다. 이 경우엔 흔히 구토와 의식을 잃는 상태가 발생한다. 어떤 입자들은 쉽게 마모되는 데다가 자극적 성질이 있어서, 눈에 들어가면 각막을 크게 손상시킬 것이다.

더군다나 신명기에서는 청동빛으로 변한 하늘에서 비 대신에 먼지가 내릴 것이며 그래서 사람들은 앞을 볼 수 없을 것이라는 내용이 나온다. 화산 폭발의 모든 증거들에 비추어보건대, 신명기의 두 구절은 화산 구름과 관련된 언급일 것이다. 그러나 여전히 문제는 남아 있다. 논리적으로 보자면 이 모든 사건들은 일련의 연쇄적인 재앙들의 초기에 있어야 한다는 점이다. 그런데 출애굽기는 이것이 처음 여덟 가지 재앙이 연속적으로 발생한 후에 일어났다고 주장한다.

이런 경우 시편의 몇 구절들이 도움이 될 만한 더 많은 정보를 줄 수 있을 것이다. 그것들은 재앙에 관한 세부 사항들을 제시하고 있지는 않지만, 히브리인들이 이집트를 떠날 때, 즉 재앙 바로 후에 화산 활동이 있었음을 알려준다.

정경의 순서에 따라 이런 언급을 포함한 시편들을 살펴볼 것인데, 시편 18편이 처음으로 화산 활동을 언급하고 있다. 이 본문을 보면 야웨°가 이집트에 있는 그의 백성들의 신음소리를 귀 기울여 듣고 그 땅을 뒤흔들었다는 내용이 나온다. 세계의 기반이 진동했으며, 땅에서 연기와 불길이 솟아올랐다. 야웨께서 연기와 불길들을 타고 땅에 강림하셨으며—빽빽한 구름 사이에 숨으사—바위와 불과 뇌성을 세상에 던지셨다(시 18:7-15). 이 본문은 화산 폭발과 그에 따른 지진을 분명하게 묘사한다. 또한 이 지진 사건을 출애굽 때와 연결시킨다.

시편 46편은 비슷한 시기에 일어난 비슷한 사건을 묘사한다. 산들이 진동했을 때 열국들이 흔들렸고, 멸망했으며, 해체되었고, 바다로

● 용어 해설을 보라.

침몰했으며, 거품들을 일으켰다. 히브리인들은 이런 표징들 안에서 야웨의 목소리를 인식했다(시 46:2-8). 비슷한 현상에 대한 묘사가 하늘들이 열리고 땅들이 진동한 후에 야웨의 손에 이끌려 이집트를 떠나는 히브리인들을 묘사하는 시편 68편에도 나타난다(시 68:8-9). 여기서 다시 한 번 우리는 화산 활동(지진과 관련되어 열린 하늘들)과 출애굽(히브리인들의 이집트 집단 탈출) 사이에 있는 명백한 관련성을 확보한다.

네 번째 그림은 출애굽 사건 가운데 야웨가 이루신 업적들을 열거하는 시편 77편에서 발견된다. 야웨는 구름들로 하늘을 가렸고, 위로부터 적들을 내동댕이쳤으며, 천둥으로 대기를 진동시켰고, 땅을 흔들었으며, 그의 백성들이 지나가도록 바다를 갈라 길을 내었다(시 77:12-20). 여기서 다시 한 번 우리는 출애굽과 관련된 일련의 화산 활동 목록을 제시하는 본문을 확보한 셈이다. 시편 97편에서 구름들은 야웨의 위엄을 인생들의 눈으로부터 감춰버린다. 야웨의 현현은 불, 천둥과 번개, 지진을 통해 발현된다. 하늘이 야웨의 징의와 위력을 신포하는 동안에(시 97:1-5), 산들은 밀랍처럼 녹아내린다. 다시 한 번 화산 활동이 야웨의 신적 보복이라는 응답과 연결되어 묘사된 것이다. 비록 여기서는 출애굽이 명시적으로 언급되고 있지는 않을지라도, 그러나 적어도 야웨의 현현을 출애굽 구원 본문과 연결시키는 방증들은 보인다.

여섯째 구절은 시편 104편에서 발견된다. 야웨가 땅을 내려다보시자 땅이 진동했다. 야웨가 산들을 만지시자 산들이 연기를 내뿜었다(시 104:32). 화산 활동이 야웨의 행동과 관련된 것이다. 여기서도 출애굽이 명시적으로 언급되지는 않는다. 하지만 야웨의 현현을 출애굽 구원 본문과 연결시키는 방증들은 발견된 셈이다.

마지막으로 시편 144편은 야웨가 하늘들을 여시고, 땅에 강림하사, 산을 만졌다고 진술한다. 그러자 산은 연기를 내뿜으며 천둥 번개를 일으키고 화살들을 쏘아댔다. 결과적으로 야웨는 히브리인들을 바다와 불경건한 사람들의 손아귀에서 건져냈다(시 144:5-8). 여기서 우리는 또다시 화산 활동과 출애굽을 명시적으로 연결시키는 또 하나의 시편을 확보한 셈이다.

이런 시편 구절들은 화산 활동이 이집트의 재앙들의 원인이 되었다는 우리의 관찰을 강화해준다. 하지만 그것들은 아홉째 재앙을 설명하지 못하며, 더 나아가 흑암 재앙이 왜 열 가지 재앙 목록 중에 현재의 위치에 놓이게 되었는지를 설명하지 못한다.

이와는 대조적으로 유대교-기독교 전승에 포함되어 있는 성경 이외의 문헌들이 이 흑암 재앙이 화산 활동의 결과로 발생했으며, 구름이 관련되어 있다는 주장을 일관되게 내세우고 있다. 유세비우스 팜필리스(Eusebius Pamphilis, *Evangelicae praeparationis*, 1.37, 9.27)와 알렉산드리아의 클레멘스(Clement of Alexandria, *Stormata*, 1.23, 154.2)는 이 사실을 분명하게 주장한다. 즉 열째 재앙이 시작되기 직전, 곧 아홉째 재앙이 진행되던 동안에 나일 강 삼각주 일대를 흔든 지진이 여러 차례 일어났다는 것이다. 더 나아가, 화산 활동의 결과로 발생할 수 있는 많은 물체들이 비처럼 내려 이 지역을 강타했다는 것이다. 이것이 바로 우리가 상정한 아홉째 재앙을 말하는 것이 아닐까? 그렇다면 그 앞의 재앙들은 어떻게 설명되는가?

똑같이 성가신 문제가 또 다른 성경 구절로부터 야기된다. 재앙들이 일어난 후에 히브리인들은 이집트를 떠났는데, 낮에는 구름기둥 같은 것을, 밤에는 불기둥 같은 것을 따랐다(출 13:21-22; 시 78:14; 105:39; 느 9:12). 이렇게 묘사될 수 있는 유일한 자연적 현상은 다시 말하지만 화산 활동뿐이다. 화산 구름은 가스들과 화산재로 구성된다. 마찬가지로 화산 활동으로 분출된 물체들이 낮에는 불에서 피어오르는 연기 기둥처럼 보였을 것이다. 마찬가지로 화산 폭발로 분출된 물체들은 불처럼 벌겋게 타는 재를 포함하고 있었을 것이며, 이것이 낮에는 연기에 의해 가려졌다가 밤에는 담배처럼 벌겋게 타오르는 빛을 방출했을 것이다. 전체적으로 화산 기둥은 붉은 불기둥으로 보였을 것이다.

그런 기둥들은 눈으로 볼 수 있다. 예를 들면 최근 뉴질랜드의 루아페후(Ruapehu) 산 화산 폭발(1996년 6월 17일)로 생긴 화산 기둥은 인공위성 NOOA-11에 의해 촬영되었다. 폭발이 있은 지 3일 후의 화산 기둥의 길이는 150킬로미터 정도였다.*

연기와 불꽃이 함께 발생하는 광경은 고대 시칠리아 섬의 에트나 화산 폭발을 묘사한 기록에서도 나타난다. 『피티스 제전에 바치는 노래들』(*Pythic Odes*)이라는 시에서 그리스 시인 핀다루스(Pyndarus)는 밤에는 불꽃이 되어 부글부글 끓어오르는 연기의 강에 대해 말하고 있다. 이것과 출애굽기의 불기둥과의 연관성은 부인할 수 없을 정도로 명백하다. 핀다루스의 이 묘사는 고대 유럽 및 지중해 일대에 발생했던 화산 폭발에 대한 가장 정확한 묘사들 중 하나다. 사실 대부분의 화산 폭발들은 묘사되지 않았거나, 묘사되었다 하더라도 아주 간략하게 묘사

● *Science* 281 (1998): 910-911.

되어왔다. 3세기에 그리스의 사론 만 지역에서 발생한 메타나 화산 폭발의 경우가 대표적이다. 심지어 79년에 일어난 그 거대한 베수비오 화산 폭발 사건들에 대해서도 우리는 자세한 기록을 요행으로만 구할 수 있었을 정도다. 로마 황제들에 대한 신변잡기를 늘어놓는 데 더 큰 관심을 보였던 역사가 수에토니우스(Suetonius)마저도 베수비오 화산 폭발 사건을 서너 줄 정도로 진술하는 데 그친다(*De vita caesarum, Divus Titus*, 8). 다른 역사가들은 아예 언급 자체를 하지 않는다.

그나마도 우리가 베수비오 화산 폭발로 발생한 폼페이, 헤르쿨라네움, 스타비아의 매몰 상황에 대하여 자세한 기록을 갖게 된 이유는, 역사가 타키투스가 조카 플리니우스에게 그의 삼촌 플리니우스가 그 화산 폭발로 죽게 된 상황에 관한 정보를 요청했기 때문이다. 결국 멀리서 목격된 그 사건들을 회상하고 있는 조카 플리니우스가 보낸 두 개의 편지(*Letters* 6.16과 6.20)가 베수비오 화산 폭발을 상세히 묘사한 유일한 기록인 셈이다. 이 편지들은 베수비오 화산이 어떻게 폭발했으며, 어떻게 나폴리 만 전체를 화산 분출물 쓰레기로 가득 채우게 되었는지, 얼마나 많은 사람들이 그 과정에서 죽었는지, 화산재와 용암으로 매몰된 도시들과 촌락들이 어느 정도인지를 묘사한다. 삼촌 플리니우스는 조카를 별장에 남겨두고 그 화산 폭발 과정을 근거리에서 관찰하기 위해 배를 타고 접근하다가 죽음을 당했다.

요약하자면, 성경 본문들이 화산 구름의 출현 시점에 관해 서로 모순을 일으키는 것처럼 보인다는 점이다. 어떤 성경 구절들은 화산 구름이 재앙의 초기에 나타나 후속 재앙들을 연쇄적으로 촉발시킨 것처럼 말한다. 그래서 앞의 여덟 가지 재앙 모두 화산재로부터 비롯된 재앙들로 잘 설명할 수 있었다. 다른 한편 출애굽기는 그 흑암 재앙을 일련의 재앙들의 끝에 배치하면서 그것이 아홉째 재앙이라고 말한다. 출애굽기는 히브리인들이 이집트를 떠났을 때 화산 구름 비슷한 것이 나타났다고 진술함으로써 흑암을 아홉째 재앙으로 배치한 것이 옳다는 신념을 강화시켜준다.

도대체 왜 이런 일이 벌어지는 것일까? 우리가 두 차례에 발생한 서로 독립적인 화산 구름—하나는 좀 덜 어둡지만 재를 많이 머금고 있으며 붉은, 산성도가 큰 화산재 같은 분출물을 쏟아내는 구름이고, 다른 하나는 연기가 아주 많아 이집트를 삼켜버릴 정도로 넓은 지역에 걸쳐 나타난 구름—에 대한 보고를 대하고 있는 것은 아닐까? 그렇다면 첫 번째 구름은 좀더 높은 하늘에 떠 있는 좀더 신선한 구름, 즉 발생된 지 얼마 안 된 구름이었을 것이다. 두 번째 구름은 훨씬 낮은 하늘에 떠 있는 구름이었을 것이며 실제로는 땅을 스칠 정도로 낮게 깔리는 구름이었을 것이다. 이것은 또한 어느 정도 기간에 형성되어 있었을 것이며 이미 대규모 재를 땅으로 쏟아낸 후의 구름이었을 것이다.

이처럼 두 개의 구름 가설은 가능하다. 그것은 두 차례의 화산 폭발을 함의하는 것이기도 하다. 좀더 정확하게 말하면 똑같은 화산이 두 단계에 걸쳐 폭발했다. 아직 폭발을 종료하지 않은 화산이 완전히 폭발하기 전에 잠시 휴지기를 가졌던 것으로 추정된다. 이것은 이상하게 들릴지 모른다. 그런데 실제로 화산 폭발이 이렇게 일어날 수 있다. 아무 화산학자에게나 물어봐도 확인할 수 있다.

이제 우리는 막 등장한 새로운 자료를 반영하기 위해 화산 폭발 가설을 약간 보완할 필요에 직면했다. 화산 폭발은 엄청났을 뿐만 아니라, 두 단계에 걸쳐 일어났다는 것이다. 흑암을 가장 먼저 언급하는 시편 105편과 청동빛으로 변한 하늘과 먼지 비에 대해 가장 먼저 말하는 신명기는 1단계 화산 폭발을 묘사하는 것으로 이해된다. 그리고 출애굽기가 아홉째 재앙이라고 말하는 흑암과 히브리인들이 이집트를 떠날 때 그들을 인도한 구름기둥은 2단계 화산 폭발을 묘사하는 셈이다. 시편 78편에 묘사된 분노와 질식 사태, 그리고 신명기가 말하는 시계 차단 현상도 아마 2단계 화산 폭발로 초래된 상황을 가리킬 것이다.

이렇게 해서 우리는 성경이 말하는 이집트의 재앙들을 한눈에 개관할 수 있게 해주는, 거의 완성된 재앙 총람표를 만들었다(표 4.1). 이제 열 번째이자 마지막 재앙인 장자들의 죽음이 어떻게 화산 폭발과 관련되는지를 설명하는 과제만 남아 있다.

자, 이제부터 우리가 나일 강 삼각주의 거민들의 입장에 서 보자. 이 사람들은 처음에는 화산 구름을 목격했다. 그것은 이내 죽음, 기아, 파괴적 상해 같은 재난들을 초래했다. 얼마 후 비슷한 구름이 새로 나타나 도시들과 촌락들을 뒤덮기 시작했다. 나일 강 삼각주 거민들이 첫째 구름이 나타난 후에 일어났던 재난들이 또다시 발생할 것을 걱정한 것은 이상한 일이 아니다. 그래서 이제 실로 성경 이야기는 열째 재앙을 언급하기 시작한다.

표 4.1. 이제까지 살펴본 아홉 가지 재앙들에 대한 네 가지 성경 본문 개관

출애굽기 7:14-13:16	시편 78:43-51	시편 105:27-36	신명기 28:23-42
붉은 강물과 죽은 물고기 (출 7:14-25)	붉은색을 띠고 독으로 오염된 강물 (시 78:43-44)	붉은 강물과 죽은 물고기 (시 105:29)	청동색 하늘과 비처럼 내린 먼지 (신 28:23-24)
개구리 떼 (출 8:1-15)	개구리 떼 (시 78:45)	개구리 떼 (시 105:30)	
기는 벌레들 (출 8:16-20)	기는 벌레들 (시 78:45)	기는 벌레들 (시 105:31)	
곤충 떼 (출 8:21-25)		곤충 떼 (시 105: 31)	
죽은 동물들 (출 9:1-7)	동물들을 죽이고 포도나무와 무화과나무를 손상시킨 천둥번개를 동반한 폭풍우 (시 78:47-48)	포도나무와 무화과나무를 손상시킨 번갯불 (시 105:32-33)	벌레들에 먹힌 포도나무와 수확 못한 감람나무 (신 28:39-40)
피부병들 (출 9:8-12)			독종들 (신 28:27, 35)
우박 (출 9:13-35)	우박 (시 78:48)	우박 (시 105:32-33)	
메뚜기 떼 (출 10:1-20)	메뚜기 떼와 황충들 (시 78:46)	메뚜기 떼와 벌레들 (시 105:34-35)	메뚜기 떼 (신 28:38, 42)
흑암 (출 10:21-29)	맹렬한 분노와 질식 (시 78:49)	흑암 (시 105:27-28)	볼 수 없는 상황 (신 28:28-29)
장자의 죽음 (출 11:1-13:16)	장자의 죽음 (시 78:50-51)	장자의 죽음 (시 105:36)	

제5장

이집트 전역을 뒤덮은 죽음

열째 재앙

열째 재앙은 아마도 가장 어려운 문제가 될 것이다. 성경은 한 천사가 이집트 온 땅을 두루 다니며 인간의 장자들과 동물의 초태생들을 죽였다고 진술한다. 그러한 재앙의 원인을 자연적인 현상이나 요인에서 찾으려는 것은 너무 어려운 과제다. 더욱이 그 원인은 앞의 아홉째 재앙과 관련되어야 한다.

> …애굽 땅에 있는 모든 처음 난 것은 왕위에 앉아 있는 바로의 장자로부터 맷돌 뒤에 있는 몸종의 장자와 모든 가축의 처음 난 것이 죽으리니…그러나 이스라엘 자손에게는 사람에게나 짐승에게나 개 한 마리도 그 혀를 움직이지 아니하리니 여호와께서 애굽 사람과 이스라엘 사이를 구별하는 줄을 너희가 알리라 하셨나니. 왕의 이 모든 신하가 내게 내려와 내게 절하며 이르기를 "너와 너를 따르는 온 백성은 나가라" 한 후에야 내가 나가리라(출 11:4-8).

> 밤중에 여호와께서 애굽 땅에서 모든 처음 난 것…을 다 치시매…바로가 모세와 아론을 불러서 이르되 "너희와 이스라엘 자손은 일어나 내 백성 가운데서 떠나 너희의 말대로 가서 여호와를 섬기며 너희가 말한 대로 너희 양과 너희 소도 몰아가고 나를 위하여 축복하라" 하며(출 12:29-32).

그는 진노로 길을 닦으사, 그들의 목숨이 죽음을 면하지 못하게 하시고 그들의 생명을 전염병에 붙이셨으며 애굽에서 모든 장자 곧 함의 장막에 있는 그들의 기력의 처음 것을 치셨으나(시 78:50-51).

또 여호와께서 그들의 기력의 시작인 그 땅의 모든 장자를 치셨도다(시 105:36).

열째 재앙은 인간, 소, 그리고 다른 동물들을 타격했다. 하지만 박테리아와 바이러스에 의해 초래되는 질병들은 구체적이다. 하나의 병원체 요인이 인간, 소, 양, 말과 같이 다양한 유기체들에게 동시다발적으로 질병을 일으키는 일은 드물다. 예외적으로 탄저병(anthrax)과 같은 박테리아성 질병은 인간과 동물을 똑같이 죽인다. 그러나 그것도 장자와 그 아래의 자녀들을 구별하지는 않는다. 비슷한 이유로 어린이들에게 유행한 전염병을 상정하여 이집트 사람들의 장자가 집단적으로 죽은 것을 설명하려는 시도도 효과적이지 못하다. 그 재앙은 장자를 쳤지만, 그들의 연령을 명시하고 있지는 않기 때문이다. 뱀이나 거미 등 다른 생명체들에게서 나오는 천연의 독은 인간, 소, 양, 말을 죽일 수 있으나 그 밖의 다른 동물들도 죽일 수 있다. 그래서 "독" 가설도 인간의 장자들과 동물의 초태생들의 집단적인 죽음을 적절하게 해명하지 못한다. 즉 우리는 사람과 동물의 초태생들만을 선택적으로 죽이는 이유를 가지면서도 앞 재앙들과 연결될 수 있는 한 재앙 가설을 제시할 필요가 있다.

마아와 말로이가 이끄는 일단의 생물학자들은 새롭게 출현하는 질

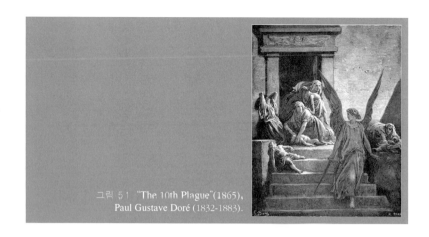

그림 5.1 "The 10th Plague"(1865), Paul Gustave Doré (1832-1883).

병들을 조사했는데, 사람의 장자들과 동물 초태생들의 죽음을 스타키보트리스 아트라(*Stachybotris atra*)°라는 곰팡이에 기초해 설명했다. 이 검은 곰팡이는 미코톡신(mycotoxins)이라고 불리는 독성 물질을 방출한다고 알려져 있다. 이 화학 물질늘은 크기가 매우 작아 사람이나 동물의 들숨 때 쉽게 흡입될 수 있다. 이 화학 물질들이 일단 인간이나 동물들의 조직 속에 들어오게 되면 이것의 독소가 치명적 결과를 가져오는 체내 출혈을 일으킬 수 있다.

마아와 말로이는 스타키보트리스 아트라나 그와 유사한 곰팡이들이 앞의 재앙들이 일어났을 때 곡식 창고의 식량 자원을 오염시켰을 것이라고 전제한다. 흑암 재앙(마아와 말로이가 모래 폭풍 때문에 발생했다

● 고섬유질을 가진 물체에 잘 자라는 녹흑색의 곰팡이다—옮긴이.

고 믿는)이 끝난 후 굶주린 백성들이 곡식 창고들을 습격했다는 것이다. 이 두 명의 연구자들은 또한 사회적으로 강한 자들과 그들의 동물이 곡식 창고들에 먼저 들어가 오염된 식물을 먹었을 것이라고 가정한다. 마아와 말로이는 장자들이 다른 어떤 그룹보다 더 높은 비율로 죽임을 당했을 것이고, 그래서 장자들이 학살당했다는 인상을 주었을 것이라고 전제한다.

그럼에도 불구하고 이 설명은 심각한 결함을 가지고 있다. 오로지 인간이나 동물의 초태생만이 특권적으로 식량을 공급받았기 때문에 나머지 사람들보다 더 높은 비율로 죽었을 것이라는 가정은 근거가 약하다. 유사한 사건들에서 그런 일이 일어났음을 입증하는 역사적 기록이 없기 때문이다. 그러므로 마아와 말로이의 가정은 토대가 없는 셈이다.

우리가 인간 행태를 고려한다면 이 설명의 결함이 또다시 드러날 것이다. 일단 토론을 이어가기 위해서 모래 폭풍이 있었고 그 후에 사람들이 곡창 지대로 돌진했다는 전제들을 받아들여 보자. 하지만 심지어 이 시나리오조차도 마아와 말로이가 상정한 결과를 초래하지는 않았을 것이다. 즉 사람들은 질서정연하게 음식을 제공받기보다는 훔쳤을 것이며, 혹은 훔쳐 먹으려고 시도하다가 죽었을 것이기 때문이다. 또 어떤 사람들은 수입 곡식들을 얻을 수 있었거나 암시장 거래를 통해 식량을 얻었을 것이다. 이것이 곡물 오염으로 사람의 장자들과 동물 초태생들이 집단적으로 죽음을 당했다고 가정하는 마아와 말로이의 시나리오가 추정하는 결과다. 결과적으로 음식을 훔친 자는 죽었을 것이고, 암시장에서 수입품을 살 여유가 있었던 부유한 자들(그리고 그들의 장자들)은 죽지 않았을 것이다.

그런데 곡물 자원의 오염을 상정하는 이 시나리오는 받아들이기 힘들다. 왜냐하면 이것은 인간 행태의 기본 원리와 맞지 않고, 이전의 역사로부터 어떤 유사한 역사적 전례도 발견할 수 없기 때문이다. 아울러 그것은 성경 기록과 부합되지 않고, 부가적인 원인들을 끌어들여 재앙을 설명한다는 점에서 오컴의 면도날 원칙에 어긋난다.

열째 재앙에 대한 또 다른 대안적 설명은 임마누엘 벨리코브스키(Immanuel Velikovsky)에 의해 모색되었다. 1950년대에 그는 지구와 다른 행성들의 근접 충돌 때문에 이집트의 재앙들이 촉발되었다는 이론을 내세웠다. 벨리코브스키에 따르면 태양계의 안정성은 아주 최근에 확보된 현상으로 주전 800년까지는 행성 궤도들이 오늘날보다 더 유동적이었다. 벨리코브스키가 성경의 재앙들의 배경으로 잡은 주전 1450년대 즈음에 지구는 그의 가설이 상정하는 종류의 근접 충돌을 경험했다. 그 결과 지구는 심각한 손상을 입었는데, 성경이 말하는 열 가지 재앙들이 그 좋은 예라는 것이다. 이런 주장은 벨리코브스키가 저술한 『충돌한 세계들』*과 『혼돈에 빠진 세기들』**에서 개진되었다.

열째 재앙의 발생 원인을 탐색하는 과정에서 벨리코브스키가 내세운 두 가지 논점을 들어보자. 첫째, 그는 이 재앙으로 희생된 자들은 "장자"가 아니라 "선택된 자들"이었다고 주장한다. 성경 본문들의 필사 과정에서 "선택된 자들"을 의미하는 히브리어 버호르(bchor)가 "장자"를 가리키는 단어 버코르(bkhor)로 잘못 필사되었다는 것이다.

---

* Immannel Velikovsky, *Worlds in Collision* (1950).
** Immannel Velikovsky, *Ages in Chaos* (1952).

둘째, 그는 행성들의 "근접 충돌"로 발생한 지진이 이집트인을 골라 죽였다고 주장한다. 그렇게 된 까닭은 이집트인이 지진이 일어났을 때 붕괴되기 더 쉬운 가옥에서 살았기 때문이라는 것이다. 반면에 히브리인은 벽돌이나 목재 들보나 석재로 만들어진 가옥, 즉 지진에 취약한 가옥에 살지 않고, 오두막이나 천막에서 살고 있었던 것으로 추정된다고 주장한다.

그러나 이런 전제들 위에 구축된 벨리코브스키의 가설은 스스로 붕괴된다. 심지어 오직 이집트인이 지진으로 붕괴되기 쉬운 집에 살았다는 것에 동의한다 하더라도, 죽임을 당하거나 갇힌 사람들은 장자들이 아니라 잠자고 있거나 충분히 빨리 피하기 어려운 사람들이었을 것이다. 그래서 불구자나 비만인 사람, 노인이나 임산부, 아이들, 그리고 많은 노약자들이 지진의 희생자로 "선택당했을" 것이다. 동물들도 사정은 비슷했을 것으로 추정된다. 만약 옥외로 소개되지 않았다면, 동물들은 대부분 두개골 위로 떨어진 대들보 때문에 즉사했을 것이다.

게다가 우리는 지진이 일어날 때 사람들이 집 안에서 죽기보다는 길거리에서 파괴된 집들로부터 떨어져 나온 파편들에 맞아 죽는다는 사실을 간과할 수 없다. 이런 경우 지진 희생자를 결정하는 선택 기준은 중력 법칙이다. 따라서 그의 가설은 왜 이집트인만 희생당했는지를 명확하게 설명하지 못한다. 어떤 히브리인이 이집트인의 거주지 근처를 우연히 걸어갈 수도 있지 않았을까? 어떤 사람들은 지진이 나면 심장과 뇌혈관 문제로 고통당한다. 그래서 심장마비나 뇌일혈과 심부전증이 발생했을 것이다. 그런데 단지 이집트인에게만 그런 질병들이 일어났을까?

결국 행성들의 "근접 충돌"이 성경이 말하는 일련의 연쇄적 재앙을 촉발시켰다고 보는 벨리코브스키의 의견은 물리학의 법칙을 파괴한다. 만약 그가 제시한 대로 근접하게 빗나간 사건, 곧 근접 충돌이 발생했다면 벨리코브스키는 애당초 태어나지도 못했을 것이고 그렇게 되면 이 세상에 그의 이론을 제시할 수도 없었을 것이다.

이 가설적인 "가까스로 빗나간 행성 충돌" 이론은 모든 재앙들을 설명하는 데도 실패하며 새로 도입해야 하는 몇몇 원인들에 의존한다. 예를 들어 벨리코브스키는 첫째 재앙의 원인을 화성에서 떨어져 나와 우연히 나일 강을 어지럽힌 "녹"(rust) 운석 덩어리라고 추적했다. 그 제안은 많은 문제들을 내포한다. 그중 하나는 첫째 재앙을 제외한 다른 재앙들은 녹으로 가득 찬 나일 강에서 발생하지 않기 때문이다. 개구리들의 경우, 녹에 함유된 철 무기물(iron minerals)들이 물에 녹아서 물을 독성 물질로 오염시키기보다는 바닥으로 침전되었을 것이기 때문에 강에서 도망칠 필요가 없었을 것이다.

간단히 말해서 벨리코브스키는 불가능한 시점에(즉 대략 주전 1450년) 일어났다고 상정된 재앙들을 설명하기 위하여 물리적으로 불가능한 사건을 사용했던 셈이다. 벨리코브스키는 물리학 법칙들, 오컴의 면도날 원칙, 성경 본문들뿐 아니라 그 시기에서 유래했다고 추정된 모든 역사적·고고학적 기록들을 부인했다.

그래서 어쩔 수 없이 우리는 우리의 마지막 과제로 되돌아온다. 비록 우리가 열 가지 재앙 모두를 거의 설명하는 데 근접했다고 할지라도, 마치 항구에 도착하자마자 짐도 내리기 전에 침몰하는 배처럼 마지막 재앙을 완전히 설명할 수 없는 것처럼 보인다.

지금까지 화산 폭발 가설이 각각의 재앙 발생을 규명하는 데 통찰의 빛을 비춰주었다. 그렇다면 화산 폭발로 인해 발생한 화산재가 열째 재앙도 설명할 수 있을까? 만약 그렇다면 어떻게 그게 가능할까? 성경 본문들은 열째 재앙을 장자 또는 초태생에만 국한시켰다. 이 장자 선택은 자연적 사건들로 단순히 설명될 수 없는 현상이다. 질병, 사고, 또는 다른 현상은 장자와 그 나머지 자손들을 구별할 수 없다. 어떤 부가적인 기준이 작용했음이 틀림없다.

지금까지 우리가 발견한 사실은, 각 재앙에 대한 최선의 설명은 우리 자신이 재앙이 발생한 시기에 나일 강 삼각주 지역에 살았다고 상정함으로써 획득될 수 있다는 것이다. 열째 재앙의 발생 원인도 아마도 유사한 방식으로 추적되어야 할 것이며, 그것도 화산재로 인해 발생되었다는 사실이 그로써 밝혀질 수 있다면 더 바랄 나위가 없을 것이다. 바로 직전의 재앙, 즉 이집트를 뒤덮은 흑암을 보면서, 우리는 그 흑암이 나일 강 삼각주 지역 거민들에게 일련의 새로운 재앙들이 몰려오고 있음을 예고하는 것이었을 가능성을 주목했다.

그때, 사람들은 신들이 자신들에게 분노하고 있다고 생각했을 것이다. 당시의 사람들이 흑암을 보고 신적인 저주라고 느꼈음을 증언하는 많은 문서들이 남아 있다. 이집트인은 히브리인이 이집트에 거주한 것 자체가 이집트 신들의 진노를 격동시켰다고 느꼈던 적이 있었다. 누가 보아도 이집트 풍습을 따르지 않았던 히브리인들 때문에 이집트 신들이 진노했다고 본 것이다.

이집트 땅에 히브리인이 거주했다는 사실은 몇 개의 고대 자료들이 언급하는 바다. 그리스 역사학의 아버지라고 불리는 헤로도토스

(Herodotus, 주전 484-425년)는 히브리인들이 이집트에서 팔레스타인으로 이주했다는 사실을 진술했다(*Histories*, 2.104). 스트라보(Strabo, 주전 58-주후 21년)도 당시의 유대인들이 자신들은 이집트에서 왔다고 주장했다는 사실을 언급했다(*Geography*, 17.2.34).

주전 300년경에 저작된 것으로 추정되는 이집트 역사가 마네토(Manetho)의 책에는 히브리인들의 이집트 탈출에 관한 이집트인의 묘사로 간주되는 한 이야기가 보존되어 있다. 그는 채석장에 돌을 깎으러 파견되었던 한센병 환자들이 헬리오폴리스(Heliopolis) 출신 제사장이었던 오사르세프(Osarseph)를 그들의 지도자로 세웠다고 진술했다. 오사르세프는 한센병 환자들에게 이집트 사회에 존재하는 모든 금기 사항들을 깨뜨려도 된다는 법령들을 선포했다. 그래서 이집트의 왕은 그 한센병 환자들을 국외로 추방했고, 오사르세프와 그의 추종자들은 가나안을 향하여 떠났다[플라비우스 요세푸스, 『아피온 반박』(*Contra Apionem*), 1.26, 2.2].

마네토가 한 이야기는 역사가 디오도루스 시쿨루스(Diodorus Siculus, 주전 90-20년)가 말한 이야기와 유사하다. 그는 히브리인들이 이집트에 있었으나 그들이 저주를 받아 문둥병과 괴혈병으로 고통을 받았기 때문에 추방되었다고 진술했다(1.28.1).

이집트인 나우크라티스의 카이레몬(Chairemon of Naucratis, 약 25-75년)은 히브리인들의 이집트 탈주를 약간 에둘러 말한 것으로 간주되는 또 다른 판본의 이야기를 제공한다. 그의 저작 『이집트 총람』(*Aigyptiaka*)은 아메노피스(Amenophis)라는 왕이 악몽에 시달렸을 때 여신 이시스(Isis)를 보았다고 기록했다. 여신 이시스는 이집트 전체와 신전들을 더럽히는 부정한 사람들을 이집트에 불러들였다고 그 왕을 책망했다. 그 꿈을 꾼 후 왕은 25만 명의 사람들을 국외로 추방했다. 이 사람들은 이집트의 국경 근처에 따라 살면서 38만 명 이상의 문둥이들로 구성된 강력한 군대를 형성했다. 그 군대가 이집트 땅을 침략했고 급기야 아메노피스 왕을 이집트 밖으로 축출했다. 람세스(Rameses) 또는 메세네스(Messenes)라고 불리는 아메노피스의 아들은 왕실의 원래 왕좌를 되찾았고 문둥이들을 이집트 국경 밖으로 축출하여 시리아 국경까지 쫓아냈다(요세푸스, 『아피온 반박』, 1.32). 요세푸스의 논적으로 설정된 아피온(Apion, 약 30-90년)은 반유대주의자였는데, 그는 이집트에 살았던 히브리인들이 유전적이고 전염성 강한 온갖 질병들에 감염되어 있었기 때문에 이집트 밖으로 추방당했다고 주장했다(『아피온 반박』, 2.2).

1세기 이집트인이었던 알렉산드리아의 리시마코스(Lysimachus of Alexandria)도 유사한 생각을 품었다. 그는 히브리인들이 저주를 받아 병에 걸렸는데, 보코리스(Bocchoris)라는 왕의 치세 동안에 히브리인들로부터 비롯되었을 것이라고 추정된 한 역병이 이집트에 발생했다고 진술하고 있다. 그 땅을 정상적으로 되돌리기 위한 유일한 방법은 그 땅에 있는 깨끗하지 않은 자를 추방하고 죽이는 것이라는 신탁이 보코리스 왕에게 전달되었다. 이때 추방당한 히브리인들은 모세의 지휘 아래 사막에서 모일 수 있었다. 그들은 불모의 땅을 건너서 그들이 약탈하여 정착한 새로운 나라에 들어갔다(『아피온 반박』, 2.2).

마지막으로 로마의 역사가 타키투스(Tacitus, 55-120년)는 이집트에 살던 히브리인들이 문둥병과 괴혈병으로 고통을 당하고 저주를 받았기 때문에 추방되었다고 진술했다(*Historiae*, 5.3-5).

여기서 핵심 요점은 이방 저자들 모두가 히브리인들이 이집트에 살았고, 그들이 그곳에 거주하던 한때 심각한 문제들이 발생했다는 사실을 지적한다는 점이다. 그들의 진술이 보여주는 공통점은 이집트 사람들이 그 심각한 문제들의 원인이 히브리인들의 존재 자체에 있었다고 본다는 점이다.

고대인들은 희생제사를 통해 신들의 자애로운 호의를 얻을 수 있다고 생각했다. 주요 희생제사 외에도 부가적인 희생제물들이 자신들의 소원을 들어준 신들에게 감사의 답례 신물로 바쳐졌다. 고대 이집트 사람들에게 그 열 가지 재앙들은 비정상적이었으며 신들의 진노를 대변하는 신적인 재앙으로 받아들여졌다. 그래서 그들은 신들의 분노를 누그러뜨리기 위해 그것에 상응하는 희생제물들을 바칠 필요가 있다고 느꼈을 것이다.

이집트 해안에서 가까운 곳에 위치한 크레타 섬에서 나온 고고학적 발견들은 엄청난 재앙들이 닥쳤을 때 고대인들이 강구한 비상수단들에 대한 기록을 제공한다. 아네모스필리아(Anemospilia)에서는 제의적인 이유로 과다한 양의 피를 채혈당한 남자 청소년의 유골 파편들이 발견되었다. 그 희생제사는 주전 1750-1720년 사이에 드려진 것으로 추정된다. 즉 이때는 에게 해 지역을 흔들었던 매우 강력한 지진이 일어났던 시기다. 이 기간 동안 크노소스(Knossos)와 파이스토스(Phaistos) 등 대도시들이 심각한 피해를 입었다. 고고학적 자료는 적어도 미노스 문명에서는 인신 희생제사가 심각한 재앙들을 누그러뜨리려던 사람들이 강구한 비상수단이었음을 시사한다.

이집트 문명에서는 성별된 동물들을 제물로 바치는 희생제사가

"시대가 그것을 요구할 때마다" 행해진 것으로 알려져 있다. 플루타르코스(Plutarch)는 기근과 같은 커다란 재앙이 오거나 그에 준하는 엄혹한 위기가 닥쳤을 때 제사장들이 성별된 동물들을 희생제물 삼아 신들에게 바쳤다고 기록했다(*De Iside et Osiride*, 45.5, 45.73).

다른 지중해 문명처럼 고대 이집트에서도 인신 희생제사가 시행되었음을 입증하는 역사적 자료들도 남아 있다. 물론 이 제사들은 매우 드물게 행해졌다고 알려져 있다. 적어도 외견상으로는 이집트인들은 인신 희생제사를 혐오스럽게 여겼던 것처럼 보인다. 그런데도 세 가지 인신 희생제사의 사례들에 대해 보도하는 서로 완전히 다른 자료들이 남아 있다.

아폴로도로스(Apollodorus)는 이집트에 심각한 재앙이 일어나자 왕이 신에게 신탁을 구했다는 사실을 전해준다. 그 왕이 받은 대답은 신에게 외국인들을 인신 희생제물로 매년 바쳐야 한다는 것이었다. 왕은 곧 외국 사람들을 제물로 바쳤다. 이 이야기는, 그 왕에게 신탁을 전해준 제사장이 외국인이었던 까닭에 바로 그 제사장이 희생제물로 바쳐졌다고 말한다. 후에 왕자와 왕 또한 죽음에 처해졌다(Apollodorus, *Library*, 2.5.11).

또 다른 자료에 의하면 이집트의 아모세(Ahmose) 왕은 오누(Iunu) 신의 제단에 매년 세 남자를 인신 희생제물로 바치는 관습을 폐지했다고 전해진다(Porphiry, *De abstinentia*, 2.55). 또 한 가지 사례는 대략 주전 1400년 무렵의, 이집트의 테베(Thebes)에 있는 레크마이어(Rekhmire)의 무덤 안에서 발견된 기록이다. 그것은 인신 희생제사와 관련된 것처럼 보이는 관습이 행해진 것을 암시하고 있다. 그것은 케프리(Khepri) 호수의 희생제물들과 나란히 소위 테케누(tekenu)가 무덤의 벽들 위에 묘사되어 있다. 테케누는 매우 오래전부터 시행되어 온 인신 희생제사로 이해된다. 케프리 호수에 대한 언급은 그 희생제사가 언제나 이집트의 안정을 위협하는 무질서의 신 세트(Seth)를 달래기 위한 제사였음을 시사한다. 이처럼 레크마이어는 이집트인들이 세트라는 신에게 희생제물을 바쳤거나 또는 세트를 매우 독실하게 섬겼던 힉소스(Hyksos)족 치세동안에 그렇게 하도록 강요를 받았던 시기를 떠올리게 한다.

마지막으로 이집트 역사의 두 번째 중간기(the Second Intermediate period)* 의 마지막 시기인 주전 1786-1567년 동안에 이집트를 다스린 힉소스 왕조의 수도였던 아바리스(Avaris)** 에서 출토된 자료다. 고고학자들은 주전 1680년부터 계속 동물들이 희생제물로 바쳐졌음을 입증하는 유물들을 발굴했다. 아울러 그 시기에 형성된 많은 수의 무덤들과 유적들에서 젊은 사람들이 희생제물로 바쳐졌음을 알려주는 유물들도 또한 줄토되었다. 동물 희생제들은 E/1 지층(stratum, 주전 1620-1590년)까지 계속되다가 이후에 점차 소멸되었다. 아바리스에서 희생제물로 바쳐졌던 젊은 사람들의 유골들이 아모세가 힉소스 왕조로부터 아바리스를 빼앗았던 시기와 부합하는 D/3 지층(주전 1590-1560년)에서 많이 발견되었다. 이후의 D/2 지층(주전 1560-1530년)에는 동물 유적들은 거의 없고 다양한 연령에 걸친 사람들의 유골들이 오히려 훨씬 빈번히 분

● 이집트 역사에서 중왕국 시대와 신왕국 시대 사이에 있는 과도기로서 주전 2055-1550년 사이의 기간을 가리킨다. 더 자세한 내용은 용어 해설을 보라—옮긴이.

●● 용어 해설을 보라.

포되어 있다.

또한 우리는 성경의 증언을 통해 이집트에서 흑암 재앙이 진행되고 있었을 때 히브리인들이 그들의 하나님께 희생제사를 드렸다는 사실을 확인한다. 그래서 히브리인들은 흠 없는 1년 된 양이나 염소를 희생제물로 바쳤으며, 그 피를 아홉째 재앙 이후 열째 재앙 이전까지 그들의 집 대문 위에 각각 칠했다(출 12:5). 더 나아가 히브리인들은 이집트를 떠날 준비 태세를 갖춘 후, 즉 그들이 집단적으로 그들의 집단 거주지를 떠날 시점에도 그들의 하나님께 희생제사를 바친 것처럼 보인다. 그래서 이집트 통치자는 히브리인들에게 심지어 자신을 위해 기도해줄 것을 요청하기까지 할 정도였다(출 12:32). 그런 상황에서 이집트 사람들은 히브리인들에게 귀중품들을 주었다(출 12:35-36).

다른 말로 하면, 이집트 땅 전체에 퍼져 살던 각 민족이 자기 몫의 희생제사를 자신들의 신에게 드렸다는 것이 가능하지 않을까?(또는 그랬다고 보이기를 원하지 않았을까?) 매우 흥미롭게도 성경 본문들은 신생아를 희생제물로 바치는 것을 금지한다. 인신 희생제물로 드려져야 할 신생아는 야웨에 의하여 속량되었기 때문이다. 성경의 신생아 희생제사에 대한 금지 규정은 오로지 신생아가 희생될 위험에 처했거나 또는 처할 때가 있었을 때에만 의미를 가지고 있다. 아니나 다를까, 성경 본문들은 그런 위험을 상세히 기술한다. 모세오경은 몰렉(molék)에게 아동을 제물로 바치는 인신 희생제사들을 절대적으로 금지한다(레 2:5; 18:21; 신 12:29-31).

히브리어 단어인 멜렉(mélék)은 "왕"을 의미하고, 몰렉(molék)은 아이들을 희생제물로 바치기를 요구했던 왕을 조롱하기 위해 만들어진 조어(造語)로 간주되었다(신 12:31). 모세오경의 어린이 인신 희생제사 금지는 오로지 히브리인들이 그러한 희생제사를 행하려 하였거나 또는 그렇게 요청받았던 때가 있었을 경우에만 이치에 맞는 규정이다. 인신 희생제사를 하나님께 바침으로써 히브리인들은 이방인들을 모방할 위험에 처한 적이 있었을 것이라는 점이다. 그런데 이 이교도 풍습을 모방하는 것은 야웨 하나님을 향한 그들의 믿음의 결핍을 드러내는 행위로 간주되는 상황이었을 것이다.

외형상으로는 이집트인처럼 히브리인도 흑암 재앙이 진행되는 순간에 인신 희생제사를 드리기로 되어 있었을 것이다. 히브리인들의 지도자인 모세 자신도 자신들의 신에게 재앙을 멈추게 해달라고 요청하기 위한 기도와 희생제사를 드리기를 원했다. 그러기 위해서 그는 히브리인들을 광야로 데리고 갈 수 있게 해달라고 이집트 왕에게 여러 번 요청했다(출 8:21-23). 하지만 의심이 많은 이집트의 왕은 매번 그의 요청을 거절하였다(출 8:24). 그런데 이상하게도 오직 열째 재앙이 발생한 이후에야, 즉 이집트인들이 스스로 인신 희생제사를 드리고 나서야 히브리인들은 이집트를 떠나도록 허락을 받을 수 있었다.

이런 정황은 모세 자신도 하나님께 희생제사를 드리기 위해 광야의 한 장소로 갈 계획을 세우고 있었음을 의미한다. 사실 아피온에 의해 언급된 이집트의 한 전승에 따르면, 모세가 조상들의 전통을 따르려고 작정했고 히브리인들이 살던 고센 지역의 바깥에 있는 한 공개적인 제의 장소에서 기도를 드렸다(요세푸스, 『아피온 반박』, 2.2). 아피온은 반유대주의자였기 때문에, 성경 이야기의 유효성을 확증하는 그의 진술들이 성경 기록의 신빙성을 강화하기 위해 날조된 말이라고 폄하될 수는 없다.

그 흑암 재앙과 인신 희생제사 사건들을 재구성해보면, 모세가 이집트 왕에게 자신은 재앙을 피하기 위해 동물 희생제사는 물론이고 심지어 인신 희생제사도 신께 드릴 것이라고 말했을 가능성도 배제할 수 없다. 모세가 보기에는 그 의식을 위한 장소는 이집트인들의 거주지로부터 멀리 떨어진 지방이어야 했다. 왜냐하면 그 희생제사 중 몇 가지는 이집트인들에게 혐오스러운 것이었고 또 히브리인들의 전통상 그 의식은 도시 바깥의 떨어진 지역에서 행해져야 했기 때문이었을 것이다.

그러나 열째 재앙의 핵심이 인신 희생제사에 있다는 것을 가리키는 확증적 증언은 "모든 장자는 야웨께 거룩한 제물로 바쳐졌으며 그들의 생명은 야웨로부터 '속량되었다'"고 말하는 오경의 언급이다(출 11:14). 모세는 야웨께서 인간의 피를 원하지 않지만 히브리인들의 장자는 어떤 모양으로든지 제물로 바쳐져야 한다는 점을 지적했다. 그런데 야웨 하나님은 이 장자 제물을 대신하는 대속적 제물을 지정해주셨는데 그것은 이스라엘의 열두 지파 중 한 지파를 제사장 지파로 성별함으로써 이뤄졌다. 그리하여 레위 지파가 선택되었다. 레위 지파가 야웨만을 전적으로 섬기는 제사장 지파로 성별된 것은 이집트인들에 의해 행해진 인신 희생제사를 대체하는 거룩한 의미의 인신 희생제사라는 것이다. 야웨에 대한 그들의 봉사와 섬김이 히브리인들이 장자들을 제물로 바친 것과 같은 효과를 내는 것으로 수용되었다. 이렇게 해서 히브리인 열두 지파 중 한 지파—지도자 모세 자신이 속해 있는 레위 지파—전체가 열째 재앙 이후부터 야웨께 제물로 담보되어졌다(출 30:11-16; 34:19-20; 민 3:11-13; 3:40-51; 8:14-19; 18:12-20; 신 15:19-20; 26:1-11).

표 5.1에 나타나 있듯이, 네 성경 본문에 묘사된 열 가지 재앙들의 순서를 보면 아주 강력한 두 단계의 화산 폭발이 이집트에 닥친 열 가지 재앙 사건들의 원천임을 알 수 있다. 그동안 열 가지 재앙들을 순서대로 재구성하는 과제를 어렵게 만든 장애물들이 꽤 있었다. 재앙들이 허구였다는 신념, 재앙들의 발생 순서를 정하려고 할 때 발생한 혼란, 각 재앙의 발생 원인에 대한 복수의 가설들, 대파국에 가까운 재난 이론에 대한 존중, 열 가지 재앙들에 관한 성경 증언에 상응할 만한 이집트 자료 발굴의 어려움, 열 가지 재앙 사건들이 인과적인 고리에 의해 연속적으로 일어난 사건들이었다는 관찰을 명증하게 규명하는 일 등이 우리가 처음부터 직면한 난제들이었다.

성경 본문들이 가리키고 있듯이, 화산 폭발의 첫 번째 단계는 화산 물질의 공중 분출이었다. 이렇게 공중에 흩어진 화산 물질이 강한 산성을 머금은 재가 되어 나일 강 삼각주 지역에 떨어졌다. 그 재는 강을 붉은색으로 물들이고 물을 독으로 오염시켰다. 이내 물고기들이 죽었고, 강물은 더 이상 마실 수 없는 물이 되었고, 개구리들은 떼 지어 강을 탈출해 둑으로 올라왔다. 강한 산성으로 오염된 강물로 되돌아갈 수 없었던 개구리들은 뭍에서 말라 죽었다. 곤충들은 강이나 둑을 따라 죽은 수많은 동물들 안에 알을 낳았다(바로 보통 때는 그 곤충들을 잡아먹던 그 동물들 안에다). 그 알들은 유충으로 부화하였고, 부화한 유충들이 모든 지역을 기어 다니기 시작했다. 유충들이 곧 성충들로 성장해 인간과 동물을 가리지 않고 괴롭혔다.

미세하지만 엄청난 양의 화산재는 대기에 남아서 날씨에 영향을 끼쳤다. 우기에 편승해 심한 폭풍우를 만들어냈고, 그것은 곡식이 자라고 가축들이 살고 있는 농촌 지방을 강타해 해를 끼쳤으며 많은 가축들을 죽였다. 폭풍을 동반한 그 비는 매우 높은 산성도를 머금은 산성비였다. 그것은 폭풍우가 내려 습한 기후가 조성되자 옥외에서 활동하는 사람들과 동물들의 피부에 발진을 일으켰다. 이러한 나쁜 날씨는 몇 달 동안 지속되었다. 얼마 후 우박이 쏟아져 보리나 삼 같은 농작물에 해를 끼쳤다. 기후 변화들은 배고픈 메뚜기 떼를 음식을 찾아 광분하는 공격적인 곤충 떼로 만들었다. 이 메뚜기 떼가 나일 강 삼각주 지역을 지나면서 우박을 피해 간신히 살아남은 농작물들을 먹어치웠다.

얼마 후 처음 보았던 화산 구름과 비슷한 어둠이 나일 강 삼각주 지역을 덮쳤다. 그곳 거주민들은 신들이 자기들에게 품은 분노가 여전히 풀리지 않고 있다고 판단하기 시작했으며, 바야흐로 새로운 재앙들이 연달아 몰려오고 있다고 생각했다. 아바리스의 이방 거주자들이었던 힉소스 족속은 신들에게 희생제사를 드림으로써 신들을 달래려고 하였다. 이렇게 볼 때, 열째 재앙은 나일 강 삼각주 지역의 이방 거주자들이 이전에 일어났던 재앙들이 되풀이될 것이라는 두려움 때문에 스스로에게 초래한 재앙으로 보아야 한다. 그들은 가축들의 초태생과 그들 자신의 처음 난 자녀를 죽여 신들에게 제물로 바쳤던 것이다. 히브리인들도 신에게 인신 희생제물까지 바칠 생각을 하며 광야로 나갔다. 그러나 실제로 그들은 레위인들을 야웨께 성별해 바침으로써 장자를 희생제물로 바치는 고통을 면제받았다. 그들은 백성 중 12분의 1인 한 지파를 하나님께 바침으로써 인신 희생제사를 모면할 수 있었다. 이렇게 해서 히브리인들은 이집트를 탈출할 수 있는 기회를 붙잡았다.

표 5.1. 열 가지 재앙 모두를 조사한 후 확보한 성경의 재앙 관련 본문 총람

출애굽기 7:14-13:16	시편 78:43-51	시편 105:27-36	신명기 28:23-42
붉은 강물과 죽은 물고기 (출 7:14-25)	붉은색을 띠고 독으로 오염된 강물 (시 78:43-44)	붉은 강물과 죽은 물고기 (시 105:29)	청동색 하늘과 비처럼 내린 먼지 (신 28:23-24)
개구리 떼 (출 8:1-15)	개구리 떼 (시 78:45)	개구리 떼 (시 105:30)	
기는 벌레들 (출 8:16-20)	기는 벌레들 (시 78:45)	기는 벌레들 (시 105:31)	
곤충 떼 (출 8:21-25)		곤충 떼 (시 105:31)	
죽은 동물들 (출 9:1-7)	농물늘을 죽이고 포도나무와 무화과나무를 손상시킨 천둥번개를 동반한 폭풍우 (시 78:47-48)	포도나무와 무화과나무를 손상시킨 번갯불 (시 105:32-33)	벌레들에 먹힌 포도나무와 수확 못한 감람나무 (신 28:39-40)
피부병들 (출 9:8-12)			독종든 (신 28:27, 35)
우박 (출 9:13-35)	우박 (시 78:48)	우박 (시 105:32-33)	
메뚜기 떼 (출 10:1-20)	메뚜기 떼와 황충들 (시 78:46)	메뚜기 떼와 벌레들 (시 105:34-35)	메뚜기 떼 (신 28:38, 42)
흑암 (출 10:21-29)	맹렬한 분노와 질식 (시 78:49)	흑암 (시 105:27-28)	볼 수 없는 상황 (신 28:28-29)
장자의 죽음 (출 11:1-13:16)	장자의 죽음 (시 78:50-51)	장자의 죽음 (시 105:36)	장자의 죽음 (시 135:8-9; 시 136:10-11)

표 5.2. 이집트 재앙들의 재구성

화산 구름이 도착해 재를 떨어뜨림으로써 나일 강을 붉게 물들였고, 물고기들이 죽어 강물을 마실 수 없게 만들었다.	청동색 하늘과 비처럼 내린 먼지(신 28:23-24). 붉은 강물과 죽은 물고기(출 7:14-25; 시 105:29; 시 78:43-44).
이후 개구리들이 강독으로 올라와 말라 죽었다.	개구리 떼(출 8:1-15; 시 78:45; 시 105:30).
개구리와 물고기의 사체 안에서 부화된 곤충의 알들에서 유충들이 기어 나왔다.	기는 벌레들(출 8:16-20; 시 78:45; 시 105:31).
이 유충들은 성충 곤충 떼로 변했다.	곤충 떼(출 8:21-25; 시 105:31).
공중에 여전히 남아 있는 재는 심각한 날씨 변동을 야기했다. 즉 폭풍우는 이집트를 경악시켰으며 육축을 죽이고 나무들도 또한 심각하게 파괴했다.	우뢰로 죽은 동물들(출 9:1-7)과 손상된 포도나무와 무화과나무(시 78:47-48). 번개가 포도나무와 무화과나무들을 파괴한다(시 105:32-33). 벌레들이 포도나무와 감람나무에 해를 입혀 나무들이 결실하지 못한다(신 28:39-40).
산성비는 사람들의 피부와 짐승들의 가죽에 화상을 입혔다.	피부병들(출 9:8-12; 신 28:27, 35).
대기 중에 여전히 많이 남아 있던 화산재로 인해 나쁜 날씨가 계속되었고 겨울에는 우박 폭풍을 일으켰다.	우박(출 9:13-35; 시 78:48; 시 105:32-33).
높은 습도(벌레들의 번성 촉진)로 인해 메뚜기들이 급증했고 음식 부족으로 사람들과 가축들은 굶주렸다.	메뚜기 떼(출 10:1-20; 신 28:38; 신 28:42)와 황충들(시 78:46; 시 105:34-35).
화산이 두 번째 폭발 단계에 들어갔고 새로운 화산 구름이 나일 강 삼각주 지역을 덮쳤다.	흑암(출 10:21-29; 시 105:27-28), 맹렬한 분노와 질식(시 78:49), 앞을 볼 수 없는 상황이 발생한다(신 28:28-29).
거민들은 분노한 신들을 달래기 위해 희생제사들을 드리기 시작했다. 히브리인을 제외하고 다른 사람들은 그들의 장자와 짐승들의 초태생을 희생제물로 바쳤다. 반면에 히브리인들은 양들을 죽였고, 더욱 많은 희생제사를 드리기 위해 광야의 한 거룩한 장소로 가야 한다고 주장했다.	장자의 죽음(출 11:1-13:16; 시 78:50-51; 시 105:36; 시 135:8-9; 시 136:10-11).

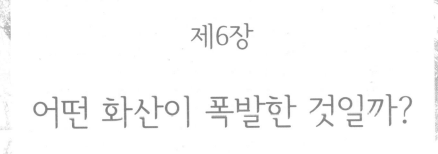

제6장

어떤 화산이 폭발한 것일까?

이제까지 우리가 재구성한 이집트를 덮친 재앙들의 발생 시나리오에 따르면, 열 가지 재앙 모두가 화산 활동과 연결될 수 있다. 이런 잠정적 재구성이 옳다는 것을 확증해줄 수 있는 자료들이 있다면 그것은 이미 알려진 다양한 화산 폭발에서 발견되는 병행 현상들에 대한 기록들이다.

아마도 가장 강력한 증거는, 비교적 잘 알려지지 않았으나 매우 강력했던 칠레의 허드슨(Hudson) 화산 폭발을 묘사한 기록들로부터 도출될 수 있을 것이다. 그 화산이 너무 후미진 곳에 있기 때문에 그곳에서 일어난 거대한 화산 폭발이 일으킨 재난들은 지금까지도 세계 여론의 주목을 크게 끌지는 못했다. 그 화산을 연구한 화산학자들은 현대적 장비를 사용하여 화산 폭발 경과를 모두 기록했다.* 그래서 우리는 이집트 재앙들과 비교할 수 있는 풍부한 정보를 획득하고 연구할 수 있게 되었다.

세로 드 로스 벤티스케오로스(Cerro de los Ventisqueoros)라고 알려진 허드슨 산 정상은 칠레 남부의 안데스 산맥에 있는 해발 1,905미터(5,700피트)의 산봉우리다. 1891년에 화산이 폭발하기 전까지 그것은 평범한 산에 불과했다. 그 산은 화산 폭발지수(Volcanic Explosivity Index:

- R. Scasso, H. Corbellat and P. Tiberi, "Sedimentological Analysis of the Tephra from the 12-15 August 1991 Eruption of Hudson Volcano," *Bulletin of Vocanology* 56 (1994): 121-132; J. A. Naranjo and Ch. R. Stern, "Holocene Explosive Eruption of Hudson Volcano, Southern Andes," *Bulletin of Volcanology* 59 (1998): 291-306.

표 6.1. 허드슨 화산 폭발(1991년)과 성경의 재앙들 비교

성경의 이야기	허드슨 화산 폭발
붉은 나일 강물과 죽은 물고기	화산재 구름이 개울물과 목초지를 오염시켜 가축들을 죽음으로 몰아갔다.
개구리들의 침입	
킨님(kinnîm)의 침입	
곤충들의 침입	
동물들을 죽이고 나무들을 파괴한 폭풍	동물들의 죽음과 농경지 파괴
인간과 동물들의 몸에 생긴 피부병	산성비가 피부에 화상을 입히고 빌딩의 페인트를 벗겨냈다.
우박	동물들의 죽음과 농경지 파괴
메뚜기 떼	
흑암	안데스 산맥을 건넌 두 번째 거대한 화산 구름
장자의 죽음	

VEI)*를 기준으로 할 때 3단계로 분류될 정도로 미약하게 폭발했던 1971년부터 다시 활동을 시작하였다. 20년이 지난 후, 허드슨 화산은 아주 강렬한 화산 활동들이 일어난 장소가 되었고, 성경이 말하는 이집트 재앙들을 연구하는 데 유용한 병행 자료들을 제공하기에 이르렀다.

● 용어 해설을 보라.

허드슨 화산은 1991년에 두 단계에 걸쳐 아주 강력하게 폭발했다. 1991년 8월 8-9일에 갑자기 화산 활동이 시작되었다. 지진 활동은 화산이 폭발되기 단지 몇 시간 전에야 감지되었다. 그것은 화산 폭발지수 5단계 이하였다. 화산 분출물은 7-10킬로미터의 상공으로 치솟았다. 최초의 화산 분출물은 잠시 후에 밝은 회갈색의 빽빽한 화산재 기둥을 생성시켰고, 그 높이는 12킬로미터에까지 이르렀다. 그 후 화산 활동이 감소하는 것처럼 보였다. 화산 기둥은 회백색으로 변하고 그 길이는 6킬로미터 정도로 줄었다. 8월 12-16일에 두 번째 폭발이 일어났다. 그것은 훨씬 강력한(화산 폭발지수 약 5.5) 폭발이었다.

마그마와 흙탕물이 유눌레스 계곡 근처를 따라 45킬로미터 정도를 쏟아져 흘렀다. 마그마와 흙탕물은 강 너비의 두 배 이상으로 넓게 흘렀는데, 그것은 80미터에서 170미터 정도의 넓이로 흐르다가 오십여 가구가 가축을 기르던 계곡 안의 한 마을과 그 안에 살던 모든 생명체를 삼켜버렸다. 커다란 파편들이 대략 사방 60킬로미터 내의 지역에 떨어졌다. 그 화산 폭발로 분출된 물질들은 강을 못 쓰게 만들었고, 길을 토막 냈으며, 집들을 파괴하였다. 그것은 1만 마리의 양과 가축뿐 아니라 600명의 주민들이 즉각 대피하지 않으면 안 될 정도로 위력적인 폭발이었다.

부석(pumice stone)과 같은 작은 파편들은 남부 칠레나 아르헨티나에 도달할 정도로 먼 지역까지 분출되어 날아갔다. 그 파편 분출물은 화산에서 1,100킬로미터나 떨어져 있는 팔크랜드(Falkland)의 말비나스 섬까지 멀리 날아갔다. 지름이 5센티미터(2인치)에 달하는 입자가 거친 화산력(火山礫, coarse lapilli)의 경우 남동쪽으로 55킬로미터나 날아가 떨어졌다. 0.1-10센티미터 정도 지름의 화산재는 유황산화기체와 혼합이 되어 18킬로미터 높이와 5킬로미터 두께의 화산 구름을 형성했다. 이 버섯 모양의 화산 구름(plume)은 아예 지구를 따라 한 바퀴를 돌았다. 남부 칠레에서 생성된 이 구름은 처음에는 동쪽으로 움직여 아르헨티나로 향하는 안데스 산맥을 넘어갔다. 대서양 연안에 다다르자마자 그 화산 구름은 6.5킬로미터나 되는 두꺼운 구름으로 커진 채 팔크랜드/말비나스 섬을 향하여 계속 이동했다. 조지아(Georgia) 남부 근처에서 그 화산 구름은 약 370킬로미터의 길이를 가진 거대한 구름층으로 성장했다. 그 구름은 무게와 부피가 너무 커 전체를 유지할 수 없자 저절로 반으로 나눠졌다. 작은 구름 덩어리는 남극 대륙을 향하여 흩어졌고, 큰 구름 덩어리는 동쪽으로 멀리 이동하다가 8월 20일에 화산으로부터 15,000킬로미터 떨어진 오스트레일리아의 멜버른(Melbourne) 근처에서 비행기 조종사들에 의해 관찰되었다. 그 화산 구름 기둥은 오렌지색 같은 갈색 빛을 띤 구름 덩어리로 발전해 있었다. 호주연방과학원(CSIRO)은 그 화산 구름 기둥의 키는 500킬로미터, 넓이는 100킬로미터(300 × 60마일) 정도 된다고 측정하였다. 그 화산 구름은 남쪽으로 계속 이동했고 다음날인 8월 21일에는 다시 칠레에 도달했다.

화산재도 이에 못지않게 넓은 지역에 걸쳐 떨어졌다. 화산이 위치한 칠레에서는 화산 분출물의 퇴적층이 1입방킬로미터로 측정되었다. 예를 들어 화산 폭발지점으로부터 50킬로미터 떨어진 푸에르토 차카부코(Puerto Chacabuco)에는 5-7밀리미터의 화산재가 떨어진 반면, 화산으로부터 북북동방향으로 65킬로미터 떨어져 있는 푸에르토 아이센(Puerto Aisén)에는 16시간 안에 5밀리미터의 두께로 쌓일 만큼 많은 화산재가 떨어졌다. 이웃 나라인 아르헨티나는 약 2.8입방킬로미터(2.3 x 10^9미터톤)나 되는 많은 양의 화산재 세례를 받았다. 가느다랗게 늘어진 짙은 화산 구름은 상대적으로 낮은 고도(12-16킬로미터)를 유지하며 이동했기 때문에 그것에서 투하된 화산 분출물은 10,000평방킬로미터 정도(대략 55,000평방마일)의 좁은 삼각형 지역에 집중적으로 투하되었다. 화산으로부터 580킬로미터 떨어져 있는 푸에르토 데세아도(Puerto Deseado)와 남동쪽으로 550킬로미터 떨어져 있는 산훌리안(San Julián)을 포함한 먼 내서양 연안 도시들도 화산 분출물의 영향을 받았다. 부가적으로 2입방킬로미터의 화산 분출물이 대서양에 떨어졌고, 대기 중에서 흩어졌다.

1991년의 허드슨 화산 폭발은 성경의 이집트를 덮친 재앙들과 몇 개의 병행 현상을 보여준다. 그 화산 폭발이 이집트를 덮친 재앙들을 일으켰던 폭발 과정과 위력에 비견될 만한 폭발 과정과 위력을 보여주기 때문이다. 허드슨 화산도 두 단계에 걸쳐 폭발했으며, 광범위한 지역에 걸쳐 재난들을 야기했던 화산재를 분출한 강력한 폭발이었다. 더욱 구체적으로 우리는 허드슨 화산의 화산재가 수천 평방킬로미터에 이르는 광활한 지역에 뿌려졌다는 점에서, 이집트의 첫째 재앙과의 유사점들을 찾을 수 있다.

우리는 여기서 또한 다섯째 그리고 여섯째 재앙들과 유사점을 볼 수 있다. 화산으로부터 360킬로미터 떨어져 있는 고베르나도스 그레고레스(Gobernados Gregores)에서 산성비가 내렸다. 도색을 한 지붕의 페인트가 변색되거나 벗겨졌고, 사람들의 손과 얼굴에서 화상이 발생했다.

다섯째와 일곱째 재앙들의 경우처럼, 여기서도 농촌의 농작물이 심각한 피해를 입었다. 재는 강과 계곡, 논과 초원을 오염시켰다. 화산으로부터 120킬로미터 떨어진 코이하이케(Coihaique)의 모든 목초지가 오염되었으며, 기르던 많은 동물이 죽었다. 화산의 동쪽에 위치한 아르헨티나의 산타크루즈(Santa Cruz) 지역에서 농작물과 가축 손실이 가장 컸는데, 화산 분출물이 집중적으로 투하된 지역 안에 있던 대략 5-6만 마리의 양과 소 중 절반 정도가 화산 폭발 후 한 달 이내에 죽었다.

이집트를 덮친 열 가지 재앙이 강력한 화산 폭발에 의해 촉발된 것임을 확증하면서, 이제 우리는 한 단계 더 나아갈 준비가 되어 있다. 이제 성경이 말하는 이집트의 재앙들을 촉발시킨 화산을 추적할 준비가 되어 있는 것이다. 우리는 그 화산 폭발이 결정적인 특징을 남겼다는 것을 안다. 그것은 두 단계에 걸쳐 일어난 엄청난 화산 폭발이었고, 이집트까지 영향을 끼쳤다. 우리가 대충 계산해본다면, 두 단계 폭발 사이에 2년이 채 안 되는 시간이 경과했음을 짐작할 수 있다.

이런 대략적인 시간 계산은 다음과 같은 사항에 근거한다. 첫째 재앙은 7월 중순 이후, 나일 강의 물이 제방에 아직 넘치고 있을 때 일어났다. 둘째에서 넷째 재앙은 몇 주 안에 연속적으로 일어났다. 다섯째 재앙인 동물들을 죽였던 폭풍우는 대략 여름의 마지막 시기인 9월경에 일어났다. 여섯째 재앙은 바로 그 직후에 일어났다. 일곱째 재앙은 다음해 2월쯤에 일어났다. 여덟째 재앙은 그해 마지막, 즉 메뚜기 철이 시작할 때 발생했다. 아홉째 재앙은 그 다음 해 3월 즈음에 일어났고, 열째 재앙은 그해 3월 또는 4월에 발생했다. 대체로 재앙들은 7/8월에서 그로부터 2년 후 3/4월까지 일어났으며, 결국 20개월 혹은 22개월 동안에 걸쳐 계속되었다.

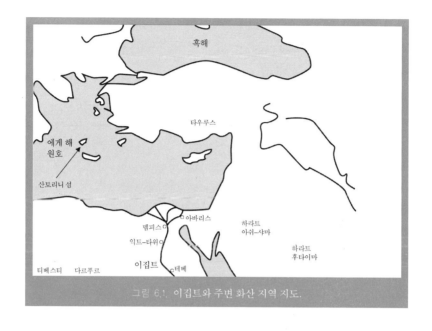

그림 6.1. 이집트와 주변 화산 지역 지도.

    따라서 우리가 찾고 있는 그 화산 폭발의 결정적인 특징은 다음과 같다. 그것은 이집트까지 피해를 입힌 거대한 화산 폭발이어야 하며, 두 차례 폭발하여 20-22개월 동안 지속된 화산 폭발이어야 한다는 것이다. 화산학자들은 지난 1만 년 동안 어떤 화산 폭발도 이집트 안에서 일어난 적이 없다고 확실하게 말한다. 그러므로 우리가 추적하고 있는 화산은 이 나라 밖에 있어야 한다. 이 나라는 공교롭게도 화산들에 의해 둘러싸여 있다(그림 6.1). 남쪽으로 다르푸르의 제벨 마라(나일 강 삼각주에서 1,600킬로미터 거리)가 있다. 서쪽 멀리로는 리비아와 차드 사이의 국경에 거대한 티베스티 화산지역(the Greater Tibesti Region)이 있다(나일 강 삼각주에서 1,300킬로미터 거리). 동쪽으로는 사우디아라비아 중앙에 있는 하라트 후타이마(the Harrat Hutaymah)와 사우디아라비아와 요르단의 국경에 위치한 하라트 아쉬샤마(Harrat Ash-Shamah)의 화산암층들판이 있다(나일 강 삼각주에서 1,000킬로미터 거리). 북쪽으로는 코린토스 해협에서부터 니시로스(Nissiros) 사이에 위치한 에게 해 연안의 원호 지역(the Aegean Arch)에 산재한 몇 개의 화산들뿐 아니라(나일 강 삼각주에서 1,000-6,000킬로미터 거리), 터키의 카파도키아(Cappadocia)와 타우루스(Taurus) 산맥들 안에는 화산호가 있다(나일 강 삼각주에서 600킬로미터 거리).

우리는 또한 이집트를 둘러싼 지역의 화산들 가운데서도, 주전 2000-1000년 동안에 대파국적 참사를 초래했던 화산 폭발의 사례를 찾아야 한다. 화산 폭발을 보도하고 기록한 자료들을 검토해볼 때, 우리는 단 한 개의 화산 폭발을 제외한 나머지 사례들은 제외해도 무방하다는 것을 발견했다. 그리스의 산토리니 섬*에서 청동기 시대에 발생했던 화산 폭발 하나에만 집중하면 된다는 것이다. 테라 섬이라는 이름으로도 알려진 화산섬인 산토리니 섬의 화산 폭발이 과연 이집트의 재앙들을 일으킨 화산 폭발이었으며, 성경에 기록되었던 그 엄청난 화산재를 분출했던 화산 폭발이었을까?

화산학자들은 여러 해 동안 산토리니 화산을 연구했다. 그들은 이구동성으로 그것이 지난 5,000년 동안 일어났던 가장 강력한 화산 폭발

● 용어 해설을 보라.

들 중의 하나라고 평가한다. 그 섬은 에게 해의 남쪽에 위치하고 있으며, 나일 강 삼각주로부터는 800킬로미터 정도 떨어져 있다. 화산 폭발 이전에는 그 섬이 지금보다 훨씬 더 컸지만, 청동기 중·후반기의 어느 시점에 발생한 매우 강력한 화산 폭발로 몇 개의 작은 섬으로 줄어들었다. 그 폭발 사건은 고대 역사의 분수령이 되었다. 곧 그 지역에서 발생한 미노스 문명의 성장이 중단된 것이다. 그리고 현대 그리스의 조상인 미케네인들(the Mycenaeans)이 미노스 문명의 세력을 몰아내고 에게 해의 주도 세력으로 부상하게 되었다.

그런데 언제 산토리니 화산 폭발이 일어났는지는 분명하지 않다. 비록 과거에는 수전 1350년으로 늦게 연대를 추정하는 의견이 유력한 후보로 제시되어 왔지만, 역사가들은 대략적으로 주전 1550년 연대를 선호한다. 그러나 화산학자들은 대략 주전 1670-1620년 사이의 연대를 선호하고, 그중에서도 주전 1627년이 자주 언급된다. 이 연대 추정 문제는 이 책의 마지막에 가서 논의될 것이다. 과학자들은 산토리니 화산 폭발의 위력들을 그 섬에 남아 있는 고고학적·지질학적 자료들을 조합하여 측정했다.*

그 화산 폭발은 긴 준비 기간을 거친 후 일어났던 것으로 밝혀졌다. 먼저 여러 해에 걸쳐, 아니 심지어 몇십 년 동안 지진이 땅을 흔들었다. 이러한 지진 활동들이 산토리니 주민들에게 어떤 거대한 폭발이 있을

---

* A. Kalogeropoulou, ed., *Acta of the 1st International Scientific Congress on the Volcano of Thera, 15-23 September 1969* (1971); C. Doumas, ed., *Thera and the Aegean World I* (1978); C. Doumas, ed., *Thera and the Aegean World II* (1980).

것임을 예고했던 셈이다. 지진이 일어날 때마다 섬의 모든 주민이 공포 속에서 도피했던 상황을 보여주는 고고학적 유물들이 남아 있다. 지진들이 멈추자 일부 사람은 그들의 재산을 지키기 위해 다시 돌아왔던 것으로 보인다. 그러나 새로운 연속된 지진들이 무언가 거대한 재앙이 임박했음을 예고하자 모든 주민들은 다시 도피했다.

결국 어느 시점에 폭발한 화산은 연분홍색을 띤 화산재를 공중으로 내뿜었는데, 과학자들은 이 현상을 1단계 폭발로 분류한다. 그 화산재는 폭발 이전에 산토리니 섬에 쌓인 화산 퇴적물 지층 가장 밑바닥에서 오늘날도 발견된다. 산토리니에서 발견되는 화산 퇴적물 지층의 색깔과 첫째 재앙을 묘사하는 성경 본문의 나일 강의 색깔이 완벽하게 일치하는데, 이것은 이집트에서 발생한 첫째 재앙이 화산 폭발로 인한 사태였음을 보여주는 강력한 증거가 된다.

성경에 나오는 이집트를 덮친 재앙들의 원인을 산토리니 화산 폭발에서 찾으려는 노력을 강력하게 지지해주는 더 많은 증거는 에게 해의 그 화산이 일단 폭발을 멈추었다는 사실에서 온다. 이 소강 상태는 최소한 두 달에서 최대 2년 동안 지속되었다. 여기서 다시 우리는 첫째 재앙에서 아홉째 재앙까지 경과한 기간이 2년 이하라고 확인되었다는 점에서 산토리니 화산 폭발과 성경의 이집트 재앙들의 유사점을 발견한다.

산토리니의 두 번째 폭발은 섬의 대부분을 붕괴시켰다. 용암과 다른 물질들이 분출되었다. 그 두 번째 폭발로 인한 화산 분출물은 분홍빛을 띠지 않고, 검은빛을 띠었다는 점이 아홉째 재앙과의 유사점을 드러낸다. 두 번째 폭발에 포함된 전체 에너지가 화산 분출물의 양을 토대로 산출되었다. 대략 28입방킬로미터의 재, 돌멩이, 흙이 공중으로 분출되었다. 그 정도 분량의 물질을 공중으로 내뿜는 데는 대략 10^{27}에르그(erg)[*]가 필요했을 것이다. 이것은 두 번째 폭발이 화산 폭발지수 6.9 수준의 대폭발이라는 점을 가리킨다.

산토리니 화산 폭발이 성경이 묘사한 이집트의 재앙들을 촉발시켰을 것으로 추정된 화산 폭발에 부합하는 "표시"를 지니고 있다고 해서 곧 그것이 이집트 재앙들을 촉발시킨 바로 그 화산 폭발이라고 말할 수는 없다. 다만 여기서 우리는 산토리니와 성경의 재앙들의 이론적 관련성만 확인할 수 있을 뿐이다. 우리의 연구는 아직 산토리니와 이집트와의 직접적 관련을 규명하는 데는 이르지 못했다.

이제 산토리니 폭발을, 충분한 자료를 남기고 있는 유명한 역사적 재앙들과 비교해봄으로써 우리의 남은 과제에 착수해보자. 산토리니는 인류에게 알려진 가장 강력한 화산 폭발 중 하나로 평가된다. 지린

표 6.2. 지난 4,000년 동안 가장 파괴적이었던 화산 폭발들의 위력 비교[**]

탐보라(1815년)	크라카토아(1883년)	산토리니(청동기)
화산 폭발지수(VEI): 7.0	**VEI**: 6.1	**VEI**: 6.9
8×10^{26}erg	1×10^{25}erg	1×10^{27}erg
67.5 km^3 화산 분출물	13.5-18 km^3 화산 분출물	28 km^3 화산 분출물

[●] 용어 해설을 보라.

[●●] G. A. Zielinski et al., *Science* 264 (1994): 948-952.

스키(Zielinski)와 다른 학자들이 종합한 것처럼,* 1883년에 폭발하였던 크라카토아(Krakatoa)는 화산 폭발지수 6을 기록하였다. 1815년에 폭발한 탐보라(Tambora)는 화산 폭발지수 7을 기록하였다(표 6.2). 화산 폭발지수 1의 차이는 열 배의 크기 차이를 가리킨다. 그래서 산토리니의 화산 폭발지수 6.9는 크라카토아 폭발보다 대략 4-8배 더 강력하고, 거의 탐보라 폭발과 동일시된다는 것을 의미한다.

크라카토아와 탐보라 화산 폭발 둘 다 거대한 해일을 발생시켰는데, 그것들은 움직이는 길목에서 만난 모든 것들을 급격하게 다른 곳으로 이동시키며 부숴버렸다. 이 파도처럼 몰려온 해일들은 항해중인 배들을 내륙 쪽으로 몇 킬로미터나 옮겨버렸다. 이 와중에 2만 명의 사람들이 생명을 잃었다. 오직 탐보라 화산 폭발 하나로 인해 92,000명이 사망했고, 그중 대부분은 자바(Java) 섬의 바로 동쪽인 숨바와(Sumbawa)와 롬복(Lombok)의 섬들에서 피해를 입었다. 화산 물질들이 80킬로미터나 떨어진 곳까지 분출되었고, 화산재가 초래한 어둠은 175킬로미터나 떨어진 곳까지 덮쳤다. 또 다른 성경의 재앙과 마찬가지로 탐보라로부터 400킬로미터 떨어진 마카사르(Makasar)에서는 3센티미터(1인치)의 두꺼운 재들이 연못을 산성화하여 그 안에 살고 있던 모든 물고기들을 죽였다. 탐보라 화산 폭발은 그곳으로부터 지구의 반대편에 있는 미국의 날씨에까지 영향을 끼쳤다고 알려져 있다. 크라카토아 화산 폭발

- A. Kalogeropoulou, ed. *Acta of the 1ˢᵗ International Scientific Congress on the Volcano of Thera, 15-23 September 1969* (1971); C. Doumas, ed. *Thera and the Aegean World I* (1978); C. Doumas, ed. *Thera and the Aegean World II* (1980)

의 소리는 5,000킬로미터 떨어진 인도양의 중앙 해역에서도 들렸다. 이

표 6.3. 알려진 화산 폭발과 성경의 재앙들의 유사점

성경의 재앙들	알려진 화산 폭발의 유사점
0. 구름이 나일 강 삼각주 지역에 재를 투하하면서 도착했다(신 28:24; 시 105:27-28).	허드슨 화산으로부터 출발한 화산 구름이 약 100,000km² 넓이에 재를 뿌리면서 아르헨티나를 향해 안데스 산맥을 건넜다.
1. 강이 붉게 변했고 물고기들이 죽고 사람들이 강물 마시기를 거부했다(출 7:14-25; 시 78:43-44; 시 105:29).	허드슨 화산 수위와 마카사르에 있는 계곡들과 연못들이 오염되었고 죽은 물고기들로 가득 찼다.
2-4. 개구리들이 상륙을 침범하였고, 벌레들이 기어 다니고 파리 떼가 나타났다(출 8:1-25; 시 78:45; 시 105:30-31).	
5-8. 농촌 지역이 파괴되었다. 죽은 가축들과 해를 입은 무화과나무와 포도나무(출 9:1-7; 신 28:16-18, 28-31, 39-41; 시 78:47-48; 시 105:32-33). 인간들과 동물들이 부스럼으로 고통당했다(출 9:8-12; 신 28:27; 28:35). 우박이 아마와 보리를 파괴했다(출 9:13-35; 신 28:16-18, 28-31, 39-40). 메뚜기들과 벌레들이 남은 작물들을 먹어버렸다(출 10:1-20; 신 28:38, 41; 시 78:46; 시 105:34-35).	미국의 세인트헬렌스 산(1980년 5월)과 필리핀의 피나투보 산(1994년 5월)의 화산 폭발 여파에서 보여진 것처럼 화산재는 나쁜 날씨를 초래했다. 허드슨 화산 폭발(1991년)은 인간과 동물의 피부에 화상을 입혔다. 허드슨 화산 폭발도 정상보다 높은 습도를 가진 날씨를 야기했다.
9. 두텁고 감촉되는 화산 구름이 나일 강 삼각주 지역을 뒤덮고 거민들을 질식시켰다(출 10:21-29; 신 28:28-29; 시 18:7-20; 시 46:2-8; 시 68:8-9; 시 77:12-21; 시 78:49; 시 97:1-5; 시 144:5-8).	화산 폭발은 두 단계로 발생한다. 예를 들어 허드슨 화산의 두 번째 폭발로 발생한 구름은 안데스 산맥을 넘어, 지구를 한 바퀴 돌았다.
10. 사람의 장자와 동물의 초태생이 죽임을 당했다(출 11:1-13:16; 시 78:50-51; 시 105:36; 시 136:10).	오늘날까지 종교적 제의들은 화산 폭발과 연결되어 있다. 예를 들어 시칠리아의 에트나 산이 2001년에 폭발했을 때, 화산 활동으로 인해 위협받고 있는 마을들을 도울 수 있으리라는 기대로 미사가 거행되었다.

처럼 잘 알려진 화산 폭발과 성경의 재앙들 사이의 유사성들을 고려한다면(표 6.3), 산토리니의 화산 폭발 역시 에게 해의 바깥 지역, 특히 800킬로미터 정도 떨어져 있는 이집트에까지 영향을 끼쳤다고 판단하는 것은 무리가 아니다.

사실 우리는 산토리니의 화산 폭발이 그 화산과 근접한 지역에 어떤 영향을 끼쳤는지를 알 수 있다. 고고학자들은 매우 발달된 미노스인들의 문명, 그들의 세련된 도시들, 마을들, 집들의 유적을 발굴하였다. 미노스 문명은 몇 가지 "현대적" 모습을 가지고 있었다. 즉 그들의 삶은 이미 관료주의의 영향을 받고 있었다. 집들은 2-3층의 높이로 지어졌고, 정화조 같은 화장실 시설을 갖추고 있었다. 몇몇 장소들이 포장된 도로로 연결되어 있었다. 비록 해독할 수는 없지만 글자가 존재했다. 미노스 문명인들은 그림뿐 아니라 도자기와 의복과 향수 등에 발달된 미적 감각을 가지고 있었다. 중심에 있는 섬이었던 크레타는 의약품으로 유명하였다. 그들의 경제 활동은 어업, 채굴, 수공업, 농업, 무역 등 아주 다양했다.

그런 미노스 사람들의 거류지가 강력한 지진, 해일, 화산 폭발 분출, 화산 구름과 잇따른 "핵겨울"● 등으로 인해 심각하게 손상되었고 무너졌다. 크레타, 코스(Kos), 로도스(Rhodes)에서 발견된 막대한 재는 거대한 화산 폭발 구름이 산토리니 위를 맴돌다가는 바람에 의해 밀려나 그곳으로 이동했다는 것을 보여준다.●● 20세기 중반의 과학 연구는 심

● 용어 해설을 보라.
● ● C. Doumas and Z. Papazoglou, *Nature* 287 (1980): 322-324.

지어 터키의 북쪽 해안인 흑해까지 날아갔던 그 화산재를 발견했다. 산토리니 화산 폭발로 형성된 화산재가 아주 넓은 지역에 걸쳐 투하되었음이 밝혀진 것이다.[*] 결국 산토리니 화산 폭발은 미노스 문명을 쇠락시키는 결정타를 날렸고, 결국 미노스 문명은 회복되지 못했다. 미노스 문명은 쇠퇴일로를 걷다가 점차 대륙 국가들의 영향 아래로 들어가게 되었다.

산토리니의 화산 폭발이 어떻게 이집트에 영향을 끼쳤는지에 대한 너 수사석 자료는 훨씬 후에(1925-1926년), 그것도 1,000배나 작은 규모의 동일한 산토리니의 화산 폭발에 대한 기록에서 나온다. 이안 윌슨(Ian Wilson)이 『출애굽의 수수께끼』[**]에서 이미 지적했듯이, 1925년 7월에서 1926년 6월까지 산토리니는 청동기 시대의 폭발보다 1,000분의 1 수준의 위력을 가진 미약한 폭발을 일으켰다. 그것은 화산 폭발지수 4 이하의 폭발이었다. 그러나 이런 약한 폭발조차도 심지어 에게 해 전역의 건물들에 작지 않은 손상을 입힐 만큼의 강력한 지진들을 발생시켰다. 크레타의 북쪽 해안인 이라클리온(Iraklion)이 해를 입었다. 터키 쪽의 에게 해뿐만 아니라 로도스 섬(225킬로미터 떨어진)과 그 옆의 카르파토스(Karpathos) 섬과 카스텔로리조(Castellorizzo) 섬도 마찬가지로 피해를 입었다. 지진은 에게 해 바깥 지역에서도 느껴졌고, 리비아의 트리폴리, 시리아의 다마스쿠스, 예루살렘과 이집트 북부까지 해를 입었다. 이집트 북부는 마지막으로 언급되지만, 그렇다고 해서 그곳이 가장 적

- F. Guichard et al., *Nature* 363 (1993): 610-612.
- Ian Wilson, *The Exodus Enigma* (1985).

은 피해를 입었다고 말하는 것은 아니다. 1925-1926년의 보다 약한 이 분출이 지진을 통해 이집트에 영향을 미친 것을 보면, 청동기 시대의 분출이 이집트에 어떤 영향을 끼쳤을 것이라고 보는 것이 상식상 옳을 것이다.

청동기 시대에 일어난 산토리니 화산 폭발로 분출된 화산재는 로도스, 코스, 크레타 등 에게 해의 여러 섬들과 약간 떨어진 지중해 해저에서도 확인되었다. 20세기 중반부터 계속, 더욱 많은 산토리니의 재가 흑해 해저와 서부 아나톨리아의 괼쥑(Gölcük) 호수의 바닥에서도 발견되었다. 화산 폭발로 발생된 재는 폭발에 의해 산산조각 난 용융된 돌들의 파쇄물이기 때문에 그 안에 그 기원을 알려주는 "결정적인 흔적"을 지니고 있다. 파편들은 유리와 비슷하고 빛을 굴절시키는 독특한 굴절지수를 가진다. 청동기 시대에 폭발한 산토리니 화산은 예를 들어 굴절지수 1.507-1.509의 재를 뿜어냈다.

산토리니 화산의 분출물은 두 가지 정보를 제공한다. 그것은 재로 덮인 지역을 보여주고 아울러 그 재를 그 지역에 옮겨놓은 바람의 방향을 보여준다. 각 장소에서 발견된 화산재와 분출물의 양을 측정함으로써 화산 폭발 시기에 불었던 바람의 방향을 재구성할 수 있다. 좀더 작은 양의 화산 분출물이 구름의 양 끝에 붙어 다니고, 반면에 더 많은 양의 분출물이 구름의 중심부에 위치하는 것처럼 보인다. 구름이 재를 지상으로 투하할 때, 구름 중심부에 가까울수록 화산재의 밀도가 높게 관찰될 것이며, 낮은 밀도를 가진 분출물은 중심부로부터 멀리 있는 것으로 관찰될 것이다.

투하된 화산재의 이동과 낙하 과정을 자세히 조사해보면 재가 두 번 떨어진 것을 알 수 있다. 처음에는 화산재가 산토리니로부터 키프로스를 향하여 남동쪽으로 날아갔다. 즉 북서방향으로부터 시나이 반도와 나일 강 삼각주 지역을 향해서 날아갔다. 뒤따르는 또 다른 화산재는 북동쪽으로 움직이다가 아나톨리아를 가로질러 남쪽으로 갔다. 즉 북쪽 방향으로부터 남쪽인 나일 강 삼각주 방향으로 갔다는 것이다.

게다가 내뿜어진 화산 분출물들은 금속 원소를 함유하였다. 그 금속 원소들을 조사해보면, 석영(SiO_2), 산화칼슘(CaO), 산화마그네슘(MgO)의 함유 수준이 지역에 따라 다르다는 것을 알 수 있다. 그래서 우리는 어떤 지역들이 단지 두 단계 중 한 단계의 화산 폭발의 영향을 받았거나, 두 단계 모두에 영향을 받았는가 여부를 밝힐 수 있는 정보를 갖게 된다(즉 분포된 금속 원소의 양에 따라 결정이 가능하다). 예를 들어 흑해는 한 단계에만 영향을 받았다(높은 비율의 석영과 산화칼슘, 그리고 낮은 비율의 산화마그네슘). 이와 달리 로도스 섬은 다른 단계의 폭발에만 영향을 받았다(낮은 비율의 석영과 산화칼슘, 그리고 높은 비율의 산화마그네슘). 산토리니 섬 자체는 두 단계 폭발 모두에 영향을 받아 평균적인 수준의 석영, 산화칼슘, 산화마그네슘 비율을 보유하고 있다.●

성경에 나오는 이집트 재앙 관련 본문을 보면, 남동쪽으로 움직여 로도스를 지나가는 첫 단계의 산토리니 화산재 이동 경로와 북쪽을 향하여 움직이다가 흑해로 나아가는 둘째 단계의 화산재 이동 경로 모두가 이집트 재앙들의 발생 상황과 부합함을 알 수 있다. 성경 자료와 과학적 자료를 한데 모아 살펴보면 우리는 어떻게 이집트의 재앙들이 그런 순서와 양상으로 진행되었는지에 대해 꽤 완벽한 시나리오를 구성할 수 있다. 첫 번째 폭발로 생긴 화산 구름은 아마 중간 높이의 고도를 유지하며 똑바른 방향으로 지중해를 단숨에 건넜을 것이다. 그리하여 엄청난 양의 화산재가 이 경로를 따라 날아가다가 산토리니로부터 800킬로미터 떨어진 나일 강 삼각주 지역에 투하되었을 것이다(그림 6.3).

두 번째 구름은 상당히 달랐다. 첫 번째 것보다 더욱 거대한 구름이 산토리니를 출발하여 동/북동쪽으로 150킬로미터 떨어진 아나톨리아로 이동하다가 이 땅을 건너(800킬로미터) 흑해까지 이르렀다. 그리고

● F. Guichard et al., *Nature* 363 (1993): 610-612.

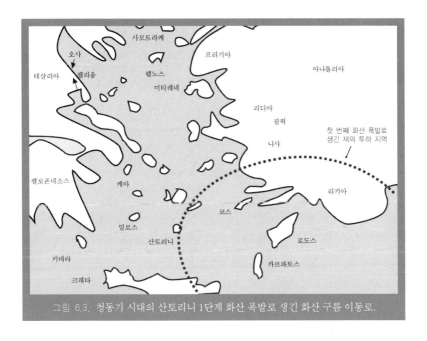

그림 6.3. 청동기 시대의 산토리니 1단계 화산 폭발로 생긴 화산 구름 이동로.

거기서 그 구름은 해안으로부터 50킬로미터나 되는 곳으로 멀어졌다. 그런 다음에 구름은 남쪽으로 움직였고, 다시 해안으로 돌아와 전혀 다른 방향에서 아나톨리아를 건넜는데 이렇게 해서 대략 650킬로미터의 거리를 이동한 셈이었다. 그런 다음에 남쪽으로 계속 이동한 그 화산 구름은 광활한 지중해(150킬로미터)와 키프로스와 나일 강 삼각주 사이에 있는 바다(400킬로미터)를 건너 마침내 아주 낮은 고도를 유지하며 이집트로 들어갔으며 결국 동쪽으로 계속 날아가 사라졌다(그림 6.4). 이처럼 두 화산 구름을 비교하면 첫 번째 구름은 나일 강 삼각주 전역에 많은 재를 투하했던 반면에, 두 번째 구름은 그렇지 않았던 것을 알 수

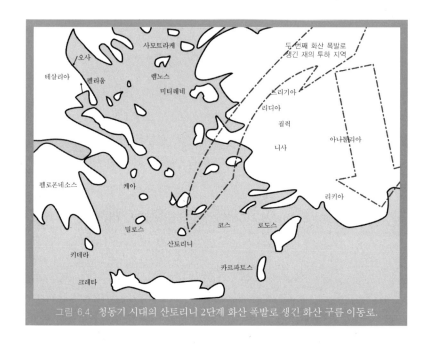

그림 6.4. 청동기 시대의 산토리니 2단계 화산 폭발로 생긴 화산 구름 이동로.

있다. 대신 아나톨리아에 재를 쏟아놓은 두 번째 화산 구름은 이집트 주민들과 동물들에게 호흡 곤란을 일으켰다(그림 6.5, 그림 6.6).

여전히 자세히 설명해야 할 필요가 있는 마지막 항목이 남아 있다. 성경에 따르면, 두 번째 화산 폭발로 생긴 구름은 나일 강 삼각주 전역을 덮었고 아홉째 재앙으로 나타난다. 또한 나일 강 삼각주 지역으로부터 다른 곳으로 옮아가는 그 화산 구름이 히브리인들에게는 낮에는 구름기둥, 밤에는 불기둥으로 보였다는 점이다.

지구의 만곡상태를 측정하기 위한 삼각법(trigonometric) 계산을 사용한 이안 윌슨은 100킬로미터의 높이로 산토리니 화산 위에 떠 있던

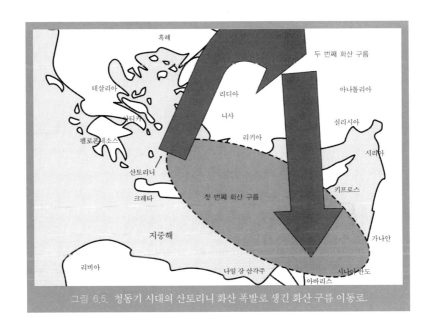

그림 6.5. 청동기 시대의 산토리니 화산 폭발로 생긴 화산 구름 이동로.

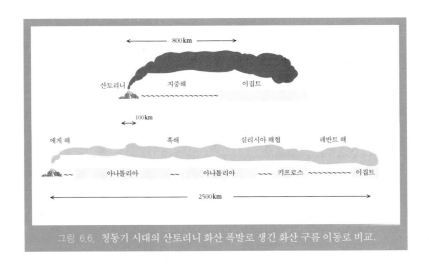

그림 6.6. 청동기 시대의 산토리니 화산 폭발로 생긴 화산 구름 이동로 비교.

구름이 나일 강 삼각주 지역에서도 보였을 가능성을 밝혔다.[*] 윌슨의 의견에 반대하여 윌리엄 스티빙[**]은 현명하게 보이는 반대 의견을 제시했다. 그는 그 화산 구름의 고도와 그 거리와 빛의 확산과 조명 효과를 고려해보면, 설령 그런 구름이 존재했다고 하더라도, 오로지 그 구름의 6퍼센트만이 나일 강 삼각주 지역에서 보였을 것이라고 주장했다. 스티빙의 요지는 잘 이해된다. 한 가지 점을 제외하고는 그의 모든 설명이 옳다. 다만 그는 구름들이 움직인다는 사실을 놓치고 있다. 관찰되는 그 화산 구름은 연기와 재로 구성된 기둥으로 산토리니에서 공중 위로 분출된 것이다. 그러나 그것은 분출되자마자 이동했기 때문에 원래의 위치에서 멀리 떨어진 곳에 위치하게 된다. 이 점은 화산 폭발 순간에 바람이 불기만 하면 어떤 화산 폭발 현장에서도 나타나는 현상이다. 예를 들어 허드슨 화산 위의 구름은 초기에는 높이가 단지 20킬로미터 이하였다. 그러나 그 구름은 둥둥 떠다니다가 아르헨티나의 안데스 산맥을 건너가서 팔크랜드/말비나스 섬들(1,100킬로미터 떨어진) 위에서 발견되었다. 마찬가지로 산토리니의 구름도 분출되자마자 계속 움직였을 것이고, 그 결과 그 화산으로부터 수백 킬로미터 떨어진 곳에서도 보였을 것이다.

　요약하면 과학적·역사적·고고학적·성경적 자료 모두는 청동기 시대의 산토리니 화산 폭발을 가리키며 합류하고 있다. 고대 문명에서 가장 강력한 화산 폭발이었던 산토리니 화산이 우리가 처음 추적하려고

- Ian Wilson, *The Exodus Enigma* (1985).
- ● William Stiebing, *Out of the Desert?* (1989).

했던 "재앙 발생 용의자"인 것이다. 그 화산은 두 단계의 폭발을 통해 아예 작정이라도 한 듯이 섬 대부분을 날려버렸다. 그 화산 폭발은 광범위한 지역에 걸쳐 화산재를 두 번씩이나 날려보냈고 지중해 동부 지역 전체를 타격했다.

첫 번째 폭발은 붉은빛의 구름을 생성했는데 그것은 바람에 따라 이동하다가 재를 투하하기 시작했다. 바람이 불어가는 방향을 기점으로 보아 대략 800킬로미터 떨어진 곳에 나일 강 삼각주 지역이 있었다. 여기서 그 화산 구름이 높은 고도를 유지한 채 산성이 강한 재를 투하했다. 나일 강은 이내 오염되었고, 물고기들에게 죽음의 함정으로 변했다. 이집트 사람들은 물 마시는 것을 삼갔고, 그들이 보기에는 태고적부터 이집트에게 대단한 화를 가져다주었던 붉은빛의 폭풍 신 세트가 이집트를 공격한 것처럼 보였다.

나일 강 전역이 산성도가 심화되자 다소 완충된 진흙 강둑마저도 산성화되기 시작했다. 이 상황을 맞이한 개구리들은 육지로 도망치지 않을 수 없었다. 그리고 물로 돌아갈 수 없게 된 그 생물들은 뭍에서 말라 죽었다. 죽은 물고기와 개구리들은 곤충들에게 풍성한 잔치가 되었고, 곤충들은 죽은 동물들 안에 알을 낳아두었다. 몇 주 후에 유충들이 알에서 깨어났고, 무리를 지어 모든 곳을 기어 다녔다.

공중에 흩어진 화산재는 또한 기후 변화를 일으켰다. 그래서 그해는 우기가 예년보다 더 일찍, 더 강렬하게 왔다. 번개는 소들을 죽였고 나무들을 파괴하였다. 인간과 동물들의 피부에 화상을 일으키는 많은 양의 유황재를 머금은 비가 내렸다. 대기 중에 오래 머물던 재는 몇 달 후에 큰 우박을 형성해서 농작물들을 파괴했고, 사람들은 굶어죽어 갔다. 더욱 자주 내린 비와 풍부한 강수량 때문에 초래된 높은 습도는 벌레들의 번식을 촉진시켰다. 그것은 또한 메뚜기들을 유혹하였다. 우박에 의해 피해를 입지 않은 농작물들은 이러한 후발적 재앙으로 인해 파괴되었다.

그러는 동안에도 화산 활동과 관련된 지진 활동이 계속되었다. 산토리니 화산 안에는 최종적인 폭발을 준비하는 내부 물질이 폭발점을 향해 부단히 끓어오르고 있었다. 두 번째 폭발은 이전 것보다 대략 20개월 후에 일어났다. 새로운 화산 구름이 화산 위에 생성되었다. 그것은 북동쪽으로 움직여 이동하다가 흑해에 이르러서부터는 지나는 곳곳에 화산재를 투하했다. 이미 재를 다 쏟아낸 그 화산 구름은 아나톨리아를 건너 이동하다가, 상대적으로 적은 재를, 그리고 많은 연기를 머금은 채 나일 강 삼각주 지역에 도착했다.

이 두 번째 구름이 이전의 재앙들을 되풀이하여 초래할 것을 두려워하던 나일 강 삼각주 거민들은 특단의 조치를 강구하기 시작했다. 임박한 재앙들로부터 화를 면하기 위해서 그들이 생각할 수 있는 마지막 해결 방법에 호소하기로 작정했다. 그것은 사람의 장자와 동물의 첫 새끼들을 희생제물로 신들에게 바치는 것이었다.

제7장

신들이 스스로를 현시했던 순간

역사가들과 고고학자들은 산토리니의 화산 폭발로 미노스 문명이 결정적으로 쇠락했다고 판단한다. 비록 미노스 문명은 그 화산 폭발 이후 몇 세대 동안 살아남기 위하여 애를 썼지만 결국은 몰락하고 미케네 문명에 주도권을 넘길 수밖에 없었다는 것이다. 에게 해를 사이에 두고 발달한 문화들이 하룻밤 사이에 증발된 것은 아니기 때문에, 산토리니 화산 폭발에 관한 기록들이 그 문화에 남아 있는 것은 당연하다.

소위 "고전 시대"의 그리스(주전 900-주후 300년) 사람들은 이전의 신화• 시대에서 유래한 것으로 추정된 사건들에 대한 풍부한 전승을 보존했다. 이런 문서들이 우리가 우선적으로 조사하게 될 자료다. 특정한 장르인 "신계보학"(theogony)이 특별히 우리의 연구에 도움을 줄 것으로 보인다.

신계보학이라는 용어는 신들의 태생(*theôn gonos*)을 다룬 문헌을 일컫는 것이다. 이 장르로 가장 유명한 저작은 헤시오도스(Hesiod)의 신계보학이다. 이 그리스 시인은 전해 내려오던 신들의 탄생 이야기들을 개작하여 자신의 신계보학을 남겼다. 그러나 헤시오도스의 저작 『신계보학』(*Theogony*, 139-155, 616-735, 819-868)과 아폴로도로스의 저작 (Apollodorus, *Library*, 1.34-44) 모두 단순히 신들의 탄생 이야기만을 담고

• 용어 해설을 보라.

있는 것은 아니다. 오히려 그 이상이다. 그것들은 신들이 일으킨 하극상 쿠데타들과 신들이 서로 벌인 전쟁 이야기로 보는 것이 더 나을 수 있다. 신들의 계보를 다루는 이런 문헌에 등장하는 이야기에 따르면, 신들의 최고 통치자는 우라노스(Ouranos)로 그는 비를 통해 땅의 여신을 비옥하게 하는 하늘의 신이었다. 그런데 우라노스의 아들들 중의 하나가 그를 폐위시키고 그 자리를 찬탈했다. 찬탈자 크로노스(Khronos)는 시간의 흐름과 계절의 순환을 지배하는 신이었다. 그는 남편에게 끊임없이 모욕당한 자신의 어머니인 땅의 여신의 요청을 받아들여 자기 아버지를 타도해버렸던 것이다. 크로노스는 어둠 속에 매복해 있다가 아버지를 기습 공격했으며, 심지어 그를 거세해버렸다. 그 후 그는 자기 아버지의 성기와 아버지를 거세할 때 사용했던 낫을 바다에 집어던졌다.

그러나 그로써 신들의 투쟁이 끝난 것이 아니었다. 크로노스는 거꾸로 자신의 아들들이 반역을 일으킬지도 모른다는 두려움 때문에 그들 모두를 먹어버렸다. 그러나 그는 속임을 당해서, 폭풍의 신(문자적으로 구름을 모으는 자)인 제우스(Zeus) 대신에 돌을 삼키게 되었다는 사실을 알지 못했다. 신화적인 전사 집단인 쿠레테스(the Kouretes)의 소음에 울음소리가 묻혀버림에 따라 발각되지 않고 살아남을 수 있었던 제우스는, 시간이 지나자 점차로 강해졌다. 이 폭풍의 신은 아버지와 맞서기 위해서 돌아왔고 마침내 그를 압도했다. 크로노스는 제우스 앞으로 끌려왔고, 제우스는 크로노스에게 자신의 남동생들과 여동생들을 토해내도록 명령했다. 이로써 제우스의 승리가 완성되었다.

이처럼 신들 사이의 권력 투쟁 과정에서 여러 신이 태어났으므로, 헤시오도스는 자신의 『신계보학』을 신들의 탄생 이야기로 세상에 내

그림 7.1.
"Gigantomachy".
페르가몬 제단의 일부.
기간테스는 크로노스가
아버지 우라노스를 거세
하고 패권을 잡을 때 거
세된 우라노스의 성기에
서 떨어진 피가 대지에
떨어져 태어난 거인족이
다. 어머니 가이아의 부
추김으로 이 기간테스가
올림포스 신들과 벌인
싸움을 기간토마키아라
한다.

놓았다. 그러나 헤시오도스의 『신계보학』은 단지 신들의 탄생 이야기
만으로 이해하기에는 충분히 설명될 수 없는 신들의 갈등과 투쟁도 기
록해두었다. 그래서 신세보학을 신들의 탄생 이야기로 읽는 것과 모순
되지 않으면서도 오히려 보완하는 방식으로 신계보학을 이해하고 음
미하는 방법이 있다. 즉 신계보학을 신들의 투쟁과 싸움에 대한 기록
으로 읽는 방법이다(*theôn agones*).

　　그렇다면 신들의 탄생을 신계보학에서 보다 덜 중요한 주제로 볼
수 있는가? 신계보학의 더 중요한 핵심을 헤시오도스가 놓쳤다고 볼
수 있는가? 실은 이미 고전 시대에 벌써 헤시오도스의 저작은 그리스
인과 외국인들로부터 날카로운 비판을 받았다. 그리스 철학자인 에페
소스의 헤라클레이토스(Herakleitos of Ephesos)는 헤시오도스가 자신
이 쓰고 있는 주제를 온전히 이해하고 있지 못했던 사람이라고 비판했

다.* 유사하게도 비블로스의 필론(Philo of Byblos)은 헤시오도스가 실제로 일어났던 이야기를 시 형식으로 써서 발표했다고 진술하였다.** 헤시오도스는 제대로 이해도 못한 상태에서 자신이 들었던 이야기를 단순히 재진술했다는 것이다. 결국 헤시오도스는 신들의 탄생을 말하는 많은 계보학적 자료들을 포함하여 그가 써두었던 글들을 고친 후 한데 묶어서 『신계보학』이라고 불렸던 대작을 만들었다는 것이다.

만약 우리가 신들의 투쟁들이 정말 산토리니 화산 폭발을 초래한 사건들을 상징적으로 표현하고 있다고 가정한다면, 누구나 쉽게 이 두 사건들을 대응시킬 수 있다. 배우자의 배신을 불평하는 땅의 여신은 화산 폭발 이전부터 오랫동안 지속되었던 지진들을 신화적으로 재진술한 것으로 볼 수 있다. 우라노스를 거세한 크로노스는 핏빛의 재가 하늘에서 떨어지는, 즉 첫 번째 화산 폭발 단계를 가리킨다. 시끄러운 쿠레테스 용사들에 의해 묻혀버린 제우스의 울음소리뿐 아니라 신들을 먹어버린 크로노스는 첫 번째 폭발과 두 번째 폭발 사이에 일어난 지진들을 가리킬 수 있다. 자기 아버지를 때리고 자신의 형제와 자매들을 토해내도록 우라노스를 압박한 제우스의 활동 자체는 두 번째 화산 폭발을 상징한다.

그중에서도 우라노스를 거세하는 에피소드는 특별히 주목할 필요가 있다. 헤시오도스는 우라노스의 절단된 생식기가 바다에 떨어져 바

<hr />

- H. Diels, *Die Fragmente der Vorsokratiker* (1903), fragment Heraclitus 40, 57.
- 필론의 저작 총목록을 보기 원한다면 Albert Baumgarten, *The Phoenician History of Philo of Byblos: A Commentary* (1981)를 참조하라.

다를 비옥하게 하였고, 키테라(Kythera) 섬 또는 키프로스 섬의 파포스 (Paphos on Cyprus)의 거품에서 탄생한—(추정컨대) 사랑의 여신으로 알려진—아프로디테(Aphrodite)를 출생시켰다고 말한다. 그 "사건"은 예술가들의 상상 속에서 또는 현재 피렌체의 우피치(Uffizi) 미술관에 소장되어 있는 보티첼리(Botticelli)의 그림에 담겨져 지금까지 기념되고 있다. 이 해석이 우리에게 잘 알려진 신화 해석이다.

우리가 익숙하지 않은 것은 우라노스가 지위를 상실한 결과로 발생했던 사건이 아프로디테의 탄생만은 아니었다는 사실이다. 5 6세기 경의 저작으로 추정되는 그리스의 익명 저자의 서사시 『오르픽 아르고나우티카』(Orphic Argonautica, 18-20줄)는 모든 타이탄들(Titans, 우라노스도 타이탄 중 하나)이 거세되었고 세계 전체에 피를 흘렸다고 진술했다. 퓨리즈(Furies)라고 알려진 에리니에스(Erinyes)들은 박쥐 같은 날개, 뱀 같은 머리털과 피로 만들어진 눈물을 가졌다고 묘사되었다. 그들은 희생제물들이 미치고 죽을 때까지 고문했다(Ovid, *Metamorphoses*, 4.451 ff.; *Dionysiaca*, 38.88; Apollodorus, *Library*, 1.3). 그 모습은 하늘에서 떨어지는(=박쥐들) 독성이 강한(=뱀들) 붉은(=피의 눈물) 재들에 대한 묘사와 일치한다.

거품에서 탄생한 아프로디테는 이 파괴적인 시나리오에 잘 어울린다. 이 점은 헤시오도스가 간과했던 부분이다. 하지만 그것은 『오르픽 아르고나우티카』를 쓴 시인과 아울러 헤시오도스를 비판한 사람들의 눈을 피하지는 못했다. 사실, 소위 사랑의 여신 아프로디테는 오래된 신들의 일원이 아니라 그리스 후기에 창조된 신이었다. 아프로디테는 무엇보다도 땅의 여신이었다. 당시 그리스 사람들이 마음속으로 신들의 간섭을 강력하게 요청하지 않으면 안 될 정도였던 극한의 위기 상황에서, 해변과 충돌한 바다가 거품을 내뿜던 그때 아프로디테가 탄생하였다. 그 여신은 바다가 드러낸 토양의 여신으로 이해되어야 한다.

2004년 12월 26일의 태국 서부 해안에서 이와 유사한 사건이 일어났다. 인도네시아의 수마트라 북쪽 끝에서 일어난 해저 지진이 끔찍한 해일을 발생시켰다. 그러자 태국의 얕은 해안에 연접한 바다가 본래는 수면 아래에 있던 수백 미터의 모래 띠를 드러내면서 원래의 해안선보다 멀리 후퇴했다. 처음 그 순간에는 시간이 정지한 것처럼 보였는데, 조금 후 바다가 원래의 경계선으로 되돌아왔다. 그것도 해안선에 솟아 있는 땅과 바위 등을 세차게 때리는 드높은 파도들을 거느린 채 다시 돌아왔다.

여기서 우리는 고대 그리스인들이 알고 있었던 것과 같은 종류의 지진을 발견하게 된다. 세계를 뒤흔들었던 가공할 만한 괴력을 분출시킨 한 사건을 재구성해보자. 오직 신만이 견딜 수 있을 정도의 극한 고통 아래에서, 오로지 신만이 내지를 수 있을 정도의 커다란 굉음이 하늘을 가로질러 들렸다. 이 굉음을 뒤따라 재앙들을 유발하는 범상치 않은 작은 액체 분출물들이 하늘로 치솟았다. "파포스 쓰나미"(Paphos tsunamis)라고 불리는 장소는 해안과 충돌하기 전에 먼저 바다의 밑바닥을 드러냈다. 이제 우리는 첫 번째 단계의 화산 폭발 때 살아남았던 사람들의 마음에 각인되었던 사건에 대한 일관되면서도 현실감 넘치는 그림을 확보하게 되었다.

바꾸어 말하면, 고대 에게 해 문명권 사람들은 물리적이고 자연적인 사건들을 신화(*mýthoi*)라는 이야기 형식을 통해서 이해하려고 분투했던 것이다. 그들의 신화들은 프로이트적인 공상이나 이탈리아인들의 미적 감각으로 인해 후일 유명해진 시인들의 문학적 표현들이 아니었던 것이다.

우리는 이런 이해를 갖고서, 주전 600년경에 태어난 페레키데스(Pherekydes)의 저작으로 추정된[*] 단편적 문헌들에 남아 있는 또 다른 독립적인 신계보학 관련 자료를 살펴볼 수 있다. 이 고대 그리스인은 페니키아 출신으로 알려졌고, 에게 해의 시로스(Syros) 섬 사람들에게 인정받은 저술가였다. 그는 우주의 성질과 신들의 출생을 다룬 담론을 발표해 명성을 얻었다. 비록 그의 작품이 파편적 형태로 살아남기는 했지만, 현재 많은 부분이 복구되어 있다.

페레키데스는 태초에 우주에는 세 명의 신들이 있었다고 주장했다. 불과 동일시되는 자스/제우스(Zas/Zeus), 시간을 따라 변화하는 사물들의 생성과 동일시되는 크로노스(Kronos/ Khronos), 자스와 결혼하지마지 크토니(Chtonic, "지하")에서 레(Rhe, "스머나옴")로 이름을 바꾼 땅의 여신이다. 자스 신의 구애를 받은 크토니는 결혼 예식을 거행했는데, 그 도중에 크토니는 변화를 겪었다. 결혼식이 진행되는 동안 제우스가 그 여신에게 결혼 선물로 커다란 외투를 선사했는데 그때 한 나무가 나타났다. 후에 그 여신은 오피오네오스(Ophioneos, "새 뱀")를 임신하였다. 결국 그 뱀은 세상의 소유권을 놓고 크로노스와 전투를 벌였다. 그 전투에서 크로노스는 자신의 불, 폭풍, 물을 만들어냈다. 페레키데

---

[*] 그의 서작들은 헤르만 딜스(Hermann Diels)에 의해 수십되었다(*Die Fragmente der Vorsokratiker*, 1903).

제7장 신들이 스스로를 현시했던 순간 179

스가 우리를 확신시키듯이, 이 전투는 거인들, 타이탄들, 신들 사이의 전투를 산토리니의 화산 폭발과 연결시키는 모든 이야기들의 뿌리에 있는 전투다. 따라서 또한 신들의 출생을 산토리니의 화산 폭발과 관련시키는 모든 이야기들의 기저에 놓여 있다.

크토니를 향한 자스와 크로노스 사이의 경쟁은 화산 폭발의 첫 번째 단계 전에 일어난 지진과 동일시될 수 있다. 비록 페레키데스의 신계보학은 어떤 남신의 거세에 대해서도 침묵하고 있었지만 피에 대해서는 말한다. 크토니("지하")의 이름이 레("스머나움")로 바뀌었다. 막 결혼한 숙녀처럼 두 가지 일이 크토니에게 일어났다. 그녀는 처녀성을 잃었고 이름이 바뀐 것이다. 이것이 정확히 페레키데스가 제시하는 요점이다. 즉 여신의 처녀막에서 흘러나온 피와 이름의 변화다. 이 두 가지 모두 재들이 붉은색을 띠었던 화산 폭발 장소에 대한 아주 좋은 신화적/신학적인 묘사가 아닐 수 없다.

결혼에 대한 페레키데스의 묘사를 보면 제우스가 크토니에게 선물로 주려고 가져온 나무가 세계를 덮었던 망토가 되었다는 것을 알 수 있다. 물론 오늘날 우리는 세계를 덮은 망토가 된 나무가 실제로는 넓은 지역을 덮은 화산재가 유발한 흑암뿐만 아니라 화산 기둥에 대한 은유라고 파악한다. 잠시 후 뱀이 태어나는 사건은 용암, 수증기, 화산 분출 물질을 내뿜었던 두 번째 단계의 화산 폭발을 촉발시켰던 지진과 부합된다(오피오네오스와 크로노스의 군사들 간의 전투로 묘사되었던 화산 폭발). 마지막으로 저자인 페레키데스는 이 신들의 투쟁 이야기가 앞에서 먼저 언급되었던 거인들, 타이탄들과 신들이 참여하는 전쟁 이야기들과 똑같은 이야기를 진술하고 있음을 확증한다. 결국 페리키데스의 신들의 전쟁 이야기 역시 산토리니의 화산 폭발 사건에 대한 신화적 묘사일 가능성이 크다.

간략하기는 하지만 산토리니 화산 폭발의 의미를 간접적으로 증언해줄 또 다른 신계보학 문서가 있다. 그것은 훨씬 후, 즉 주전 30년의 악티움(Actium) 전투 후에 아우구스투스(Augustus)가 로마 제국을 세울 무렵에 최종 편집된 신계보학이다. 로마 시인 오비디우스(Ovid)는 몇 가지 저작을 남겼는데 그중 가장 유명한 것이 『변형』(*Metamorphoses*)이라 불리는 작품이다. 오비디우스가 그 책에서 신들, 영웅들, 기타 인물들의 모습에 일어났던 많은 변화들을 다루고 있기 때문에 그런 이름이 붙여졌다.

그러나 이 저작은 보다 이른 시기의 (소실된) 저작에 기초한 것처럼 보인다. 오비디우스는 후에 로마의 통치자들과 관련된 사건들과 같은 추가적인 자료를 이 초기 판본에 추가했다. 『변형』의 시작 부분은 정확하게 이집트와 오르페우스의 우주 창조론에 영향을 받은 신계보학처럼 읽힌다. 즉 세상은 혼돈 상태에서 시작되었고 역사적 발전을 겪으면서 조직을 갖추기 시작했다(불, 공기, 흙, 물, 다섯 개의 구역들, 네 가지 바람들). 그 다음 거인들이 신들과 대항해 싸우기 시작했고, 제우스는 인간들에게 벌을 주었으며, 신들은 끝없이 싸웠다는 것 등등이 그렇다.

나중에 살피게 될 몇 가지 이야기는 청동기 시대 문화들이 묘사하고 기억했을 산토리니 화산 폭발과 놀라울 정도로 유사한 부분들을 지니고 있다. 그래서 우리가 살펴보았던 신계보학들은(암시적으로 헤시오도스의 신계보학이, 그리고 명시적으로는 페레키데스의 신계보학이) 거인들, 타이탄들, 신들이 연루된 전투에 관해 말하는 그리스 이야기들이 실제로는 하나의 역사적 사건을 반영한 이야기였음을 드러낸다. 다른 말로 하면, 신계보학들이 산토리니 화산 폭발을 묘사하고 있기 때문에 거인들과 타이탄들과 신들도 결국 그 화산 폭발을 묘사하고 있는 셈이다. 만약 이것이 사실이라면, 이러한 전투들에 대해 말하는 이야기들은 화산 폭발을 초래한 물리 역학적 변동과 유사한 패턴을 제공해야만 한다.

이러한 등장인물들이 참가한 모든 전투들 중에서 가장 유명한 전투는 제우스 휘하의 일군의 신들과 땅의 거인들 사이에 벌어졌던 충돌이었다. 누구보다 헤시오도스가 그 충돌을 (그의 『신계보학』에서) 자세히 다루는데, 그는 그것을 신들의 탄생 과정에 있었던 한 사건에 삽입했다.

그 긴 이야기를 요약해보자면 이렇다. 제우스는 거인들을 패퇴시킴으로써 최고위 신의 자리를 차지한다. 땅의 여신은 제우스와 결혼해 불의 눈과 쉿쉿 하는 목소리를 가진 타이폰(Typhon)을 낳는다. 제우스와 타이폰은 전 세계를 돌아다니며 싸운다(Apollodorus, *Library*, 1.6.3, 1.7.2-3, 1.49-51; Herodotus, *Histories*, 2.144, 3.5). 그 싸움들이 어디에서 일어났는가를 결정하기는 아주 어렵다. 아폴로도로스는 카지움 산(Mount Kasium: 시리아에 있다고 추정), 킬리키아(Kilikia), 니사(Nysa), 트라케(Thrace)의 하이모스 산(Mt. Haimos), 그리고 시킬리아 바다 너머 아이트나 산(Mount Aitna)까지가 신들의 싸움터 후보지라고 말한다(Apollodorus, *Library*, 1.39-44).

신들의 전투가 발생한 지역 목록은 이해하기가 매우 어렵게 보인다. 만약 우리가 고전 시대의 그리스 저술가들이 전해준 지형을 기초로 해서 언급된 모든 지점들을 연결한다면, 그 전쟁 경로는 시리아 해안에서 남동부 터키 해안까지, 또 남서부 터키 내륙과 그리스와 불가리아의 국경선과 시칠리아 동부까지 이어지는 긴 여정이 될 것이다. 이 전쟁터 목록은 단편적이며 단순히 통과만 하고 지나가야 하는 지역들은 생략해버린다. 뿐만 아니라 저자는 처음에는 시칠리아 바다 도하(渡河)에 대해서는 전혀 언급하지 않는다. 그런데 그는 제우스가 두 번째 시칠리아 바다를 건넜다고 말하기도 한다. 어떻게 제우스가 그 시칠리아 바다를 건넌 적이 없는데, 그가 "두 번째로 그것을 건널 수 있었다"고 말하는 것일까?

한 가지 해결책이 있다. 아폴로도로스가 말하는 신들의 전부지 목록과 『아르고나우티카』(Argonautica)에 나타난 지명들을 비교해보면 된다. 즉 세르보니아 호수(the Serbonian Lake)의 강들에서 끝나는 콜키아(Kholkia), 카우카소스(Kaukasos)와 니사(Nysa)의 산들과 평원들이다.

첫 번째 놀라운 사실은 한 저자(아폴로도로스)는 킬리키아(Kilikia)를 언급하고, 다른 저자(『아르고나우티카』의)는 콜키아(Kholkia)를 언급

그림 7.2.
"Zeus fights Typhon",
side B
from a Chalcidian
black-figured hydria,
ca. 550 BC.

한다는 점이다. 오늘날 우리는 고전 시대 그리스의 자료들을 토대로 삼아 전자를 남부 터키에 위치시키고, 후자를 그루지야(Georgia) 서부에 위치시킨다. 이 장소는 물리적으로 수백 킬로미터나 떨어져 있다. 그러나 우리는 여기서 고전 시대 이전의 그리스 지형들을 다루고 있다는 점을 유념해야 한다. 킬리키아와 콜키아는 청동기 시대 문화의 관점에서 이해되어야 한다는 것이다. 그 당시의 글쓰기는 모음을 생략했거나 또는 자음들과 모음들을 한 덩어리로 취급해 썼다. 이것은 킬리키아(Klk)와 콜키아(Khlk)가 같은 장소를 의미했을 가능성을 시사한다. 실제로 Klk와 Khlk는 동일한 지명을 가리킬 가능성이 있는데, 이 장소는 주전 5세기에 콜키아 사람들이 거주했던 땅을 가리키기보다는 그들이 훨씬 오래전에 살았던 원래의 고향을 가리킬 수 있다.

서사시 『아르고나우티카』는 또 다른 섬을 찾아 자신들이 원래 살던 섬을 떠나서 마침내 한 구릉지에 정착한 콜키아 사람들에 대해 말한다(Argonautica, 4.1220). 즉 이 콜키아(Kholkia)는 오늘날의 그루지야와 일치하지 않는다. 콜키아 사람들의 고향은 또한 이집트 제12왕조의 치세기 동안, 즉 주전 1950-1775년 사이에 이집트인들이 쉽게 접근할 수 있을 만큼 가까운 곳이었다(Herodotus, Histories, 2.104-105). 그 시대의 해운 기술을 고려한다면 콜키아 사람들의 고향은 흑해보다 이집트와 더욱 가까운 곳에 있었음이 틀림없다. 『아르고나우티카』가 주전 700년 경에 흑해로 영향력을 확장하는 그리스의 경제력을 상세히 묘사하는 이야기라는 것을 들었던 모든 사람들에게 이것은 아주 새롭게 들릴 것이다. 즉 이 서사시의 주인공인 야손(Jason)과 아르고나우타이 사람들(the Argonauts) 간의 이야기는 아주 이른 시기에 실제로 일어났던 한 현실, 에게 해 지역의 실제적인 사건을 묘사하고 있다는 것이다.

그 다음 카시온 산 문제다. 시리아인들에게는 두 개의 산이 익숙했다. 하나는 시리아 해안을 따라 위치한 산이며, 다른 하나는 시나이 반도와 지중해 사이의 늪지대를 따라 서 있는 산이다. 이 두 산 중에 어떤 산이 카시온 산으로 밝혀지든 상관없이, 시리아인들은 두 산 모두를 폭풍의 신 바알(Ba'al)의 거주처로 이해했다. 즉 신이 살았을 것이라고 추정되었던 어떤 장소라도 카시온 산으로서의 자격을 갖춘다는 것을 의미한다. 시킬리아 바다와 관련해서는, 시칠리아 사람들은 바다의 파도를 헤쳐가며 사신들의 정착지를 찾아 나선 것으로 보아야 한다. 현재

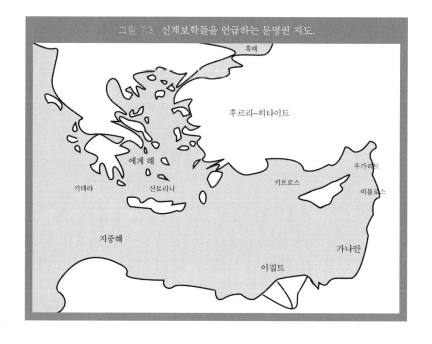

그림 7.3. 신계보학들을 언급하는 문명권 지도.

이탈리아의 시칠리아 사람들은 주전 1200년까지는 지금의 터키에 속한 어떤 지역에서 살았던 것처럼 보인다.

그래서 우리는 이런 자료들을 토대로 화산 폭발의 두 번째 단계에서 발생한 화산 구름의 행로를 대략적으로 추정할 수 있을 뿐이다. 이집트에 이르기 전에 그 구름은 아나톨리아를 거쳤을 것이다.

우리가 상정한 화산 구름의 이동로가 정확하다고 확증해줄 뿐만 아니라, 헤시오도스의 신계보학이 산토리니 화산 폭발 사건을 말하고 있다는 주장을 뒷받침해주는 추가적인 증거는 위에서 언급한 두 서사시(헤시오도스와 『오르픽 아르고나우티카』 서사시)가 독립적으로 전승되어 왔다는 사실에서 온다. 우리는 이미 우라노스와 그의 성기 절단에 대한 헤시오도스의 이야기와 괴물과 싸우는 제우스에 대한 헤시오도스의 이야기가 아폴로도로스에 와서는 각각 독립되고 분리된 이야기로 취급되었다는 것을 보았다.

산토리니 화산 폭발로 발생한 화산 구름에 영향을 받았을 가능성이 큰 인근 문화권에서도 이와 유사한 이야기들이 존재한다. 우라노스-크로노스-제우스 이야기는 아나톨리아(후르리-히타이트°) 판본과 두 개의 가나안 판본들로 분리되어 존재한다. 제우스와 괴물 간의 싸움은 여러 저자에 의해 언급되었고, 그 싸움이 동부 지중해 너머의 장소들에서 진행된 것으로 묘사된다.

아나톨리아 중앙 지역의 후르리-히타이트 문화에서 유래한 『쿠마

● 용어 해설을 보라.

르비(Kumarbi)의 노래』는 우라노스–크로노스–제우스 이야기와 비슷하고, 이것의 후속판인 『울리쿰미(Ullikummi)의 노래』는 제우스와 거인 간의 싸움을 반영한다. 2부로 구성된 후르리–히타이트의 이야기*는 서언(prelude)이 추가되어 있어서 그리스 판본보다 약간 길다.

간략히 요약하면, 폭군 신 아라루(Alalu)는 그의 신하인 아누(Anu)에게 폐위되고, 아누가 대신 그의 신전을 차지해버린다. 역시 폭군 신이었던 아누도 쿠마르비에 의해 폐위된다. 그 과정에서 쿠마르비는 아누를 거세하지만 그 자신의 운명을 잉태하게 된다. 이 운명과 대결하기 위해 쿠마르비는 바위를 임신시켜서 울리쿰미(Ulikummi, 신성한 도시인 쿰미야의 파괴자)라는 거인으로 변형시킨다. 그 거인은 쿠마르비 자신의 몸 안에서 자라난 아누의 계승자에게 도전한다. 빠르게 성장한 바위 거인은 바다에서 나와서 하늘로 올라가 신들을 위협하기에 이른다. 바로 이 시점에서 쿠마르비에게 태어난 테슈브(Teshub)라는 폭풍의 신이 구원자로 나타난다. 테슈브는 그 거인에게 도전하여 그의 발을 잘라내 붕괴시킴으로써 승리자가 된다.

같은 이야기가 가나안 문명에도 보존되어 있다. 비블로스의 필론은 우라노스–크로노스–제우스 이야기와 거인과 싸우는 제우스에 대한 이야기를 전해준다. 그런데 헤시오도스와는 달리 그의 이야기는 인위적인 이음새 없이 자연스럽게 연결된다.** 그는 초기 가나안의 기록

- ● O. R. Gurney, *The Hittites* (1952)에 의해 소개되고 검토된다.
- ● ● 필론의 책 중 남아 있는 단편들은 알버트 바움가르텐(Albert Baumgarten)이 수집하고 검토했다(*The Phoenician History of Philo of Byblos: A Commentary*, 1981).

들에 따르면 땅의 여신이 남신인 에피게이오스 아우토크톤(Epigeios Autochthon, "땅으로부터 출생한 자")과 싸웠다고 진술했다. 그 남신은 여신을 자주 강간하였고 유아 살해를 저질렀다. 그의 아들 중의 하나인 엘(El, "하나님")은 낫과 창을 만들어 그의 아버지와 대결했으며 마침내 어머니에 대한 아버지 남신의 위협을 종식시켰다. 그런데 어머니를 도왔던 엘의 행동은 신들의 집회를 지배하고자 하는 목적을 이루기 위한 행동임이 밝혀졌다. 아버지 남신에 대한 그의 도발과 신들의 집회를 장악한 그의 행동은 결국 농업에 심각한 피해를 초래했다.

우여곡절 끝에 에피게이오스 아우토크톤의 첩이 마지막 순간에 임신을 하였고 폭풍의 신 데마루스(Demarus)를 낳았다. 이 데마루스는 더 나이 많은 신 엘에게 복수를 해달라는 요청을 받았다. 하지만 이 새로운 싸움에서 데마루스는 엘을 이기지 못했고 오히려 엘이 데마루스를 죽이고 그 세계의 기둥을 묻어버렸다.

또 하나의 독립적인 가나안 신화는 카시온 산(Mount Kasion)으로 알려진 가나안 문명권의 성산인 제폰 산(Mount Zephon) 근처에 있는 우가리트(Ugarit)에서 발견된 토판들(tablets)에 기록되어 있다. 주전 1400-1300년에 기록된 것으로 추정되는 이 우가리트 신화는 깁슨(Gibson)의 책 『가나안의 신화들과 전설들』*에 정리되어 있다. 이 본문들은 바알(Ba'al, "주인")이라는 신이 엘을 거세했고 신들의 집회를 점령했다고 말한다. 그러나 엘은 얌(Yam, "바다")이라는 바다와 지진의 신을 그의 상

* John C. L. Gibson, *Canaanite Myths and Legends* (1978).

속자요 찬탈자 바알에 대항할 도전자로 임명했다. 바알에게 복수하기로 결단한 얌은 신들의 집회로부터 복수해도 좋다는 승인을 얻었다. 렐 (Lel, "밤") 산 한복판에서 바알은 신들을 꾸짖고 얌에게 복종하기를 거절했다. 바알은 대장장이 신인 코샤르-와-카시스(Koshar-wa-Khasis)로부터 받은 무기들을 사용하여, 한 영웅적인 전투에서 얌을 패배시켰다.

이러한 모든 이야기들은 두 차례에 걸쳐 치러진 투쟁을 이야기의 중심 줄거리로 제시한다. 신학적 묘사의 관점에서 볼 때, 그리스와 후르리-히타이트 판본과 가나안 판본들 사이에는 아주 밀접한 병행 관계가 발견된다. 이야기의 발단 부분에서는 항상 신들 중 최고신이 폭군으로 묘사되는데, 그의 폭군적인 행동들은 화산 폭발 이전의 지진을 대표한다. 그러다가 그 폭군은 다른 신에 의해 거세당하고 왕위를 찬탈당한다. 한 신의 거세는 폭발의 첫 번째 단계에서 발생하는 소음을 상징할 것이다. 또한 그 땅과 계곡들, 호수들, 바다를 뒤덮는 붉은색의 화산재는 그 신이 떨어뜨리는 "피"를 상징할 것이다. 마침내 화산 구름으로 발생한 어둠은 이러한 사건들이 일어났던 밤과 어둠을 설명할 것이다.

또한 이런 이야기들 속에서는 소강상태가 존재하는데, 이때 왕위 찬탈자와 맞서기 위해 새로운 도전자가 나타난다. 가나안 판본들 중 하나가 이 기간중 농업이 실패했다고 언급한 것은 주목할 만하다. 사실 과학적으로 재구성된 화산 폭발 시나리오에 따르면, 산토리니의 화산재는 산성비와 "핵겨울" 같은 극한의 추운 날씨를 초래했다. 후자는 날씨에 심각한 영향을 미쳤고 그 결과로 상당히 오랫동안 농업에 피해를 끼쳤다.

이런 이야기들의 마지막 단계는 한 새로운 승리자가 선포될 때까

표 7.1. 청동기 시대의 산토리니 화산 폭발을 상술하는 동부 지중해 문명권 신화들

물리적 사건	그리스 판본	후르리-히타이트 판본	가나안 판본
지진들	땅의 여신이 우라노스에 대해 불평한다.	아누가 아라루의 자리를 빼앗는다.	에피게이오스 아우토크톤이 신들을 위협한다.
분홍색 재의 분출	크로노스가 우라노스를 거세한다. 자스가 크토니의 처녀성을 빼앗고 한 나무가 나타난다.	아라루는 쿠마르비에게 거세당한다.	엘이 에피게이오스 아우토크톤을 거세한다. 바알이 엘을 거세한다.
재앙들	제우스가 태어나고 레를 임신시킨다.	쿠마르비는 자신의 운명을 잉태한다.	데마루스가 농업이 실패했을 때 태어나고 있었다. 얌은 신의 인정을 받는다.
두 번째 화산 폭발	제우스가 타이폰을 패배시킨다. 군사들이 싸운다.	테슈브는 울리쿰미를 패배시킨다.	엘은 데마루스를 죽인다. 바알은 얌을 패배시킨다.

지 신들의 전투가 계속되는 상황이다. 아마도 새로운 승리자가 나타날 때까지 계속되는 신들의 전투는 산토리니의 화산 폭발의 두 번째 단계를 신화적으로 재진술하는 장치일 것이다.

그리스 문화도 산토리니 화산 폭발에 대한 이야기들을 어떤 형태로든지 보존하고 있는 것처럼 보인다. 이 이야기들이 이웃 나라로부터 전해진 것이었는지의 여부는 불분명하다. 사실 신들의 전쟁들을 묘사하였던 일체의 문화권들은 모두 화산 구름이 지나가던 길목에 있었다는 점이 의미심장하다. 우리는 산토리니와 관련된 사건들에 대한 진정

한 그리스적인 해석이 무엇인지를 알아내기 위해 그리스 문화를 좀더 자세히 탐색할 것이다.

제8장

거의 도말되다시피 한 그리스

화산 폭발이 일어난 산토리니가 그리스에 있기 때문에 그리스가 그 화산으로부터 800킬로미터나 멀리 떨어진 해안선에 있는 이집트보다 더 심각한 재앙들을 경험했을 것이라고 생각하는 것은 조금도 이상하지 않다. 고대 그리스의 전승들을 모두 조사하면서 우리는 전체 폭발 혹은 부분 폭발의 위력을 기억하거나 그것을 묘사하는 것처럼 보이는 자료를 우선적으로 찾았다. 어떤 의미에서 산토리니 화산 폭발은 그리스 역사를 뚜렷이 구분되는 두 시대로 나누는데, 그리스인늘은 신계보학 장르의 문헌들 안에서 그 화산 폭발 이전 시기의 기억을 보존하고 있는 것처럼 보인다.

우리는 제7장의 연구 결과를 바탕으로 그리스의 전승들에 남겨져 있는 산토리니 화산 폭발 기억층에 대한 추석을 시작할 것이다. 우리는 하나 또는 그 이상의 타이탄들의 거세로 이해되는 첫 단계 화산 폭발이 그리스 땅과 미노스 섬 위에 떠다니는 에리니에스(the Erinyes)로 묘사된 사건들을 촉발시켰다는 것을 이미 진술했다. 이 날아다니는 괴물들은 피눈물을 흘렸고 그들의 희생물들을 괴롭혔다. 이 피눈물은 하늘로부터 떨어지는 산성이 강한 붉은 재를 가리킨다.

둘 이상의 쌍을 이룬 유사한 괴물들은 그리스 전통에서 세이렌(the Sirens)과 하르피이아(the Harpies)로 알려져 있다. 전자는 지하의 여신인 페르세포네(Persephone, "파괴의 소리")를 모셨던 여자 머리를 가진 새들이다. 세이렌들은 바람결에 자신들의 소리를 담아 선원들을 유혹한다.

그것들은 작은 섬들에 정착하여 근처의 암초들로 선원들을 유혹해 끌어들임으로써 더 많은 선원들을 죽음에 빠뜨린다(*Argonautica*, 4.892ff).

"잡아채는 자들"이라는 뜻을 가진 하르피이아들도 또한 여자와 새의 혼혈 태생으로서 바람을 지배하며 에리니에스와 공동 보조를 취한다. 하르피이아는 그들 스스로가 북풍에 의해 죽임을 당하거나 내쫓김을 당하기 전까지 식량 공급원을 파괴했다(Hyginus, *Fabulae* 14).

레토(Leto)는 에리니에스/세이렌/하르피이아와 행동에 있어서는 유사하나 외모는 다른 그리스 신화의 등장인물이다. 레토의 활동 양상은 성경의 재앙들과 유사한 면을 보인다. 그녀는 여자 거인으로 제우스의 유혹에 넘어가 임신을 했다. 그 사실이 알려지자 제우스의 배우자이자 여동생인 여신 헤라(Hera)가 당연히 레토에게 질투를 느꼈고 레토에게 복수할 방법을 찾았다(Apollodorus, *Library*, 1.21).

제우스의 배우자였던 헤라는 여러 가지 복수 수단을 가지고 있었다. 헤라는 거대한 뱀에게 레토를 추적해 강간하라고 명령했다. 그 거대한 여자 거인 레토가 임신하고 있던 제우스의 쌍둥이 자녀들을 낳지 못하게 할 작정이었다. 하르피이아처럼 레토 또한 내쫓겼고(Pausanias, *Description of Greece*, 1.31.1) 어딘가로 추방되었다. 레토는 펠로폰네소스 중앙에 위치한 타이게투스(Taygetus) 산맥 어딘가에서(Pausanias, *Description of Greece*, 3.20.5), 그리고 그리스 곳곳에서 목격되었다. 이처럼 한 곳에서 쉬지 못한 채 방랑하던 레토는 아기를 낳을 수 없었다. 에리니에스와 세이렌과 하르피이아처럼 어디를 가든지 그녀는 죽음과 두려움을 초래했다.

헤라보다 더욱 인정이 많은 신들이 레토에게 쉴 장소를 주었다. 북

그림 8.1.
"Artemis and Apollo massacre
Niobe's children",
Jacques-Louis David (1748-1825).

쪽에서 온 소녀들의 도움으로 그녀는 마침내 쌍둥이를 낳았다. 첫째는
아르테미스라는 달의 여신이며, 둘째는 태양의 신인 아폴론/포이보스
였다. 산고중에 흘린 피로 그녀는 아나톨리아의 산맥에서 에게 해로 흘
러들어 가는 에페소스의 켄크리오스/카이스트로스 강 전체를 붉게 물
들였다(Strabo, *Geography*, 14.1.20). 출산 후에 그녀 혹은 그녀의 자녀들
은 그녀가 아기를 낳지 못하도록 방해했던 장소들을 다시 방문하여 그
땅과 거민들을 징벌했다. 한때 리키아(Lycia)에서 레토가 농부들에게
물을 좀 달라고 요청했으나, 리키아인들은 그 청을 거절하였으며 우물
들을 흙으로 더럽혀 레토가 마시지 못하게 했다고 전해진다. 레토가 이
런 리키아인들에게 복수하자 그 농부들은 연못과 계곡 밖으로 뛰쳐나
오는 개구리들로 변하였다(Ovid, *Metamorphoses*, 6.508-621).

레토의 자녀들 또한 자신들의 어머니를 환대하지 않았던 땅들의
거민들을 추적해 복수했다. 예를 들어 그들은 타이게투스 산맥에 기
근과 굶주림을 보내 징벌했고, 그 기근에서 살아남은 자들을 크레타

로 추방했다(Pausanias, *Description of Greece*, 8.53.1-4). 그들은 또한 니오베의 아들과 딸들을 제거하였다. 마침내 아폴론은 그의 어머니를 위협하였던 거인 뱀을 찾아내 살해하고 그것이 거하던 신전을 차지했다(Hyginus, *Fabulae* 140). 레토는 오늘날 그리스 신화들이 대중 매체와 책들과 대학에서 취급되는 방식으로, 즉 단지 고대 그리스 작가들이 상상 속에서 만들어낸 허구의 산물로 이해된다. 그녀를 다루는 이야기들은 실제 세계와는 연결점이 없는 것으로 가정된다.

하지만 레토는 산토리니의 첫 번째 단계의 화산 폭발로 발생했을 법한 화산 구름과 놀랍게 닮았다. 에게 해의 공중을 떠돌아다녔던 레토는 산토리니의 화산 폭발 후에 그 지역을 덮치며 이동하던 화산 구름과 똑같다. 방향 변화는 아마도 바람의 변화 때문이었을 것이다. 이 여자 거인을 쫓는 뱀은 화산 폭발 때 발생한 땅의 굉음을 가리킬 것이다. 레토가 달과 해를 낳았던 장소로 말해지는 그 거룩한 섬은 처음으로 구름이 흩어지고 하늘을 다시 볼 수 있었던 장소를 가리키는 것으로 이해될 수 있다. 태양이 몇 시간 후에 보이기 전에 달이 먼저 보였다는 점에서 레토가 아기들을 출산한 시점은 아마도 밤이었을 것이다.

이 구름은 첫 번째 화산 폭발 단계에서 발생한 화산 구름임에 틀림없다. 즉 레토가 아기를 낳았으며 그 과정에서 대량 출혈을 하고 그 흘려나온 피로 아나톨리아의 강들을 더럽히는 것으로 묘사된 장면은 첫 번째 화산 폭발을 신화적으로 표현한 것이다. 레토 혹은 그녀의 자녀들에 의해 땅 위에 가해진 징벌은 구름으로부터 떨어진 화산재가 입힌 피해를 가리킨다. 그 재들은 초원과 강을 오염시키고, 가축과 농산물 등을 파괴했으며 그 결과 광범위하고 심각한 죽음이 발생되었다.

레토가 리키아에서 겪은 거절 일화는 특별히 흥미롭다. 이 이야기는 레토가 물을 마시지 못하도록 연못을 더럽힌 지방 농부에게 물을 요청했다가 거절당한 이야기다. 이 일화에는 성경의 첫째 재앙과 분명히 유사한 점이 있다. 개구리들이 산성화된 나일 강물에서 뛰쳐나온 이집트의 둘째 재앙에서처럼, 이 이야기에서도 개구리들이 물에서 뛰쳐나왔다. 리키아에 대해 덧붙일 말은 그 땅이 키프로스, 나일 강 삼각주 지역과 시나이 반도를 향해 부는 바람들을 따라 움직였던 첫 번째 화산 구름의 이동 경로 중에 포함되어 있다는 사실이다. 리키아 땅에 많은 양의 재가 떨어졌으며, 이는 레토에게 복수당했다는 그 신화적 표현의 의미를 잘 알려준다.

이 이야기는 리키아 바로 옆의 큰 섬인 로도스에 거주했다고 알려진 텔키네스인들의 운명을 떠오르게 한다. 정확히 리키아처럼 로도스는 첫 번째 화산 폭발로 생긴 구름의 이동 경로에 놓여 있었다. 그래서 성경의 재앙들과 산토리니 화산 폭발의 여파와 실제적으로 맞아떨어지는 이야기를 그 섬이 보존하고 있다는 사실은 그리 놀랍지 않다. 스트라보에 따르면, 오래전에 텔키네스인들은 로도스를 다스렸다. 그들은 야금 전문가들이었고 크레타로부터 키프로스로, 그리고 그 뒤로는 로도스로, 또한 키클라데스(Cyclades)에 있는 섬인 케아(Kea)로 이주했다(Strabo, *Geography*, 10.3.19).

로도스 섬의 신화적인 초기 거주자들인 텔키네스인들은 그 다음 어떤 시점에서 그 섬의 계곡물들과 지옥의 강 스틱스(Styx)의 유황이 서로 뒤섞였다는 소식을 들었다. 그래서 로도스를 황폐한 채로 버려두고 떠나버렸다. 그래서 신들이 텔키네스인들과 그들의 땅과 도시들을 쓸

어버릴 홍수를 보내 로도스 섬을 버린 그들의 죄를 징벌했다.

어떤 텔키네스인들은 이 두 재앙들에도 불구하고 가까스로 살아남아 아나톨리아 본토로 갔다. 거기서 그들은 아폴론 신을 위해 신전을 건설했다(Diodorus Siculus, *History*, 5.56.3-5; Nonnius, *History*, 14.44). 이것은 아폴론 신이 텔키네스인들을 멸절시키려고 해서 그를 달래야 할 필요가 있었거나 아니면 오히려 그들을 구원해주었음을 함의한다.

이 이야기는 초인간적인 힘을 통제하려고 시도했던 사람 이야기를 담고 있는 파우스트 전설과 유사하다. 아마도 이 텔키네스인들의 이야기는 이런 종류의 이야기 중 가장 오래된 이야기일지도 모른다. 왜냐하면 텔키네스인들의 이야기를 지지하는 윤리적 기조는 왜 텔키네인들이 신들에게 징벌받았는가를 설명하고 있기 때문이다.

동시에 이 경우 우리의 주 관심사는 어떻게 그 재앙 이야기가 현재의 모습으로 형성되었는가가 아니라 그 이야기의 배후에 있는 사건이다. 유황으로 물이 오염된 것은 산업 시대 이전의 환경에서는 일어날 수 없다. 그 시절에는 공장 폐수가 없었기 때문이다. 물이 유황 때문에 오염되는 현상은 간헐천 근처의 샘이나 일부 지하수에서는 정상적인 일이다. 로도스 섬에서 그렇게 멀리 떨어지지 않은 섬들에서 물과 유황이 뒤섞이는 일이 발생한다(예를 들어 코스 섬). 그러므로 이 이야기를 만들어 전한 익명의 원저자는 텔키네스 사람들의 전설을 이야기로 꾸밀 때 물과 유황이 뒤섞인 유황수에 대하여 알고 있었다. 그러나 그런 현상은 본래 로도스에서는 일어나지 않았던 현상이다.

그래서 로도스에 유황이 출현하여 유황물을 생성시킬 유일한 가능성은 화산 폭발로 유황이 로도스에 유입되었으리라는 시나리오밖에는 없다. 로도스 해안을 파괴시켰던 해일뿐 아니라 계곡들을 더럽힌 화산재 비를 생성시킨 산토리니의 화산 폭발 때문에 유황이 로도스 섬에서 발견됐을 것이다. 그래서 유황으로 인한 로도스 섬의 물 오염은 성경의 재앙들을 촉발시킨 화산 폭발을 간접적으로 증언하는 그리스의 또 다른 병행 기록이라고 볼 수 있다. 게다가 과학자들은 로도스 섬의 고고학적 유적지에서 로도스가 실제로 그 화산 구름의 이동 경로에 포함되었음을 가리키는 산토리니 화산재를 직접 확인하였다.[*]

리키아 바로 남쪽에 있는 로도스가 이집트의 재앙들 이야기와 유사한 설화를 남겼다는 점에 대해서도 놀랄 필요가 없지만, 리키아의 북쪽에서 또한 유사한 실화가 발견된다고 하더라도 역시 놀랄 필요가 없다. 리키아의 북쪽 경계를 이루는 구릉지 너머에 마르시아스(Marsyas) 강이 흐른다. 이 작은 강에는 전설이 있다. 그 강의 신 마르시아스(강 이름이 유래된 신의 이름)는 최고의 피리 연주자를 결정하는 시합에서 레토의 아들 아폴론에게 도전장을 냈다고 전해진다. 이 시합에서 아폴론이 승리했는데, 상으로 마르시아스를 산 채로 가죽을 벗길 것을 요구했다. 즉 마르시아스의 생명을 상으로 요구한 셈이다. 이 고문으로 흘린 마르시아스의 피가 강물을 붉게 물들였다(Strabo, *Geography*, 12.8.15; Herodotus, *Histories*, 2.26.3).

이 이야기는 그동안 진짜로 일어난 어떤 자연 재해를 가리킨다고 이해된 적이 한 번도 없다. 으레 신들이 서로 간에 행했던 수많은 밑을

• C. Doumas and L. Papazoglu, *Nature* 287 (1980): 322-324.

수 없는 일들 중 하나로 묘사되었다. 그러므로 학자들은 이것이 어떤 실제적인 사실 위에서 세워졌는지를 조사하는 데 전혀 관심을 두지 않았다.

사실 그 강도 첫 번째 화산 폭발로 발생한 화산 구름의 이동 경로에 포함되어 있었다. 이 사실은 그 구름이 형성되기 전에 이상한 소음이 발생했을 것임을 의미한다. 이 소음은 처음에 신들의 피리 연주 경합으로 이해되었을 것이고, 그 다음에 난 큰 화산 폭발음은 산 채로 피부가 죽 벗김을 당하는 마르시아스가 고통으로 내지른 비명으로 이해되었을 것이다. 신계보학들에서 타이탄이나 신이 거세당하는 상황에서처럼 여기서도 정확히 아주 이상한 소리가 먼저 난 후 도처에 피가 흘렀다.

왜 이 설화가 음악 경합에서 한 신에게 도전했다는 사소한 행위에 대해 그러한 무시무시한 징벌이 가해진 일화를 담고 있는지 사람들이 처음부터 의아해했던 것은 당연하다. 현대 독자의 눈에는 사실 아폴론의 행동은 의미가 없다. 그러나 그 화산 폭발 당시 사람들에게는 아폴론이 마르시아스의 피부를 벗기는 징벌이 납득되었을 것이다. 즉 의당 제멋대로 행동하는 신들처럼 아폴론 신 또한 자신이 원하는 대로 행동했다고 보았다. 그들이 목격한 것은 피가 쏟아진 후에 이상한 소음이 뒤따라 들린 것이다. 그들이 그 현상을 달리 어떻게 설명할 수 있었을까?

말할 것도 없이 그리스는 산토리니 화산의 두 번째 폭발을 증언하는 수많은 신화적 기록들을 보존하였다. 예를 들어 넓게 펼쳐진 탄화된 목초지는 신들의 투쟁을 반영한 것으로 알려졌다. 스트라보는 그의 책 『지리학』(Geography, 12.8.19)에서 마이안드로스 강과 리디아에 포함된 땅에서 제우스와 타이폰의 싸움이 일어났다고 기록하고 있는데, 그는 그 싸움 때문에 라오디게아와 아파메이아 사이의 호수에서 썩은 냄새가 나는 것이 아닐까 하고 생각했다. 또한 그는 카타케카우메네라는 나라가 그 두 신의 싸움 때문에 형성되었다고 덧붙인다(13.4.11). 아나톨리아의 괼쥑(Gölcük)이라는 지역의 작은 호수와 근처의 다른 호수들의 밑바닥에서는 산토리니로부터 나온 화산재가 많이 발견되는데 이것은 서부 아나톨리아 지리를 연구하는 학자들의 흥미로운 관심사다.

물론 다른 천재지변들도 그리스에 영향을 미쳤다. 에게 해 지역 전체에 대한 고고학 발굴 성과에 따르면, 미노스 문명을 최종적으로 붕괴시켰던 산토리니 화산 폭발보다 더 이른 시기에 발생한 지진들의 흔적이 산토리니 근처와 다르다넬레 지층의 아시아 쪽 언덕인 히살릭에서 발견되었다. 이 장소는 산토리니로부터 북동방향으로 300킬로미터 떨어진 곳이다. 19세기의 마지막 시기에 발굴된 이래로 그 언덕 아래의 도시 유적들은 일리온(Ilion) 또는 트로이의 유적들로 생각되어 왔다. 이 유적지에서 발견된 도시들은 이전의 도시들 위에 구축되어 있었다. 전쟁이나 천재지변으로 이전에 파괴된 도시들 위에 새 도시들이 건축되었던 것이다. 고고학은 청동기 중반 무렵의 트로이(Troy VI a-c)와 청동기 후반의 트로이(Troy VI d-h) 사이의 중요한 불연속성이 있음을 보여준다. 이 불연속성은 광범위한 지진들 때문인 것으로 밝혀졌는데, 그것은 산토리니 화산 폭발이 초래했을 불연속성일 가능성이 크다.

산토리니와 히살릭이 위치해 있는 에게 해 지역은 바다이기 때문

- Donald G. Sullivan, "The Discovery of Santorini Minoan Tephra in Western Turkey," *Nature* 333 (1988): 552-554.

에 지진이 일어나면 에게 해의 조류운동이 큰 영향을 받는다. 그래서 우리는 그리스의 전설인 쓰나미(Tsunami) 설화에 대한 기대감을 갖고 조사하지 않을 수 없다.

그런 이야기 중 하나는 늙은 부부인 필레몬(Philemon)과 그의 아내 바우키스(Baucis) 이야기다(Ovid, *Metamorphoses* 8.631-720). 어느 날 제우스와 헤르메스, 두 신이 오늘날 서부 아나톨리아에 있는 장소를 방문했다. 이 신들은 그 도시의 모든 사람들에게 외면당했으나 노부부인 필레몬과 그의 아내 바우키스에게만은 환대를 받았다. 신들은 그들을 반겼던 부부에 대한 감사 표시로 언덕 위로 같이 산책하자고 두 사람을 초대했고, 산책을 하던 중 부부는 거기서 잠이 들었다. 그 부부가 잠에서 깨어났을 때 그 신들은 사라지고 없었다. 그런 후에 부부는 자신들이 잠들었던 언덕에서 마을을 내려다보고서는 마을이 있었던 골짜기가 호수로 변하였다는 것을 깨달았다. 신들의 호의로 그 노부부는 마을 전체를 삼켰던 재앙으로부터 살아남았던 것이다.

심한 우기에는 내륙 지역 범람이 흔한 일이다. 그러나 이 이야기에 나오는 지역은 심한 비가 내리는 곳이 아니었다. 범람은 보(湺)가 부서져 일어날 수도 있으나, 그 이야기에는 어떤 보가 파괴되었다는 말이 없다. 그러므로 마을이 갑자기 호수로 바뀐 이유는 다른 곳에서 찾을 수밖에 없다.

물론 캐나다의 뉴브런즈윅(New Brunswick)이라는 지역에는 매일 물에 잠기는 한 내륙 섬이 있다. 세계에서 가장 높은 높이의 파도가 밀려 올 때 푼디 만(the Bay of Fundy)은 매우 빠르게 수심이 깊어진다. 만 주위의 강들은 바다로 흘러갈 수 없고 오히려 뒤로 밀려간다. 그 현상은

50킬로미터 이상 되는 긴 거리에 걸쳐 물이 "위로 흐르는" 프티코디악 (Petitcodiac) 강 주변에서 특히 명백하게 나타난다. 히지만 아나틀리아 에서는 이 현상이 일어나지 않는다. 지중해의 정상적인 조수는 강을 뒤 로 밀어낼 만큼 충분히 강력하지 않다. 그러나 쓰나미가 발생했다면 그 것은 강을 뒤로 밀어낼 만큼 충분히 많은 물을 동원할 수 있었을 것이 다. 즉 비로 인해 생긴 홍수가 없는 상황에서는 오로지 지진으로 발생한 쓰나미만이 강을 뒤로 밀어낼 만큼 강력한 힘을 제공할 수 있다.

그리스에는 쓰나미에 대한 또 다른 전설이 전해오고 있다. 동부 에 게 해 지역의 민속설화 중에 "산만큼 큰" 거인 오리온(Orion)에 관한 설 화가 있다(Apollodorus, *Library*, 1.4.2-5).

오리온은 지진의 신 포세이돈(Poseidon)이 키운 땅의 여신에게서 나왔다. 오리온은 바다를 걸어서 건널 수 있을 정도로 키가 컸다. 오리 온에게는 한때 배우자가 있었는데 그 배우자는 감히 여신 헤라를 닮기 를 원했기 때문에 지하로 던져졌다. 그래서 오리온은 새로운 배우자 를 찾으려고 키오스(Khios)라는 섬으로 갔다. 그곳에서 그는 그 지역의 왕 오이노피온(Oinopion, "포도주 제조자")의 딸인 메로페(Merope, "달콤한 눈")를 보고 사랑에 빠졌다. 그러나 왕은 자신의 딸에 대한 오리온의 구 애를 허락하지 않고 오리온을 해변으로 데려가 쇠약하게 만든 후 급기 야는 눈을 멀게 했다.

어둠 속에서 방황하던 오리온은 불의 신 헤파이스토스(Hephaistos) 의 지하공장에서 일하던 한 젊은 일꾼을 붙잡아 길잡이로 삼았다. 우여 곡절 끝에 치료를 받아 시력을 되찾고 태양을 다시 볼 수 있게 되었을 때, 오리온은 다시 오이노피온을 찾아갔다. 그 섬의 왕 오이노피온은 오리온의 복수가 두려워 대장장이 신 헤파이스토스에게로 도망을 쳤다. 이 이야기는 새벽의 여신 에오스(Eos)가 오리온과 함께 길을 떠났다가 한 거룩한 섬(전설에 따르면 델로스 섬)에 당도한 이야기로 계속 이어진다. 거기서 아르테미스는 오리온이 그 섬의 북쪽에 살던 처녀인 오피스(Opis, "눈")에게 구애했다는 이유로 오리온을 죽였다. 그래서 몇몇 신들이 한 무리의 별들에게 오리온이라는 이름을 선사했다.

보통 이 이야기는 별들의 이름이 붙여진 배경을 연구하는 천문학자들 사이에서 회자된다. 비록 이 이야기가 어떻게 별들이 오리온이라는 이름을 갖게 되었는가를 말하는 전설로 들릴지라도, 그것은 지구상에서 일어났던 실제 사건을 묘사한다. 더욱 정확하게 말하자면 오리온은 쓰나미였다.

산만큼 거대한 거인인 오리온이 바다 위를 걸어가는 것은 정상적인 모습이 아니다. 쓰나미로부터 나오는 부석, 안개, 연기, 물 덩어리들이 바다 위를 "걸어갈 수" 있을 뿐이다. 그러나 부석은 작았고 오리온은 컸다. 안개는 거대한 지역들을 뒤덮을 수 있지만, 그것은 지진의 신 포세이돈이 오리온의 아버지였다는 점 때문에 우리가 이 이야기와 관련시킬 수 있는 지진과는 무관하다. 연기의 발생 원인은 이미 설명되었다. 즉 오리온이 눈이 먼 채 여행을 했다는 것은 연기에 뒤덮여 여행했다는 뜻이다. 그러므로 오리온 자신은 연기일 수 없었고 다른 무엇인가여야 했다. 그래서 이 경우에 오로지 가능한 설명은 오리온이 쓰나미를 가리킨다고 보는 것이다. 정말로 오리온이 쓰나미였는지 아니면 우리가 잘못된 추정을 하고 있는지 살펴보자.

왜 그리스인들이 쓰나미에 대한 이야기를 지어냈는지 이해하기 위

그림 8.2. 쓰나미 오리온이 형성된 복도형 해로 지도.

해, 우리는 쓰나미가 일어났을 때의 해일이 보통 때의 파도와는 달랐을 것이라는 점을 가정해야만 한다. 지리학이 그 답을 제공한다. 산토리니의 화산 폭발이 폭발 중심지로부터 360도로 확산되는 거대한 파도들을 생성했다는 것이다. 그 파도들이 해안선에 닿았을 때 그것은 낮은 지역을 범람했을 것이며 그 대신 속도는 줄어들었을 것이다. 높은 지대(예를 들어 절벽들)들은 파도들을 직접 막아내거나 파도들이 튕겨가는 것을 막는 장소나 장애물 역할을 했을 것이다.

에게 해 지역의 어떤 지도를 보아도 산토리니 섬과 코스 섬의 동쪽에 이상한 복도 모양을 한 지형이 눈에 띈다. 이 복도 모양의 지형의 한쪽 면에 이오스(Ios), 아모르고스(Amorgos), 키나루스(Cinarus), 레빈투스(Lebinthus), 칼림노스(Kalymnos) 등 여러 섬이 형성되어 있다. 다른 면에는 아나피(Anaphi), 암피두스(Amphidus), 아스티팔레아(Astypalea)가 있다. 자연적으로 형성된 이 회랑 안에서 해일은 아무런 장애물도 만나지 않고 빠른 속도로 전진하며 해안 지역을 계속 들이받았을 것이다.

오리온 이야기는 키오스 섬에 대해 이야기하지만, 그 이야기 안에 있는 모든 요소들을 종합해보면 오리온 이야기에 등장하는 섬은 코스(Kos)일 가능성이 크다. 그래야만 오리온 이야기가 하나의 통일된 이야기가 된다. 문제는 오리온의 섬이 실제로 키오스였는지 아니면 코스인지에 관한 것이다.

우리가 알고 있는 이 오리온 이야기는 주전 150년경에 살았던 아폴로도로스가 전해준 이야기다. 아폴로도로스는 그리스인들에게 전수되었던 그리스의 국가적 전설이나 무용담을 수집하였는데 그것들은 전승 과정에서 시간이 경과함에 따라 사소한 변화를 겪었다. 옛 이름이 새 이름으로 바뀌거나 혹은 보다 더 오래된 이름이 보존되기도 했을 것이다. 어떤 것은 국가적 서사시에 포함되기도 했으나 본래는 특정 지방에 퍼져 있던 이야기였을 것이다. 그러나 우리는 언제, 어디서, 어떻게 이런 이야기들이 형성되었는지 모른다.

우리가 아는 한 가지는 "-ope"로 끝나는 이름들이 그리스의 이야기들에 아주 흔하다는 점이다. 예를 들어 "둥근 눈을 가진 자"라고 불린 사이클로페스(Cyclopes)가 있다. 헤라는 "소의 눈을 가진 자"(*boopis*)라고 불렸던 반면, 아테나(Athena)는 "회색 눈을 가진 자"(*glaukopis*)라고 불렸다. 아테네의 최초의 왕은 케크로푸스(Cecrops)였고 율리시스

(Ulysses)[*]의 아내는 페넬로페(Penelope)였다. 이것 외에도 예들은 많다. 이렇게 "오페스"(opes)를 어미(語尾)로 가지는 등장인물들이 나오는 이야기들 중 몇몇은 코스와 연결된다. 신비의 왕 트리오파스(Triopas)를 포함한 이야기도 그중 하나다.

코스는 미케네 시대, 즉 주전 1400년 이전에는 그리스 영토였다. 그러나 키오스는 주전 1000년 이후에야 그리스 영토가 되었다. 즉 오리온 이야기가 말하는 그 키오스가 사실상 일찍부터 그리스의 일부였던 코스를 가리킨다고 보지 않는다면, 너무 늦게 그리스의 일부기 되었던 힌 섬(키오스)의 왕의 이름이 왜 "오페"(ope)로 끝나는 이름(Oinopion)을 가지게 되었는지를 설명하기 어렵다.

오리온 이야기가 말하는 키오스는 코스를 가리켰다고 보는 것이 합당할 것이다. 사실 키오스와 코스, 이 두 이름은 매우 유사하다. 우리는 셈족어로부터 유래한 알파벳 서체가 주전 1850-1800년 사이에 이집트에서 처음 나타났을 때 모음들이 생략된 채 사용되었다는 것을 알고 있다. 우리는 또한 에게 해 지역 사람들이 단순히 자음들이 아니라 음절단위(syllable)로 글자를 썼을지라도 그들의 알파벳은 페니키아인들로부터 수입되었다는 것도 알고 있다. 그러므로 우리가 키오스(Khios)와 코스(Kos)를 비교할 때, 우리는 Khs와 Ks를 비교하고 있는 셈이다. 이것은 오리온 이야기에 나오는 키오스가 어떻게 현재의 코스가 될 수 있었는가를 쉽게 설명한다.

• 그리스 신화에 나오는 오디세우스의 라틴어 이름이다 ─ 옮긴이.

실제로 이 오리온 이야기로부터 수집된 지리학적 상세 정보들을 지도와 일치시켜보면, 오리온 이야기에 나오는 키오스는 오직 오늘날의 코스일 수밖에 없다. 우리는 이미 산토리니와 코스 사이에는 회랑 모양의 해로(海路)가 있음을 확인했다. 산토리니와 키오스 사이에는 쓰나미가 휩쓸고 갈 만한 그러한 길이 존재하지 않는다.

이 이야기 속에서 오리온은 그 섬을 통치하는 왕의 딸, 즉 그의 소중한 보배를 위협했다. 코스 섬의 남서쪽 끝에는 오래된 도시 아스티팔레아(Astypalea)가 있다. 그 도시는 쓰나미로부터 거의 보호받을 수 없었을 것이다. 오리온(쓰나미)은 그 왕의 섬 해안을 따라 걷다가 힘을 잃

그림 8.3. 복도형 해로를 따라 이동하다가 막다른 길목에 이른 쓰나미 오리온.

었다. 사실 쓰나미가 해안과 충돌한 각도를 고려한다면, 쓰나미는 코스의 해안에서 대부분 위력을 잃었을 것이다.

그 후 오리온은 시력을 잃고 어둠 속에서 더 걸어 다녔는데, 이것은 화산 구름이 그 지역을 둘러싸 어두워진 상황을 가리킨다. 따라서 오리온이 어둠 속에서 여행을 했다는 묘사가 이해가 된다. 오리온의 경로는 정확히 지리학적 지형을 따라서 동쪽으로 갔다. 그 다음 오리온은 누구든지 기대할 수 있는 대로 되돌아갔다. 이것은 파도가 시누스 케라미쿠스(Sinus Ceramicus)라고 불리는 좁은 만에 들어갔다가 튕겨 되돌아간 파도의 이동 경로를 재현한 것이다. 추진력을 잃은 채로 그 물 벽은 어쩔 수 없이 고스로 되돌아왔을 것이다. 사실 이 이야기는 우리에게 오리온이 왕을 찾기 위해 그 섬을 샅샅이 뒤졌다는 것이 무엇을 의미하는지를 설명해준다.

이 대목에서 오리온 이야기는 전환된다. 즉 새벽이 왔고 오리온은 다른 곳을 향해 떠났다. 그리고 이것이 정확히 우리가 기대할 수 있는 상황이다. 즉 화산 구름이 다른 어떤 곳으로 사라졌다는 것이다. 서쪽을 향해 코스 섬 근처를 지나면서 좀 약해진 파도는 북쪽을, 즉 레로스(Leros) 섬과 파트모스(Patmos) 섬을 향해 나아가다가 에게 해역의 한 지점에서 그곳에서 흐르던 조류들에 합류되었을 것이다. 이 두 섬은 오리온을 죽였다고 전해지는 아르테미스와 아폴론에게 성별된 장소였다. 즉 이 두 섬은 파도가 그 두 섬의 해안 언덕과 충돌한 후 마침내 위력을 잃은 장소였기 때문이다. 실제로 독자들은 레로스와 파트모스, 이 두 섬이 물속에 잠겨 있었는데 쌍둥이 신인 아르테미스와 아폴론이 그 두 섬들을 물속에서 다시 끌어냈다고 말하는 그 지방의 토속 이야기들을

그림 8.4. 막다른 길목에서 튕겨 나와 약해진 후 주변 조류에 휩쓸려
레로스와 파트모스 해안과 충돌한 쓰나미 오리온.

주목해야 한다.

산토리니 화산 폭발에 대해 직접적으로 언급하는 이상의 자료들 외에 산토리니 화산 폭발의 발자취들을 증언하는 간접적인 그리스 문헌들 또한 적지 않다. 그 사건은 너무나 강력했기 때문에 에게 해 지역의 고대 거민들은 그것을 신들의 현현으로 간주할 정도였다. 살아남은 자들은 그 화산 폭발에 대한 기억을 간직하였고, 그 화산 폭발이 그 이전의 시대와 이후의 시대를 나누는 분수령이 될 것을 확신하며 그것에 대한 증언을 후세대에게 전했다.

우리가 역사를 시대별로 나누는 것처럼(고대, 중세, 현대 등등), 이 중언을 남긴 고대인들은 스스로를 산토리니 이후 시대에서 살고 있다고 생각했을 것이다. 예를 들어 우리가 "고전 시대"(주전 900-주후 300년)라고 부르는 시대를 살았던 그리스인들은 각기 다른 시대가 그 이전 시대를 대체하는 방식으로 인류 역사가 전개된다고 이해했다. 그들은 자신들이 철기 시대 혹은 인류 시대(the Age of Humankind)라고 불렀던 시기에 살고 있다고 간주했다.

헤시오도스의 『작품들과 일사들』(*Works and Days*)은 더 이른 시기를 망라하며 질서정연하게 정리했다(106-201줄). 이 그리스 시인은 현대 고고학자들이나 역사가들이 에게 해 지역의 자료로부터 종합할 수 있었던 것과 어느 정도 상응하는 시기들에 대해 이야기했다. 헤시오도스가 첫 번째 시대로 분류한 황금시대는 영적 존재들이 출현했던 시기였

표 8.1. 세계와 역사적 사건들에 대한 고대 그리스인의 시대 구분

시대	금−은−구리/ 신들의 시대	영웅들의 시대	철/인간의 시대
역사적 사건들	산토리니 화산 폭발 이전	산토리니 화산 폭발과 미케네 그리스의 붕괴 사이	산토리니 화산 폭발과 미케네 그리스의 붕괴 사이
주도 민족들	펠라스고이	아카이아인들/미케네인들(초기 그리스인들)	그리스인들(고대)
리디아의 역사	탄탈로스	리두스의 왕조	헤라클리드 왕조
연도들	불확실	불확실−주전 1180년	주전 1180년 후

다. 아크라가스의 엠페도클레스(Empedokles of Akragas)는 역사적인 황금시대가 있었다고 믿는 그리스인들의 믿음을 확증해준다.* 이 시대 후에 덜 찬란한 은(銀)의 시대가 오는데 이때 지하세계의 영적 존재들이 출현했다.

다음으로 구리의 시대가 뒤따라오는데 그것은 대략 주전 2500년경에 시작되었다(우리가 추정하기에 말이다). 헤시오도스에 따르면 이 시대는 재나무(ash trees)들에서 출현했고, 빵을 먹지 않았고, 철이 아니라 구리에 대해서만 알았던 호전적인 사람들이 활약하던 시대였다. 아마도 지리적인 이주 도중에서 마주쳤던 농업 공동체를 약탈하거나 사냥과 목축에 의지하고 살았던 다뉴브(Danube) 출신의 많은 이민자들이 이런 호전적인 사람들의 예가 될지도 모른다. 이러한 과정에서 이 사람들은 에게 해 지역과 그 지역의 문화와 접촉할 수 있었을 것이고, 산토리니 화산 폭발로 고통당했던 사회 집단들과 동일한 운명을 겪었을 것이다.

헤시오도스가 언급하는 다음 시기는 "고상한" 전쟁을 치르면서 싸우고 죽었던 숱한 "영웅들"의 시대였다. 헤시오도스의 묘사는 산토리니의 화산 폭발 연도와 그리스 문명의 재탄생기로 알려진 주전 900년경 사이의 과도기, 즉 매우 빈약하게 이해되고 있는 그 과도기 상황과 잘 부합된다. 그리고 마지막으로 헤시오도스는 철의 시대에 대해 언급한다. 이것은 헤시오도스 자신이 살고 있었던 시기였다.

다른 고전 시대의 그리스인들 또한 그리스의 지리학적 정보가 하

---

* H. Diels, *Die Fragmente der Vorsokratiker* (1903), Empedocles fragment 128.

나의 역사를 갖고 있다는 신념을 보유하고 있었다. 헤시오도스와 다른 관점으로 역사를 바라본 역사가 헤로도토스(주전 484-425년)도 그리스의 초기 거주자들을 펠라스고이(*Pelasgoi*)라고 불렀다. 헤로도토스는 이들이 아테네인들의 선조들에게 어떤 종교적 관습을 소개했다고 간주하고 있다. 헤로도토스는 그들이 아테네 사람들에게 소개해준 제의들은 기둥들(*masseboth*)과 연결되었고 그래서 기둥들이 중요한 역할을 하였던 셈족의 종교 제의와 유사했다고 말한다. 사실 대략 주전 1450년까지 이집트인들은 에게 해의 사람들을 "기둥의 땅"을 의미하는 "케프티브"(*Keftjw*)라고 불렀다. 유사하게도 역사가 두키니데스(Thucydides)는 그리스인 이전에 펠라스고이가 그리스 땅에 거주했고, 그들이 아테네 가까이에 한 벽을 세웠다고 생각했다.

기둥과 관련된 더 많은 논의는 그리스인들이 그리스 본토에 살고 있었을 때 바로 옆에 거주했던 고대 그리스 이전의 아주 오래된 사회에 대하여 말했던 고전 시대의 그리스 철학가 플라톤(주전 428-348년)의 저작들에서 발견된다. 플라톤의 대화록 『티마이오스』(*Timaeus*)와 『크리티아스』(*Critias*)에 묘사된 것처럼, 이 사람들이 아틀란티스 섬*을 지배했다. 이 섬은 기둥의 신 아틀라스(Atlas)가 땅으로부터 분리된 하늘을 지탱하고 있다고 해서 아틀라스라고 명명되었다(아틀란티스는 "아틀라스의"라는 의미이다). 아틀란티스 섬의 부(富)는 상당했고, 교역 활동 등을 통하여 축적된 부의 규모는 건물들 전체에 퍼져 있는 어마어마한 양의

● 용어 해설을 보라.

구리, 금, 주석, 은에 반영되어 있었다. 그런데 여기에는 철에 대한 언급이 없는 것으로 보아 아틀라스는 철의 시대 이전, 즉 석기 시대 이후와 철기 시대 이전에 존재한 문명이었을 것이다. 즉 청동기 시대 문명이었을 것이다.

청동기 시대는 산토리니 화산 폭발이 일어났던 연대다. 신계보학을 보면 항상 최고위 신은 바다를 다스리며 섬들과 바다들 전체를 뒤흔드는 지진을 보냄으로써 자신의 진노와 불쾌감을 과시하는 바다와 땅의 신이다. 산토리니 화산 폭발로 인해 몇몇 에게 해 지역 정착지가 파괴되었던 것처럼, 바다(아틀라스의 섬)뿐 아니라 그리스 본토(아티카)에까지 영향을 끼쳤던 그 파국적 재난 속에서 이 아틀란티스 문명은 사라져버렸다. 아틀란티스를 에워싼 바다는 진흙으로 변해서 더 이상 배가 다닐 수 없게 되었다. 그 이유는 매우 간단했다. 즉 배들은 대개의 경우 해안 가까이를 항해하다가 필요할 때만 먼 바다로 나갔다. 이러한 관행 때문에 바람이 몰아치거나 폭풍이 일 때에 배들은 해안의 피난처를 재빨리 찾을 수 있었다. 그런데 해안을 따라 진흙이나 진흙으로 뒤엉킨 해역을 항해하는 것이 아주 위험한 일이 된 것이다. 배들이 모래 속으로 좌초당하거나 진흙탕인 물 때문에 감춰진 바위와 충돌할 수 있는 큰 위기에 빠질 수 있기 때문이었다.

"펠라스고이"라는 단어는 고대 문명들이나 신들을 다룬 많은 다른 저작들에서도 발견된다(예를 들어 아폴로도로스). 이 사람들의 정체는 아직도 분명하지 않다. 오늘날에는 펠라스고이라는 단어가, 비록 증명되진 않았지만, "바다의 사람들"을 가리킨다고 이해되고 있다(*pelagos*, "바다"). 어떤 이야기들은 그것과 한 신의 아들인, 곧 신화적인 인물인 펠라스구스(Pelasgus)와 연결시킨다. 그러나 굳이 연결하려면 펠라스구스보다는 펠레우스(Peleus, 호머의 서사시에 나오는 아킬레스의 아버지)와 연결시키는 것이 더 바람직할 것이다. 즉 펠라스고이는 펠레우스(Peleus) 땅(*ge*)의 사람들을 의미하는 말이라는 것이다.

그런데 펠라스고이의 정체를 밝히려는 이러한 시도들이 예상 밖의 성과들을 만들어냈다. 고고학자 마리자 김부타스(Marija Gimbutas)가 『여신들의 언어』*에서 전개한 논지를 따르자면, 이 사람들은 호전적인 인도–유럽인들이 유럽을 차지하기 이전, 즉 "고유럽"(Old Europe) 문명을 일구었던 평화적인 사람들이었을 수도 있을 것이다. 또한 펠라스고이와, 그리고 에게 해 지역에서 이탈리아로 이주해 거기서 주전 800년 이후로 계속 번성했던 에트루리아 사람들(the Etruscans) 사이의 연관성이 제시되기도 했다.

헤로도토스가 말한 펠라스고이와 크레타 섬의 미노스 문명 주노 세력이 동일한 집단인지는 분명치 않다. 호머의 『오디세이아』(*Odyssey*)는 크레타 섬에 살고 있던 펠라스고이의 존재를 그 섬에 거주하던 많은 종족들 중 하나로 언급한다(*Odyssey*, 19.177). 그들이 누구이든지 간에 확실히 그들은 나중에 그리스의 문명의 도가니 속으로 융화되었다.

● Marija Gimbutas, *The Language of the Goddess* (1989).

제9장

동일한 운명의 배를 탄
그리스와 이집트

피터 워렌(Peter Warren)의 연구가 탁월하게 밝힌 것처럼,[*] 그리스 문명과 고대 이집트 사이의 초기 접촉은 꽤 빈번했다. 두 나라에서 발견된 몇 가지 증거들은 그 두 문명권 사이에 활발한 교역이 이루어졌음을 보여준다. 그러나 이 관계는 주전 1625-1525년 사이의 어느 순간부터 급격하게 중단되었다. 우리는 바로 이런 맥락에서 두 나라의 초기 접촉에 관한 아폴로도로스의 진술을 이해할 수 있다. 이 고전 시대 그리스인 저술가는 자신의 책(*Library*)에서 에게 해의 엘리트들이 한때 이집트로 도피했던 사실을 언급한다. 제우스가 타이폰과 전투하고 있을 때, 즉 산토리니 화산 폭발이 일어났을 때, 그리스 신들과 왕족들(왕과 왕족은 땅의 신들을 대표하는 자들이다)이 이집트로 도피해 숨어 지냈다는 것이다. 이와 동일한 이야기가 다른 고대 저자들, 예를 들어 오비디우스(*Metamorphoses*, 5.319), 안토니누스 리베랄리스(Antoninus Liberalis, *Metamorphoseon Synagoge*, 28), 히기누스(Hyginus, *Fabulae*, 196; *Astronomica*, 2.28)의 저작에서도 각각 나타난다.

그리스의 왕족과 귀족들이 그리스를 떠나 이집트에서 도피처를 찾았다는 것은 선뜻 이해가 잘 안 되는 행동처럼 보일 수도 있다. 왜냐하면 이집트 역시 화산 활동의 여파로 타격을 받았기 때문이다. 그러나

* Peter Warren, "Minoan Crete and Pharaonic Egypt," *Egypt, the Aegean and the Levant* (1995).

이집트는 식량 자원이 아주 풍부한 나라로 유명했다. 이집트는 동부 지중해의 곡창지대였다. 온 세계가 굶주림으로 허덕일 때도 여전히 이집트는 이웃 나라들보다 그럭저럭 잘 버텨나갈 수 있었다.

게다가 이집트가 화산 폭발로 입은 손실들은 그리스에 비해 그렇게 광범위하지 않았다. 화산재가 떨어지고, 지진과 쓰나미로 심하게 손상을 입었고, 또 일부 지역에서는 용암 피해까지 입었던 그리스에 비하면 이집트의 피해는 경미한 수준이라고까지 말할 수도 있었다. 마지막으로 이집트에는 이미 그리스인들이 세운 상당한 수의 식민지가 있었기 때문에 에게 해 지역에서 몰려온 피난민들은 그들의 고향 사람들 중에서 일시적 피난처를 찾을 수 있었을 것이다.

예를 들어 고전 시대 그리스 철학자 플라톤(주전 428-348년)이 묘사했던 고대의 그리스 이전 사회에 관한 기록들이 이집트에서 발견되었다. 좀더 정확히 말하면, 그것들은 나일 강 삼각주 서쪽의 도시 사이스(Sais)에 있는 네이트(Neith, 이집트어로 Nit) 여신의 신전인 사피-메트(Sapi-Meht)에서 발견되었다. 우리는 에게 해의 생존자들이 이집트로 피난 와서 그리스의 여신 아테나(Athena)와 유사한 여신을 섬기던 그 신전에 도움을 요청했을 것이라고 추론한다.

때마침 우리가 본 것처럼 산토리니 화산 폭발의 첫 단계에서 발생한 화산 구름을 상징했던 레토와 동일시되는 이집트의 여신 우앗(Uat)*

● "부토" 또는 "우토"라고도 한다. 선사시대 이집트 북왕국의 수호 여신인 부토에 관한 이집트 신화는 그리스의 델로스 섬을 무대로 한 레토와 아폴론의 이야기와 비슷하므로, 후세에 부토와 레토는 동일시되었다─옮긴이.

을 위한 신전이 나일 강 삼각주 중앙에 있는 부토(Buto, Tep)에 있었다. 이것은 로도스 섬에서 도망쳤던 텔키네스인들처럼, 그리스 생존자들도 신전을 세우고 거기서 희생제사를 지냈을 것임을 함의한다.

만프레트 비탁 교수가 지휘했던 아바리스 발굴로부터[*] 우리는 또한 미노스 문명을 주도한 사람들이 주전 1775년 이후로 아바리스(Hawaret)에서 오랫동안 살았다는 것을 알게 되었다. 우리는 아모세(Ahmose)가 주전 1567년에 힉소스인들로부터 그 도시를 재탈환한 시점 이후에도 그들이 수 세대 동안 더 그 도시에 계속 살았다는 것을 알고 있다. 에게 해 궁선 건축 양식을 따른 궁전이 그 당시 아바리스에 세워졌다. 수십 년 후 이집트의 서기관들은 아바리스에서 사용되었던 외국인 이름들의 목록을 리스 나무 조각 위에 기록해두었다.

성경의 열째 재앙과 관련하여, 우리는 이집트의 부시리스(Busiris) 왕이 이집트에 손실을 입혔던 어떤 재앙을 쫓아내기 위해 한 신에게 신탁을 간구했던 때를 그리스인들이 알고 있었다는 사실에 주목하게 된다. 원래 부시리스는 왕의 이름이 아니었고 나일 강 삼각주 중앙에 위치한 도시였다. 그 도시는 이집트의 신, 오시리스(Osiris)에게 성별된 곳이었다. 그러므로 아폴로도로스의 이야기에서 부시리스(Apollodorus, *Library*, 2.5.11)는 단순히 "오시리스의 상징", 또한 그러므로 "이집트의 왕(군사령관)"을 의미했다. 부시리스의 왕이 받은 신탁은, 외국인들을 인신 희생제물로 바칠 것을 요구했다. 그러나 그 이야기는 왕 자신과 아들

• Manfred Bietak, *Avaris, The Capital of the Hyksos, Recent Excavations at Tell el-Dab'a* (1996).

제9장 동일한 운명의 배를 탄 그리스와 이집트 223

이 죽음에 처해지는 것으로 끝난다. 어찌 됐든 그리스인들은 이집트의 열째 재앙에 대한 자기들 형태의 이야기를 보존하고 있었던 셈이다.

결국 그리스인들은 산토리니 화산의 두 번째 폭발이 이집트에까지 피해를 입혔다는 것을 확실히 파악하게 되었다. 신계보학의 저자인 시로스의 페레키데스(Pherekydes of Syros)가 이에 대한 그리스인들의 기억을 간직하고 있다. 그는 오피오네오스(Ophioneos)와 크로노스 간에 벌어진 전투가 타이폰과 이집트 신들 사이에 벌어진 전투에 대한 모델이 되었다고 진술했다. 그의 진술은 헤시오도스의 신계보학에서도 되풀이되고 있는데, 여기서는 타이폰이 시나이 반도 북쪽 해안까지 멀리 갔다고 말해진다. 헤로도토스(*Histories*, 2.6.1), 플루타르코스(*Anthony*, 3), 수이다스* 등은 한결같이 타이폰이 시나이 반도 북쪽 해안 경계선에 있는 한 늪에 매장되었다고 말하는 이집트의 전설을 보도한다.

산토리니가 그리스와 이집트 모두에 영향을 끼쳤음을 밝혀주는 가장 확실한 증거는 "파에톤(Phaethon)과 에파포스(Epaphos)의 이야기"에서 발견된다(Ovid, *Metamorphoses*, 1.751-2.400). *Phôôs*["빛", (*phaeínoo*, "나는 빛난다")]라는 단어에서 파생된 파에톤이라는 이름은 "빛나는"을 의미한다. 파에톤은 태양신의 많은 아들 중 하나였다. 그러나 그의 아버지는 필멸적 존재인 인간들에게 자신의 정체를 드러내려고 하지 않았다. 그런데 파에톤은 자신이 태양신의 아들임을 증명할 수도 없으면서도 자기의 출신성분을 자랑하며 다녔다. 급기야 파에톤은 친구들의 조

● 10세기 말에 편찬된 비잔틴 그리스어로 쓰인 백과사전으로 고대 지중해 세계를 다루고 있다―옮긴이.

롱을 자초했으며 그의 이집트인 친구 에파포스(Epaphos)도 그를 조롱했다.

이런 난처한 상황에 빠진 파에톤은 아버지를 졸라 자신이 신의 아들임을 증명하는 신적 위력을 과시할 기회를 얻기에 이르렀다. 파에톤은 태양신인 아버지가 소유한 태양의 전차(태양 자체)를 몰아보게 해달라고 요청했는데 그 이유는 자신이 진짜 신의 아들임을 온 세상에 드러냄으로써 그의 이집트인 친구 에파포스가 할 말을 잃도록 만들기 위함이었다.

파에톤은 태양의 전차를 몰아보라는 허락을 간신히 아버지로부터 받았다. 파에톤의 아버지는 태양의 전차를 운전하는 모든 방법을 아들에게 가르쳐주었다. 아버지는 오늘날 자녀에게 운전을 가르치는 부모가 해줄 수 있는 수준의 모든 충고─신호 앞에서는 멈출 것, 회전하는 법 등에 관해─를 해주었다.

오늘날 자동차를 몰고 겁 없이 도로로 나오는 젊은이들과 전혀 다를 바 없이 파에톤은 곧장 하늘을 날아다녔다. 그리고 그 젊은이들처럼 파에톤은 이내 경험이 부족한 초보 운전자임이 드러났다. 그는 아주 서툴게 태양을 운전하였다. 그가 모는 태양의 전차, 곧 태양이 일상적인 궤도를 조금만 벗어나도 지구는 추위에 떨었다. 그가 너무 가까이 왔을 때 나무들, 초원지대, 그리고 도시들이 모두 한줌의 재로 변하였다. 이 재 때문에 발생한 두꺼운 연기가 하늘을 덮었고 만 하루 동안 태양이 보이지 않게 되었다.

파에톤이 태양의 전차를 잘못 몰아 부서뜨렸고 그 결과 지구에는 재앙이 발생했다. 강들은 소용돌이쳤고 세상의 절반에서는 연기가 피

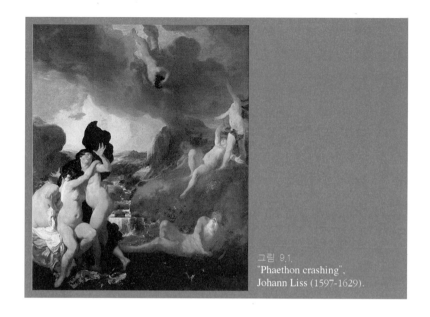

어올랐다. 이 신화적 전설에 따르면, 이 재앙으로 얼굴빛이 훨씬 더 검은 많은 민족이 생겨났다. 파에톤의 태양 전차 사고가 초래한 많은 결과들 중에서 가장 심각한 것은 나일 강 삼각주의 몇몇 분지들이 재로 꽉 막혀서 도저히 인간이 살 수 없을 정도로 오염된 일이다. 파에톤이 저지른 행위의 직접적 결과로, 그리고 먼저 파에톤을 격동시킨 에파포스의 오만의 간접적 결과로 세상은 종말을 향해 치닫고 있었다.

태양신이 자신의 핏줄을 죽이려고 하지 않았기 때문에 제우스가 이 혼란을 바로잡기 위해 개입했다. 세상이 완전이 재로 사라지기 전에 제우스는 번개로 파에톤을 쳐서 땅에 떨어뜨려 죽였다. 그리고 세상에 홍수를 보내어 불을 껐다. 이 이야기의 이 부분에는 우리가 나중에 고려하게 될, 좀더 흥미진진한 이야깃거리를 담고 있다.

아들을 잃은 태양신은 단단히 화가 났지만 그러나 감히 강력한 제우스를 공격할 마음은 먹지 못했다. 그래서 대신 희생양을 찾았다. 그는 번개를 만드는 둥그런 눈을 가진 거인들을 찾아내 그들을 몰살시켜버림으로써 대장장이 신의 공장을 더 이상 가동하지 않는 텅 빈 일터로 만들어버렸다. 이에 태양신의 보복 행위를 응징하기 위해 신들이 모였고 태양신을 추방해버렸다.

고진 시대의 그리스인들은 이 이야기를 그냥 지어낸 이야기로 이해하거나, 아니면 이 이야기의 뿌리에 있는 실제 사건이 무엇인지 궁금해했다. 이런 궁금증을 해소하기 위해 그들은 혜성이 지구에 떨어진 사건에서 그 이야기가 생겼다고 추측하기도 하였다. 어떤 물체들이 실제로 하늘로부터 떨어졌다는 전설이 있으며, 때때로 그 사건은 심각한 피해를 몇몇 지역에 입혔다. 그런 경우에 혜성들의 잔여물들은 별들로부터 온 신의 사신(使臣)들로 숭배되기도 하고(예를 들어 시리아의 에메사와 아나톨리아의 페시누스), 많은 양의 천연 철을 얻으려는 사람들에 의해 채굴되기도 했다(예를 들어 이집트).

그리스 철학자 플라톤도 주전 6세기의 한 자료를 인용하며 파에톤 신화를 이런 식으로 보았다(*Timaeus*, 22c-22d). 그의 논평은 오늘날까지도 해당되는 미래 세대들의 관점들에 영향을 미쳤다. 그러나 역사적으로 지구를 강타하고 또 중동 지역 전체에 심각한 손상을 일으켰던 혜성 재앙에 대한 어떠한 기록도 남아 있지 않다.

그 어떤 지리학적 발굴이나 고고학적 발굴들, 역사 자료들도 지중해의 동부 분지와 충돌한 거대한 혜성 재앙의 역사성을 밝혀내지 못했다. 사실 파에톤 이야기는 혜성 충돌로 야기된 재앙이 아니라, 산토리니의 화산 폭발과 현저한 유사성을 지니고 있다. 아폴로도로스나 다른 사람들에 의해 나중에 전해진 파에톤의 이야기 원본을 익명의 저자가 세상의 종말에 대한 설명을 제공하려고 정교하게 손질했던 것이다. 인간처럼 행동한 신들이 비할 수 없는 큰 재앙을 일으켰다는 것이다.

자, 이제 이 연극의 등장인물들을 자세히 살펴봄으로써 파에톤 이야기와 산토리니 화산 폭발 상황과의 연결점을 찾아보자. 우리는 이미 파에톤이 "빛나는 존재"를 의미한다는 것을 말했다. 그를 격동시킨 자는 에파포스였는데 이것은 이집트 단어 아포피(Apopi)의 그리스적 표현으로 보인다[아포피는 아비도스에 있는 아모세의 무덤에서처럼 때때로 이페프(Ipep)로 나타나기도 한다].

고대 이집트에서 아포피는 나일 강 삼각주 지역의 신이었는데 그 나라의 다른 곳에서는 단지 마귀적인 힘으로 이해되었다. 나일 강 삼각주 유역의 왕들이나 또는 폭풍과 그 비슷한 자연의 힘들과 연관된 세력들이 아포피로 간주되곤 했다. 역사적·고고학적 기록에 따르면 아포피라는 이름을 가진 한 왕이 실제로 나일 강 삼각주 지역을 다스린 적이 있다고 한다. 그는 청동기 시대 중기 무렵에 이집트를 점령한 힉소스 왕국의 통치자 아포피였다. 그렇다 할지라도 우리는 이집트 본토 사람들이 악마적 힘과 연관된 모든 왕을 아포피라고 간주했다는 사실을 주목해야 한다. 이 드라마에 등장하는 다른 인물들은 태양신과 폭풍의 신 제우스, 대장장이 신의 둥근 눈을 가진 일꾼들 등이다.

이제 이 드라마가 두 번째 단계의 산토리니 화산 폭발의 위력과 부합되는지를 살펴보자. 첫 번째 단계는 파에톤의 서투른 활동이 세상의 어떤 부분들은 불사르고 또 다른 부분들은 냉각시키는 것으로 묘사된다. 세상을 불사르는 것은 화산 폭발에 대한 적절한 묘사인 반면, 냉각시키는 것은 공중에 대량 방출된 화산재들에 의해 초래된 "핵겨울"을 적절히 묘사한다. 우리가 성경에서 보는 것처럼 범상치 않은 폭풍들과 우박이 이집트를 강타했다. 유사하게 가나안의 문헌들도 엘이 바알에 의해 거세당한 후에 농작물이 망가졌다고 보도한다. 이것은 화산 폭발의 첫 번째 단계를 대표하는 붉은 재 때문이었는데 그것은 땅과 물에 투척되었다. 파에톤이 태양 진자를 서둘게 운선했을 때 "나일 상의 머리가 감추어지고 일곱 개의 분지 모두가 먼지 속에 파묻혔다"(Ovid, *Metamorphoses* 2.254-256). 이 분상은 나일 강 삼각주 지역에 투하된 화산재를 잘 묘사한다.

이어서 우리는 전체 사건이 슬프게 종결되는 것을 본다. 파에톤은 하늘 혹은 별의 여신들과 흥겨운 교제를 즐기는 대신에 파멸의 죽음을 맞이했다. 이 부분은 화산 폭발의 두 번째 단계와 일치한다. 그 폭발에서 비롯된 소음은 파에톤이 떨어졌을 때를 묘사하는 장면으로 해석될 수 있다. 화산으로부터 솟구쳐 나온 용암과 다른 분출물들은 파에톤의 조각난 몸으로 해석될 수 있다.

다음으로 우리는 마침내 자신의 아들이 당한 비참한 죽음에 관한 소식을 들은 태양신에 대해 말할 수 있다. 그 신은 아들의 복수를 위해 살해자인 제우스를 고르는 대신 그보다 미미한 존재들인 외눈의 거인들을 고른다. 그 거인들을 살해하는 것은 화산 폭발의 두 번째 단계와 부합되는 것으로 해석될 수 있다. 이 일로 태양신이 신들에 의해 추방되는데 이 태양신 추방은 실제로 가장 흥미로운 부분이다. 태양신이 추방된 상황은 태양 없이 지낸 몇 년들을 가리킨다. 즉 화산 폭발이 종료된 이후 지중해 동부 해안 지역에 지속되었을 "핵겨울"을 묘사한 것이다.

파에톤 이야기는 또한 흥미로운 부차적 자료를 제공한다. 소방관 격인 제우스가 파에톤이 촉발시킨 불을 끄기 위해 해일을 보낸다는 점이다. 우리는 산토리니 화산 폭발에 대한 과학적 재구성을 통해 두 번째 폭발이 첫 번째 폭발보다 훨씬 강력했고, 두 번째 폭발로 발생한 지진과 해일들이 훨씬 더 강력하고 빈번했을 것임을 알고 있다.

그러므로 그리스인들이 두 번째 폭발로 인해 발생한 바닷물의 범람에 대해 더욱 자세히 묘사한 이야기를 보존했다는 점은 조금도 이상하지 않다. 파에톤의 이야기에 대한 부록격인 듀칼리온(Deucalion)에 관한 그리스의 민속설화는 제우스가 보낸 그 홍수가 듀칼리온이 살아남기 위해 도망치는 도중에 마주쳤던 해일들과 동일한 것이라고 말한다.

들이치는 파도들에 관한 정보를 신들에게 얻은 듀칼리온은 그의 아내 피라(Pyrrha)와 함께 긴급 피난처가 될 배를 건조했다. 그 배는 마침내 델피 신전을 내려다볼 정도로 높이 솟아오른 파르나소스(Parnassus) 산에서 정박했다. 그 부부가 그 지방의 신전에서 들은 신탁의 요구는, 돌들을 취해 그들의 머리 위로, 즉 등 뒤로 던지라는 것이었다. 그래서 듀칼리온은 돌들을 머리 위로 던졌다. 그러자 듀칼리온은 남자들을 낳고, 피라는 여자들을 낳았다. 그래서 지구가 다시 생성되었으며 정상적 궤도로 되돌아오게 되었다(Apollodorus, *Library*, 1.7.2-3; 1.45-51).

우리가 기대했던 것처럼, 이 듀칼리온 이야기는 정확하게 산토리니 화산 폭발이 초래한 파급효과를 묘사한다. 그들의 이름에서부터 시작한다면 듀칼리온과 피라 부부는 화산 현상 자체를 가리킨다. 남편 듀칼리온의 이름은 그리스어의 동사인 "범람하다"를 의미하는 동사 듀에인(*deúein*)과 "태우다"를 의미하는 동사의 카이엔(*kaíen*)의 합성 파생어다. 그러므로 듀칼리온은 용암 같은, 즉 불타는 홍수였을 것이다. 아내 피라의 이름은 "불"을 의미하는 피로스(*pyros*)와 "흐르다"를 의미하는 레인(*rhein*)의 합성 파생어다. 그래서 피라는 흐르는 불로서, 듀칼리온에 표현된 남성적 원리에 상응하는 여성적 원리를 대표하는 셈이 된다.

이어지는 듀칼리온 이야기 중에서 그 부부가 거룩한 산에 이르렀다고 하는 대목도 우리의 관심을 끈다. 아폴로노도스는 그 산을 전통적으로 아테네 서쪽의 한 산과 동일시되는 파르나소스라고 부른다. 거기서 듀칼리온과 피라는 그들의 능 뒤로 돌들을 던져 새로운 인류를 낳았다.

이 부분은 다시 산토리니 화산 폭발로부터 기대할 수 있는 현상과 부합된다. 즉 생존자들은 한 장소에 도착하였는데 그때부터 그 장소는 성스러운 제단이 되었다는 것이다. 일단 지속적인 논의를 위해서 그 장소가 지금까지 파르나소스로 알려진 바로 그 산이었다는 아폴로도로스의 진술을 받아들이자. 거기서 화산 폭발의 생존자들은 신들의 도움을 구하려고 모종의 종교적 제의를 시행했을 것이다. 던져진 돌을 피한 자들은 화산 폭발의 재난으로부터 살아남은 자들로서, 즉 적어도 그 세계에서는 새로운 인류의 창시자들이었던 셈이다.

우리는 이상의 정보 외에도 파에톤 이야기에서 얻어야 할 정보가 남아 있다고 본다. 이 이야기는 추가적인 정보를 갖고 있다. 산토리니 건너편에는 아나톨리아의 서부 해안이 펼쳐져 있다. 대략 그 해안선의 중간 지점에 에페소스라는 도시가 있다. 우리는 정확히 언제 그 도시가 건설되었는지 모른다. 그것은 아마도 산토리니 화산 폭발 당시에 존재하고 있었을 수 있다. 혹은 그 이후 그 화산 폭발에 관한 다소간의 의식적인 기억을 가지고 있었을 사람들에 의해 세워졌을 수도 있다.

주전 500년 즈음에 그 도시에 헤라클레이토스(Herakleitos)라는 철학자가 살았다. 우리는 그가 성직자 계급 출신이며 그래서 보통 사람들이 갖지 못했던 정보를 구할 수 있었을 것이라고 본다. 그의 이름은 "헤라 여신의 영광"을 의미하지만, "헤라클리드"(Heraclid)라고 번역될 수 있다. 즉 아주 오래전에 아나톨리아를 점령한 전사들의 후손이라는 의미다(아마도 산토리니 화산 폭발의 여파로 지중해의 동부 분지 전체에 새로운 정치적 질서가 출현했을 것이다).

그의 이름이 어떻게 해석되든지 간에, 이 철학자는 헤시오도스가 쓴 『신계보학』이라는 저작을 헤시오도스 자신보다 더 잘 이해했던 것처럼 보인다. 헤라클레이토스는 이야기들 배후에 놓여 있는 참된 의미를 이해하지 않고 그저 그 이야기들을 반복하는 헤시오도스를 비웃었다.* 헤라클레이토스는 또한 이집트 문명에 정통한 이해를 갖고 있었다.** 그래서 그의 철학은 그리스 사상과 이집트 신학을 연결시키는 다리처럼 보인다. 그의 많은 진술들은 이집트의 저작들로부터 따온 인용문들과 아주 유사하다. 예를 들어 그는 냄새를 풍기는 영들을 지하 세계에 거주하는 존재들이라고 규정한다.***

헤라클레이토스는 세계는 계속 발전하는 과정에 있다고 이해한다.

- Diels, *Die Fragmente der Vorsokratiker* (1903), Herakleitos fragments 40 and 57.
- ● 같은 책, Herakleitos fragments, 6, 98 and 119.
- ●● 같은 책, Herakleitos fragments 98.

원소(元素)들이 변함에 따라 우주는 한 시도 동일한 모습으로 존재하지 않고 임의대로 발전한다는 것이다. 이런 관점에서 보면 심지어 세상에서 가장 아름답거나 가장 바람직한 질서처럼 보이는 현상도 쓰레기더미와 같은 가치를 지닌다.* 원소들의 운동으로 세상의 변동을 설명하기 위해 그가 든 이 예는 수 세기 동안 되울려 퍼졌고 마침내 "만물은 흐른다"(pánta rhei)라는 경구적 명문으로 정형화되었다. 그는 이 세계가 항상 변한다는 점에서 계속 흐르는 강물과 같다고 본다. 한 사람이 같은 강물에서 두 번 목욕할 수는 없다. 상의 똑같은 지점에서 목욕한다고 해도 앞서 몸을 담근 그 강물은 그곳에 더 이상 머물지 않고 이미 흘러가버렸기 때문이다. 헤라클레이토스는 세계 그 자체가 "물이 흐르듯이 역동적으로 변한다"고 진술한다. 그리고 세상이 물처럼 흐르며 변화되는데 그것은 헤라클레이토스가 보기에는 특별히 우주를 구성하는 실체들 중 보편적인 통화(currency)인 불을 교환함으로써 이뤄진다. 환언하면, 불이 변화를 개시하고 촉발시킨다. 또한 불은 우리가 산토리니 화산 폭발에 대하여 주장하고자 하는 요점을 부각시켜준다.

헤라클레이토스의 저작은 다른 작가들에 의해 쉽게 풀어 기록되거나 인용된 형태로 전해져온다. 그러한 단편적 저작에서 우리는 산토리니 화산 폭발이 일어난 다음날 신문에 났을 법한 짧은 문장을 발견한다(만약 신문이 그 당시에 존재했다면 말이다). 헤라클레이토스가 "천둥이 우주를 다스린다"고 진술했던 것이다.** 그의 진술은 일간신문의 한 기사

---

  * 같은 책, Herakleitos fragments 124.
  ** 같은 책, Herakleitos fragments 64.

에 적합한 제목이 되었을 것이다. 또한 그는 불이 결핍을 초래할 수도 있고 풍요를 초래할 수도 있다고 진술한다.[*] 과연 화산 폭발이 가져온 것은 기근과 풍요였다. 즉 화산 폭발 당시의 기근과 화산 폭발 후에 매우 비옥해진 땅에서 얻어진 풍성한 수확이 불에 대한 각기 다른 표현이었던 것이다.

땅과 불의 또 다른 연결이 그의 저작 단편 31과 76에서도 설명되고 있다. 여기서 헤라클레이토스는 지구는 불이 되고, 불은 공기가 되고, 공기는 물이 된다고 진술한다. 비록 처음에는 이 진술이 불합리하게 들릴 수 있어도, 우리는 이것이 아나톨리아의 서부 해안에서 관찰된 산토리니 화산 폭발의 역학적 변동에 대한 매우 간결한 재진술이라고 본다. 즉 그 섬은 불을 뿜어냈고, 그 불은 바람을 따라 움직이는 대기의 입자들을 생성하였으며, 나중에 그것은 다시 물을 오염시켰다.

마지막으로 결코 무시할 수 없는 헤라클레이토스의 또 다른 진술이 있다. 헤라클레이토스는 만약 태양이 궤도를 벗어나면 에리니에스(Erinyes)가 그것을 정상궤도로 되돌려놓기 위해 태양을 뒤쫓을 것이라고 진술한다.[**] 어찌 됐든지 헤라클레이토스는 이런 오래된 민간설화를 에페소스 근처의 자기 고향에서 수집했다. 그가 들은 이 민속설화에 따르면 태양이 비틀거리고 에리니에스가 그 질서를 다시 세우도록 부르심을 받았던 때가 있었다. 에리니에스를 세상 질서를 유지시키는 데 부림을 받는 하인들로 규정하는 헤라클레이토스의 진술은, 태양의 비

- 같은 책, Herakleitos fragments 65.
- ● 같은 책, Herakleitos fragments 94.

틀거림으로 이해되는 한 사건이 에리니에스의 간섭으로 표현되는 이 두 번째 사건보다 앞서서 일어났던 어떤 때를 말하는 것으로 이해될 수 있다. 즉 헤라클레이토스는 산토리니 화산 폭발과 그 결과로 가해진 몇 개의 징벌적 재난에 관한 이야기를 다른 각도에서 말하고 있다.

이러한 자료들은 또 다른 지역에 보존되어 있는 기록들에 의해 확증된다. 실제로 아나톨리아에서 발견된 문서는 산토리니 화산 폭발과 그 사회경제적 결과들을 묘사하며, 첫 번째 단계의 폭발(붉은 재)과 두 번째 단계 폭발(흑암)로 생긴 화산 구름의 이동 경로에 대해 더 나은 설명을 제공한다. 사모사타의 루키아노스(Lucian of Samosata, 2세기)는 『시리아 여신에 관하여』(De Dea Syria)라는 자신의 책에서 산토리니 화산 폭발과 관련된 장소들과 제사들에 대하여 긴 설명을 제공하고 있다.

레반트(Levant)를 건너온 순례자들이 한 도시에 도착했는데, 그곳은 제단이 너무나 성스러워서 그리스인들이 히에라폴리스(Hierapolis), 즉 거룩한 도시(Town of the Holies)라고 불렀던 도시였다. 루키아노스는 그리스인들이 세상을 삼켰던 홍수로부터 살아남았다고 말한 바로 그 듀칼리온에 의해 그 제단이 세워졌다고 말한다. 루키아노스에 따르면, 듀칼리온은 히에라폴리스에서 대부분의 물을 지구의 내부로 흘려보낼 수 있는 한 구멍을 찾았다고 전해진다.

비록 그 제단이 듀칼리온과 연결되었다 하더라도 그리스적인 제단과는 거리가 멀었다. 그 지역의 한 여신이 두 사자들 사이에 서 있는 모습을 하고 있는데 그것은 프리지아(Phrygia)에서 흔한 모습이었다. 그녀 옆에는 두 소 사이에 앉아 있는 한 신이 있었는데 이것은 가나안 지역에 아주 흔한 신상이었다. 세미온(Semion)이라고 불리는 이 세 번째 금상은 신들 사이에 놓여 있었다.

그 신전 내부와 경내에는 신상들과 제단들이(아틀라스, 헤르메스, 일리티아, 헬레네, 헤카베와 다른 신들에게 바쳐진) 아주 많았다. 아폴론 신상은 나체로가 아니라(그리스인들을 아폴론이 그러리라 생각했다) 옷을 입은 모습으로 표현되었는데 그 신상은 신탁을 내려주려고 할 때마다 흔들렸다. 만약 제사장들이 그 신상을 드는 데 실패하면, 그것은 땀을 흘리기 시작하였다. 운반하는 사람들이 신상을 들고나면 지위가 높은 제사장이 신탁을 물었다. 만약 그 신이 찬성한다면 신상 운반자들이 계속 움직일 수 있었고, 반대로 허락하지 않는다면 뒷걸음쳐야 했다. 그 신상은 1년에 두 차례에 걸쳐 언제 신들 사이에 있는 그 금상을 바다에 던져야 할지를 지정해주었다. 그리고 해안에 물을 길으러 나온 사람들이 물을 긷다가 그것을 발견하면 봉해진 항아리에 넣어서 다시 제단으로 가지고 와야 했다.

셈족의 여신 세미라미스(Semiramis)*는 그 신전에서 특별한 지위를 갖고 있었다. 시리아인들이 오로지 세미라미스를 경배하라는 그녀의 요구를 따르자, 하늘이 재앙과 질병들을 땅에 쏟아 부었다. 그래서 그 여신은 자신만 경배하라는 배타적 요구를 철회하고 대신 시리아인들에게 땅의 여신을 공경하라고 요구했다.

그 신전에는 탈혼상태로 광란에 빠진 여성들뿐만 아니라 제사장들과 시중드는 사람들도 일하고 있었다. 이 제사장들은 스트라토니케

● 아시리아의 전설상의 여왕으로 미와 지혜로 유명하며 바빌론의 창건자로 알려져 있다. 삼무 라마트라고도 한다―옮긴이.

(Stratonike)라는 한 여왕과 그의 하인 콤바보스(Kombabos)의 사랑으로 태어난 자들로 추정된다. 제사장들은 보다 더 많은 제사장들이 신에게 봉헌될 때, 예식의 일환으로 춤추는 동안 스스로의 몸을 벤다. 광란상태에 돌입하는 제사장 후보자는 옷을 걷어 올린 후 제의용 칼로 자신의 성기를 제거한다. 그리고 도시로 질주하여 그에게 새로운 옷들을 줄 집에 그의 신체 일부를 던진다. 또한 살아 있는 동물들을 나무들의 그루터기 위에 산 채로 목매어 죽임으로써 부차적인 희생제물들을 바친다. 오직 돼지들만은 부정하다고 하여 제물로 사용될 수 없었다. 심지어 아이들마저도 가방에 밀봉되어 북쪽 문 입구 아래 던져져 희생제물로 사용되었다. 이 희생제사 의식의 마지막 순서는 제사장들이 기둥들 꼭대기에 앉아 1주일 동안에 걸쳐 기도하는 행위였다.

끝으로 근처에 있는 호수 옆에서 신상들의 행진이 이뤄졌다. 사람들은 땅의 여신을 새긴 신상이 아폴론 신상보다 먼저 호수에 도착할 수 있도록 아주 많은 신경을 썼다. 그들은 이런 정성을 보이지 않으면 땅의 여신이 호수의 물고기들을 죽일까 두려워했기 때문이다.

비록 히에라폴리스 신전이 오랫동안 성황을 이루며 상이한 지역들의 제의 전승들을(예를 들어 황소 신으로 대표되는 셈족의 신상 전통들뿐 아니라 자웅동체 신들과 사자 여신으로 대표되는 아나톨리아 전승들을) 병합할 수 있었을지라도, 루키아노스는 이 신전의 제의 전승에서 산토리니 화산 폭발의 여파와 현저하게 닮은 기억을 보유하고 있는 자료를 찾아낸다.

첫째, 듀칼리온이 그 신전과 관련된 것으로 말해진다. 세미라미스 이야기는 또 다른 유사점을 제공할 수 있다. 공중에서 발생한 재앙을 촉발시킨 신의 분노는 산토리니 화산 폭발의 첫 번째 단계에서 발생한 화산재와 부합될 수 있다. 동시에 신전의 북쪽 편에서 드려진 아이들의 인신 희생제사는 이집트의 장자 희생제사와 같은 맥락으로 보인다(이집트의 열째 재앙). 북쪽을 바라보고 있는 히에라폴리스에서 행해진 희생제사는, 북쪽이라는 위치로 인해서 두 번째 폭발로 생긴 화산 구름을 금방 상기시킨다. 우리가 측정해본 것처럼 그 화산 구름은 정확하게 북쪽 방향에서 왔다.

가나안 족속의 신화들을 편찬했던 비블로스의 필론은 신계보학들에 대한 가나안 문명권의 재진술과 히에라폴리스의 제의 전통에서 이미 관찰된 그 시나리오가 옳다는 것을 확증해준다. 다른 저자들의 인용을 통해서만 볼 수 있는 그의 저작에서 필론은 재앙들과 죽음이 가나안 족속들이 살고 있던 지역을 강타했던 때가 있었음을 진술한다. 그 결과로 엘(El)이라는 신은 에피게이오스 아우토크톤(Epigeios Autochthon)에게 그의 아들을 바쳤다. 얼마 후 그는 모우트(Mo-úth, "죽음")라는 다른 아들도 잃었다.

필론의 또 다른 단편은 자녀들, 엄밀히 말해 가장 사랑받는 자녀가 엄격한 신비적 제의에 따라 희생되었다고 진술한다. 엘은 그의 하나뿐인 자녀인 이에오우드(Ieoúd, 독자)를 전쟁과 혼돈의 시기에 희생제물로 바쳤다. 바로 이때는 베이루트를 바다의 신 얌(Yam)과 지진으로부터 사람들을 보호하는 위계가 낮은 신들에게, 비블로스를 땅의 여신 바알티스(Baaltis)에게 맡기고, 엘 자신은 남부 이집트를 여행하고 있었던 바로 그 시점이었다. 그 여행의 결과로서 남부 이집트는 학문을 관장하는 신인 토트(Thoth)를 섬기는 통치자 타우토스(Taautos)의 영토가 되었다.

필론의 단편들에 등장하는 이 시나리오는 가나안이 내란으로 큰 어려움에 처한 이집트의 지배하에 있었던 때를 다룬다. 그래서 비블로스와 베이루트를 그 지방의 토착적인 땅의 신들의 보호 아래 두기로 한 것은, 힉소스 왕조가 그 도시들로부터 군대들을 철수시키고 그 도시들을 그 지방의 토착 신들을 섬겼던 토착 군웅(軍雄)들에게 넘겨주었던 상황을 가리킨다. 힉소스 왕조 세력이 이렇게 군사력을 이동시킨 이유는 아마도 남부 이집트 세력들이 힉소스 왕조와 전쟁을 수행하기 위해 군사력을 재집결시킨 결과였을 것이다.

이러한 단편들에 나타나는 세부적인 정보들을 종합해보면 이때가 재앙들, 전쟁들, 희생제사의 시대였으며, 그리고 가나안이 이집트와 아주 밀접하게 연결되고 또한 아마도 그리스인들과도 연결되어 있었을 시대임을 알 수 있다.

비록 산토리니 화산 폭발이 주로 사회정치적인 파급효과들을 야기했던 재앙들을 촉발시켰음에도 불구하고, 우리는 다시 신들을 달래기 위해 행해신 인신 희생제사가 드려졌음을 확증하는 증거를 발견한다. 이러한 사건들이 일어난 시간대를 순서대로 추적해보면, 그것들은 북부 이집트가 남부 이집트에 대한 지배권을 확립하기 위해서 가나안에 주둔해 있던 군대를 철수시켰던 때, 즉 내전으로 인해 이집트가 스스로 피를 흘리고 있을 때 발생했던 것처럼 보인다. 고대 이집트가 직면하였던 모든 전투들 중에서, 이 상황은 오직 힉소스 왕조의 이집트 통치 시기와만 부합되는 상황이다.

성경 본문을 다시 주목해보면 우리는 히브리인들, 그리스인들, 이집트인들을 상호 연결하는 적어도 두 개의 특별한 구절들을 발견할 수 있을 것이다. 첫째 구절은 히브리 예언자 아모스(주전 750년경)의 예언이다. 그는 하나님이 관여하셔서 대지가 녹았던 시기, 즉 화산이 폭발했던 시기에 대하여 말한다. 그러한 시기들과 연결되는 것은 대규모 민족 이동이다. 히브리인들은 이집트를 떠났고, 그리스인들은 크레타로부터 도망쳤고, 시리아인들은 이주 도상에 있었다.

> 주 만군의 여호와는 땅을 만져 녹게 하사 거기 거주하는 자가 애통하게 하시며 그 온 땅이 강의 넘침 같이 솟아오르며 애굽 강 같이 낮아지게 하시는 자요 그의 궁전을 하늘에 세우시며 그 궁창의 기초를 땅에 두시며 바닷물을 불러 지면에 쏟으시는 이니 그 이름은 여호와시니라, 여호와의 말씀이시니라. "이스라엘 자손들아 너희는 내게 구스 족속 같지 아니하냐? 내가 이스라엘을 애굽 땅에서, 블레셋 사람을 갑돌에서, 아람 사람을 기르에서 올라오게 하지 아니하였느냐?"(암 9:5-7)

둘째 구절은 스파르타의 헤게모니 아래 있던 그리스인들로부터 유대인들에게 보내진 주전 150년경의 한 편지이다. 그 본문은 『마카베오°상』에 포함되어 있다. 스파르타의 지도자는 그리스인들과 유대인들이 공동 조상, 즉 혈연적 유대를 공유한다고 주장한다.

> 다음은 아레오스가 오니아스에게 보낸 편지의 사본입니다. "스파르타의 왕, 나 아레오스가 유다의 대사제 오니아스에게 인사를 보냅니다.

● 용어 해설을 보라.

어떤 문헌에서도 찾아볼 수 있듯이 스파르타인과 유다인은 서로 형제이고 두 민족이 다 아브라함의 후예입니다. 이러한 사실을 서로 알고 있는 터이니 귀국이 얼마나 번영했는지에 관하여 나에게 편지로 알려주시면 좋겠습니다. 나는 여러분의 가축과 재산이 우리의 것이고 우리의 것이 모두 여러분의 것이라는 것을 알리는 바입니다. 그러므로 나는 이 사실을 귀하에게 전하라고 나의 사신에게 명령했습니다"(『마카베오상』 12:20-23).

이 진술은 역사가들의 귀에 이상하게 들린다. 언제 히브리인들과 그리스인들이 주전 335년경에 일어난 알렉산더 대왕의 가나안 침략 이전에 만난 적이 있었던가? 어떻게 그리고 언제 그리스인들과 히브리인들이 함께 살았는가? 어떤 사람들은 팔레스티나인들(the Philistines)이 그리스인들이었기 때문에 오래전에 그 둘 사이에 모종의 만남이 있었을 것이라고 생각한다.

하지만 두 문명 간의 관계는 오히려 적대적이었음이 판명되었다. 알렉산더 대왕은 유대 땅을 침략하였고 그 자리에 그의 총독을 세웠다. 그 총독은 후에 셀레우코스 왕국의 관리가 되었다. 이 왕국은 추방, 폭동, 강제 합병, 유적지들에 대한 신성모독, 학살 등으로 유대인들을 탄압함으로써 일종의 인종말살적 정책을 추진하였다. 히브리인들은 셀레우코스 왕국의 신들에 대한 충성 강요에 맞서서 셀레우코스 군대가 철수할 때까지 게릴라전과 전통적 방식의 전투를 병용해가며 결사적으로 대항했다. 이것은 앞서 인용한 그 스파르타의 편지가 묘사한 형제 관계는 아니다. 형제 관계가 있다면 그것은 다른 어떤 사실에 토대를 두어야 함을 의미한다.

　모든 반대 증거에도 불구하고, 이 유대인 문서는 외견상 적대적으로 보이는 증거를 무색하게 하는 형제적 관계를 진술하는 그리스 편지를 엄연히 제시한다. 즉 스파르타인과 유대인이 형제처럼 함께 살았던 시절이 있었다는 것이다. 언제? 어디서?

　성경의 이집트 재앙들을 재구성해보면 그 해답이 나온다. 즉 히브리인들과 에게 해 지역 사람들(후에 이들은 각각 유대인과 그리스인들이 된다) 모두 성경의 재앙들이 일어났던 시기에 나일 강 삼각주 지역에 살았다는 것이다. 두 민족이 이집트에 함께 살았던 때는, 그리스 식민지 개척자들은 나일 강 삼각주 지역에, 히브리인들은 그 삼각주의 동쪽 측면에 정착했던 때를 의미한 것이다. 두 민족 모두 이국땅에서 산토리니 화산 폭발의 여파로 비롯된 동일한 고난을 겪었던 것이다. 이 두 집단 모두가 외국 땅에서 공유했던 과거는 형제애적인 연대로 간주될 수 있었다. 이로써 『마카베오상』의 구절들을 납득할 수 있게 되었다.

　그러나 아람인들이 시리아를 차지하던 때에 그리스 사람들이 크레타를 떠났다고 말하는 아모스서의 구절들은 어떤가? 산토리니 화산 폭발은 화산재로 고통당한 모든 지역들을 혼란에 빠뜨렸을 것이다. 첫 번째 희생자요 가장 큰 희생자는 그리스였고, 그 다음은 이집트, 그리고 마지막으로 시리아와 같은 기타 지역들이 순서대로 피해를 입었을 것이다. 화산재로 고통과 혼란을 겪던 지역들은 다른 지역의 주민들에 의해 쉽게 공격 목표가 되었을 것이다.

　분명히 동부 지중해 지역의 모든 문명들은 산토리니 화산 폭발에 대한 기록을 남겼다. 화산 폭발 후에 살아남았던 그리스인들(원-그리스

그림 9.2. 산토리니 화산 폭발의 여파를 언급한 문명과 장소들.

인, 혹은 팔레스타인–그리스인들)은 그 당시 화산 폭발에 대한 기억을 보존했다. 다만 후세대의 그리스인들은, 시간이 경과할수록 점차 희미해져 갈 수밖에 없었던 그 기억만을 간직한 채, 화산 폭발을 취급했던 신화적 시나리오 배후에 있는 역사적 사실들을 전혀 깨닫지 못했다.

아나톨리아에서 발견된 후르리–히타이트인들도 그 사건들에 토대를 둔 자신들만의 독특한 이야기를 남겼다. 그 이야기에 따르면 신들의 보좌를 찬탈한 쿠마르비(Kumarbi)가 울리쿰미(Ullikummi)를 낳아 그로 하여금 테슈브(Teshub)와 대결하게 한다. 시리아–가나안 문명에도 화산 폭발 사건에 대한 몇 가지 이야기들이 흩어져 보존되어 왔다. 예를 들어 우가리트 토판(the Ugarit tablets), 비블로스의 필론이 남긴 이야기, 그리고 히에라폴리스의 전승 등에 그 이야기들이 보존되어 있다.

이집트 또한 화산재의 강력한 타격을 입었다. 이 문제에 대한 과학적 자료는 확실하다. 이집트에 거주하던 외국인 집단들도 그 사건을 기록하였다. 그리스인들은 그리스가 신들의 싸움에 의해 황폐하게 되었을 때, 그들의 지배층이 추방되었던 시기에 대해 이야기한다. 그리스인들은 이집트의 한 왕이 그의 부권(父權)을 증명하기 위해 감히 유사신(a quasi-god)적인 존재가 되려고 한 상황이 재앙을 촉발시켰다고 말한다. 신들은 쓰나미를 일으킴으로써, 파에톤이 온 세상에 확산시켰던 불을 진화하고 재앙 사태를 진정시키려고 했다는 것이다. 그리스인들은 이집트 북부의 세 도시, 사이스, 부토, 아바리스에 그 흔적을 남겨놓았다.

그곳에 살고 있었던 히브리인들은 그 폭발에 대한 기록을 성경에 보관해두었으며, 이것이 신적인 계획의 일부였다고 주장하고 있다. 그렇다면 이집트인들이 그 사건을 기록하지 않았다는 것이 말이 되는가? 이집트에 산토리니의 화산 폭발에 대한 기록이 없고, 그것에 의해 촉발된 성경의 재앙들에 대한 기록도 없다는 것이 가능한 일인가?

제10장

이집트 병행 자료들

신들이 나일 강 삼각주 지역을 징벌한 날

지금까지 이루어졌던 연구의 일관된 결론은 이집트를 강타한 그 재앙들이 산토리니로부터 남동쪽으로 퍼진 화산재의 파괴적 영향 때문이었다는 것이다. 과학적 자료들뿐만 아니라 가나안, 그리스, 히브리 자료와 후르리-히타이트 기록들 모두 이 점에 동의한다. 그러나 이 그림이 완전해지기 위해서는 앞으로도 두 가지 과제가 더 해결되어야 한다. 이집트에 살았던 외국인이 아니라 이집트인이 직접 쓴 이집트의 병행 자료를 조사하는 일과, 화산 폭발 연대(현재 우리는 단지 청동기 시대의 한 시점에 폭발이 일어났다는 애매한 증거만 가지고 있다)를 결정하는 일이다.

이집트 문서들은 종종 필사자의 이름, 날짜, 달, 당시 다스리던 왕의 통치연도 등을 포함했다. 그래서 성경의 열 가지 재앙 이야기와 유사한 이집트 문서들을 찾아낼 수만 있다면 화산이 폭발한 연도를 자동적으로 알 수도 있을 것이다. 그러므로 우리는 청동기 시대의 이집트가 남긴 방대한 문헌을 조사할 것이다. 이 작업이 너무 방대하기 때문에 우리는 우선 재앙들을 "분명히" 기술하고 있는 이집트 문서들을 중심으로 병행 자료를 찾아볼 것이다. 그것들은 우리가 찾고 있는 해답에 대한 지름길을 제공할 것이다.

이집트 필사자들은 이집트에 발생했던 재앙들을 정규적으로 문서로 기록해 보관했다. 예를 들어 『세헬 섬의 기근 석비』(*Famine Stela at Sehel Island*)는 드조세(Djoser)의 통치 동안 발생했던 가뭄에 대해 진술하고 있다(주전 2650년). 또한 사카라(Saqqara)에 있는 우나스와 테티

(Unas and Teti)의 피라미드(피라미드 273-274로 목록화된)에서 발견된 주전 2350년경의 『피라미드 문서들』(*Pyramid Texts*)은 신들을 사냥해 먹고 죽은 한 왕에 대해 이야기하며, 하늘에서 발생하여 이집트인들을 두렵게 하였던 어떤 사건들(스쳐 지나간 거대한 혜성? 범상치 않은 행성들의 근접 충돌? 예외적인 일식이나 월식?)에 관하여 들은 바를 진술한다.

한 차례의 가뭄에 대하여 말하는 또 다른 병행 기록이 『안크티피의 전기』(*the Biography of Ankhtify*, 주전 2150년경이나 그 이전 자료)에서 발견된다. 상부 이집트(Upper Egypt)의 셋째 관구(노메,* nome) 출신의 군사령관인 안크티피는 다른 나라들과 달리 그 지역에선 아무도 굶주리지 않았다는 사실에 대해 자랑한다. 그는 이집트 너머의 사람들이 살아남기 위하여 식인 행위까지 저지르고 있던 때도 심지어 자신은 보리를 수출했다고 말한다.

따라서 출애굽기에 기록된 열 가지 재앙들과 관련한 이집트의 기록도 어딘가에는 존재할 것이라고 믿을 이유가 있다. 이집트를 타격했던 재앙들의 역사성을 입증하는 데 도움이 될 만한 바람직한 병행 기록들이라면 반드시 주전 1775년 이후 그리고 주전 1450년 이전 시기, 즉 미노스 문명을 이룬 그리스와 이집트가 왕성하게 교역을 했던 시대에 일어났던 대파국적 재앙들에 관해 언급하는 자료여야 한다.

이런 기준에 맞는 첫 번째 자료는 소위 『폭풍우 석비』(*storm stela*)라고 불리는 기록물이다. 이집트에서 발생했던 심각한 재앙을 묘사하

● 용어 해설을 보라.

는 이 이집트 기록물은 성경의 이집트 재앙 본문을 이해하는 데 빛을 던져줄 병행 진술을 제시할 것으로 기대된다. 그것은 널찍한 돌판(이를 그리스어로 *stela*라고 부르고 따라서 문서의 이름이 그렇게 붙여졌다)에 새겨져 있기 때문에 오늘날에도 『폭풍우 석비』로 알려져 있다. 그 기록물에 사용된 왕족의 이름은 아모세(Ahmose)가 힉소스인들에게 승리하기 전, 즉 주전 1567년 이전에 사용되었던 이름인 "나라를 통일할 아모세"다. 또한 그 기록은 아모세가 대관식을 위해 국가 중앙 수도가 아니라 지방 수도격인 테베(Thebes)로 가려고 하는 상황을 보도한다. 그때는 그의 치세 초기, 즉 주전 1581년이거나 그보다 10년 후 상황, 곧 힉소스가 급격히 쇠락하고 아모세가 이집트 전 지역의 통일을 성취할 시점이 임박해 있던 상황이었을 것이다.

　이 기록물의 수려함과 또 이것과 연결된 대략적인 날짜를 생각해보면, 언뜻 보기에는 히브리인들과 힉소스족의 이집트 탈출과 관련한 초기 연대설과 잘 늘어맞는 것처럼 보인다. 우리는 이미 힉소스족이 아모세의 선발 부대들에 의해 추방되었다는 사실을 확인했다. 비록 나일 강 삼각주 지역과 가나안 사이에서 발견되었어야 할 법한 고고학적 증거 부족 때문에 그것의 역사성이 증명되지 않을지라도, 힉소스인들의 이집트 탈출은 몇몇 이집트 문서들에 의해 입증되고 있다. 힉소스족의 패주는 그들이 처음에는 이집트에서, 그 다음으로는 가나안에서 이집트 세력에게 패배하여 붕괴되었기 때문인 것으로 밝혀진다.

　많은 고대 저술가들은 힉소스족의 이집트 탈출과 히브리인들의 이집트 탈출이 동시에 일어난 사건이라고 주장했다. 1세기의 유대인 역사가 요세푸스(Josephus)는 아바리스가 출애굽한 히브리들인이 떠났던 바로 그 이집트 도시라고 말했다(『아피온 반박』, 1.14). 이 견해는 히브리인들의 이집트 탈출이 아모세가 이집트를 통치했던 시기에 일어났을 것이라고 진술한 2세기의 알렉산드리아의 클레멘스(Clement of Alexandria)에게 전수되었다(*Stromata*, 21). 똑같은 생각이 아모세가 그리스 통치자 이나코스(Inachos)와 동시대인이었다고 덧붙인 2세기의 타티아노스(Tatian)에게서도 발견된다(*To the Greeks*, 38).

이러한 고대의 진술들을 뒷받침해주는 고고학적 증거들이 최근에 아바리스에서 발견되었다. 주전 1567년에 발생한 힉소스 왕조에 대한 이집트인들의 반란이 끝나갈 무렵에는 이미 아바리스에 거주하던 힉소스인들이 그 도시를 떠났던 것으로 밝혀졌다. 힉소스족은 가나안에 있던 자신들의 요새화된 도시들에 거주하기 위해 그들의 이집트 수도를 버리고 집단적으로 떠났던 것이다.

그곳에 남아 있던 폐허가 된 유적지들을 탐사했던 오스트리아의 만프레트 비탁 교수는 『힉소스족의 수도, 아바리스』*에서 히브리인들의 이집트 탈출이 힉소스인들의 이집트 탈출을 모방했을 가능성을 제기했다. 그의 탐사대의 발견을 요약하면서, 비탁 교수는 히브리인들의 출애굽은 아모세가 아바리스로 진격해왔을 때 그 도시를 떠났던 수천 명의 탈주자들에 대한 기억을 보존한 것이라고 주장한다. 사실 성경 본문도 히브리인들이 이집트를 떠났을 때 많은 다른 인종들이 함께 떠났다고 진술한다(출 12:38).

●   Manfred Bietak, *Avaris, The Capital of the Hyksos* (1996).

이 『폭풍우 석비』는 카렌 폴링어 포스터(Karen Polinger Foster)와 로버트 리트너(Robert K. Ritner)가 출판하고 해설했다.[*] 이 두 저자는 그 석비에 언급된 폭풍우가 산토리니 화산 폭발의 여파일 수 있다고 진술한다. 그래서 그 폭풍우가 히브리인들이 살고 있지 않은 지역에서 발생했다고 할지라도 성경이 말하는 이집트 재앙들의 일부임이 틀림없다고 진술한다. 하지만 말콤 위너(Malcolm H. Wiener)와 제임스 알렌(James P. Allen) 같은 학자들은 이 주장에 동의하지 않는다. 그들은 그 폭풍우가 이집트의 남쪽에서 발생한 것을 이유를 들어 그것이 종종 남부 이집트를 강타하는 주기적 계절풍으로 발생한 폭우와 관련될 수 있을 것이라고 주장했다.[**]

이 석비 기록은 아모세를 이집트의 왕이라고 말하며, 태양의 신 라(Ra)가 그를 선택했다고 언급한다. 그러나 아몬(Amon) 신의 제단이 테베에 있던 시기에 아모세 왕은 덴데라(Dendera)로부터 그렇게 멀리 떨어지시 않은, 별로 알려지지 않은 장소인 세제파–타위(Sedjefa-Tawy)에 살고 있었다. 아몬 신은 아모세의 왕궁이 자신의 신전을 모신 도시에 있지 않은 것에 화가 난 듯이 보였다. 그래서 아몬은 서쪽 지평선에서 떠오르는 거대한 폭풍으로 현신하여 왕과 왕국에 대한 분노를 폭발시켰다. 그 결과 엄청난 비가 쏟아졌고, 그 비는 오랫동안 지속되었다.

- Karen Polinger Foster and Robert K. Ritner, "Texts, Storms, and the Thera Eruptions," *Journal of Near Eastern Studies* 55 (1996): 1-14.
- ● Malcolm H. Wiener and James P. Allen, "Separate Lives: The Ahmose Stela and the Thera Eruption," *Journal of Near Eastern Studies* 57 (1998): 1-28.

비는 집들을 파괴하였고, 사람들은 계속되는 비 때문에 불을 지필 수도 없었다. 왕은 그 파괴적인 비로 깜짝 놀랐고, 그 위대한 신(아몬)의 갑작스런 분노가 일반 신들이 작정하고 내리는 징벌보다 훨씬 강렬하다는 기록을 남겼다. 그 왕은 아몬 신에게 충성을 바치기 위해 테베로 갔고 거기서 나라를 재건하는 데 착수했다. 아모세는 단지 비로부터 발생한 손해로부터 나라를 복구했을 뿐 아니라, 또한 종교적 태만으로 방치되었거나 혹은 사람들의 의도적인 신전 훼손 행위로 손상된 아몬 신의 신전을 중건했다.

결국 이 석비가 다루는 사건은 이집트에서 일어났고 이집트의 기록에서 입증된 실제적인 거대한 재앙이다. 보다 정확히 말하자면, 서쪽에서 출현하여 덴데라와 테베 주위의 남부 이집트를 파괴하였던 거대한 폭풍우를 다룬다.

우리는 성경이 말하는 이집트의 재앙들은 화산 폭발에 의해 연쇄적으로 발생한 일련의 재난들이었다는 점을 이미 명백히 밝혔다. 아마도 『폭풍우 석비』가 언급하는 폭풍우는 화산 폭발 이후에 이집트를 뒤덮었던 화산재가 촉발한 많은 폭풍우 중의 하나였을 수도 있다. 만약 이것이 사실이라면, 왜 테베-덴데라에서 기록된 그 재앙이 성경 본문에는 언급되지 않았는지를 설명하는 것도 아주 쉽다. 히브리인들은 500킬로미터 이상 떨어진 나일 강 삼각주 동부 지역에 살고 있었기 때문이다. 그래서 성경은 에게 해 지역과 리키아에서 일어난 재앙들에 대해 기록하지 않은 것과 마찬가지로 남부 이집트에서 일어난 재앙들도 기록하지 않는다. 출애굽기가 히브리인들이 목격한 것만을 기록했다는 것은 쉽게 이해된다.

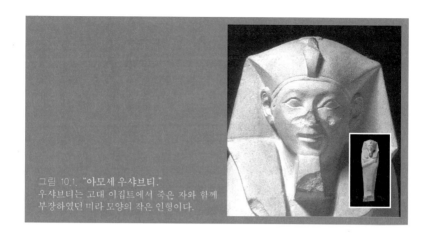

그림 10.1. "아모세 우샤브티."
우샤브티는 고대 이집트에서 죽은 자와 함께
부장하였던 미라 모양의 작은 인형이다.

연례적으로 불어오는 계절풍이 그러한 비를 가져올 수 있었다는 대안적 설명은 지지받기 어렵다. 그 계절풍은 남동풍인데 반해 석비는 문제의 폭풍우가 서쪽 하늘에서 왔다고 말하고 있기 때문이다.

그러므로 이 석비가 말하는 폭풍우는 산토리니 화산 폭발이 일으 킨 보다 더 광범위한 여파의 일부일 가능성이 있다. 그래서 우리는 이 석비 기록이 산토리니의 화산재로 개시된 재앙들—이 재앙들 중 일부 가 성경에 기록된 것이다—과 비교될 만한 재앙을 묘사하고 있는지 아 닌지를 조심스럽게 살펴보아야 한다.

따라서 석비가 말하듯이 왜 아모세가 테베의 궁전에 있지 않고 이 집트를 가로질러 다른 지역을 여행했는지를 규명할 수 있다면 이 석비 의 성격을 명료하게 이해할 수 있을 것이며, 나아가서 아모세와 성경의 이집트 재앙들의 관계를 밝히는 데 도움을 얻을 것이다.

우리는 아모세가 힉소스인들과의 전쟁 도중에 왕위를 계승했다는 것을 알고 있다. 아모세는 그의 형 카모세(Khamose)가 살해당한 후 촉발된 힉소스 왕조에 대한 이집트인들의 폭동을 향도하는 역할을 맡았다. 아모세는 14년 동안(주전 1581-1567년) 힉소스인들과 전쟁을 벌였고, 장기간의 포위 전략 후에 힉소스족의 수도 아바리스를 점령했다. 아모세는 군대를 이끌고 가나안까지 침략해 그들의 요새들을 파괴하느라고 3년 이상 야전에 나가 있었다.

앞서 말했듯이 그보다 먼저 형 카모세가 힉소스인들과 싸웠다. 이 사실은 테베인들과 힉소스인들 사이에 벌어졌던 전쟁의 첫 3년간의 전세(戰勢)를 엿볼 수 있게 해주는 『카모세 석비들』(*Khamose stelae*)에 기록되어 있다. 우리는 카모세가 힉소스인들과 얼마나 오래 싸웠는지에 대해서는 잘 모른다. 그러나 우리는 카모세가 전쟁중에 살해되었고, 전쟁 과업이 아모세에게 넘겨졌다는 것을 알고 있다. 그 과업은 원래 힉소스인들과 싸우던 와중에 살해된 카모세의 아버지, 세케넨레 타오(Seqenenre Tao)로부터 카모세에게 부여된 것이었다.

만약 힉소스족과의 전쟁을 시작한 명예가 누구의 것인지를 묻는다면, 그것은 단연 세케넨레 타오에게 돌아가야 한다. 그는 힉소스족에 대항하여 이집트인들의 봉기를 일으켰고 마침내 힉소스의 이집트 점령에 대항하는 해방 전쟁을 개시한 인물이기 때문이다. 『샐리어 파피루스 I』(*Papyrus Sallier I*)은 폭동의 발생 과정을 이야기한다. 그러나 우리는 언제 정확하게 그 폭동이 발생했는지를 모른다. 또한 우리는 몇 년 동안 세케넨레 타오가 힉소스족과 싸웠는지에 대해서도 모른다. 속담에 "칼로 일어서는 사람은 칼로 망한다"는 말이 있는데, 세케넨레 타오가 그러한 경우였다. 테베의 지도자 세케넨레 타오는 전투에서 치명적인 상처를 입었다.

　이런 상황을 염두에 두면서, 다시 아모세에게로 돌아가보자. 이제 우리는 어떻게 또는 왜 그가 여행했는지에 대해 짐작할 수 있다. 그는 힉소스족과 전쟁중이었거나 아니면 힉소스족에게서 빼앗은 땅을 이집트의 행정구역으로 재편성하고 있었을 것이다. 석비 기록이 그가 이집트를 가로질러 다른 지역으로 가기보다는 응당 테베에 있어야 했다고 기록하고 있는 사실에 비추어볼 때, 우리는 후자의 이유로 아모세가 이집트를 가로질러 여행했을 가능성이 크다고 본다. 그렇다면 힉소스족과의 선생 설과가 문명해진 이후, 즉 주전 1567년이나 직전에 문제의 폭풍우가 일어난 것으로 볼 수 있다.

　전쟁이 끝났음을 가리키는 석비의 또 다른 단서는 마지막 줄에서 발견된다. 아모세는 비로 인해 파괴되었던 국가 시설들을 재건하는 데서 한 길음 더 나아가 부가석인 일을 수행한다. 즉 그는 한때 종교적 태만이나 고의적 훼손 등으로 파손된 아몬 신의 신전을 수리한 것이다. 전쟁 때 손상당한 국가 시설들을 재건하는 일은 보통 전쟁이 끝난 후에 한다. 게다가 다른 자료들(예를 들어 *Papyrus Sallier I*)을 통해 우리는 힉소스인들이 이집트인들이 세트(Seth)라고 불렀던 신과 동일한 폭풍의 신을 섬겼다는 사실을 안다. 심지어 힉소스인들은 이집트인들을 그들의 문화에 동화시키기 위해 종교 전쟁까지 도발한 것처럼 보인다. 이런 사정을 감안하면, 아모세가 성전을 수리한 행동이 힉소스인들과 벌인 전쟁이 끝난 후에 자연스럽게 시작되었다고 볼 수 있을 것이다.

　『폭풍우 석비』 기록에 따르면 아모세 왕은 테베에 살지 않고 그 나라 어딘가에 있었던 세제파-타워의 야전에 머물고 있었을 것이다. 이와 관련하여 석비는 그가 그 당시 덴데라의 남쪽에 있었다고 명기하고 있다. 누가 보더라도 이 구절은 왕이 수도에 머물며 정상적인 통치 업무를 수행했다기보다는 나라 전체를 여행하고 있었다고 말하는 본문으로 이해될 수 있다.

그 본문은 왜 왕이 이집트를 종횡무진으로 누비고 다녔는지는 말해주지 않는다. 오히려 석비는 왕이 그럴 이유가 없었거나, 더 이상 그럴 필요가 없었다는 것을 함의하고 있다. 그가 마땅히 자리 잡아야 할 장소는 조상의 수도인 테베였다는 것이다. 즉 석비가 암시하는 것은 왕은 마땅히 테베로 되돌아와 있어야 한다는 것이다.

이 구절에 함축적으로 표현된 사실은, 석비가 지시하는 그 폭풍우는 일련의 재앙들 중 하나가 아니라 별개의 단일한 사건이었다는 것이다. 그것은 이전의 다른 역사적 사건을 가지고 있지 않다.

사실 그 석비의 저자는 이 폭풍우가 신들이 작정하고 내리는 징벌보다 훨씬 강력한 재난이었다고 진술하는 왕의 말을 인용한다(*Storm stela*, 12행). 즉 저자와 왕은 이 특별한 폭풍우를 이집트의 만신전에 모셔진 신들이 계획적으로 일으킨 재난들과 구별했다.

여기서 사람이 아니라 신들이 수행할 수 있는 단계적 심판들이란 결국 이집트 재앙들을 촉발시켰던 화산 폭발, 즉 북부 이집트에 결정적으로 영향을 끼친 산토리니 화산 폭발의 여파를 가리키는 말일지도 모른다. 그런데 혹자는 어떻게 단일한 폭풍우가 연속적으로 일어난 재앙들 전체보다 더 강력할 수가 있는지 의구심을 품을 수도 있을 것이다. 그러나 그럴 만한 이유가 있어 보인다. 첫째, 테베가 속한 남부 이집트에는 산토리니 화산재가 나일 강 삼각주 지역에 일으켰던 그런 류의 재난들을 초래하지는 않았을 수도 있다. 무엇보다도 테베는 산토리니로부터 대략 1,200킬로미터 떨어져 있다(그림 10.2). 그러므로 화산 폭발 지점으로 800킬로미터 떨어져 있는 나일 강 삼각주 지역보다 테베가 산토리니 화산재에 훨씬 적게 노출되었을 것이다. 둘째, 진흙땅 여기저기 떨어진 재에 노출된 나일 강 삼각주 지역은 큰 피해를 입었을 것이지만, 나일 강 상류에 떨어진 재는 강물이 북쪽으로 흐르고 있기 때문에 남부 지역인 테베가 아니라 북부 이집트로 운반되었을 것이다. 셋째, 화산 폭발 지점과 테베 사이의 거리가 멀어서 테베는 "핵겨울"의 피해를 덜 입었을 것이다.

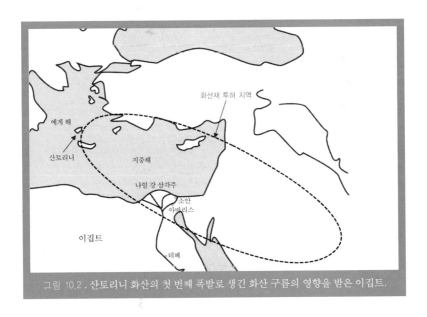

그림 10.2 . 산토리니 화산의 첫 번째 폭발로 생긴 화산 구름의 영향을 받은 이집트.

『폭풍우 석비』가 말하는 그 폭풍우가 이집트 재앙들의 일부가 될 수 없음을 말해주는 다른 요소들이 있다. 만약 그 폭풍우가 이집트가 경험한 열 가지 재앙 중 하나라면, 어떻게 아모세가 힉소스와 맞서 전쟁을 치르는 동시에 그의 통치하에 국토의 일부 지역에 발생했던 재난들을 수습할 수 있었는지가 분명하지 않다. 더 나아가 아모세는 심지어 가나안 지역에 있던 힉소스인들의 요새들을 점령하기 위해 가나안에 3년이나 더 머물며 전쟁까지 했다고 알려지지 않았던가?

이러한 연대기 틀을 확증해주는 진술은 좀더 이른 시기의 기록물인, 소위 『카모세 석비들』에서 발견된다. 이것을 "석비들"이라고 하는 까닭은 이 기록이 두 개의 돌 조각물에서 발견되었기 때문이다. 이 석비들에서 아모세의 형인 카모세는 자신이 힉소스족과 싸워 거둔 군사적 업적을 기록했다. 테베의 지도자 카모세는 양쪽의 전선에서 전투하고 있었다. 즉 북쪽으로는 힉소스와 남쪽으로는 누비아 연합군과 싸웠다. 이러한 불리한 여건에도 불구하고 그는 줄곧 아바리스의 방벽에까지 그의 군대를 출병시켰다. 그는 힉소스 왕의 후궁들이 머무는 부속 궁궐들을 바라볼 수 있을 정도까지 가깝게 힉소스 왕국을 침입했다. 그는 또한 힉소스 왕의 포도원을 약탈하였다.

아바리스와 부근 농촌 지역에 대한 석비들의 묘사는 성경의 재앙들로 인해 파괴된 아바리스 정경과 일치하지 않는다. 성경의 재앙 이야기에 따르면 우박, 폭풍, 메뚜기들이 그 지역의 농업을 망쳤다. 포도밭, 무화과나무, 감람나무 등이 특히 심각한 피해를 입었다.

카모세가 아바리스의 바로 외곽에 있던 포도원의 열매들을 즐겼다는 것은, 그가 열매를 거둘 수 있었던 포도나무들이 이집트를 덮친 열 가지 재앙 이후 다시 심겨진 것이든지, 아니면 이집트의 재앙들이 좀더 후에, 즉 힉소스 치하에서 분열되었던 이집트가 다시 통일된 이후 몇 년 동안에 일어났든지 두 가지 경우의 수밖에 없다.

결론은 위에서 언급한 『폭풍우 석비』는 성경의 이집트 재앙들보다 더 늦게 발생한 하나의 독립적이고 구별된 재앙에 대해서 이야기하고 있다고 보아야 한다는 것이다. 비록 그 폭풍우가 일어난 그 정확한 연도(대략 주전 1570-1565년)는 제시할 수 없다 할지라도 말이다.

그러나 문제는 이 『폭풍우 석비』는 카모세가 힉소스에 대항해 싸우는 동안에 그리고 아모세가 힉소스족에 대한 이집트의 반란을 지휘하는 지휘권을 이어받기 전에 음각된 것으로 알려져 있다는 점이다. 『카모세의 석비들』 또한 그 이집트 재앙들이 발생하기 한참 전이나 이후에 쓰인 것처럼 보인다. 결국 이집트의 열 가지 재앙이 일어나던 시기에 쓰인 것처럼 보이지 않는다는 것이다. 만일 이 두 종류의 석비들이 이집트의 열 가지 재앙이 일어나던 시기에 쓰였다면, 석비들이 묘사하는 아바리스는 풍요롭고 안정된 것과 달리 아주 쇠약하고 식량이 잘 공급되지 않는 지역으로 묘사되었어야 했을 것이다. 그러나 석비들에 나타난 아바리스는 강하고 풍요로운 도성이다.

아모세가 신들이 계획해서 내린 징벌, 즉 일련의 연속적 재앙들에 대해 말하고 있다는 점에 비추어볼 때 그 연속적 재앙들(곧 성경의 재앙들)은 『폭풍우 석비』나 『카모세 석비들』이 세워지기 이전에 일어났을 것이다. 카모세가 아바리스에 도착했을 때는 이미 그 도시와 농촌 지역이 복구되어 있었기 때문이다. 아모세가 아바리스에 도착했을 즈음에 남아 있는 재앙들의 유일한 흔적들은 오누(Iunu)에서 계속되고 있던 인신 희생제사들과 신들이 작정한 징벌에 대한 이집트인들의 기억뿐이었다.

환언하면, 우리는 『폭풍우 석비』 문제를 다음과 같이 정리할 수 있다. 즉 아모세의 통치 기간에 기록되었던 그 폭풍우가 일어나기 전에 (열 가지) 재앙들이 발생했다는 것이다. 또한 그 재앙들은 카모세가 힉소스에 대항하여 군대들을 이끌고 출정하기 전에 발생했다. 카모세 석비들 덕분에 우리는 아모세의 형 카모세가 주전 1584년(또는 더 일찍)에는 이미 확실히 권력을 장악했음을 안다. 따라서 성경의 재앙들은 그가 권력을 장악하기 이전에 일어났음에 틀림없다. 그러므로 우리는 이집트인들이 산토리니 화산 폭발의 여파를 알고 있었다는 것을 확신할 뿐만 아니라, 산토리니 화산 폭발이 주전 1584년 이전에 일어났다는 것을 확신할 수 있다. 똑같은 증거를 통해 우리는 히브리인들의 이집트 탈출이 힉소스족의 이집트 탈출과 같은 사건이라고 보는 해묵은 가설을 일단 배제할 수 있게 되었다.

이집트 재앙들에 대해 좀더 충실하게 기록한 이집트 자료를 찾기 위해 이제 우리는 또 다른 재앙인 홍수를 살펴보자. 『폭풍우 석비』와 『카모세의 석비들』 모두 두 통치자들 치세 동안에 테베에서 일어났던 홍수에 대해서 기록한다. 『이크헤르노프레트의 카르나크 석비』(*Karnak stela of Ikhernofret*)는 노프레호트페(Nofrehotpe)라는 왕에 대해 언급한다. 그 통치자는 테베가 홍수로 물에 잠겼을 때 그 도시를 도왔다고 알려져 있다. 그러나 이 통치자는 다른 문서들에서는 거의 알려져 있지 않고 있으며, 이집트 왕들의 이름을 기록한 왕명 총목록인 『튜린 왕명록』(*Turin Royal Canon*) *에도 누락된 제13왕조(주전 1786-1567년)의 단명했던 왕들 중 하나였을 것이다.

이와 유사하게 『소베크호테프의 카르나크 석비』(*Karnak stela of Sobekhotep*)는 소베크호테프(Sovekhotep, 아마도 소베크호테프라는 이름을 지닌 왕들 중 여덟 번째 왕)가 재위 4년 되는 해에 범람으로 손상당한 한 지방 신전을 방문했다고 기록한다. 그 왕 역시 다른 문서들에서는 언급되지 않는다. 그러나 지금껏 알려진 소베크호테프라는 이름을 가진 모든 통치자들은 제13왕조의 왕들이었다. 따라서 이 석비에 언급된 소베크호테프만이 다른 왕조의 왕이라고 믿을 이유는 없다. 만약 그렇다면 이 왕도 『튜린 왕명록』에 누락된 왕들 중 하나일 것이다.

가급적 짧은 시간에 일어난 강력한 홍수가 일으켰을 누적적 효과는 신토리니 화산 폭발의 파급 효과와 관련될 수도 있을 것이다. 그렇다면 이 강력한 홍수는 성경의 재앙들과도 연결될 수 있다는 말이다. 다섯째와 일곱째 이집트 재앙들에서 증명된 것처럼 심각하게 격변하는 날씨는 이집트에서 보통 때보다 훨씬 더 많은 비를 내리게 했다. 그리고 이처럼 범상치 않은 엄청난 강수량은 나일 강의 이상 범람을 초래했을 것이다.

그럼에도 불구하고 성경 본문들은 이상하리만큼 나일 강의 엄청난 범람에 대해서는 조금도 언급하지 않는다. 그렇다고 해서 이런 세부적인 불일치 때문에 테베의 두 석비를 즉시 무시할 수는 없다. 이 석비들이 말하는 홍수가 그 지역에만 영향을 끼친 홍수였을 수도 있기 때문이다. 만약 그렇다면 그 홍수에 대해서는 나일 강 삼각주 지역에 살던 히

* 용어 해설을 보라.

브리인들이 몰랐을 수 있었을 것이다. 그래서 출애굽기의 이집트 재앙 목록에서 이 홍수가 누락되었을 수 있다.

제13왕조의 왕들은 단지 몇 년(때때로 단지 몇 달) 동안만 이집트를 통치했다고 알려져 있다. 그래서 이 두 석비들에서 언급된 재앙들은 단지 몇 달 간격을 두고 일어났을 수 있다. 만약 그렇다면 테베 지역 일대에서도 산토리니 화산 폭발의 파급 효과가 나타났다고 말할 수 있다. 물론 이것은 소베크호테프(8세?)의 재위 4년에 있었던 홍수는 노프레호트페의 치세 동안에 발생했던 홍수보다 먼저 일어났음을 의미한다. 불행히도 우리는 이 점에서 대해서는 이보다 더 자세한 연대를 추적할 수 없다. 즉 홍수들은 산토리니 화산 폭발과 연결될 수도 있고, 안 될 수도 있다는 말이다. 이 문제에 대한 더 분명한 입장을 정하려면 부가적인 정보가 필요하다.

이 홍수들과 다른 가능성 있는 "원인"들(신들에 의한 행동들)을 연결시키는 하나의 기록물이 『해리스 마술 파피루스』(*Magical Papyrus Harris*)*라는 혼란스러운 이름을 갖고 있는 문서에 있다. 이 파피루스는 다소 덜 흥미로운 이름인 『해리스 501』(*Harris 501*)로도 알려져 있다.

이 문서는 26개 주문들(편의상 현대 학자들이 A-Z로 명명하였다)의 수집물이다. 각각은 다른 필사자들, 즉 다른 서기관들이 기록했을 것이다. 그 필사본은 람세스 시대,** 즉 주전 1300-1067년 정도에 완성되었다.

● 고대 이집트 파피루스 수집가인 안토니 해리스(Anthony Charles Harris, 1790–1869년)의 이름을 딴 파피루스다—옮긴이.
●● 람세스 시대(Ramesside Period)는 고대 이집트의 제19왕조와 제20왕조를 아우르는

26개의 주문들 중 단지 14개(L-Y)만 어느 정도 완전히 보존되어 있다. 전통적으로 주문 L-V는 악어들의 공격으로부터 지켜주는 호신용 발성(發聲)으로 이해되었다. 그 주문들 중 하나를 발설하면 신과 동일시되며, 그 결과 동물로부터 신적 보호를 받는다고 믿어졌다. 마지막 주문들은 두려움의 대상이 되었던 동물들이 야생적 맹수들이며, 도와달라는 요청을 받은 신들이 이집트의 신 호루스(Horus)와 가나안의 신 하우론(Hauron)이라는 점에서 다른 철자들과 달랐다. 심지어 주문 Z는 가나안어로 되어 있다. 그래서 그 파피루스가 적어도 부분적으로는 가나안에서 만들어졌을 가능성이 있다.

주문들 중 P와 Q가 특별히 흥미롭나. 왜냐하면 그것들은 성경이 말하는 이집트 재앙들의 빛 아래서만 납득되기 때문이다. 두 주문 모두 재앙들에 대해서 언급하고, 두 번째 주문은 미노스 사람들이 이집트 땅에 살았을 때 한 재앙이 발생했다고 구체적으로 기술한다.

P주문은 나일 강 삼각주 지역이 물고기가 죽은 채로 남겨진 서대한 진흙밭으로 변하고 땅의 여신들이 슬퍼하며 눈물을 흘린다고 말한다. P주문은 날개를 퍼덕이며 나일 강의 입들을 닫아버린 땅의 여신 이시스(Isis)에 대해서 말한다. 그 결과 물고기는 진흙 속에 버려져 더 이상 강의 물결을 따라 헤엄치지 못한다. 그래서 여신은 그 상황을 보고 흐느낀다. 호루스는 돕기는커녕 그 어머니를 강간하는 것으로 묘사된다. 동물들이 와서 진흙에서 죽은 채 버려진 물고기를 물어가는 동안

이름이나. 이 시기의 이집트 왕들이 주로 사용한 이름 "람세스"(Ramesses)에서 이 명칭이 나왔다—옮긴이.

여신은 더욱 슬피 흐느낀다. 이 P 주문은 이 지점에서 파손되었기 때문에, 본문에는 불행한 여신의 곤경을 해결하기 위해 어떤 제안을 할 것인지에 대해 분명하게 나타나지 않는다.

이제까지 이 본문은 실없는 고대의 객담이라고 여겨졌다. 그 본문이 "마술적"이라고 명명된 문서 안에서 발견되었다는 사실도 그것의 진정한 성격이 무엇인지를 규명하는 데 별 도움이 되지 않는다. 그러나 기록 작업 자체가 단지 몇몇 사람만이 할 수 있는 일이었고, 저작 도구 또한 아주 드물고 귀중한 때 쓰여진 그 자료가 정말 실없는 헛소리를 늘어놓고 있는 것인지 혹은 아니면 현대인이 자신들에게 납득이 되지 않는다는 그 단순한 이유 때문에 너무 빨리 그 문서를 쓸데없는 자료라고 단정하는 것은 아닌지 깊이 생각해보아야 한다.

사실 성경의 이집트 재앙들을 재구성해보면 그 주문은 매우 분명한 의미를 지닌다. 그것은 이집트 재앙들이 발발했던 때에 이집트에서 일어났을 것으로 기대되던 일들을 상세하게 묘사하고 있기 때문이다. 강한 바람들은 "이집트의 여신 이시스가 날개들을 퍼덕이는 행위"로 이해되었을 수 있다. 쓰나미로부터 발생한 파도들은 나일의 입구들로부터 나오는 물줄기들을 역류시키면서 나일 강 삼각주 지역을 따라 형성된 늪지를 덮쳤을 것이다. 그 결과로 전체 지역이 거대한 뻘밭으로 변했을 것이다. 물고기는 강의 지류들에서 뭍으로 휩쓸려져 던져진 후 사방으로 흩어져 결국 진흙밭에서 죽게 되었을 것이다. 흥미롭게도 이 P 주문 문서는 그러한 상황에서 누구든지 이해할 수 있듯이 야생동물들이 물고기를 잡아먹기 시작했다고 진술하고 있다.

호루스가 자기 어머니인 땅의 여신을 강간하는 행위로 묘사된 장면은 아마도 고대 이집트인들이 다른 재난들(바람들, 진흙으로 변했던 삼각주 지역, 죽은 물고기 등등)과의 관련 속에서 강물들에 영향을 끼쳤던 낯선 붉은 물체들의 낙진 투하 상황을 보고 받은 충격을 표현한 것으로 보인다. 땅이 하늘에서 내린 재난들에 의해 훼손되는 것을 보고 "강간당했다"고 표현한 것은 고대 이집트인들의 신화적 표현 관습으로 보면 그렇게 터무니없는 말은 아니다. 그런데 여기서 독자들은 왜 악덕 신으로 간주된 세트가 아니라, 호루스가 땅의 여신을 강간했다고 말해지는지가 궁금할 것이다. 아마도 그 이유는 이집트의 다른 지역과는 달리 북부 이집트인들은 세트를 선한 신으로 보았고 그래서 땅에 해악을 끼치는 나쁜 행동은 세트가 아니라 호루스가 일으킨 것으로 생각했기 때문이었을 것이다.

P 주문 다음의 Q 주문에서 이 파피루스 문서는 이집트어가 아닌 그리스어 이전의 문자, 즉 미노스 문명인이 쓴 세 단어로 시작된다. "파파루키! 피파르가! 파파루라!"("Paparuka! Paparka! Paparura!") 그 다음에 그 주문은 이집트 땅 중 검은 흙으로 된 땅을 다스리는 여신인 티케멧(Tjkemet)뿐 아니라, 이집트 신학에서 생명을 발생시킨 원시적 진흙을 관할하는 신인 크눔(Khnum)의 이름을 부른다. 그 주술문은 물로부터 건져달라고 호루스 신에게 요청하면서 왕을 대표하는 호루스 신이 파괴적으로 쇄도하는 물에 대해서 뭔가를 해주기를 기대한다. 미노스어가 이집트에서 사용되고 있을 때와 진흙 재앙이 일어났던 때가 일치한다는 사실은 성경의 첫째 재앙 상황과 잘 들어맞는다. 다시 말하지만 나일 강 삼각주 지역이 쓰나미에 의해 크게 파괴되었던 바로 그때에 미노스 사람들이 거기 살고 있었던 것이다. 그들은 원래는 미노스 섬에

살았던 사람들인데 이집트보다 더 큰 피해를 입었던 미노스 섬을 떠나 이집트에 와서 피난처를 찾았던 것이다.

하늘에서 재가 떨어져 땅을 태우고 강물들을 산성화하기 시작했을 때, 사람들은 땅의 여신이 울고 있다고 느꼈을 것이다. 그 눈물들이 더욱 강력하게 흘러내리자, 그 지역 사람들은 호루스 신이 이시스를 강간함으로써 여신의 불행을 이용하였다는 가설을 세웠던 것이다. 간단히 말해서 『해리스 마술 파피루스』의 P 주문과 Q 주문은 성경의 첫째 재앙을 정확하게 묘사한다. 우리는 여기서 이집트 문서들이 산토리니 화산 폭발의 여파를 정확하게 기억하고 묘사하고 있음을 확인했다. 게다가 이 파피루스에 묘사된 사건들은 산토리니 화산이 폭발했음이 분명한 그 "시간대"(주전 1775-1584년)와 양립할 수 있는 한 시점에 일어났던 것으로 추적할 수 있다.

청동기 중간에 일어났던 어떤 재앙에 대해 언급하고 있는 문서가 하나 더 있다. 영국 박물관은 역사가나 성경학자들보다 수학자들에게 더 잘 알려진 한 이집트 문서를 소장하고 있다. 『린드 수학 파피루스』(*Rhind Mathematical Papyrus*)는 서로 부착된 세 개의 단편 파피루스로 구성된 특이한 문서다. 각 조각은 다른 문서를 포함하고 있다. 가장 큰 조각은 파피루스 자체의 파손되기 쉬운 속성 때문에 심각하게 헤어져 있다. 그래서 두 개의 부가적인 파피루스가 큰 조각의 파피루스 보존을 위해 큰 조각에 부착되었다.

가장 큰 조각은 대략 주전 1850년 즈음에 최초로 저작되고 아포피 (Apopi) 왕 재위 33년에 필사된 문서를 포함하고 있다. 이 통치자는 역사적 자료와 고고학적 발견들 모두에 의해 그 역사성이 입증된 인물로

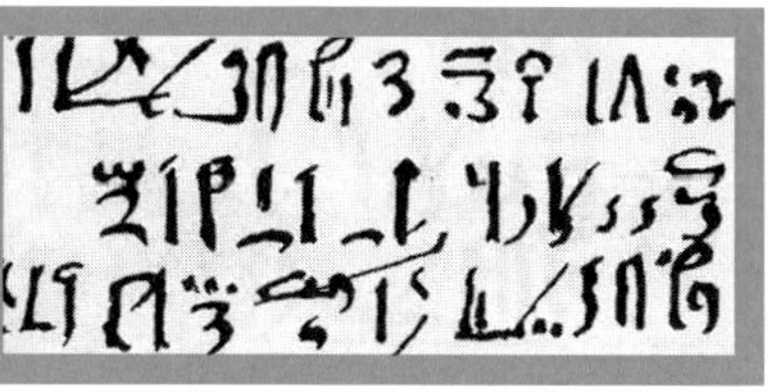

그림 10.3. 린드 수학 파피루스.

서 이집트 제15왕조, 즉 힉소스 왕조 시대(주전 1675-1567년)의 한때에 이집트를 통치한 왕으로 기록된다.

더 큰 조각인 이 수학 파피루스(*Rhind 1-85*)는 기하학과 대수학 등을 다루는 여든다섯 가지 문제를 기재하고 있다. 예를 들면 곡식 창고들의 크기 계산, 기하학적 도형들의 면적 계산, 분수, 그리고 집, 고양이들, 쥐들과 밀들을 동시에 계산한 조합 연산—아마도 지금까지 알려진 가장 오래된 조합 연산의 예일 것이다—등의 문제들이 기재되어 있다. 이것은 고대 사회에서 수학을 어떻게 가르치고 시용했는지를 보여주는 문서들을 찾는 수학자들에게는 굉장한 문서다. 또한 고대 이집트인들의 지식과 복잡한 수학 지식을 탐구해보려는 역사가들에게도 굉장한 문서다.

이 수학 파피루스에 담긴 수학 기록들을 보존하려고 거기에다 덧붙였던 더 작은 파피루스 단편은 수학 문제들과 관련이 없는 문서다. 파피루스 단편의 한쪽 본문은 『린드 86』(*Rhind 86*)이라는 이름으로 불리는데, 여기에는 소들을 위한 여러 종류의 식량들과 그것들의 가격이 기재되어 있다.

남은 다른 파피루스 조각은 『린드 87』(*Rhind 87*)이라는 이름으로 불리는데 그것은 짧은 일기다. 그것은 이름이 명시되지 않은 왕의 재위 10년이 되던 해의 마지막 무렵에 시작되었던 서로 연관된 사건들에 대해 진술한다. 처음에 신들의 활동을 증시(證示)하는 두 가지 표징이 일어났다. 그리고 후에 군사적 간섭을 초래한 혼돈이 시작되었다.

그 일기는 세 개의 짧은 단원으로 나눠져 쓰였다. 첫 번째 단락은 첫째 날과 둘째 날에 대하여 언급한다. 두 번째 단락은 몇 달 후의 어떤 두 날에 일어났던 사건들에 대해 쓴다. 세 번째 단락은 이것들보다 더 늦게 일어난 사건에 대해 이야기한다. 각 부분은 추측이 가능한 단어들을 생략하고 있으며, 오로지 사실들만 제공하고 있으므로 매우 간결하다. 라틴어 문헌들을 잘 알고 있는 사람들은 이 일기가 키케로(Cicero) 같은 변호사의 장황한 발췌문들과 전혀 다르다는 것을 안다. 반대로 이것은 어떻게 전쟁이 진행되었는지에 대하여 로마 원로원에게 알린 율리우스 카이사르(Julius Caesar)의 간결한 전황 보고문, "나는 왔고, 보았고, 정복하였다"와 같은 종류의 기록이다.

그런데 이 짧은 일기문서는 산토리니 화산 폭발의 여파에 관한 이집트 편의 진술과 히브리인들의 진술 사이의 유사점을 발견하는 데 매우 중요한 증거 자료로 판명된다. 그것이 얼마나 유용한 것인지를 제대로 가늠해보기 위해서 체이스(A. B. Chace), 불(L. S. Bull), 매닝(H. P. Manning), 아치볼드(R. C. Archibald)가 공저한, 『린드 수학 파피루스』에서 볼 수 있는 번역과 해설에 토대를 둔 본문을 우선 살펴보자.*

● A. B. Chace, L. S. Bull, H. P. Manning, and R. C. Archibald, *The Rhind Mathematical Papyrus* (Oberlin: Mathematical Association of America, 1927-29).

11년 셋째 계절의 둘째 달에 오누(Iunu)가 함락되었다.

첫째 계절의 첫째 달 23일에 군사령관이 자루(Zaru)를 공격하였다.

둘째 날…자루가 침략을 당했다는 소식이 전해졌다.

11년 첫째 계절의 첫째 달, 3, 세트의 생일. 그의 고고지성(呱呱之聲)이 터지고 들린 날이다.

이시스의 탄생, 이 일로 하늘에서 비가 왔다.

이 본문을 정확히 이해하려면 넘어야 할 산이 한두 가지가 아니다. 먼저 이 일기가 언제 기록되었는가를 조사해보자. 전문가들은 일기의 문체가 이집트의 중왕국 시대에서 신왕국 시대로 넘어가는 과도기인 두 번째 중간기(주전 1786-1567년)의 전형적인 문체처럼 보인다고 진술한다. 그런데 서기관이 자신의 일기를 썼던 이 파피루스는 수학 관련 파피루스에 부착되어 있다. 이것은 무엇을 의미할까? 그것은 이 두 파피루스가 동일한 도서관에서 필사되어 소장되었을 가능성을, 증명하지는 못할지라도, 적어도 암시한다. 『린드 수학 파피루스』의 수학 관련 부분은 아포피의 재위 33년에 기록된 것이기 때문에, 그 일기는 그의 치세 동안이나 또 다른 힉소스 왕의 치세 동안에 기록되었을 수 있다 마지막으로, 내전에 대한 언급은 우리가 위에서 시도한 잠정적인 연대 추정과 잘 들어맞는다.

이 문서를 더욱 분명히 이해하려면, 열거된 사건들이 기록된 순서를 뒤집어서 가장 최근에 일어난 사건을 첫 번째 자리로 옮겨보면 될 것이다. 문제는 가장 늦게 일어난 사건이 결국 더 먼저 일어난 사건들에 이르기까지 그 자취를 찾아가고 있다는 점이다. 사건들의 전개 상황을 완전히 파악하기 위해서 우리는 실제로 본문을 다시 쓸 필요가 있을지도 모른다.

그렇게 하기 전에, 우리는 이상하게 들리는 한 세부 진술을 숙고해 보아야 한다. 저자는 세트의 생일이 그해 첫 번째 계절에 있다고 진술했다. 적어도 전문가들은 다음과 같이 읽는다. "11년 첫째 계절의 첫째 달, 3, 세트의 생일. 그의 고고지성이 터지고 들린 날이다." 하지만 이집트 달력에 따르면 그런 날은 새해가 시작되기 이전의 3일이었다. 게다가 "날"을 의미하는 단어가 "3"이라는 단어 옆에 누락되어 있다.

학자들은 이 실수를 설명하는 과정에서 격론을 벌여왔다. 아마도 그 저자는 필사자도 아니요 이집트인도 아닌, 힉소스인이었기 때문에 (두 번째 중간기 문서인 점을 감안하며) 글 쓰는 것이 미숙했을 수 있다. 하지만 더 그럴듯한 이유는 그가 모종의 속기로 글을 썼을 가능성이다. 그의 마음에는 모든 것이 명확했기 때문에 저자는 재위 11년째 새해 바로 다음날이 세트의 생일이라고 말하고 있는 것이다. 결국 우리는 이 문서가 문학 작품이나 법적인 거래서나 왕에게 올리는 보고서와 같은 어떤 공식적인 문서가 아니라 단순히 일기라는 사실을 유념해야 한다!

일단 이것을 작업가설의 전제로 받아들인다면 자료가 자리를 찾게 된다. 즉 11년째 해 바로 전에 세트의 출생일에. 그래서 실제로 거의 모든 자료가 제자리를 찾는다.

이제 한 단계 더 분석하도록 하자. 북아메리카에 사는 한국 이민자들은 두 개의 달력, 즉 서양의 표준 달력과, 중국과 마찬가지로 동물들이 각 해를 대표하는 한국의 전통적 음력 달력을 사용한다. 예를 들어, 한국의 전통적인 달력에 따르면 2000년은 용(龍)의 해이다.

이와 유사한 상황이 힉소스 왕조 치세 동안, 즉 이 일기가 기록되었던 힉소스 왕조의 통치 기간에 이집트에서 발생했을 수 있다. 이 일기를 쓴 사람이 힉소스 통치자의 달력과 일반 이집트인들의 시리우스 (Sothic) 달력* 둘 다를 사용하고 언급했다고 볼 수 있는 것이다. 통치자가 사용한 달력은 이 일기에서 다뤄지는 그 사건이 발생했던 재위 연도에 속한 그날을 제공해줄 수 없었기 때문에 이 두 달력이 함께 사용되었을 것이다. 마찬가지로 이집트 보통 사람들이 사용했던 달력인 시리우스 역법도 그 사건이 일어났던 재위 연도를 제시할 수 없었을 것이다. 사실 그 일기의 저자 주위의 사람들에게 그 기록이 혼란을 발생시킬 가능성이 없었다면, 오누가 함락된 해가 그 왕의 재위 11년이었다는 사실을 여전히 되풀이해 말할 어떤 이유도 없었을 것이다. 즉 쉽게 말해 우리는 시리우스 역법으로 계산된 기간 중 언제 그 왕이 통치를 시작했는지를 모른다. 그 통치자가 오누가 함락되던 "바로 그 달에" 통치를 시작했을 가능성이 제일 크다. 그래서 그의 통치 연도가 구체적으로

---

* 소티스(Sothis)는 그리스어로 시리우스를 의미한다. 고대 이집트에서는 시리우스별이 신성시되었는데 이는 나일 강의 범람과 시리우스의 출현이 같은 시기에 일어났기 때문이다. 고대 이집트인들은 이 별을 천랑성(天狼星, Sothis)이라 했으며, 이 별이 나일 강 삼각주에서 해마다 되풀이되는 홍수가 시작될 무렵 일출 직전에 뜬다는 것을 알았다. 천랑성 역법은 이 시리우스별의 주기적 이동에 따른 역법이다―옮긴이.

규명되지 않는 한, 오누의 몰락은 그 왕의 재위 11년 혹은 12년에 일어났을 수 있다는 것이다. 이런 이해를 바탕으로 우리는 그 일기를 새롭게 정돈해볼 수 있다.

[재위] 11년, 첫째 계절의 첫째 달, 3[일 전], [즉] 셋트가 태어난 날[에], 그의 고고지성이 들렸다.

이시스의 탄생, 이 일로 하늘에서 비가 왔다.

첫째 계절의 첫째 달, 23일에, 군사령관이 자루를 공격하였다.
둘째 날…자루가 침략을 당했다는 소식이 전해졌다.

[재위] 11년, 셋째 계절의 둘째 달에 오누가 함락되었다.

여전히 그 일기가 정확하게 언제 쓰였는지를 말할 수는 없지만, 이제까지 일기 안에서 언급된 모든 상황들을 고려해보면 그것이 힉소스 왕조의 통치 기간(주전 1675-1567년)에 쓰여진 문서임이 명백해진다. 이것은 지금까지 우리가 설정했던 성경의 이집트 재앙 발생 가능 "연대기틀(window)"에 아주 잘 들어맞는다(주전 1775-1581년).

이제 그 일기의 내용을 살펴볼 차례다. 그 문서는 각각 다른 다섯 날에 대한 정보를 제공한다. 첫째 날은 소위 말하는 "첨가된" 날이다. 이집트 역법*에 따르면 1년은 정상적인 경우 360일이다. 이 360일에다가 누락된 시간들을 보충하기 위해 5일이 덧붙여졌다. 이 다섯 날들은

표 10.1. 산토리니 화산 폭발, 성경의 재앙 이야기, 이집트 기록들의 유사점들

사건	성경	이집트
화산 구름이 나일 강 삼각주 지역에 이르렀다. 화산재가 떨어져 물을 산성화시켰다.	청동색 하늘은 먼지를 떨어뜨렸고(신 28:24) 청동색 하늘을 닮은 흑암이 임했다(시 105:27-28). 나일 강이 붉게 변했고 물고기들은 죽었으며 사람들은 물 마시기를 거부했다(출 7:14-25; 시 78:43-44; 시 105:29).	크고 범상치 않은 소음이 들렸다. 다음날 이상한 비가 나일 강 삼각주 지역에 내렸다(『린드 수학 파피루스』 87). 바람이 분 후, 파도들이 나일 강 삼각주 지역을 진흙밭으로 변형시켰다(『해리스 마술 파피루스』 P주문과 Q주문).

각각 헬레니즘**의 시기에 상상력 풍부한 그리스인들에 의해 "부가된 날들"이라고 지칭되었다. 이 날들은 이집트 신학에 의하면 그 날들마다 신이 각각 태어난 사실을 각각 반영하기 위해 첨가되었다. 그래서 오시리스는 첫 번째 첨가된 날에, 그리고 호루스는 두 번째 날에, 세트는 세 번째 날에, 이시스는 네 번째 날에, 네프티스(Nephtys)는 다섯 번째 날에 태어났다고 전해졌다.

이 날들은 나일 강둑이 범람됨과 동시에 하늘에 떠오르는 별인 시리우스가 여름(7월 중순)에 지평선 위에 떠오르기 전에 배치된 날들이었다. 하지만 이집트의 연도 계산은 태양력과 일치하지 않기 때문에 해가 거듭됨에 따라 실제 시간과 달력이 조금씩 어긋나기 시작했다. 첨가된 날들은(한 해의 시작뿐만 아니라) 조금씩 변경되어 더 이상 7월 중순에

- 용어 해설을 보라.
- ● 용어 해설을 보라.

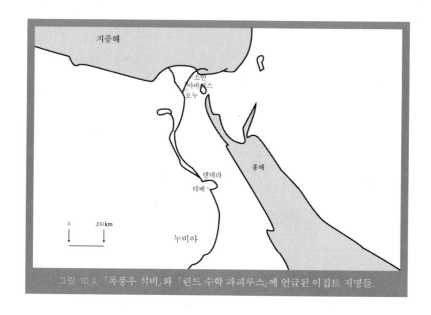

그림 10.4. 『폭풍우 석비』와 『린드 수학 파피루스』에 언급된 이집트 지명들.

위치하지 않게 되었다. 첨가된 다섯 날들은 1,460년이 지난 후에야 원래의 위치로 돌아갈 수 있을 것이었다.

『린드 87』은 한 커다란 소음을 언급하고 있다. 그것은 본문에 기록되지 않은 한 전쟁 사령관 또는 왕이 재위에 있은 지 10년째 되던 해 끝무렵에 들렸다. 둘째로 추가된 날은 다른 사건, 즉 비가 내린 사건을 시사한다. 만약 그것이 보통의 비였다면 그 저자는 그것에 대해 기록하지 않았을 것이다. 비는 이집트에서 흔하지 않지만, 만일 상당 기간 동안 계속된 기근 때문에 일부 사람들이 비를 기다렸던 경우가 아니라면, 즉 그런 예외적인 경우를 제외하고는 그렇게 드문 편도 아니었다. 그렇다면 문제는 "무엇이 이 비를 특별한 것으로 만들었는가?"이다.

저자는 대략 3개월 동안 다른 사건들을 기록하지 않고 있다가 자루(Zaru)라는 도시가 남쪽의 창(Spear-of-the-south)에 의해 공격당했다고 썼다. 자루라는 도시는 잘 알려진 도시다. 자루는 나일 강 삼각주 지역의 가장 먼 동쪽 분지(branch)의 입구 근처에 있는 요새였다. 또한 이 도시는 후일 붙여진 로마식 이름인 실레(Sile)로도 잘 알려져 있으며, 오늘날에도 여전히 엘–칸타라(el-Qantara)라는 이름으로 존재하고 있다. "남쪽의 창"이라는 별명을 가진 군사령관은 다른 이집트 문서들에서는 알려져 있지 않다. 학자들은 ㄱ 군사령관이 남부 이집트인 카모세 또는 그의 동생 아모세라고 가정한다. 이 군사령관의 정체가 만일 카모세나 아모세로 밝혀지면 그 문서는 주전 1575-1550년경에 기록된 문서가 되는 셈이며, 공격 전세를 취하고 있는 테베의 군대의 군사 전략에 대한 정보를 제공해줄 것이다. 자루를 점령하는 것은 가나안에 있는 힉소스 군수기지로부터 힉소스 왕조의 수도 아바리스로 가는 길목을 차단하는 셈이었을 것이다.

그러나 다른 설명들도 또한 가능하다. 예를 들어 그 두 개의 도시(자루나 테베)가 힉소스 왕조에 대항해 폭동을 일으킨 이집트인들이나 반란을 일으킨 노예들이나 사막의 약탈자들에 의해 점령되었을 수도 있다. 그래서 "남쪽의 창"은 이집트인이라기보다는 남부 이집트와 스스로를 구별하였던 한 힉소스 사령관의 가명(假名)일 수 있다. "남쪽의 창"은 그 지역에 힉소스 왕조의 행정적 질서를 세우거나, 아니면 잠시 망가졌던 힉소스 왕조의 행정적 질서를 다시 세웠을 것이다.

사실 자루가 점령된 후에 오누를 향하여 남진하는 군사들의 이동은 이집트 군사들이 아바리스를 집중 공격하는 것이라기보다는, 이집트에 대한 힉소스의 공격을 가리키는 것일 수 있다. 왜냐하면 만일 이 점령 주체가 이집트의 군대라면 그들은 자루로 향하기 위해 먼저 오누를 탈취했어야 했기 때문이다(그림 10.4 참조). 이틀 후 군사들은 그 도시를 탈환했다. 그 일기의 저자는 8-9개월 동안 일어난 어떤 일에 대해서도 기록하지 않고 있다가, 사령관의 군대가 고대 이집트 문명에서 신학과 신전으로 유명했던 나일 강 삼각주 남동쪽에 있는 도시인 오누를 점령했다고 간략하게 적는다. 앞서 말한 것처럼 이 군사의 정복 이동로와 이동 일지는 이집트 군대의 것이라기보다는 힉소스족의 것일 가능성이 훨씬 크다.

역으로 우리는 이제 그 일기 저자의 신상을 어느 정도 파악할 수 있다. 세트의 생일에 관한 구절에서 "전"(before)이라는 단어를 생략한 그의 실수는 심지어 그 일기 저자가 글쓰기에 미숙한 이집트인이라고 가정할지라도 너무 이상하다. 이것은 어떤 힉소스인이나 또는 이집트인이 아닌 어떤 사람(많은 이민자들이 나일 강 삼각주 지역에 살았다)이 일기를 기록한 후보로 더 유력할 수 있다는 말이다. 이 사람은 쓰는 법을 알고 있었고, 좋은 질의 파피루스를 획득할 수 있는 위치에 있었다. 사실 그의 파피루스 조각은 수학 문제들이 필사된 다른 파피루스보다 품질이 좋다. 이 사람은 사회정치적 대격동변에 관심을 가진 사람이었고 매우 간결한 문체를 구사한 사람이었다. 그는 상세한 묘사를 하지 않았다. 그는 자신이 묘사한 많은 일들이 어떻게 해서 일어났으며 서로 긴밀하게 연관되는지에 대해 골똘히 궁리한 사람처럼, 신들의 활동을 암시하는 표적적인 현상들과 신들이 아니라 인간들에 의해 수행된 신적 계획의 결과들을 서술하는 데만 자신의 관심을 제한시킨다.

저자는 자신의 글을 동부 나일 강 삼각주 지역에서 일어났던 사건들, 즉 폭풍의 신과 땅의 여신들의 현현으로 간주된 사건들에 대한 언급에서 시작하지만 종내에는 인간의 행동들에 초점을 맞춘다. 이 일기가 성경의 이집트 재앙들을 재구성하는 그림을 제공하기 위해 함께 모아진 조각 그림들의 일부로 삽입되면, 이 일기는 나일 강 삼각주 위에 화산 구름이 도착하는 상황과 그것으로 인해 발생한 사회정치적 결과들을 묘사하는 것처럼 보인다.

일기 저자는 군사적 점령을 합리화하기 위해서 세트와 이시스에게 호소하는 것처럼 보인다. 힉소스족이 섬긴 최고신인 세트는 이집트에 대한 힉소스속의 군사 공격 작전 전체를 주동했다. 그 다음 땅과 다산의 여신인 이시스도 이집트에게 등을 돌렸고, 급기야 이상한 비를 이집트에 쏟아부었다. 그 다음 차례로 이집트의 요새들이 무너졌다. 즉 먼저 이집트–메소포타미아 무역대로에 있던 요새 자루와 다음으로 이집트 신학의 중심시인 오누가 무너졌다.

결국 보다 더 넓은 맥락에서 보면 이 일기는 산토리니의 화산재가 촉발시킨 한 전쟁을 가리킨다. 이 문서는 그것이 힉소스족에 저항하는 폭동의 끝 무렵에 쓰여진 문서임을 시사하기보다는, 이집트 재앙들이 그 폭동을 촉발시켰거나 약해져가던 폭동을 되살렸을 가능성을 시사한다.

그럼에도 불구하고 아직도 확실하지 않은 점은 "언제 그 이집트 재앙들이 일어났는가?"이다. 그것들이 어떤 통치자의 재위 10년째 되는 해의 바로 마지막 시점에 일어난 것은 확실하다. 그럼 어떤 왕의 재위 10년째 되는 해의 마지막 시점일까?

제11장

이집트 병행 자료들

산산조각 난 땅의 기록들

지금까지의 연구 결과들에 의하면 성경에 있는 재앙들은 실제로 일어난 사건으로 산토리니 화산 폭발과 관련된 사건들을 묘사하고 있다. 또한 그 재앙들이 틀림없이 주전 1775-1584년 사이의 한 어느 시점에 일어났을 것으로 추정되었다. 더 나아가 지금까지의 연구 결과들은 보다 구체적인 연대 추정을 가능케 한다. 그 결과들에 따르면 이 추정 연대의 범위 안에 포함된 한 시기에 이집트 북부를 다스렸던 힉소스 왕조 치세 동안에 그 재앙들이 일어났을 것임을 가리키는 것처럼 보인다. 따라서 그 외의 다른 연대들은 성경에 있는 이집트 재앙들이 일어났으리라고 볼 후보군에서 탈락할 수밖에 없으며, 힉소스 왕조가 존속했던 주전 1675-1584년 사이의 한 시점에 그 재앙들이 발생했을 가능성이 크다.

우리가 잠정적으로 설정한 이 기간은 이집트 문화에 꽤 깊은 흔적을 남겼다. 이집트인들은 이민족이었던 힉소스족의 이집트 점령 시기를 기억할 수밖에 없었고, 그 땅을 점령한 세력에 대한 혐오감을 숨기지 않았다. 앞서 몇몇의 예들에서 살펴보았듯이, 힉소스 시대에 기록된 문서들이 아직 남아 있다.

가장 이른 시기의 그러한 문서들은 힉소스 왕조에 대항하여 벌인 이집트인들의 해방 전쟁 직후에 기록되었는데, 두 명의 군사 지도자, 아바나의 아들 아모세(Ahmose-son-of-Abana, 주전 1515년경 기록)와 아모세 펜–네크베트(Ahmose Pen-nekhbet, 주전 1495년경 기록)의 전기(傳記)를 기술하고 있다. 아모세가 거느렸던 군대의 병사들 무덤에서 발견된 이 두 전기는 그 전쟁에 얽힌 일화들을 재진술하고 있다.

이집트인들은 자신들의 조국이 결코 다시는 이민족들에게 종속되지 않도록 하겠다고 결심했다. 하트셉수트(Hatshepsut, 주전 1479-1457년) 여왕은 스페오스 아르테미도스(Speos Artemidos) 지역에 새겨진 한 문서에서 힉소스족의 이집트 점령에 대하여 말한다. 검열을 피할 수 없었던 (혹은 "정치적인 목적 때문에 교정된") 통치자들의 다른 목록들과는 달리 람세스 2세(주전 1279-1213년) 시대에 기록된 『튜린 왕명록』은 힉소스 왕들의 이름도 포함한다. 람세스 4세(주전 1153-1147년)는 힉소스 사람으로 여겨진다. 『해리스 마술 파피루스』, 또는 『해리스 501』로 알려진 문헌의 일부는 이집트의 재앙들이 일어났던 시대에 기록된 것으로 추정될 수 있다. 즉 힉소스 시대에 일어난 일에 대한 기록으로 간주될 수 있다.

심지어 이집트인들은, 이집트가 다른 이민족들(리비아인들, 에티오피아인들, 페르시아인들)의 영향권 아래 들어갔던 더 후대에도, 보다 더 이른 시기에 경험했던 이민족 지배에 대한 기억을 보존하고 있었다. 예를 들어 주전 450년경에 이집트를 방문했던 그리스의 역사가 헤로도토스는 이민족 지배 역사에 대한 이집트인들의 기억–정보를 수집했다. 이집트 역사가 마네토(주전 300년경)는 고대 이집트가 남긴 기록들을 한 권으로 편찬해서 만든 『이집트 총람』(Aigyptiaka)에서 힉소스의 이집트 지배를 언급했다. 마지막으로 프톨레마이오스 왕국 시대(주전 332-330년)의 자료인 『엘–아리쉬 내실 문서』(el-Arish naos) 역시 이집트가 힉소스족의 공격 아래서 참화를 입었던 시대들에 관한 방대한 묘사를 제공한다.

힉소스족에 대항해 이집트인들이 벌인 전쟁의 마지막 상황은 힉소스족에 맞서 싸웠던 용감한 선장인 아바나의 아들 아모세의 전기와 좀 더 젊었던 아모세 펜-네크베트의 전기에 요약되어 있다. 이 전기들에는 힉소스의 수도인 아바리스 주변에 있는 운하들에서 일어났던 전쟁에 대한 묘사와 군인들에게 돌아간 보상들에 대한 서술뿐만 아니라 적들을 죽이고 그들의 몸을 절단한 것과 여러 섬뜩한 장면에 대한 세부 묘사들이 나온다. 그렇지만 성경이 말하는 이집트의 재앙들과 관련되어 있을 개연성이 있는 사건이나 상황에 대해서는 언급하지 않는다.

스페오스 아르테미도스에 있는 문서는 통치자 하트셉수트를 찬미한다. 하트셉수트가 통치하기 전의 이집트 상황에 대한 설명에 이어 그녀가 이룬 업적을 칭송하는 것이 나온다. 그녀가 왕위에 오르기 전에 이집트는 파괴되어 있었고 신전들은 폐허 속에 방치되어 있었다. 그 상황에서 하트셉수트가 일어나 나라를 재건하려고 했다. 외부에서 침입한 아시아족(aamu)과 유목민들이 이집트의 신 라(Ra)의 허락도 받지 않고 나일 강 삼각주와 아바리스를 본거지 삼아 이집트를 통치하던 때를 떠올리면서, 하트셉수트는 "이제 이방인들의 이집트 지배는 영원히 끝났다"고 선포했다.

이집트의 신 라가 도와주지 않던 이러한 상황은 여러 방식으로 표현될 수 있다. 힉소스가 라의 호의를 받지 못했기에, 라가 이집트 전역에 대하여 자신의 불쾌감을 드러내기 위해 자신의 강압적인 팔을 펼친 것으로도 해석할 수 있다.

보다 후기의 문서에서는 더 많은 정보를 얻을 수 있다. 그것은 이집트 전부 혹은 일부를 지배했던 통치자들의 이류을 기록한 문서인 『튜린 왕명록』이다. 거기에는 일단의 통치자들이 이민족 출신으로 기록되어 있다. 그들의 이름은 10.14-21 목록에 등재되어 있다. 그 문서는 파편적이긴 하지만, 이민족 출신 왕들이 모두 여섯 명이었고 그들의 통치가 108년간 지속되었음을 알려준다. 불행히도 세부 정보들은 망실되었다. 우리에게는 왕들 중 세 명의 통치 기간과 그중에서도 가장 긴 치세는 40년간 지속되었다는 자료만 남아 있다. 또 우리는 단지 카무디(Khamudi)라고 알려진 마지막 왕의 이름만 알고 있을 뿐이다. 그 목록은 왕과 연결되었던 어떤 사건도 언급하지 않기 때문에 그 문서에 재앙들이 언급되지 않는다는 것 또한 전혀 놀라운 일이 아니다.

『해리스 파피루스 I』에 보존되어 있는 좀더 후기 문서는 아문(Amun)의 제사장 집단에게 베푼 부왕(父王) 람세스 3세의 선행(예를 들어 소 떼 선물)을 기록하라는 위임을 받은 람세스 4세에 의해 기록되었다. 람세스 4세는 처음부터 그의 아버지 람세스 3세가 얼마나 위대한 왕이었는지를 평가하도록 독자들을 초청한다. 그 서기관은 그 다음에 야르수(Yarsu)라고 불렸던 한 시리아인이 통치하는 동안 혼란의 시기가 시작되는 역사를 재진술했다. 그리고 그는 곧장 람세스 3세의 업적을 기술하는데 그것은 아마도 그의 부왕이 얼마나 대단한 업적을 남겼는가를 강조하기 위함이었을 것이다.

이 혼란의 시기들은 이집트의 연대기를 추적하는 데 큰 혼동을 발생시켰다. 어떤 시리아인의 쿠데타에 대해 말하는 일체의 고고학적 혹은 역사적인 자료가 없기 때문이다. 학자들은 람세스 3세가 등장할 즈음에 시리아인들이 아주 잠깐 동안 이집트를 점령한 일이 있었다고 진술한다. 시리아인의 이집트 점령 기간이 너무 짧아서 역사와 역사가들은 그것을 간과했고, 『해리스 파피루스 I』에만 그 점령에 대한 내용이 홀로 기록되었다고 보는 것이다.

그런데 비록 매우 짧은 기간 동안이지만 시리아인이 이집트를 점령했다면 그것은 나름대로 꽤 놀랄 만한 업적이었을 것이다. 하지만 이보다 더 그럴듯한 추정은 이 문제의 인물 야르수가 힉소스의 이집트 점령을 가리키고 있을 가능성이다. 왜 갑자기 여기서 "야르수"라고 하는 다른 이름이 사용되었을까? 그 이유는 힉소스족의 이집트 점령을 지칭하는 표준적인 이름이 없었기 때문이다. 힉소스는 현대 역사학자들이 사용하는 편리한 용어이다. 일부 고대 이집트인들이 그 난어를 사용하긴 했지만, 모두가 그것을 사용하지는 않았다. 사실상 힉소스라는 단어는 힉소스족의 이집트 셈링이 있기 전무터 존재했다. 『시누헤 이야기』(*Tale of Sinuhe*)˚는 헤카–카수트(Heka-Khasut)라는 이민족 출신 통치자들에 대해 말한다. 그 이야기는 시누헤가 이집트를 떠나 오랜 세월 동안 머물러 살았던 가나안 지역의 시리아 통치자들에 대해 언급한다.

아래에서 살펴보겠지만, 헤로도토스는 이집트를 점령한 힉소스족에 대해 필리티스(Philitis)라는 다른 이름으로 지칭했다. 마네토는 "힉

● 몇 개의 파피루스 및 백악편(白堊片)에 의해 전해지고 있는 이 고대 이집트 이야기는 주전 2000년(주전 1950년)경에 실존한 것으로 알려진 시누헤라는 고관의 자서전 형식의 문서지만 현대의 이집트학 전문가들 대다수는 이 이야기는 신의 섭리와 자비를 표현하는 허구적 문학 작품이라고 본다. 이집트 제12왕조의 창시자인 파라오 아메넴하트 1세(Pharaoh Amenemhat I)의 죽음과 동시에 고관 시누헤는 궁정을 빠져나와 나일 강을 건너 레테누의 땅(시리아)으로 옮겨 태수(太守)의 딸을 아내로 삼아 아이도 낳았다. 그는 시리아에서 유지가 되어 재산도 모았으나 고향을 그리는 마음을 이기지 못하고 이집트 왕(King Senwosret I)에게 탄원을 해 귀국을 허락받는다. 그리하여 그는 고국의 궁전에서 뜨거운 환대를 받는다. 시누헤를 위하여 새로운 집이 세워지고, 사후의 생활을 위해 피라미드와 황금의 상(像)도 만들어졌다. 이렇게 하여 시누헤는 영혼의 안정을 얻을 수 있었다―옮긴이.

소스"를 이집트어에 편입된 외국어로 이해했고(혹은 "오해했고"), 그것이 "유목민 통치자"를 의미한다고 생각했다. 헤로도토스는 힉소스가 유목민적인 뿌리들을 갖고 있었다고 이집트인들 사이에서 회자되던―오랜 세월 동안 성장해왔던―경멸스런 조롱을 간과했다. 결국 야르수라는 말은 단지 힉소스족 이집트 점령자들을 부르기 위한 또 하나의 방식인 셈이다.

왜 그런가? 『해리스 파피루스 I』은 이집트가 외부 침략자들에 의해서 점령당했고 사회질서가 전복되었다고 말한다. 이것은 힉소스족의 이집트 점령을 증명하는 표지다. 게다가 이 파피루스는 이민족이 신전들을 약탈한 까닭에 신들께 바칠 적법한 제물들이 하나도 남지 않았다고 말한다. 이 상황은 힉소스의 이집트 점령에 대해 말하는 많은 다른 문서들에서도 반향되고 있다. 끝으로 이 문서는 이런 일이 시리아인 야르수의 지배가 있던 시기에 일어난 일이라고 말한다. 이 야르수라는 이름은 이집트 너머 지중해 동부 연안 지역(레반트)에서 알려진 이름이다. 야르수가 이집트를 지배했다고 말하는 것은 라(따라서 이집트가)가 가나안을 지배했다고 말하는 것과 유사한 것이다. 즉 야르수는 시리아인들이 섬기는 신적인 이름일 가능성이 높다.

힉소스족은 이집트인들이 그들 자신의 악마적 힘과 동일시했던 세트/아포피(Seth/Apopi)라는 신을 독실하게 경배한 것으로 묘사된다 (Papyrus Sallier I). 하지만 아포피와 세트 둘 다 이집트인들의 명칭이지, 이집트인들과 달리 셈족이었던 힉소스족 자신들의 명칭은 아니다.

야르수와 유사한 특징들을 지닌 다른 신들은 오래전부터 아라비아 부족들 사이에서 알려져 있었다. 『산헤립 연대기』(*Annals of*

Sennacherib, 주전 8세기)는 아라비아의 룰다이우(Ruldaiu)라는 신에 대해 말한다. 그리스의 역사가 헤로도토스(주전 490-420년)는 그 신을 오로탈트(Orotalt)라는 이름으로 부른다. 고대 아라비아의 타무딕(Thamudic)과 사파이틱(Safaitic) 비문들은 가자(Gaza) 부근에 있는 시나이 반도 거주 아랍인들 사이에 있었던 루다 제의(the cult of Ruda)에 대해 증언한다. 로마 시대에는 이 신을 섬긴 흔적들이 하우란(Hauran, 골란 지역)에서 남아 있었다가 나중에 리쿠르고스(Lykurgos, "늑대-악마")라는 "서양적" 이름으로 불렸을 것이다. 유사한 신인 악탑-구트배이(Aktab-Kutbay)는 엘라가발(Elagabal)의 지배 동안(218-222년) 리히안족들(Lihyanites)과 나바테아인들(Nabataeans) 사이에서 숭배된 것으로 증명된다. 이 신의 제의는 이 지역에 이슬람이 도래할 때까지 계속된 것으로 증언된다.

요약하자면 야르수를 힉소스족이 섬겼던 신이라고 말하고, 야르수 지배하의 혼돈 시기를 힉소스족의 이집트 점령 시대라고 말하는 것이 안전한 결론이다. 하지만 위에서 말한 『해리스 파피루스 I』은 그 혼돈의 세부 상황들을 자세히 말하지 않는다.

하지만 그 동일한 시기들에 관한 또 다른 언급이 그리스 역사가 헤로도토스의 책에 나온다. 헤로도토스는 『역사』 2권에서 이집트와 이집트의 찬란했던 옛 역사적 장면들을 수집했다. 한 짧은 구절에서, 그는 106년 동안 "지배자들" 때문에 이집트의 신전들이 황폐화되어 방치된 적이 있었다고 적었다. 헤로도토스에 따르면 이집트 사람들은 "그 지배자들"을 증오했고, 오직 무덤의 이름들과 결부시켜서만 그들을 언급했다. 즉 이집트인들은 이 지배자들의 이름을 저주했다. 필리티스(블레셋 사람들) 양치기들은 나중에 이 무덤들 너머로 그들의 양 무리들을 데려올 운명이라고 저주한 것이다(Histories, 2.128). 이는 그들이 곧 무덤으로 굴러 떨어지도록 저주한 것이다. 힉소스족에 대한 이집트 사람들의 이런 정서는, 힉소스라는 이름에 대한 보다 후대의 이해들에 나타나 있는 것처럼, 유목민 통치자들에 대한 풍자 분위기와 잘 어울린다. 비록 우리가 이집트를 지배했던 힉소스 시대에 대해서 대략적인 이해를 갖고 있다고 할지라도, 헤로도토스의 간결한 비문체 진술은 같은 시기에 일어났던 이집트의 재앙들에 관한 정보를 전달하지 않는다.

이집트의 역사가 마네토는 힉소스 시대에 관한 포괄적이지만 단편적인 기록을 제공한다. 그의 책은 다른 학자들의 책 속에 인용 구절들로만 남아 있기 때문에 오늘날 우리가 그에게서 직접 확보할 수 있는 정보는 불완전하다.

그럼에도 불구하고 마네토가 우리에게 알려주는 것은 힉소스족이 현재의 그 이름을 얻게 된 연유다. "힉소스"라는 단어가 그들 말로 "왕(hyk)-양치기(sos)", 곧 "유목민 왕"을 가리키기 때문에 힉소스라는 이름으로 불리게 되었다는 것이다. 보통 힉소스족의 통치 기간을 짧게 설정하는 다른 자료들과 달리, 마네토는 힉소스족이 260년이라는 좀 더 긴 기간 동안 이집트를 통치했다고 추정한다. 이 시기 동안에 이민족 출신 지배자들이 이집트의 도시들을 불태우고, 신전들을 파괴했으며, 지방민들을 노예화했고, 국토 전역에서 공물을 강요했다는 것이다. 그런데 그들의 본거지는 나일 강의 부바스틱(Bubastic) 지류의 동쪽 제방 위에 요새처럼 건설된 수도인 아바리스였다. 그들은 투티마이오스(Tutimaios)의 통치 기간에 일어난 한 신적인 재난이 발생하기 전까지 완전히 이집트 땅을 지배했다. 이집트의 신들이 그 땅 위에 저주를 가져왔던 히브리인들에 대해 분노했다는 것이다. 히브리인들은 힉소스 시대 때, 아마도 아모세 왕이 아바리스를 점령했을 때에는 이집트 땅을 떠났다(요세푸스, 『아피온 반박』, 1.14).

마네토는 명확하게는 아니지만, 힉소스 시대에 재앙들이 실제로 일어났다고 언급한다. 또한 그는 그 재앙들이 시작된 시기에 이집트를 다스리던 왕의 정식 이름은 투티마이오스였으며 이는 이집트어로는 두디모세(Dudimose)였다고 말한다. 이 왕의 이름은 마네토의 언급과는 별도로 이집트 왕들의 이름을 기록하고 있는 『튜린 왕명록』에도 나온다.

힉소스와 재앙들을 언급하는 본문이 하나 더, 폐허로 변한 한 신전 내부에 새겨진 조각들 중에 있다. 그것이 보존되어 있는 신전 내부의 구조물은 소위 나오스(naos), 곧 "신전 내실(內室)"이라고 불렸는데 나중에 엘-아리쉬(el-Arish)로 옮겨졌다. 엘-아리쉬는 시나이 반도와 가나안 사이의 경계선상에 위치해 있다. 편의상 우리는 이 기록물을 『엘-아리쉬 내실 문서』라고 부른다. 이 기록물은 전투 이야기와 서로 싸우는 신들에 대해 말한다. 신들의 이름은 다른 자료들에도 자주 등장하는 이름들이다. 그러나 『엘-아리쉬 내실 문서』에 묘사된 신들의 행동은 낯설다.

그 문서가 언제 만들어졌는지를 규명하는 과제는 학자들에게 난제가 되어왔다. 널리 알려진 이집트의 역사적 사실들과 연대기 틀 안에 그 기록물을 배치할 수 없던 학자들은 그것을 허구로 치부하거나 한 지방민들의 신학을 담고 있는 구절들로 치부해버렸다. 그런데 그것이 발견된 "장소" 자체가 매우 이상하다. 나오스는 "아무 데도 아닌 곳의 중간에", 즉 사막 한가운데 있었다. 그곳은 이집트에서 가나안을 통과하여 메소포타미아로 올라가는 연결로의 길목에 위치해 있다. 우기엔 물로 가득 채워지지만 건기엔 마른 시내인 엘-아리쉬 건천에 나오스가 있었다. 그 개울은 고대 이집트와 고대 가나안 사이의 국경을 표시하는 협곡에 있다.

그 내실에 적혀 있는 비문들을 지방민들의 신학을 표현하는 기록으로 이해하는 입장이 분명 그 문서를 기록한 사람의 의도를 좀더 공정하게 평가하는 태도다. 신전의 중심부에 선들이 새겨졌다는 사실은 저자에게는 거기 묘사된 문제들이 사소한 것이 아니고 심각한 것이었음을 암시할 것이다. 하지만 어느 "지방민들"의 신학이 이 내실에 표현되어 있는가는 결코 분명하지 않다. 길가를 따라 세워진 요새들에 주둔해 있던 군인들의 신학인가? 베두인들의 신학인가? 그 길을 사용한 상인들의 신학인가?

하지만 신전의 중심부에 새겨진 그 선들은 그것들이 남쪽에 있는 엘레판티네(Elephantine) 섬에서부터 나일 강 삼각주에 있는 나우크라티스(Naucratis)까지 걸쳐 있던 한 나라, 즉 어떤 특정 지방이 아니라 이집트 전체에 대하여 말하고 있다고 주장한다. 『엘-아리쉬 내실 문서』는 이름 없는 한 신을 매우 독실하게 섬겼던 어떤 군사 지도자를 언급한다. 그는 한 궁전을 중심 삼아 통치했고 "슈"(Shu)라는 신의 땅, 즉 이집트를 치러 진격해나갔다. 그 당시 이집트는 극심한 고통에 처해 있었고, 혼돈의 시대가 도래했음을 알리는 재앙이 이집트 농토를 덮쳤다. 왕이 살해되었고, 폭풍이 9일 동안 이집트를 강타했으며, 이집트 땅은 어둠 속으로 던져졌다. 끝으로 한 새로운 왕이 등장하여 자기가 왕이 되었음을 공포했으며, 그 새로운 왕은 자신의 아버지를 죽이고 궁전 휘장을 훔쳐간 반역자들을 진압하기 위해 나일 강 삼각주로 진격했다. 그러는 동안 상황은 점점 개선되었다. 심지어 날씨도 좋아졌다.

그렇다면 성경에 있는 이집트 재앙들의 발생 과정을 재구성한 시나리오에 비춰볼 때에도 이 『엘-아리쉬 내실 문서』를 단순히 허구라고 치부할 수 있을까? 그것은 단지 지방민들의 신학일까? 그것은 혹시 힉소스 시대에 대한 이야기로 이해될 수는 없을까? 우리는 여기서 자연적인 재난들이 이집트를 황폐하게 했던 때(이집트의 농토 위에 떨어진 재앙, 추위와 어둠이 임한 때)에 이집트를 접수한 종교적으로 독실한 어떤 군사 지도자를 목격하고 있다. 혹시 우리는 이 사람을 나른 어느 곳에서도 본 적이 있지 않은가?

그리스인들은 하늘에서 떨어져 토양을 덮친 재앙에 대해 이야기했다. 그들은 우라노스(Ouranos)의 피, 에리니에스(Erinyes), 세이렌(sirens), 산토리니 화산 폭발로 생긴 화산재, 그리고 연이은 나쁜 날씨에 대해 말했다. 우리는 이 그리스 사람들이 전해준 이야기가 화산 폭발의 여파를 이야기한다는 것을 안다. 그것은 오늘날 화산 폭발로 생기는 결과들과 너무나도 비슷한 현상들에 대한 묘사이기 때문이다. 예를 들면 1980년에 일어난 미국 워싱턴 주의 세인트헬렌스 산 폭발이 가져온 결과들과 이 그리스 신화가 묘사하는 상황은 아주 흡사하다. 그리고 우리는 그리스 신화와 성경의 이집트 재앙 기사들을 비교해봄으로써 그리스 사람들이 말한 현상들이 화산 폭발의 결과로 생긴 것임을 알게 되었다. 물론 성경에 있는 이집트 재앙 기사에서는 훨씬 더 격렬한 폭풍우가 이집트의 하늘을 빈번히 가르고 이집트 전체를 황폐케 한 것으로 묘사된다. 그리고 산토리니가 마지막이자 두 번째의 폭발 단계에 들어갈 때 아홉째 재앙인 흑암 재앙이 나타났다.

그런데 언제 하늘로부터 쏟아진 재앙이 이집트 농토에 떨어졌으며, 언제 차가운 날씨가 발생했으며, 그리고 언제 흑암이 이집트를 뒤덮었는가? 이 모든 일들은 유독 한 신만 독실하게 섬겼던 일군(一群)의 군대가 이집트를 황폐하게 하고 그 결과 당시의 합법적인 왕이 살해당했던 때에 일어났다. 달리 말하면 이 모든 일들은 단 하나의 시기에 일어났다. 즉 만일 힉소스족이 그 시기에 이집트에 있었다는 것만 증명된다면, 그것들은 이집트의 고대 역사에서 주전 1675-1567년 사이의 연대기 틀과 완벽하게 부합되는 사건들인 셈이다.

이 『엘-아리쉬 내실 문서』는 이집트를 점령한 이후의 힉소스족에 대한 몇 가지 언급들로 끝난다. 그런데 힉소스의 이집트 점령 시기와 동시대 혹은 유사한 시대의 자료로 보이는 다른 문서들이 또 있다.

소위 『카모세 석비들』(좀더 이른 시기의 연대 추정에 따르면 주전 1584년 이전 자료)은 이집트인들이 힉소스족에 대항하여 벌인 전쟁 정황들을 설명하는 문장들을 포함하고 있다. 카모세는 힉소스족 통치자를 경멸스럽게 묘사한다. 그는 또한 자신이 어떻게 두 전선에서 전쟁을 감당했는지를 말한다. 그가 말하는 두 전선은 이집트를 점령한 힉소스족들에 대항하여 전개한 북쪽 전선과 힉소스족들의 동맹세력인 누비아 사람들과 싸운 남쪽 전선을 말한다. 이 기록물은 전쟁 사건들을 보고하기는 하지만 이집트를 덮친 별도의 재앙들에 대해서는 언급하지 않는다.

이 비석들은 이집트인들이 힉소스 지배자들에 대해서 여러 세기 동안 품었을 적의를 있는 그대로 드러내고 있다. 또한 그것들은 현대 학자들이 힉소스족에 대하여 간과했을 수도 있는 한 이미지를 포함하고 있다. 힉소스족은 잔인한 야만인들이고, 이집트인들의 문화를 말살하려고 혈안이 된 난폭한 사람들이라는 인상 말이다. 하지만 이 이미지는 이집트인들에 의해 "그려진" 그림일 뿐이다. 모든 역사가 항상 그렇듯이, 역사는 전쟁의 승자가 그린 패자의 그림이다.

실제로 이집트를 통틀어 발견된 고고학적 발굴 성과들은 힉소스족에 대해서 약간 다른 이야기를 들려준다. 이것들에 따르면, 힉소스는 개화된 혹은 계몽된 합리적 독재자들처럼 보인다. 힉소스족이 이집트를 지배했던 시대는 더 오래된 이집트 책들의 사본들을 후손들을 위해 필사하던 때였다. 그런데 당시 힉소스족 지배자 아포피는 사신을 레 신의 필사자로, 지식의 신 토트(Thoth)의 제자로, 그리고 심지어 쉽게 읽을 수 없는 가장 어려운 문서들마저 읽을 줄 아는 학자라고 칭하는 언급을 남겼다.

우리 모두는(여기에는 첫째로 이집트인들과 둘째로 세계의 모든 사람이 포함된다) 힉소스족의 사본 필사자들 덕분에 『웨스트카 파피루스』(*Westcar Papyrus*)를 갖게 되었다. 또한 『베를린 파피루스 3033』(*Berlin Papyrus 3033*)으로도 알려진, 힉소스족이 남긴 이 문서는 훨씬 더 오래된 이집트 왕조의 통치자들과 태양 숭배 제의의 도입을 다루고 있다. 여기에 담겨 있는 이야기들 중 하나는 마술사의 작업, 아마도 궁정에서 보낸 마술사의 평범한 여가 시간에 대해 상술한다. 그 문서는 우리에게 이집트 초기 역사에 대한 소중한 통찰을 준다.

이와 똑같은 시기에 살았던 필사자들은 제12왕조로부터 내려오는 『린드 수학 파피루스』 같은 수학 자료를 베꼈다. 앞서 우리가 보았듯이, 이 파피루스는 이질적인 부분으로 구성되어 있는데 그중 수학 관련 자료가 문서의 대부분(97퍼센트)을 차지한다.

힉소스족은 역사, 신학, 수학 외에 의학 문제에도 관심이 있었던 것 같다. 힉소스 시대의 필사자들은 상당히 많은 양의 의학 문서들을 수집하거나 필사했다. 이러한 문서들은 어쩌면 힉소스족이 가졌던 의학적 관심의 열매였는지도 모른다. 하지만 그 문서들이 어떤 실용적인 문제 의식 때문에 부분적으로 필사되었을 가능성도 배제할 수 없다. 그 실용적인 문제 의식이란 성경에 나오는 이집트의 재앙들이 일으킨 관심일 수 있다. 이집트에 떨어진 화산재로 인해 생긴 의료 상황들이 힉소스족으로 하여금 의학 문서를 수집하고 필사하게 만들었을 수 있다는 것이다.

또 하나의 힉소스 문서로 추정되는 『에버스 파피루스』(*Ebers Papyrus*)는 테베의 공동묘지 아사시프(Assassif)에 있던 한 미이라의 다리 사이에서 발견되었다. 그 죽은 사람은 의사였을지도 모른다. 그 문서는 완성되어 있고 30×20미터 크기의 넓이 위에 글자들이 가득 쓰여 있다. 그 문서는 전체 879문단으로 모두 108쪽에 나뉘어 쓰여 있다. 나중에 후대의 필사자가 독자적으로 달력과 아멘호테프 1세(Amenhotep I)의 재위 9년

그림 11.1. 에버스 파피루스.

째라는, 즉 주전 1550년경이라는 연대를 첨가했다. 그러므로 비록 그 문서가 보다 더 이른 시기의 문서를 포함하고 있는 것으로 간주됨에도 불구하고, 힉소스 시대 문서로 추정될 수 있다. 『에드윈 스미스 파피루스』(*Edwin Smith Papyrus*, 여기에 나오는 외과수술 매뉴얼 또한 힉소스 시대에 베껴졌다)와 문체상 유사한 188-207문단들은 "위"(胃)에 관한 책이다. 덧붙여 말하면, 856문단은 웨크헤두(*wekhedu*)를 사지(四肢, limbs)로부터 몰아내는 것에 관한 자료가 레토폴리스(Letopolis, 이집트어로는 Khem) 마을에 있는 아누비스(Anubis) 신상 아래서 발굴된 문서들에 나온다고 진술한다. 그래서 그것이 이집트 상부 지역과 하부 지역을 다스리던 통치사 "덴"(Den)*의 주목을 끌게 되었다는 것이다. "하무 지역의 덴"이라는 단어가 나오는 것으로 보아 이 자료는 이집트의 최초의 왕조 시대, 즉 주전 3000년 이전 시대로부터 유래한다.

이 문서에는 동일한 질병에 대한 치료법들이 여러 장에 걸쳐 집합적으로 잘 분류되어 있다. 목록으로 분류된 상이한 질병들 중 어떤 것들은 화산 활동으로 촉발된 질병으로, 그것들이 여기서 자세히 다뤄지는 까닭은 이집트 재앙 사건과의 맥락에서 설명이 가능해 보인다. 화상과 상처들(482-542문단)에 대한 치료법들뿐만 아니라 기침과 천식(305-335문단), 안질(336-431문단), 머리종기들(437-450문단)에 대한 치료법들도 취급되고 있다. 이런 치료법들에 대한 기술(記述)들은 아마도 이집

● 이집트 고왕국 시대의 첫 왕조의 제4대 왕으로서 데웬(Dewen)이라고도 불린다. 그는 최초로 상부 이집트와 하부 이집트를 통일시켜 다스린 왕으로 추정된다. 그래서 덴(Den)이라는 말은 상부 이집트와 하부 이집트를 총괄 통치한 왕을 의미하는 말로도 사용된다─옮긴이.

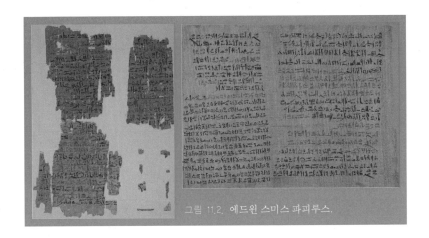

그림 11.2. 에드윈 스미스 파피루스.

트의 열 가지 재앙들과 관련될 수도 있다. 이런 질병들에 대한 치료법들이 거기 처방되어 있는 모든 치료법들 중 거의 25퍼센트를 차지한다. 화산 폭발로 인해 촉발될 수 있는 질병들에 대한 치료법들이 일반적인 의학 안내서에 이렇게 많이 제시되어 있다는 것은 놀라운 일이다! 이집트의 재앙들로부터 비롯되었을 수도 있는 질병들(처음에는 재로 인한 호흡 곤란이 발생하고, 나중에는 연기와 재로부터 입은 화상, 빗물, 재나 빗물로 인한 안질로 발전하는 질병들)과 관련된 방대한 분량의 처방전이 존재하고 있다는 것 자체가, 그 자료가 필사되던 시대가 바로 성경이 말한 그 재앙들이 이집트를 강타하고 있었던 때라는 사실을 반영하고 있다고 생각하게 하지 않는가?

성경에 기록된 재앙들에 관한 더 많은 정보는 『런던 의학 파피루스』(*London Medical Papyrus*) 혹은 영국 박물관 소장 목록 번호에 따라

"대영박물관 10059"(BM 10059)로 알려진 문서에 들어 있다. 17x210센티미터 크기의 파피루스에 쓰여 있고, 주전 1350년경에 완성된 이 문서는 불완전한 문서다. 처음과 마지막 부분 둘 다 망실되어 있다. 남아 있는 부분은 19쪽으로 나눠진 채, 모두 예순한 가지 치료법을 담고 있다. 처음 스물여섯 가지 치료법들은 성경의 재앙들과는 전혀 관련될 것 같지 않은 질병들에 대한 것이다(혈액 감소, 자궁 등). 물론 L15-L21이 화상을 다루고 있는 완결된 단원을 구성하고 있다는 것은 주목할 만하지만 내체로 처음 스물여섯 가지 치료법들은 우리의 주관심사는 아니다. L27-L33은 종종 실제적 의학과 미술 사이의 미묘한 경계선상에 놓여 있는 처방들로서 보통 외래적인 훈계들로 간수된다. 다양한 질병들(안질, 무기력, 부인병들, 상처들)을 다루는 또 다른 단편이 있다(L34-L45). 그리고 화상에 대한 일련의 치료법들도 처방되어 있다(L46-61). 우리가 이미 살펴보았듯이, 화상은 산성비로 인해 발생한 이집트의 여섯째 재앙뿐만 아니라, 산성의 화산재 부산물로 생긴 첫째 재앙과도 연관된다.

　여기서 기이한 것은 화상을 치료하는 데 두 가지 방법이 있다는 점이다. 화상에 관한 두 종류의 치료법들은 이 의학 문서가 한꺼번에 다 저술되지 않고, 조금씩 점진적으로 저술되었음을 가리킨다. 첫 번째 저자가 몇 가지 치료법들을 먼저 기록했다. 후에 또 다른 의사—아마도 그의 아들이거나 손자—또는 다른 필사자가 몇 가지 더 많은 치료법들과 기타 등등을 첨가했을 것이다. 따라서 대를 이어가며 의료 활동에 종사하던 의사의 집안에서는 자신들의 치료 안내서를 기록하고 전수했을 것이다. 어느 특정한 부분에서는 필사자가 원본에서 문서 전체를 몽땅 베껴 썼기 때문에 단지 화상에 대해서만 한 단원을 따로 만들지 않았다. 오히려 필사자가 베꼈던 그 원본 문서에 있는 치료법들을 수정하지 않고 그대로 남겨놓았다.

독립적으로 전수되던 그 많은 치료법이 언제 그 원본 치료서에 함께 기록되었는지 그 시기를 좀더 정확하게 추정하는 것은 실제로 가능하다. 외래 치료법들이 도입되기 전에 이미 기록된 최초의 스물여섯 가지 치료법들은 이집트 토착 치료법이었을 것이다. 아마도 후에 일련의 외래 치료법들이 이집트 토착 치료법에 추가되었을 것이다. 이러한 외래 처방전들은 이집트가 북쪽으로는 지중해 나라들과 남쪽으로는 누비아 사람들과 자유롭게 접촉하던 주전 1850-1550년 어간에 이집트로 도입되었다고 보는 것이 안전할 것이다. 그 기간 동안에는 무역이 번창했고, 많은 이주자들이 이집트에 정착했기 때문이다.

L32에 적힌 치료법(11.4-6)은 구체적으로 주전 1715년경 나일 강 삼각주 동부 지역에 창궐했던 발진티푸스 종류의 전염병과 연결될 수 있다. 이 문서는 그 병이 아시아 사람들로부터 유래한 질병 같다고 주장한다. 그 병은 환자에게 소변과 기타 다른 약물들을 투여할 때, 미노스에 언급된 한 공식 처방 덕분에 치유된 것으로 알려진다. 이것은 우리가 아시아인들이 퍼뜨린 질병이 창궐한 후에 기록된 이집트 처방전 L34-L61의 추정 연대의 범위를 좁힐 수 있음을 의미한다. 즉 L34-L61이 주전 1715년 이후(그리고 주전 1550년 이전)에 기록되었음을 의미한다.

이런 식의 연대 추정을 지지하는 부가적인 자료가 더 있다. L55(15.8-10)의 처방전은 화상 처방전들 중 하나인데, 성경에 기록된 이집트의 첫째, 셋째, 넷째 재앙들과 관련된 것처럼 보인다. 이 단원은 세 부분으로 나뉘어 있는데 다음과 같이 풀어쓸 수 있다.

1. 진단. 이 경우에는 붉은 물에 의한 화상임.

2. 주문 암송. 이 경우에는 피부 상태를 재확인하면서, 피부에 생긴 흠들과 해충의 출현을 향해 "물러가라"는 주문을 암송해야 함.

3. 치료법. 이 경우에는 샘물에서 나온 진흙을 나무진과 황토, 염료, 소의 지방(脂肪), 밀랍과 섞어서 약을 만들어 사용할 것.

달리 말하면, L55는 불그스름한 물로 입은 화상을 다루는 치료전이다. 그것은 하얀 흔적을 남기고 애벌레를 증식시키는 곤충들로 인해 전염될 수 있다. 그런데 이 불그스름한 물이 물고기를 죽였던 바로 그 물이다. 사람들이 마시지 말라고 금지한 바로 그 물이다. 그리고 나중에는 개구리들을 제방 위로 몰아내 거기서 죽게 만든 바로 그 물이다. 우리는 또한 이 치료법이 주전 1715년 이후에 그리고 힉소스족의 이집트 통치가 종식되기 전에, 즉 성경에 기록된 재앙들이 발생했던 시기 즈음에 기록되었다는 것을 알고 있다. 끝으로 덧붙일 말은, 이 화상치료법 기록은 화상을 치료하기 위해 고안된 많은 다른 치료법들의 한 부분으로 분류되어 포함되어 있다는 점이다. 다시 말하지만 그 모든 부류의 화상 치료법들은 주전 1715년 이후에, 즉 힉소스의 지배가 있던 시기, 곧 이집트의 재앙들이 발생하던 시기와 비슷한 시기에 기록되었다는 것이다. 이런 일치들 외에 우리가 우연처럼 보이는 또 다른 연대기적 일치의 상황을 찾아야 할까?

하지만 이러한 문서들 중 어느 것도 이집트의 재앙들이 실제로 발생한 연대를 제공하지는 않는다. 우리가 이제 어떤 자료를 더 뒤져야 할까? 다행히도 우리에게 희망을 던져주는 문서가 하나 더 있다. 첫째 재앙에 언급된 그 붉은 물을 언급하는 『이푸웨르 파피루스』(*Ipuwer Papyrus*)다. 그것은 슬프게도 에게 해 지역 사람들이 더 이상 이집트와 무역을 하지 않는다는 점을 주목한다(Ip. 3.8). 이푸웨르의 진술은 고고학적 발굴에 의해서도 확증된다. 고고학자 피터 워렌이 자세히 기술하였듯이, 에게 해/미노스 문명이 주전 1750년부터 그 이후 긴 시간 동안 남긴 유물들은 수없이 많았지만, 주전 1600/1525년경에는 그 수치가 거의 무(無)에 가까울 정도로 뚝 떨어진다.*

양 문명 사이의 교역이 거의 그친 시기였던, 즉 좀더 이후의 시대들로부터 유래하는 고고학적 유물들이 있다. 그것들은 아모세 왕 소유의 도끼와 그의 어머니 아호테프(Ahhotep) 소유의 단검이다. 이런 물건들은 이집트와의 전투에서 패배한 힉소스족 지배자들이 아바리스를 비우고 철수하던 무렵에 아마도 이집트 사람들이 아바리스에서 노획한 전리품이었을 것이다.

한 가지는 확실하다. 산토리니 화산 폭발 이전에 융성했던 그리스와 이집트의 교역은 거의 끝났다는 점이다. 그리고 또 하나 분명한 사실은 재앙들과 혼돈의 시기를 다루고 있을 뿐만 아니라, 성경에 기록된 재앙들의 시기와 적어도 두 가지 점에서 일치하는 연대기적인 단초를 가진 이 『이푸웨르 파피루스』는 확실히 자세히 연구할 가치가 있는 자료라는 점이다.

- Peter Warren, "Minoan Crete and Pharaonic Egypt," in *Egypt, the Aegean and the Levant* (1995).

표 11.1. 산토리니 화산 폭발, 성경 이야기, 이집트의 병행 자료들

사건	성경 이야기
화산 구름이 나일 강 삼각주에 도달했다. 화산재 부산물들이 물을 붉게 물들이며 산패시켰고 물고기들을 죽였다.	청동색 하늘과 유사한 흑암이(시 105:27-28) 먼지를 쏟아 내린다(신 28:24). 나일 강이 붉은색으로 변했으며, 물고기들이 죽고 사람들은 물 마시기를 거부했다(출 7:14-25; 시 78:43-44; 시 105:29).
양서류 동물들이 육지로 쫓겨나게 될 때까지 저항하다가 육지에서 죽는다.	개구리가 제방으로 올라왔다(출 8:1-15; 시 78:45; 시 105:30).
곤충들의 알들이 죽은 동물들 안에서 부화된다.	벌레들이 쇄도한다(출 8:16-20; 시 78:45; 시 105:31).
전술한 알들로부터 나온 유충이 성충이 된다.	파리 떼가 몰려온다(출 8:21-25; 시 78:46; 시 105:31).
화산재로 시작된 핵겨울이 폭풍과 같은 심각한 기후 변동을 야기한다.	시골 지역은 폐허가 된다. 죽은 소 떼, 훼손된 무화과나무와 포도나무가 시골길의 정경을 이룬다(출 9:1-7; 신 28:16-18, 28-31, 39-40; 시 78:47-48; 시 105:32-33).
재로부터 떨어져 내려온 산성 입자들이 옥외에 있던 인간들과 농물들에게 화상을 입힌다.	인간들과 동물들이 종기로 뒤덮인다(출 9:8-12; 신 28:27, 35).
핵겨울이 계속되면서 더 많은 기후 변동이 일어난다.	우박이 아마와 보리를 파괴한다(출 9:13-35; 신 28:16-18, 28-31, 39-40).
높은 습도는 벌레, 곰팡이, 메뚜기 같은 해충을 증식시킨다.	메뚜기와 벌레들이 들판으로 몰려온다(출 10:1-20; 신 28:38, 42; 시 78:46; 시 105:34-35).
화산은 두 번째 분출 단계로 들어간다. 이집트로 이동할 화산 구름을 분출한다.	만질 수 있는, 질식시킬 듯한 구름이 나타난다(출 10:21-29; 신 28:28-29; 시 18:7-20; 시 46:2-8; 시 68:8-9; 시 78:49; 시 97:1-5).
이집트인들이 자신들에게 분노한 신들을 달래기 위하여 가장 소중한 것을 제사로 바친다.	사람의 장자들과 동물의 초태생들이 죽는다(출 11:1-13:16; 시 78:50-51; 시 105:36; 시 136:10).

(계속)

이집트 이야기	이집트 기록들
거대한 소음 후 나일 강 삼각주에 이상한 비가 내린다.	『린드 수학 파피루스』 87(힉소스 왕조 시대, 주전 1675-1567년?)
하늘로부터 재앙이 땅 위로 떨어진다.	『엘-아리쉬 내실 문서』(프톨레마이오스 왕조 시대, 주전 330-30년)
바람들과 파도가 삼각주를 진흙으로 바꾼다.	『해리스 마술 파피루스』 P, Q 주문(-주전 1300년)
투티마이오스 왕처럼 신들이 분노한다.	『아피온 반박』 1.14(-주전 75년)에 인용된 마네토(-주전 300년)의 진술
쓰라린 눈에 대한 치료법들	『에버스 파피루스』 336-431(-주전 1535년)
화상에 대한 치료법들	『에버스 파피루스』 437-450, 482-542
	『런던 의학 파피루스』 46-61(-주전 1350년)
붉은 강물로 입은 화상 치료법만 취급	『런던 의학 파피루스』 55
붉은 강물로 생긴 화상 안에 벌레가 생긴다.	『런던 의학 파피루스』 55
유별나게 추운 날씨	『엘-아리쉬 내실 문서』
화상에 대한 치료법들	『에버스 파피루스』 437-450, 482-542
	『런던 의학 파피루스』 46-61
유별나게 추운 날씨	『엘-아리쉬 내실 문서』
흑암	『엘-아리쉬 내실 문서』
기침과 천식과 눈에 대한 치료법들	『에버스 파피루스』 305-335, 336-431
아모세와 오누의 인신 희생제사	『금식에 관하여』(De abstinentia) 2.55(-주후 275년)
힉소스의 신 세트에게 인신 희생제사(테케누)가 드려지다.	『레크마이어의 무덤』(-주전 1430년)

제12장

이집트 병행 자료들

자유를 향한 이집트인들의 항쟁

산토리니 화산 폭발의 여파를 반영하는 이집트인들의 기록을 찾아가는 동안 두 가지 이야기가 나타났다. 그런데 그 둘은 동일한 동전의 양면과 같은 관계이기 때문에 결국 하나의 이야기인 셈이다.

두 문서는 오랫동안 알려져 왔다. 하지만 대부분의 이집트 문서들처럼 불행히도 둘 다 불완전하며 군데군데 여러 줄이 망실되어 있는데, 그 문서들이 무시당한 채 방치된 결과일 것이다. 두 문서 모두 그것들이 어떤 맥락에서 기록됐는지를 심삭하는 것이 오랫동안 어려워 보였다. 하지만 그 문서들을 서로 나란히 놓고 함께 읽어보면, 각각의 문서에 등장하는 망실된 줄들에도 불구하고, 하나의 완전한 이야기가 나타난다. 그 문서들은 바로 『이푸웨르 파피루스』와 『아포피와 세케넨레 타오 이야기』(Story of Apopis and Seqenenre Tao, 또는 Papyrus Sallier I)다.

이집트가 혼돈 상태에 빠져 있던 때를 상세히 설명하는 것처럼 보이는 첫째 문서부터 보자. 『이푸웨르 파피루스』는 우리의 연구를 도와주는 유용한 증거 자료를 이미 제공했다. 무엇보다도 이 문서는 황폐화된 이집트의 전체 모습을 제공했다. 이것은 성경에 기록된 재앙들이 이집트를 덮쳤을 때 이집트가 보일 만한 반응이었다. 다른 한편으로 이 문서는 이 재앙들이 발생한 시기를 추정하는 데 도움이 될 세부적인 상황 묘사뿐 아니라, 재앙 사건들의 위력을 재구성했을 때 나타날 수 있는 상황 묘사를 제공했다. 특별히 이 파피루스는 첫째 재앙에서처럼 나일 강이 붉게 되었다고 말한다. 아울러 산토리니 화산 폭발 후의 경우처럼, 이 문서는 에게 해 사람들이 이집트와의 교역을 중단한 때를 언급하고 있다. 이제, 이 정도의 사전적 이해를 갖고 이 문서를 좀더 깊이 연구함으로써 과연 그것이 성경에 기록된 재앙들과 관련된 부가적 정보를 제공하는지 여부를 알아볼 때다.

종종 많은 연구자들이 『이푸웨르 파피루스』가 성경이 말하는 그 재앙들이 덮쳤던 이집트를 묘사하고 있다고 주장했다. 그들은 병행 요소들 중 몇몇을 정확하게 골라냈다. 하지만 더 중요한 부분이 이 논의에서 빠져 있었다. 즉 이집트 재앙들의 유기적 재구성, 힉소스족의 이집트 지배 역사의 재구성, 그리고 동부 지중해 건너편에 있는 산토리니 화산 폭발 직후 상황에 대한 재구성이 안 된 상황에서 단선적인 병행 현상들만을 지적한 것이었다. 이집트 재앙들이라는 총체적 사건들과 그것이 초래한 역사적 사건들의 재구성이 이뤄지지 않은 상황에서 이집트 재앙들의 물리적·역사적 본질을 증명하는 것은 불가능하다.

먼저 『이푸웨르 파피루스』가 어떤 점에서 우리의 연구에 결정적인 도움이 되는지를 규명하려면 그것이 정확하게 어떤 성격의 문서인지를 연구해야 한다. 이 문서는 진짜 이름은 없는 대신 여러 가지 다른 이름들로 불렸다. 앨런 가디너 경(Sir Alan H. Gardiner)은 1909년에 그 문서를 처음으로 자세하게 연구한 사람으로, 그 문서를 "레이든 소장 신관 파피루스에 적혀 있는 한 이집트 현인의 권면들"이라고 불렀다. 그 문서는 또한 "이푸웨르(혹은 이푸—웨르)의 권고들", "이푸웨르와 '만유의 주군(主君)'이 나눈 대화" 등으로 알려졌다. 편의상 이 책에서는 그 문서를 『이푸웨르 파피루스』라고 부른다. 그 문서는 네덜란드의 레이덴 대학교 박물관에 전시되어 있으며, "레이덴 파피루스 I 344"라는 이름으로 등재되어 있다. 그 문서는 파피루스의 앞 면(recto)에만 있고, 이 특별한 문서의 유일하게 알려진 사본이다.

그 문서가 언제 기록되었고, 무엇을 말하려고 하는지는 앞으로 해결해야 할 문제이지만, 한 가지는 확실하다. 이푸웨르라는 인물이 이집트가 재난에 뒤덮여 있었을 때―그때가 언제인지를 밝히는 것은 어렵지만―의 상황에 관하여 말한다는 것이다.

이 문서의 첫 부분은 망실되었다. 아마도 첫 부분은 문서를 기록한 필사자의 이름과 그 문서가 기록된 연도와 그것이 또 하나의 원본으로부터 베껴 쓴 것인지의 여부와 같은 정보를 담고 있었을 것이다. 우리는 그리한 사치스런 정보를 누리지 못하고 있다. 실상가상으로 현존하는 본문은 여기저기에 망실된 부분을 가지고 있다.

이 본문이 원래의 것이 아니고, 이전의 어떤 것을 베낀 것이라는 사실은 확신할 수 있다. 이 텍스트는 주전 1200-1075년경에 한 필사자가 필사한 것이다. 그런데 그는 마치 그가 베끼고 있는 필사본의 원래 단어들을 읽지 못하는 것처럼 몇몇 군데에 빈 여백을 남겨두었다. 만일 그 필사자가 원저자였다면, 빈 칸들을 남겨두지 않고 모든 문장들을 다 채웠을 것이다. 덧붙여 말하면, 그 문서는 미노스 문명을 지칭하는 단어로 알려진 케프티조(Keftjw)를 언급한다. 하지만 필사자가 이 문서를 필사했을 그 당시는 그리스도 소위 암흑기를 보내고 있었다. 설상가상으로 이집트 문서들에서 발견되는 케프티조에 관한 초기 언급들은 주전 1350년경 있었던 아멘호테프 3세의 장례식이 열린 신전 도시 명단 부분에서 멈춘다. 만일 그 필사자가 원본 저자였다면, 그는 시대착오적 기록을 남긴 셈이 되었을 것이다. 왜냐하면 다른 이집트 기록들은 150

년 이상 동안이나 그 단어(*Keftjw*)를 사용하지 않았기 때문이나.

연대도 다소 불분명하다. 가디너는 문서에 서술된 땅의 혼돈스러운 상태는 고대 이집트 역사의 소위 첫째 중간기(~주전 2200-1950년)에 발생했던 역사적 사건이었다고 가정했다. 처음에는 대부분의 학자들이 가디너의 의견에 동의했다. 그러나 또 다른 일군의 학자들은 더 늦은 연대를 제시했다. 단어들의 선택, 압제하는 외국인들에 대한 계속적인 언급, 그리고 "메드자이"(Medjay)*에 대한 언급 등에 비추어볼 때 소위 두 번째 중간기(주전 1789-1567년)에 일어난 일로 보아야 한다는 것이다. 존 밴 세터스(John Van Seters)는 그 문서의 기원을 이 연대 안에서 찾으려는 진지한 시도를 최초로 한 학자로 평가될 수 있다.**

다음으로 『이푸웨르 파피루스』의 내용 문제다. 가디너는 이것이 진짜 일어났던 사건들에 관한 묘사라고 보았지만 반면에 다른 학자들은 『이푸웨르 파피루스』를 인생의 의미를 논한 철학자인 척하는 저자가 쓴 문학 작품의 일부로 치부한다. 그런데 이 문서의 내용을 파악하는 것이 꽤나 복잡한 일임을 주지시킨 한 사태가 일어났다. 이 문서의 내용에 관심을 기울였던 임마누엘 벨리코브스키(Immanuel Velikovsky, 1859-1979년)가 그 문서를 "공중 납치한" 것이다. 불행히도 그는 『이푸웨르 파피루스』와 관련한 논쟁에 지대한 영향을 끼치는 결과를 가져온, 실로 터무니없고 어이없는 진술들을 했다. 그는 이 문서가 지구가

● 고대 이집트인들이 수단 북부의 한 지역을 일컬을 때 사용한 지명으로, 고대 누비아인이 거주하고 있었다. 그들은 나중에 고대 이집트 군대에 병합되었다—옮긴이.

●● John Van Seters, *The Hyksos* (1966).

금성과의 충돌을 가까스로 모면했던 사건에 관한 이집트의 기록이라고 주장했다.

어쨌든 그 문서는 무시무시한 궁지에 내몰린 이집트를 그리고 있으며, 언뜻 보았을 때 성경의 이집트 재앙 기사에 나타난 재난들과 유사한 여러 가지 재난들을 열거하고 있다.

실존했던 인물이건 혹은 문학적 창작으로 만들어진 인물이건 간에 상관없이, 이 문서에 나오는 이푸웨르는 이집트 왕의 최측근 신하로 묘사될 수 있으며 "만유의 주군(土君)"으로 불리는 상력한 수군에게 언제든지 접근할 수 있었던 사람이다. 이푸웨르는 땅이나 백성들의 상황을 왕에게 보고할 사명을 부여받았던 인물이었다. 그의 보고는 논리적이며 단계적인 방식으로 전개된다. 이푸웨르는 우선 나라의 위기 상황을 타개하기 위해 즉각 모종의 조치가 취해져야 한다는 것을 주군에게 확신시키기 위해 나라의 현황을 소개했다.

이푸웨르는 가장 먼저 일련의 재난 목록을 기록했는데, 예를 들어 전적인 무법상태 같은 재난을 먼저 기록했다. 다음으로 그는 그런 사건들이 어떻게 이집트에서 일어난 것인지를 스스로 물었다. 그 다음 이푸웨르는 사회의 기층 구조들이 붕괴되어 이제 더 이상 나라를 지탱할 수 없게 된 상황을 묘사했다. 잠시 후에 이푸웨르는 왕에게 이집트의 영광스러운 과거를 상기시켰다. 이집트는 식량과 물질적 부가 가득했던 나라였으며 그래서 만민의 부러움을 샀던 나라였다는 것이다. 그러고 나서 이푸웨르는 왕이 이집트를 구할 수 있는 방책을 은근히 제시한다. 예를 들어 그의 주군이 메드자이 같은 동맹국에 의존함으로써 이집트를 구원해야 할 것이라고 은근히 제안했다. 마지막으로 이푸웨르는 이집트 땅에 일어난 대규모 재난들의 원인이 이집트를 점령하고 있는 이민족들이라고 진단했다. 그는 자신의 주장을 예시할 목적으로 이야기를 하나 들려주려고 한다. 하지만 불행히도 그 문서는 이 지점에서 찢어져 버렸기 때문에 그가 들려준 이야기의 세부 내용은 알 수 없다.

　비록 많은 학자들이 『이푸웨르 파피루스』를 철학적 혹은 우화적 문학의 일부로 여기지만, 우리는 반드시 그 작품을 역사적으로 이해하는 입장을 선택해야 한다. 결국 문서에 언급된 재난과 위기 상황들은 이집트의 현실에 뿌리를 둔 것들이기 때문이다. 이푸웨르는 인간 일반의 문제가 아니라, 이집트의 문제들에 대하여 말한다. 『베를린 파피루스 3024』(Berlin Papyrus 3024)에 있는 『사람과 그의 영혼의 대화』(The Dialogue of a Man and his Soul)와는 달리, 여기서는 고통 그 자체에 대한 언급이 없다. 이와는 대조적으로 구체적인 나라인 "이집트"가 파괴되고 있으며, 그 사태를 이민족 점령자들 탓으로 돌리는 책임 전가와 그들에 대한 비난이 반복적으로 언급된다. 만일 그 작품이 철학적인 것이었다면, 그 비난은 "선한 힘"과 싸우는 "악한 힘"을 겨냥했을 것이다. 『이푸웨르 파피루스』가 기록된 이집트의 역사적 맥락을 고려해보면, 만일 그 작품이 철학적인 것이라면 "언쟁하는 신들" 또한 언급되어야 했을 것이다. 사실상 『이푸웨르 파피루스』가 필사되고 있었을 때, 신들 사이의 싸움(호루스 대 세트)을 담은 신화에 대한 필사도 여전히 왕성하게 이뤄지고 있었고 따라서 그것은 이집트 사회의 일반적인 토론 주제였을 것이다. 그래서 『이푸웨르 파피루스』가 신들의 싸움에 대한 진술을 담고 있다고 하더라도 그것은 시대착오적인 일이 아니었을 것이다. 하지만 그런 싸움은 『이푸웨르 파피루스』에 서술되어 있지 않다. 문서는 전적으로 실용적이다. 그것은 나라가 처한 위기 상황을 그대로 드러내고, 그런 비참한 상황을 과거의 영광스러운 상황과 비교함으로써 나라가 더 나은 상태로 개선되어야 한다는 당위성을 역설하며, 마지막으로 그 목표를 성취할 방략을 제시한다.

게다가 이푸웨르가 그의 주장을 예를 들어 설명하기 위해 그의 주군에게 들려준 이야기를 담고 있었을 문서의 꼬리 부분이 망실되었다는 사실 자체가 의미하는 바가 매우 크다. 시작부터 점점 단계적으로 전개된 문서의 이 지점에서 하나의 이야기를 들려주는 것은 『이푸웨르 파피루스』를 역사적 문서로 보고 해석하려는 시도와 충분히 밀접하게 판린된다. 틀림없이 이집트 왕의 조신 이푸웨르는 이집트가 이전 혼돈 시대의 무질서로부터 어떻게 영광스러운 나라로 재탄생되었는가를 다룬 몇몇 이야기를 들려주었을 것이다.

거의 틀림없이 그는 이집트를 재통일시키고 이집트인 왕들이 이끌어간 제11왕조를 여는 데 기여했던 군사 지도자들 이야기를 가장 먼저 들려주었을 것이다(주전 2100년경). 아니면 그는 이집트의 나머지 지역이 혼돈과 기근으로 황폐해졌을 때, 자신의 영지를 번영케 했던 안크티피(Ankhtify, 주전 2150년경) 같은 지방의 군사 지도자들의 이야기를 들려주었을 것이다.

이푸웨르가 자신의 주군에게 보고하듯이, 땅의 상태는 이집트가 얼마나 무시무시한 재난에 직면해 있는가를 보여준다. 나라는 대혼란에 빠져 있다. 강도들, 살인자들, 유괴범들, 소 도둑, 그리고 벼락부자들이 나라를 헤집고 다닌다. 나라를 지탱했던 사회적 계급 질서는 붕괴되었고 하층 계급이 정상적인 경우에는 누릴 수 없었던 이익들을 즐기고 있다. 재산에 관한 기록들은 파괴되었고, 정당한 소유자가 아닌 사람들이 땅과 건물에 대한 소유권을 주장하고 나선다. 약간의 부(富)가 남아 있긴 하나, 굶주림이 나라 전체를 위협한다. 무역은 중단되었다. 피난민들의 천막이 국토 전역에 걸쳐 세워지고 있다. 게다가 나라는 나일 강 삼각주 지역에 사는 이민족들이 가해오는 심각한 위협들에 직면해 있다. 왕국의 책임 있는 당국자들은 무력감과 굴욕감에 젖어 있다. 심지어 왕실 가족들의 무덤이 약탈되고 있는데도 그들은 아무것도 할 수 없다. 상황이 너무 처참해서 많은 이집트인들이 악어가 기다리고 있는 나일 강에 뛰어들어 자살을 감행한다.

이런 일련의 시나리오는 성경의 이집트 재앙 기사들에서 묘사된 분위기와 아주 잘 어울리기 때문에, 많은 사람들이 분명하게 결론을 내린다. 『이푸웨르 파피루스』는 성경에 있는 이집트 재앙 이야기에 완벽하게 상응하는 이집트 판본 재앙 이야기라는 것이다.

우리는 이미 『이푸웨르 파피루스』가 붉은 나일 강과 그 강물을 마시지 않겠다고 말하는 사람들을 언급했다는 것을 확인했다(Ip. 2.10). 이 부분에 있는 이푸웨르의 진술이 성경 본문과 꽤 유사하기 때문에 첫째 재앙 기사의 정확한 이집트 병행 자료처럼 보인다. 이집트어 문서와 히브리어 문서 둘 다 붉은 강과 이집트인들이 그 붉은 강물을 마시지 않았다는 사실을 언급하고 있기 때문이다.

그렇다면 사건은 종결되었는가? 전혀 아니다. 우리는 이푸웨르가 붉은 나일 강에 대해 말했을 때 그가 정확히 무엇을 의미했는지를 알지 못하기 때문이다. 이푸웨르는 우리가 알고 있는 이집트의 첫째 재앙과 다른 "붉은 나일 강" 상황에 대하여 쓰고 있는 것인지도 모른다. 첫째,

성경의 "붉은 나일 강" 사건은 일련의 후속적 재앙들의 첫 시작이었다. 하지만 이푸웨르는 많은 재난들 중에 하나로 "붉은 나일 강" 사태를 수록하고 있을 뿐이다. 이제까지의 분석에 따르면 성경의 붉은 나일 강은 물에 떨어진 화산재 때문이었다. 하지만 이푸웨르는 화산재를 언급하는 것 같지 않다. 그래서 우리는 이 점에서 이푸웨르의 시대에 나일 강을 붉게 만든 것이 무엇이었는지를 알지 못한다.

이푸웨르가 죽어가는 이집트를 묘사하기 위한 은유를 사용했을 수도 있을 것이다. 혹은 그는 제방 근처에서 죽은 사람들의 피와 강물로 뛰어들어 자살한 사람들의 피로 인해 강이 더럽혀졌다는 것을 나타내려고 했는지도 모른다.

만일 이푸웨르가 "붉은"색 나일 강이라는 은유를 사용해 죽어가는 이집트를 묘사하려고 의도했다면, 그것은 달과 관련된 통속적인 표현과 유사하게 들렸을 것이다. "달이 지구에서 일어난 일을 본 것 때문에 얼굴을 붉힌다"는 말은 흔히 듣는 표현이다. 물론 달은 얼굴을 붉히지도 않으며, 또 지구에서 일어나는 것을 볼 수도 없다. 단지 의인법적 용어로 물리적 현상을 묘사하고 있을 뿐이다. 마찬가지로 이푸웨르가 제방을 따라 강이 길게 늘어진 지역에 살고 있는 사람들의 행동에 수치심을 느꼈다는 것을 표현하기 위해 "얼굴을 붉힌 나일 강"과 같은 은유를 사용했을 수도 있다는 말이다. 우리가 보고 있는 이 비유적 표현은 물리적 현상을 인간의 본성을 반영하는 방식으로 설명하는 의인법인 셈이다.

하지만 "붉은 나일 강"이라는 표현을 은유로 보자는 제안은 억지스럽다. 이푸웨르의 진술은 매우 구체적이며, 또한 고매하고 비의에 찬

담론과는 거리가 먼 구체적인 진술들의 맥락 안에 들어 있다. 그 조신은 서로 죽고 죽이는 사람들, 왕들의 무덤을 파헤치는 강도들, 사유지를 마음대로 돌아다니는 부랑자들, 고의적으로 파손된 왕실 공문서, 원소유자의 재산 소유권을 파기하기 위한 부랑아들의 사일로(silo) 강탈 등에 관해 말한다. 따라서 만일 "붉은 나일 강"이 순전히 은유적 표현이라면, 그것은 은유가 아닌 진짜 사건들을 묘사한 문서의 나머지 부분과 조화되지 않을 것이다.

이러한 이유로 우리는 강의 붉은색이 시적 은유라고 보는 입장을 받아들이지 못한다. 그러면 문제는 "강물이 (붉은) 색깔을 띠게 만든 원인은 무엇이었는가?"를 다시 추적하는 일이다. 나일 강에 던져진 죽은 사람의 피 때문이었는가? 성경에 기록된 재앙들을 일으켰던 바로 그 화산재 때문이었는가? 아니면 다른 원인들 때문이었던가?

이 파피루스에 따르면 강은 침대에서 평화롭게 죽은 것이 아니라 살해당한 채 그곳에 내던져진 사람들의 사체를 나르고 있었다. 사람들은 심지어 강으로 뛰어들어 자살했다(Ip. 2.5-7, 12). 하지만 나일과 같은 거대한 강은 말할 것도 없고, 작은 강 하나를 붉게 물들이는 데도 엄청난 양의 피가 필요했을 것이다. 따라서 피는 붉은색 강물의 원인이 될 수 없었을 것이다.

아마도 그 원인은 어떤 염료였을 수도 있다. 그 염료는 우리가 성경의 재앙들의 원인으로 지적했던 화산재와 다르다. 이푸웨르 시대에 폭발적으로 증식한 민물 조류들이 있었더라면 염료가 강물을 오염시킨 것에 대한 해결책이 될 수도 있었을 수 있다. 그러나 이푸웨르 시대는 염료 같은 산업 폐수가 강을 오염시킬 수 없는, 산업혁명 이전 시대였다. 마찬가지로 오늘날 공장이 배출하는 화학 물질에 의한 수질 오염은 이푸웨르가 묘사하고 있는 것과 같은 거대한 얼룩과 흔적을 야기하지 않았을 것이다(맥주 양조장, 아마포 작업장, 자줏빛 염색 공장 등등). 그렇지만 피에스테리아 같은 유기체들의 광범위한 증식이 강물 색깔을 붉게 변하게 했을 가설이 당장 배제될 수는 없다.

사실 위에서 제시된 모든 가능한 설명들 중 화산재 가설만이 유일하게 존립할 수 있는 설명을 제공한다. 붉은 나일 강을 언급하기 전에, 이푸웨르는 이상한 진술을 한다. 옷이 계속해서 더럽기 때문에 사람들이 어두운 색깔의 따오기처럼 보인다는 것이다(Ip. 2.8). 학자들은 이 진술이 너무 이상하게 들려서, 그것이 생생한 현실에 대해 말하는 문장들의 일부임에도 불구하고, 그것이 은유적인 표현이라고 생각하지 않을 수 없었다.

만일 우리가 나일 강을 산성화시킨 화산재로 된 비를 이 상황에 끌어들인다면 모든 것이 해명될 수 있다. 물에 녹지 않는 어두운 색의 미립자들과 뒤섞인 연분홍색의 물에 잘 녹는 재는 물을 변색시켰을 뿐만 아니라 옷을 얼룩지게 했을 것이다. 미세한 소립자들은 공기 중에 남아 있다가 이슬비처럼 내렸을 것이다. 하지만 이 재는 분출 바로 직후보다 훨씬 적은 양만 공기 중에 남아 있었을 것이므로 흐르는 나일 강물을 붉게 변색시킬 수는 없었을 것이다. 하지만 이집트인이 입었던 하얀 아마포 옷은 미세한 재에 계속 노출되었을 것이며, 따라서 이집트 사람들이 어두침침한 새처럼 보인다고 말하는 이푸웨르의 비유가 정당화될 수 있을 것이다.

더 나아가서 이푸웨르는 화산재 가설 외에 다른 이론으로는 설명될 수 없는 성경의 재앙과 유사한 재난을 보도하는 병행 진술들을 추가적으로 제시한다. 지금까지 남아 있는 파피루스에는 개구리들(둘째 재앙), 기어 다니는 벌레들(셋째 재앙), 곤충들(넷째 재앙), 종기들(여섯째 재앙)에 대한 언급들이 없는 것은 사실이다. 하지만 다섯째, 일곱째, 여덟째, 아홉째, 열째 재앙을 묘사하는 것으로 간주될 수 있는 문단들이 있다. 결론적으로 우리는 이푸웨르가 본 붉은 나일 강은 당시 이집트에 거주하던 히브리인이 목격한 바로 그 붉은 나일 강이라고 단정할 수 있다.

이 이집트의 문서는 황폐해진 농업에 관한 성경 보도와 상응하는 이집트 농촌 길 정경에 대한 묘사를 담고 있다. 이푸웨르는 베어진 나무들(Ip. 4.14), 과일들이 떨어져 아무것도 남아 있지 않는 유실수들, 초목과 곡식 부족 사태에 대해 말한다(Ip. 5.14, 6.12). 소 떼 중 노쇠한 것들은 도태되었고 전혀 돌봄을 받지 못했다(Ip. 5.5, 8.10, 9.2-3). 이푸웨르는 그의 동향인들이 가축 먹이라도 얻기 위해 돼지들과 싸웠다고까지 말하면서, 광범위하고 심각한 기근에 대해서 말한다(Ip. 6.2). 참으로 현실감 넘치는 필체가 아닐 수 없다. 이집트인들에게 돼지는 부정한 동물이었기에, 그 부정한 동물의 코 아래에 있는 사료를 훔쳐가는 일은 오늘날 대소변을 먹고 마시는 것에 상응하는 참혹한 수치였다.

그러므로 이집트인들은 유럽에서 최근 세기에 있었던 극한 재난들(훨씬 더 잘 기록되어 있는 재난)과 동일한 수준의 절망적 재난에 빠져 있었던 셈이었다. 1848-1849년에 오스트리아의 포위 아래 있던 이탈리아의 베네치아에서는 시궁창에 사는 쥐들이 양식으로 잡아먹혔고, 제1차 세계대전 동안 독일의 포위 가운데서도 굴복하지 않고 저항하기로 결심했던 프랑스 베르됭 요새에 있던 프랑스 군인들("결사적 저항군")에게는 소변이 유일한 음료였다.

『이푸웨르 파피루스』에 나오는 또 다른 재앙은 빛의 부재 사태다 (Ip. 9.11). 그의 진술은 아홉째 재앙 혹은 나일 강에 화산재를 쏟아 붓던 좀더 이른 시기의 화산 구름, 그 둘 중에 어느 한쪽의 재앙이 발생하던 시기에 이집트를 뒤덮었던 흑암을 반영하고 있을 수 있다.

이푸웨르가 언급한 빛의 부재 사태가 아홉째 재앙의 화산 구름을 가리키고 있는지, 첫째 재앙의 화산재로 인한 어둠을 가리키는지, 아니면 둘 다를 가리키는지에 대해서는 확실하게 결론을 내릴 수 없다. 그의 진술은 매우 형편없는 상태에 있는 파피루스 부분에서 나온 것이기 때문이다. 그 진술이 나오는 부분의 경우 서의 대다수의 내용이 망실되어 있고 오직 몇몇 흩어진 단어들만이 보존되어 있는 실정이다. 따라서 우리는 빛의 부재 사태가 어떤 맥락에서 언급되었는지 모른다.

우리가 확신할 수 있는 것은 이푸웨르가 성경의 재앙 이야기와 아울러 산토리니 화산 폭발의 여파와 조화되는 이집트의 병행 보도문을 대표하고 있다는 점이다(시 105:28; 출 10:21-23).

성경 이야기에서 열 번째이자 마지막 재앙은 초태생의 대량 학살이다. 『이푸웨르 파피루스』에도 어린이들의 대량 학살에 대한 언급이 있다(Ip. 4.3-4, 5.6, 6.12). 그런데 여기서는 부유한 집안들의 어린아이들이 벽에 머리를 세게 부딪쳐 살해당하는 것으로 묘사된다. 그들의 시체들은 길거리에 방치된다. 이 파피루스는 이 상황을 스스로 슬퍼하며 정녕 이것이 그들을 기다리고 있는 운명이라면 왜 태어났는가를 묻는 어린아이들의 모습을 묘사한다. 어린아이들은 또한 "열망된 자" 혹은 "구하여 기도드려진 자"로 불린다.

두개골을 부서뜨림으로써 어린아이들을 죽이는 야만적인 행동은 오늘날에도 여전히 자행되고 있는 야만적인 폭력과 일관성이 있다. 베르나르도 베르톨루치(Bernardo Bertolucci)의 영화 <1900>은 한 파시스트가 환영받지 못한 한 어린 증인을 제거하는 장면을 보여준다. 20세기 말 알바니아에서 일어났던 내전은 이런 현실의 또 다른 불행한 사례다.

어린아이들의 시체들을 길거리에 던져놓은 것은 편의를 위한 처사였을 수도 있으나, 모든 거리의 통행자들이 그 시체들을 보게 하기 위함이었을 것이다. 어린아이들의 시체를 거리에 던져버리는 행동은 이집트 사람들을 공포로 몰아넣기 위하여 의도된 행동이었거나, 혹은 어린아이들이 희생제물로 바쳐진 경우라면 신의 진노를 누그러뜨릴 적절한 제사가 드려졌음을 보여 사람들을 안심시키기 위함이었을 것이다. 어린아이들이 울며 "왜 이런 일이? 왜 나에게 일어나는가요?"라고 묻는 것은 지극히 자연스러운 반응이었을 것이다.

이푸웨르는 오직 유력한 집안의 자녀들이 당한 죽음만 언급한다. 하지만 또한 다른 집안 자녀들도 이런 상황에 영향을 받지 않을 수 없었을 것이다. 둘 중 어떤 경우라도 이 상황은 희생제사와 밀접하게 연관되어 있다. 마지막으로 이푸웨르는 이렇게 살해당한 아이들을 "열망된 자" 혹은 "구하여 기도드려진 자"라고 부른다. 그 함의는 불임으로 어려움을 겪는 부모들의 아이 낳기를 간절히 원하는 열망을 시사하는 것도 아니요, 혹은 단지 아이 낳기를 원하는 부모들의 일반적 소원을 가리키는 것도 아니다. 그 함의는 아이들이 "요청되어진" 존재라는 것, 종교적 목적을 위해서 요청된 존재, 즉 희생제물로 죽임당하는 존재라는 의미다. 여기서 상정되는 장면은 어린아이들을 제물로 바치는 인신 희생제사가 드려지고 있는 모습이다. 따라서 어린아이들이 단순 살인범이나, 성폭행범 혹은 유괴범에 의해 살해되고 있다고 보는 입장은 배제된다. 결국 『이푸웨르 파피루스』는 열째 재앙의 배경이 되었을 법한 인신 희생제사 상황을 묘사하고 있는 셈이다. 달리 말하면 『이푸웨르 파피루스』는 성경 본문들이 약간 다르게 묘사했던 그 재앙 상황에 부합하는 정보를 제공한다는 것이다. 그렇다면 이 파피루스는 또한 산토리니 화산 폭발과 관련된 부가적 정보를 제공하는가?

우리의 대답은 "사실상 그렇다"이다. 예를 들어 우리는 이 문서가 이집트에서 미노스 무역상들이 더 이상 존재하지 않는 것을 슬퍼하는 상황을 보여준다는 것을 확인했다. 더욱이 이 이집트 문서는 또한 땅의 진동을 가리키면서, 토기를 빚는 물레처럼 변해버린 땅을 묘사하고 있다(Ip. 2.8). 남부 이집트의 일부를 포함하여 도시들이 파괴되었다(Ip. 2.11-12). 튼튼하게 지어진 궁궐들은 황폐화되었고(Ip. 7.4), 농촌 지역도 파괴되었다(Ip. 3.13). 그 결과 사람들은 천막을 친 노숙지로 몰려들었다(Ip. 10.2). 아마도 지진 활동에 대한 증거 중 가장 설득력 있는 증거는 그 해 내내 끊임없이 진동을 느낀 땅의 통증에 대한 이푸웨르의 진술이다. 이 진술은 두 번이나 나온다(Ip. 4.2, 6.1). 피난민들의 천막 거주지에서 살던 이집트 생존자들의 모습은 특별하게 중요한 세부 정보를 전달해 준다. 이집트인들은 자신들이 가옥에서 사는 것을 자랑스러워했던 반면에, 천막에서 살았던 유목민들을 경멸했다. 그런 이집트인들이 천막촌을 형성했다는 사실은 그들에게 달리 다른 대안이 없었음을 의미한다. 따라서 그것은 대참사급 천재지변이 발생했음을 가리킨다.

여기서 우리의 관심은 이 재난이 나일 강 삼각주 지역에 영향을 끼쳤던 산토리니 화산 폭발과 그것에 수반되었던 지진들에 어느 정도로 영향을 받았는지와, 이집트에 열 가지 재앙들을 야기했던 화산 폭발과 별도로 일어난 다른 지진들과는 어느 정도 연결될 수 있는가 하는 문제에 있다.

이집트는 홍해 아래를 지나는 단층 근처에 놓여 있기 때문에 지진이 흔하다. 하지만 지진들이 매일 일어나는 것은 아니며, 심각한 규모의 지진은 더더욱 드물다. 오래 지속되는 지진도 드물다. 『이푸웨르 파피루스』가 묘사하는 "끊임없이 들려오는 우르르 쾅쾅 하는 소리"는 두 번째 단계의 강력한 산토리니 화산 폭발과 매우 잘 어울린다. 첫 번째 단계와 두 번째 단계 사이뿐만 아니라 첫 번째 단계 전에도, 그 첫 번째 폭발 동안에도 내내, 그리고 그 후에도 지진이 발생했을 것이다. 이러한 지진들은 일 년 내내 지속된 지진에 대해 불평하는 이푸웨르의 묘사와 부합된다. 지진은 오랜 시간에 걸쳐서 되풀이해서 발생했을 것이다.

따라서 이푸웨르가 기록한 지진과 관계된 사건들이 두 단계에 걸쳐 발생한 산토리니 화산 폭발과 상관없이 발생한 지진들 때문에 초래되었을 가능성은 극히 희박하다. 그러므로 『이푸웨르 파피루스』의 "지진들"은 나일 강의 물을 붉게 물들게 했던 화산재의 동일한 원천과 연결되어야 한다.

끝으로 이푸웨르는 직접적으로 한 활화산을 언급한다. 매우 뜨거운 불이 "나라의 적들"을 공격했다는 표현이 나온다(Ip. 7.1). "나라의 적들"이라는 표현은 이집트에 현실적인 위협을 가했던 대적을 지칭한다. 이것은 주전 1350-1275년 사이에 이집트를 위협했던 히타이트족이나, 주전 1210-1180년 사이에 이집트를 위협했던 "해양 족속들"(Sea People)

에 대해서 사용된 표현이었다. 물론 이집트를 괴롭힌 불쾌한 다른 대적자들(리비아에서부터 온 약탈자들)이 있었을지도 모른다. 그러나 이들은 이집트의 존재 자체를 위협했던 대적자라기보다는 그냥 성가신 존재 정도였다. 예를 들어 람세스 2세(주전 1279-1213년)는 중부 가나안의 아시아인들이 이집트에 대항하여 무장함으로써 감히 이집트에 혼란을 야기했다고 진술했다. 비록 가나안에서 활약하던 게릴라 전사들이 특별한 걱정거리이긴 했지만, 그 이집트 왕은 그들을 현실적 위협 세력으로 규정하지 않고 단지 불쾌한 사람들로 여겼다. 따라서 이푸웨르가 "나라의 적들"이라고 규정한 적은 단순히 약탈자들 혹은 소규모의 무상한 군대를 가리키기보다는 나라 전체의 존립에 영향을 끼치는 좀더 강력한 적대 세력을 의미한다.

그러므로 여기서 언급된 적은 필사자가 익히 알고 있는 히타이트족 같은 무용을 갖춘 대적자로 간주되었음이 틀림없다. 필사자가 이 파피루스의 원본을 필사하고 있을 때는 이미 그 원본이 여러 조각으로 파손되어 있었다는 사실과, 그 문서를 베껴 쓰던 시점 이전의 수 세기 동안에는 이집트가 결코 적들에게 위협당하지 않았다는 것을 고려해보면, "나라의 적들"로 판명될 수 있는 후보는 단 하나뿐이다. 바로 힉소스족이다. 그들은 주전 1675년경에 이집트를 침입했고, 대략 한 세기 동안 이집트를 지배했다. 사실 이 파피루스가 약탈자들의 소행이라고 규정하는 활동들은 힉소스족의 역사적 면모와 어울린다(Ip. 1.9, 2.2, 2.4, 3.9, 3.12, 3.14, 4.5-7, 9.6, 14.10-12).

그러므로 이 파피루스의 연대는 두 번째 중간기로 추정되어야 하는데, 그중에서도 그 시대의 후반기 어느 한 시기로 설정되어야 한다.

주전 1675-1567년이 추정된 연대 범위다. 달리 말하면 『이푸웨르 파피루스』는 성경의 재앙들과 일치하는 이집트의 상황에 대한 묘사를 제공하고, 심지어 그 재앙들이 일어났을 법한 연대기의 틀까지도 제공한다. 즉 힉소스족의 이집트 점령 시대에 이집트를 덮친 열 가지 재앙이 일어났다는 것이다.

제일 나중에 말한다고 해서 가장 사소한 것은 아닌 법이다. 중요한 것은 이제 이 파피루스가 말하고자 하는 내용이 밝히 드러났다는 점이다. 이푸웨르는 그의 주군에게 힉소스족 아래 있던 이집트의 비참한 상황을 보고하면서 그 점령 세력들을 몰아내기 위한 절호의 기회가 도래했음을 주지시켰던 것이다.

그러나 이푸웨르의 이야기는 여기서 끝나지 않는다. 이푸웨르의 말은 오늘날 대영박물관에 소장되어 있는 또 다른 별도의 기록물과도 아주 잘 들어맞는데, 이 별도의 기록물 또한 우리의 퍼즐 게임을 완료하는 데 기여하는 조각이 되어준다. "BM 10185"로도 알려져 있는 『샐리어 파피루스 I』(*Papyrus Sallier I*)은 재난들을 다루며, 힉소스족에 대항해 일어난 큰 폭동의 발생 배경을 제공한다. 그 문서의 현존하는 복사본은 주전 1225년경에 기록되었고, 힉소스 통치자 아포피에 대항하여 일어난 남부 이집트의 폭동을 야기한 사건들을 묘사했던 좀더 이른 문서의 복사본이었다.

이야기는 이집트, 특히 나일 강 삼각주에 있는 힉소스 왕조의 수도 아바리스가 거대한 재난으로 타격당했다는 사실을 주목하면서 시작된다. 제15왕조의 통치자 아포피는 아바리스의 실권자였으며 세트 신의 독실한 추종자로 묘사되고 있다. 그 문서는 아포피를 "아포피 왕자"라고 부름으로써 나름대로 예우하고 있다. 통치자들의 이름이나 직함에 연결되어 사용되는 표준적인 이집트의 표현인 "생명! 번영! 건강!"이 아포피에게도 사용되고 있다.

그 이야기에 따르면, 아포피는 제15왕조와 동시대에 존재하던 제17왕조의 왕자로서 남부 이집트의 테베를 다스렸던 세케넨레 타오에게 전갈을 보냈다. 그 메시지는 아포피가 세케넨레 타오의 일들에 간섭할 핑계거리를 만들고자 하는 것처럼 보인다. 아포피의 간섭 규모를 최소화할 방략을 얻기 위해, 테베의 왕자 세케넨레 타오는 궁중 참모들을 불러 모아 조언을 구했다. 하지만 이 문서가 불완전하게 보존된 까닭에 여기에는 아포피의 요청에 대한 테베의 응답이 누락되어 있다.

이 문서에서 가장 흥미로운 요소는 나일 강 삼각주 지역에 발생했던 큰 재난에 대한 언급이다. 이것이 성경에 기록된 이집트 재앙에 대해 이집트가 남긴 또 다른 기록일지도 모른다. 그 다음 흥미로운 요소는 이 문서가 힉소스족의 이집트 점령 시대를 다루고 있다는 점이다. 세 번째로 흥미로운 요소는 그것이 아포피에 대한 존숭의 마음을 드러내고 있다는 것이다. 이 힉소스의 지도자는 왕으로 불려진다. 이것은 이 파피루스보다 약간 후대 문서로서, 힉소스족에 대항하는 이집트 해방 전쟁 시기에 쓰인 『카모세 석비들』과는 현저히 다른 어조다. 그 비문들은 세케넨레 타오가 살해당한 후 힉소스족에 대항한 폭동을 이끌었던 그의 맏아들 카모세가 한 말들을 보도한다. 카모세는 그의 적에 대하여 정치적으로 정확한 용어들을 사용하지 않는다. 그는 아포피를 왕자라고 결코 부르지 않으며, 왕을 위해 비는 간청 격문인 "생명! 번영! 건강!"도 결코 사용하지 않는다. 아포피는 기껏해야 "아바리스의 우두머리" 혹은 "시리아의 왕자"로 불린다. 아포피는 또한 "아시아인", "그", "그를", "악한 아시아인"으로 불린다. 또한 간결하게 "아포피"라는 이름으로 불린다.

그 석비들의 기록에서는 한 조각의 존경심도 그에게 표명되지 않는다. 따라서 『샐리어 파피루스 I』은 반드시 힉소스족에 대한 이집트 인들의 폭동이 일어나기 전에 쓰여졌다고 믿어야 한다. 그것은 거대한 자연 재난이 이집트를 강타하고 이집트가 힉소스족에게 지배당하던 어떤 시점에 아포피의 요청에 대해 세케넨레 타오 진영이 테베에서 기록했던 공식 기록처럼 보인다.

아마 가장 중요한 정보는―우리가 아는 한 결코 학계에 보고되지 않았던―이푸웨르의 진술들이 『세케넨레 타오와 아포피 이야기』와 완전히 조화된다는 것이다. 이 두 문서를 함께 나란히 놓고 읽어보면 힉소스 왕조(주전 1675-1567년) 동안의 어느 한 시점에 성경에 기록된 재앙들로 인해 타격을 받고 무력해진 이집트에 관한 일관성 있는 그림이 나타난다. 그 두 이야기들이 서로 꼭 들어맞는다는 사실은 또한 힉소스 점령자들을 몰아내기 위해 이집트인들이 벌인 폭동의 전개 과정에 관한 질문들에 대답을 준다.

이 두 이야기들을 함께 조합해보면, 우리는 북부 이집트가 큰 곤경에 빠져 있던 시기의 한 시점에 아포피가 테베의 지도자 세케넨레 타오에게 보낸 메시지를 볼 수 있다. 그 메시지는 혼란을 유도할 의도를 가진 일종의 덫이었다. 만일 테베의 지도자가 힉소스에 대해 복종하지 않는다는 징후를 보여준다면, 아포피는 드디어 그를 공격할 구실을 찾은 것이었다. 하지만 전쟁을 치르지 않고 테베를 복종시키는 데 성공할 수 있다면 그것이 북부 이집트의 힉소스 지배자 아포피에게는 훨씬 더 나았을 것이다.

아포피의 전갈에 숨어 있는 덫을 감지한 세케넨레 타오는 그의 참모들의 의견을 물었다. 『샐리어 파피루스 I』은 이 조언을 구하는 상황을 비교적 자세히 묘사한다. 그러나 그 문서는 참모들의 대답들을 제공하지 않는다.

바로 이 공백을 『이푸웨르 파피루스』가 메워준다. 조신 이푸웨르는 그의 주군에게, 즉 세케넨레 타오에게 히소스 왕국의 상태와 화산폭발에 의해 돌발한 재앙들을 포함하여 그 땅의 상황을 종합적으로 보고했다. 이푸웨르가 지적했듯이, 이집트는 이민족 지배와 무정부상태 사이에서 찢어졌고, 그런 상황에서도 어머니 같은 대자연은 이집트를 향해 전쟁을 선포했다. 혹은 어쩌면 힉소스 점령자들을 향해 전쟁을 선포한 것이었는지도 모른다.

이푸웨르가 보기에는 지금이야말로 이집트 사람들(특히 세케넨레 타오)이 힉소스 왕국에게 임한 재난을 기회삼아 그 이민족을 축출해야 할 때였다. 암묵적이고 명시적인 이푸웨르의 메시지는 통치자의 결정에 깊은 영향을 주려는 데 주안점이 있었다. 결국 세케넨레 타오는 힉소스족에 맞서 전쟁을 일으켰다. 그는 전쟁중에 살해당했지만, 결국 그의 아들 아모세가 힉소스족을 몰아내고 이집트를 통일하는 새 왕조의 왕이 되는 길을 열어주었다.

『샐리어 파피루스 I』과 『이푸웨르 파피루스』에 대한 부록 격으로 우리는 이 사건 뒤에 잇따라 일어난 사건들을 기록한 『카모세 석비들』과 『폭풍우 석비』를 추가할 수 있다. 몇 년 후 카모세는 힉소스족에 맞선 폭동 전쟁을 지휘하는 책임을 아버지로부터 계승했고, 아바리스를 직접 위협할 정도로 강해졌다. 그러나 카모세가 힉소스족을 위협할 즈음에는 아바리스가 다시 강해져 있었다. 카모세가 죽자마자 카모세의 아우 아모세가 대신하여 폭동 전쟁을 지휘했다. 이 전쟁의 막바지에 이르러 혹은 바로 직후에 맹렬한 폭풍이 아모세의 본거지인 남부 이집트에 피해를 줬다. 이 새로운 지도자는 전쟁에 의해서건 자연에 의해서건 발생된 모든 피해들을 복구하도록 명령했다.

우리는 이 퍼즐 맞추기에서 비어 있는 칸 하나를 채울 수 있는 퍼즐 한 조각을 확보할 수 있다. 그것은 『린드 수학 파피루스』다. 재위 10년째의 마지막 시점에 병발했던 열 가지 재앙에 직면했던 그 익명의 이집트 통치자는 아포피였다. 역으로 이 정보는 다음 차례로 그 재앙들이 일어났을 법한 연도의 범위를 더욱더 좁게 한정할 수 있게 한다. 아포피는 힉소스 왕국의 후반부(주전 1675-1567년) 어느 때에 통치했다. 그의 재위 10년째 되던 해 마지막에 재앙들이 발생했으므로, 그것들은 주전 1611년 이후 또는 그 즈음에 발생했음이 틀림없다. 우리는 또한 재앙들이 『카모세 석비들』이 새겨지기 전에 발생했다는 것과, 그가 주전 1581년경에 죽었다는 것을 안다.

역사적·고고학적·성경적 자료에 근거한 지금까지의 이 분석은 여기서 한계에 도달한다. 이 자료들은 이집트의 재앙들이 발생했을 "가능성이 큰" 연대기 범위만 제공한다. 바로 주전 1611-1581년 사이의 어느 한 시점에 그 재앙들이 발생했다는 것이다.

그래서 이제 우리는 두 가지 선택의 기로에 놓여 있다. 아직까지는 주목할 만한 것이 별로 없어 보이는 다른 자료를 살펴볼 것인지 아니면

이 가능성이 큰 연대기적 범위에 일단 만족해야 할 것인지를 결정해야
한다. 우리는 후자를 선택한다.

표 12.1. 산토리니 화산 폭발, 성경 자료, 이집트 자료 비교

사건	성경 이야기
산토리니 화산이 폭발하고 그 화산 구름이 나일 강 삼각주에 도착한다. 화산재 부산물은 강물을 변색시켰고 물을 산성화함으로써 물고기들을 죽였다. 개구리들은 자신들이 죽을 육지로 쫓겨날 때까지 저항한다. 죽은 개구리들은 곤충들의 증식을 위한 비옥한 토대가 된다. 곤충들의 알들이 죽은 동물 몸에서 부화되고 후에 성충이 된다.	청동색 하늘과 유사한 흑암이 먼지를 땅으로 쏟는다. 나일 강은 붉게 물들고 물고기들은 죽었으며 사람들은 물 마시기를 거부한다. 그리고 개구리들이 제방으로 침입했고 그 뒤를 이어 벌레들과 파리 떼가 몰려왔다(출 7:14-8:15; 신 28:24; 시 78:43-45; 시 105:27-31).
화산재는 폭풍우 같은 극심한 기후 변동을 일으키며 핵겨울을 초래한다. 화산재에 있는 산성 미세입자들이 실외에 있는 사람들과 동물들에게 화상을 입히고 화산재 때문에 야기된 "핵겨울"이 계속됨에 따라 더 많은 기후 변동이 뒤따른다. 보통 때보다 더 높은 습도는 벌레, 곰팡이, 메뚜기와 같은 곤충들의 번식을 증가시킨다.	농촌 지역이 황폐화된다. 죽은 소 떼, 훼손된 무화과나무들과 포도나무들이 즐비하다. 사람들과 동물들은 종기로 뒤덮여 있고 우박은 아마와 보리를 파괴했으며 메뚜기들과 벌레들이 들판의 곡식을 먹어버린다(출 9:1-10:20; 신 28:16-18, 27-31; 시 78:46-48; 시 68:8-9; 시 78:49; 시 97:1-5).
화산은 두 번째 폭발 단계로 들어간다. 천둥소리와 같은 소리 바로 뒤에 새로운 폭발이 뒤따랐고 그것은 또다시 이집트를 향해 화산 구름을 보낸다.	만질 수 있는, 질식을 일으키는 화산 구름이 다가온다(출 10:21-29; 신 28:28-29; 시 18:7-20; 시 46:2-8; 시 68:8-9; 시 78:49; 시 97:1-5).
사람들은 보호를 갈구하며 그들의 신들에게로 돌아가 그들에게 가장 소중한 것, 곧 그들의 맏아들을 바침으로써 그들의 종교적 열정을 입증한다.	이집트 사람들의 맏아들과 동물들의 초태생들이 죽는다(출 11:1-13:16; 시 78:50-51; 시 105:36; 시 136:10). 하지만 히브리인들의 초태생은 야웨에 의해 "속량되었고"(출 11:14), 열째 재앙 이후부터 계속 레위인들이 히브리인들의 맏아들 대신 야웨께 바쳐진다(출 30:11-16; 34:19-20; 민 3:11-13; 3:40-51; 8:14-19; 18:12-20; 신 15:19-20; 26:1-11). 히브리 어린아이들은 희생제물로 바쳐질 수 없다고 선언된다(레 2:5; 18:21; 신 12:29-31).

이집트 이야기	이푸웨르
거대한 소음 후 나일 강 삼각주에 이상한 비가 내린다(『린드 파피루스』). 하늘로부터 재앙이 땅 위로 떨어진다(『엘-아리쉬 내실 문서』). 바람들과 파도가 삼각주를 진흙밭으로 바꾼다(『해리스 마술 파피루스』). 투티마이오스 왕 때에 신들이 분노하다(『아피온 반박』). 안질 처방(『에버스 파피루스』), 화상 치료법들(『에버스 파피루스』, 『런던 의학 파피루스』 등) 붉은 강물로 발생했으며 그 안에 벌레들이 생겨나는 화상 치료법 취급(『런던 의학 파피루스』)	옷들이 더럽혀진다(Ip. 2.8). 나일 강물은 붉고 마실 수 없는 물이 된다(Ip. 2.10).
유별나게 추운 날씨(『엘-아리쉬 내실 문서』) 화상에 대한 치료법들(『에버스 파피루스』, 『런던 의학 파피루스』) 유별나게 추운 날씨(『엘-아리쉬 내실 문서』)	도태되거나 돌봄을 받지 못한 소 떼(Ip. 5.5, 8.10, 9.2-3)가 황폐화된 나무들로 가득 찬 농촌 길에 돌아다닌다(Ip. 4.14). 농촌은 황폐화된다. 초목들, 과일들과 곡식은 파괴되고 남은 농작물은 곤충들에게 먹힌다(Ip. 5.14, 6.12).
흑암(『엘-아리쉬 내실 문서』) 기침과 천식, 눈을 위한 치료법들(『에버스 파피루스』)	땅이 소리를 내고, 집터들이 파괴된다. 남쪽 먼 지역의 집터까지 파괴된다(Ip. 2.8, 2.11-12, 3.13, 4.2, 6.1, 7.4). 하늘에서 내려온 불이 "나라의 적들"을 공격한다(Ip. 7.1). 흑암이 이집트를 덮친다(Ip. 9.11).
아모세와 오누의 인신 희생제사(『금식에 관하여』) 힉소스의 세트 신에게 바쳐진 테케누(*tekenu*)로서의 인신 희생제사(『레크마이어의 무덤』)	선택된 아이들의 대량 학살(Ip. 4.3-4, 5.6, 6.12)

제13장

산토리니 화산이 폭발하고 이집트의 재앙들이 발생한 연도는?

성경에 기록된 이집트 재앙 이야기가 산토리니 화산 폭발로부터 분출된 부산물들이 나일 강 삼각주에 투하되어 일으켰던 사태를 반영한 기록임을 안 이상, 언제 그 재앙들이 일어났는가를 결정하는 것은 간단해 보인다. 화산 폭발 연도가 재앙들이 일어난 연도를 제공하기 때문이다. 하지만 정작 문제는 우리가 산토리니 화산이 정확하게 언제 폭발했는지를 알지 못한다는 점이다. 산토리니 화산 폭발 연도를 연구해온 과학자들은 수십 년이 지나도록 일치된 결론을 내리지 못하고 있다.

바로 이런 이유 때문에 우리는 이집트의 재앙들과 관련된 역사적·고고학적·성경적 자료를 토대 삼아 그것들이 발생했던 연도를 확정하기 위해 온갖 노력을 다해왔다. 나아가 이런 다차원적인 접근은 화산학자들이 사용해오고 있는 방편과는 별도의 수단을 제공한다. 이런 독립적인 접근이 필요한 이유는, 많은 연구자들이 성경의 재앙들을 탐색하는 과정의 어느 지점에서부터는 자신이 좋아하는 가설의 함정에 빠져 더 이상 진실을 탐색하고자 하는 열의를 보여주지 않았기 때문이다. 우리는 이 연구를 수행하면서 우리 스스로 가짜 황금을 진짜 황금이라고 여기는 바보들의 오류를 범하지 않기 위해 모든 것을 검토하고 또 검토했다.

하지만 이 접근도 그 자체의 난제에 직면하고 있다. 막다른 골목에 도달했거나 혹은 도달한 것처럼 보인다. 역사적 기록물들, 고고학적 발굴물, 성경 구절들을 교차하여 비교함으로써 우리는 주전 1611-1581년 사이의 어느 시점을 산토리니 화산 폭발의 후보로 설정하는 데까지는 이르렀지만, 이제 좀더 나아가 정확한, 곧 범위가 더 좁혀진 연대를 추정해보고자 한다. 따라서 우리는 이제 역사적·고고학적·성경적 자료에다 과학적 자료를 융합할 필요를 느낀다.

과학적 연구와 발견에 따르면 산토리니 화산은 청동기 시대의 한 시점에 폭발했다. 그 화산 폭발 사건을 비교적 이른 시기부터 연구한 과학자들은 그리스의 미노스 문명 붕괴와 시리아 해안 길을 따라 융성했던 우가리트의 멸망을 산토리니 화산 폭발과 관련시키려고 시도했다. 그 결과 산토리니 화산이 주전 1300년경에 폭발했다는 결론에 도달했다. 하지만 부가적인 자료들이 나타나면서, 우가리트에 대한 약탈과 철저한 파괴는 미노스 문명이 지구 표면에서 사라지고 난 지 한참 후에, 그리고 산토리니 화산이 다시 휴지기로 돌아간 시점보다 한참 후에 일어났다는 사실이 밝혀졌다. 그렇게 해서 주전 1400-1300년 사이의 한 시점이 산토리니 화산 폭발의 후보 연대로 새롭게 제시되었다.

그렇지만 미노스 문명이 산토리니 화산 폭발의 파괴적 영향으로부터 살아났다는 사실이 분명해졌기 때문에, 그 화산 폭발 사건은 그보다 더 이전, 즉 주전 1470년이나 그보다 더 빠른 1500년경에 일어났다는 것을 의미한다. 그런데 오늘날 역사가들은 주전 1550년경 연대를 선호하는 것 같다. 하지만 이 추정 연대는 이보다 훨씬 오래전에 화산 폭발이 일어났다고 주장하는 화산학자들에게는 수용되지 못한다. 하지만 주전 17세기(주전 1700-1600년) 말의 어느 한 시점이면 몰라도, 화산학자들이 흔히 제시하는 주전 1700년경 가설도 과장되었다.

이런 갑론을박을 거친 후 주전 17세기의 두 연대가 가능한 후보들로서뿐만 아니라 강력한 지지를 받는 연대로서 등장했다. 주전 1645년 (혹은 그 무렵)과 주전 1627년(혹은 그 무렵)이 두 후보자다.

먼저 제시된 주전 1645년 가설은 그린란드의 얼음 들판에 퇴적된 황산염 추출물에 근거한다. 그 가설의 착상은 산토리니 화산재가 그린란드 같은 지대에서 떨어져 얼음 들판에 갇히게 되었다는 것이다. 일단 화산재가 토양 위에 떨어진 후에는 부가적인 물질들이 그 화산재 위에 쌓이게 된다. 그래도 화산재는 지표의 잔류 황산염으로 인해 고도로 산성을 띠고 있기 때문에 식별될 수 있다.

뒤의 주전 1627년 가설은 나이테의 숫자 계산, 혹은 과학자들이 즐겨 사용하는 용어인 "수령(樹齡) 측정 연대기"(dendrochronology)*에 근거한다. 그 착상은 나무가 1년에 나이테를 하나씩 만든다는 데서 비롯되었다. 나무는 겨울에 자고 봄에 깨어나 싹을 틔우고 잎들을 내며 자라간다. 그리고 가을에 나뭇잎들이 떨어지고 나면 나무의 성장은 한동안 멈춘다. 그렇게 해서 이 1년의 성장과 이듬해의 성장 사이에 나이테가 하나 만들어진다. 만일 나무가 매우 혹독한 봄–여름을 만난다면, 이 기간에는 나무의 발육이 둔화되며 나이테는 매우 좁아진다. 이 좁은 나이테가 바로 혹독한 날씨를 증언한다. 즉 공기 중에 화산재와 같이 날씨를 악화시키는 미세입자들이 많았던 봄과 여름을 보낸 나무들의 나이테는 좁아진다.

그런데 주전 1645년 가설은 최근에 산토리니 화산 폭발과 특히 남

● 용어 해설을 보라.

서부 아나톨리아에 있는 호수들 바닥에 남아 있는 침전물을 연구해온 키난(Keenan)과 그의 연구팀에 의해서 오류가 있는 가설로 밝혀졌다. 주전 1645년경에 형성된 그린란드의 황산염 함유 얼음 조각은 화산 분출물을 포함하고 있으나 그것은 산토리니 화산과 다른 화산으로부터 발생한 분출물로 밝혀졌다.

키난은 청동기 시대의 산토리니 화산 분출물과 그린란드의 얼음들판에서부터 얻어진 추출물을 비교해보았다. 키난이 화산재의 무기물 함유 비율을 검사한 후 내린 결론은 산토리니 화산 분출물과 주전 1645년경에 형성된 그린란드의 황산염 함유 얼음 추출물은 매우 다르다는 것이다. 사실 그것들은 너무 달라서 서로 다른 화산 분출로 생긴 것이라고 볼 수밖에 없다는 것이다. 그렇지만 화산재 안에 들어 있는 무기물 양의 통계적인 차이만을 갖고서는 이제까지 관찰된 양자의 보다 더 큰 차이점들을 완전히 설명할 수는 없다는 점이 이들의 연구 한계다.

그린란드 얼음층에 갇혀 있는 재를 연구한 과학자 햄머(Hammer)는 키난의 주장을 반박했다. 그는 키난이 사용한 산토리니 화산재와 그린란드에서 발견된 주전 1645년의 재(햄머는 이 그린란드의 재도 결국 산토리니 화산재라고 주장한다) 사이에 차이가 나타나는 이유는 화산재가 공중에 머물러 있는 동안 구성물의 함유 비율이 변했기 때문이라고 주장했다. 공중에 머물던 화산재는 시간이 지나면서 산패되고, 바람 때문에 화산재 구성물 일부는 어딘가로 날아가버렸기 때문에 두 지역의 화산재 무기물 함유 비율이 차이가 났다는 것이다. 누가 옳을까? 키난일까? 햄머일까?

물론 주전 1645년의 물질과 산토리니 화산 폭발 사이의 추정된 상호 관계를 부정적으로 보는 키난의 언급 외에도, 주전 1645년 가설이 오류라는 것을 보여주는 풍부한 증거가 있다.

사실 이 연도는 탄소 14˚ 동위원소˚˚ 측정(^{14}C)에 의해 단지 느슨하게 지지될 뿐이다. 주전 1645년 가설은 두 단계에 걸쳐 일어났던 산토리니 화산 폭발에 소요되었을 적어도 2년 혹은 그 이상의 기간에 분출되었을 법한 화산 물질, 즉 약간의 시차를 두고 쌓여 있는 화산 물질을 찾아내지 못한다. 이 연대는 역사적·고고학적·성경적 자료에 근거해서 결정된 예상 연도 범위 바깥에 있는 셈이다. 이 연대는 아포피의 재위 10년의 마지막으로 보기에는 너무 이른 시기다. 이 연대가 맞다면, 테베와 힉소스 왕조의 선쟁이 서의 80년산이나 세속뇌었나고 추성해야 한다. 그런데 그 전쟁은 그렇게 오랫동안 계속되지 않았다. 오직 두 세대의 지도자들만이 연루된 전쟁이었다. 세케넨레 타오는 전쟁중에 죽었고 그의 아들 카모세가 왕위를 계승했으며, 얼마 후 카모세보다 몇 살 어린 동생 아모세가 왕위를 계승하였다. 이런 일련의 일들이 일어나는 데 80년이 소요되지는 않았을 것이다.

마지막으로 다른 과학자들은 그린란드의 얼음 안에서 주전 1645년에 생긴 강산성 물질을 찾아낼 수 없었다. 그린란드의 얼음에 대한 초기 연구들은 주전 1645년에 그린란드에 떨어진 물질의 산성도가 매우 높다는 것을 보여주었다.˚˚˚ 그런데 보다 더 정교한 분석을 진행한 결

● 용어 해설을 보라.
●● 용어 해실을 보라.
●●● *Nature* 328 (1987): 517-519.

과, 이 산성도가 높음을 보여주는 산성 봉우리*는 사실상 두 개의 독립된 산성 봉우리가 포개어진 것임이 드러났다. 그중 첫 번째 봉우리는 주전 1669년에 있었던 투하 물질로부터 생긴 것이었다. 반면에 두 번째 것은 주전 1623년의 투하 물질로부터 형성된 봉우리였다. 결국 주전 1645년 가설은 지지될 수 없다는 것이다.

이런 이유 때문에 이제 우리는 산토리니 화산 폭발을 연구하는 과학자들이 제시한 또 다른 강력한 가설인 "주전 1627년 가설"을 검토하기에 이르렀다. 가장 널리 받아들여지는 연대인 주전 1627년은 주전 1645년 연대와는 매우 다른 방법을 거쳐 얻어진 가설이다.

전술한 것처럼 이 연대는 나무의 나이테들을 계산하는 방식으로 추정되었다. 이 기술은 상대적으로 간단하다. 나무의 나이테를 계산하여 화산 폭발 연대를 추정하는 데 활용하는 근거는 화산 분출로 생긴 화산재의 정교한 입자들이 대기를 교란시켜 폭풍우를 야기함으로써 날씨에 영향을 미친다는 사실에서 나온다. 열악한 날씨 상황은 차례로 1년에 하나씩 나이테를 만드는 나무들의 빈약한 성장 발육의 원인이 된다. 예외적일 정도로 기후 환경이 나쁜 연도들에는 나무 나이테들이 아주 작고 좁게 형성된다. 1년에 하나씩 생기는 나이테를 계산할 때 나이테의 굵기와 크기를 관찰하면 그것들이 형성되었을 때의 날씨들을 추정할 수 있다. 따라서 언제 날씨가 좋고 나빴는지를 판별할 수 있다.

이론상으로 이 방법은 꽤 단순하고 독창적이기까지 하다. 만일 여

---

* 실험 결과 산의 농도가 높아질수록 그래프 상에서 꼭대기(peak) 모양이 나타난다. 따라서 산성 봉우리(acid peak)라는 말은 산성 농도가 강한 퇴적물을 가리킨다—옮긴이.

러분이 살아 있는 나무를 잘라 나이테들을 세어보면 그 나무의 수령을 금방 결정할 수 있다(예를 들어 60세). 만일 아주 오래된 나무를 하나 골라 잘라보면 그것은 수 세기 전의 나무로 판명될 수도 있을 것이다. 처음에는 파리의 식물원이었다가 지금은 그냥 보통 공원이 된 파리의 "식물공원"(Jardin des plantes)에는 미국이 프랑스에 기증한 아메리카삼나무*의 가로 절단면이 전시돼 있다. 그 나무의 표면에는 작은 금속판들이 부착되어 있다. 그 금속판들은 프랑스 대혁명이 일어난 때(1789년), 콜럼버스가 아메리카 대륙에 첫 발을 내디딘 때(1492년), 기타 중요한 연도들에 나무에 생긴 나이테를 알려준다. 나무의 나이테를 세어봄으로써 우리는 과거로 시간 여행을 하는 셈인 것이다.

우리가 두 조각의 목재를 갖고 있다고 해보자. 첫째 조각은 250년 된 것으로 언제 그것이 베어졌는지 알려지지 않은 나무 조각이다. 둘째 조각은 첫째 조각과 동일한 지역에서 자라는 비슷한 종류의 나무 조각인데 그것이 1950년에 베어진 것으로 알려져 있다. 이 둘째 조각의 나이테를 계산해서 우리는 그 나무가 베어졌을 때 수령이 700년이 되었음을 알게 되었고 결국 그 나무가 1250년에서 1950년 사이에 살았음을 알게 된다. 그리고 두 조각을 서로 비교해봄으로써, 우리는 첫째 나무 조각의 마지막 50개의 나이테들이 두 번째 나무 조각의 처음 50개의 나이테들과 매우 유사한 모양을 띠고 있음을 알게 된다. 따라서 첫째 나무는 1300년에 죽었으며 그해보다 250년 전, 즉 1050년에 태어난 셈이

- 미국 오리건 남서부에서 캘리포니아 중부에 이르는 해변가 안개 운무대의 해발 1,000미터 지역에서 자란다. 키가 90미터 이상 자라 현존하는 나무 중 가장 크다—옮긴이.

된다.

　이러한 나무 조각 두 개를 사용해서 우리는 그것들이 자라고 있던 지역의 식물 발육에 영향을 준 날씨들을 추정하는 달력을 얻을 수 있다. 1050-1950년의 시기 동안에 그곳에서 자란 나무들의 성장에 영향을 준 날씨를 보여주는 달력을 얻을 수 있는 것이다. 더 많은 조각들을 비교한다면 우리는 더 오랜 시기를 포괄하는 달력을 만들 수 있을 것이다. 이런 종류의 나무 생장 표기 달력은 "수령 측정 연대기"로 알려져 있다. 이 수령 측정 연대기에 따른 연대 추정은 오류가 없는 것으로 인정받고 있다.

　어떤 경우에는 우리가 앞의 두 나무 조각의 수령 연대 측정에서 볼 수 있듯이, 알려지지 않은 시간에 시작하여 알려지지 않은 시간에 끝난 일련의 나무 생장 연도들을 확보할 수 있다. 이러한 일련의 나무 나이테들은 연대나 생장 환경이 이미 잘 알려진 계기적인 나이테들을 기준으로 그 연도가 결정될 필요가 있는 유동적인 나무 생장 달력을 구성하는 셈이다. 언제 베어졌는지 모르는 나무 조각 하나만 갖고 있는 경우는 문제가 생긴다. 가령 250개의 나이테가 있다고 해보자. 그 나무는 1700년에 태어났다가 1950년에 베어졌을까? 아니면 1550년에 태어났다가 1800년에 잘렸을까? 우리가 나이를 아는 나무의 조각과 그 나이테들의 일부를 조화시킬 수 없다면, 우리는 그 250개의 나이테들로부터 원하는 정보를 캐낼 수 없다.

　하나의 나무 조각을 보고 그 나무의 생장 연도를 추정하기 위해서는 그것을 같은 지역에서 자란 같은 종의 나무들 중 생장 연대가 알려진 나무 조각과 비교하는 것이 가장 바람직하다. 이러한 제한 조건을 두는 이유는 나이테들이 유사한 성장 환경을 반영하기 때문이다. 이것이 바로 과학자들이 산토리니 화산이 폭발했던 연대를 결정하려고 할 때 직면하는 문제다.

과학자들이 이용할 수 있는 하나의 표준적인 수령 측정 연대기가 있다. 그것은 캘리포니아에 있는 화이트 마운틴(White Mountain) 지역과 콜로라도 주와 뉴멕시코 주를 가로지르는 몇몇 장소에서 자라는 현존 세계 최고령 나무인 브리슬콘 소나무(bristlecone pines)를 토대로 만든 수령 측정 연대기다. 이 나무가 나머지 모든 나무들의 수령을 측정하는 데 기준이 된다. 과학잡지 「네이처」(Nature) 307호(1984, 121-126쪽)에 따르면, 이 수령 측정 덜릭은 미국 서부 지역이 주전 1626년의 산토리니 화산 폭발로 야기된 매우 혹독한 나쁜 날씨를 경험했던 것을 보여준다.

유럽의 다양한 지역(영국, 독일, 북아일랜드)의 나무로부터 만들어진 수령 측정 연대기들도 정확하게 인제 발생했는지는 모르지만 심각하게 비정상적 나무 성장이 한때 일어났음을 증거하고 있다. 학자들은 그것을 주전 1626년으로 추정했다.* 또 하나의 유사한 수령 측정 연대기가 터키 지역에서 자란 목재를 토대로 만들어졌다.

확실히 세계의 세 군데 서로 다른 지역으로부터 온 이러한 수령 측정 자료들은 전 세계의 날씨에 영향을 주었던 한 거대한 재난이 일어났음을 말해준다. 우리는 이제 산토리니 화산이 주전 1627년과 1626년 사

● *Nature* 312 (1984): 150-152; *Nature* 332 (1988): 344-346.

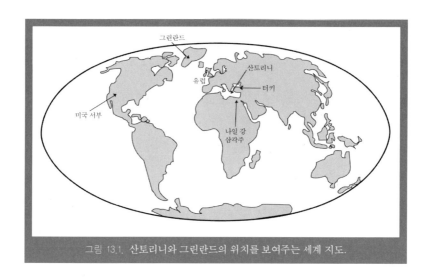

그림 13.1. 산토리니와 그린란드의 위치를 보여주는 세계 지도.

이에 폭발했는지 여부를 증명할 수 있는 도구를 갖게 된 셈이다(이는 화산 폭발이 발생했던 계절까지 제시할 수 있는 도구다).

과연 그런가? 북부 유럽과 터키의 나무 나이테들의 연대는 그것들의 이형(異形)들을 미국의 브리슬콘 소나무와 자세히 비교해봄으로써 추정되었고, 그 연대는 방사성 탄소 동위원소의 연대 추정을 통해 확보된 넓은 연대기 범위(거의 200년간의 범위) 안에는 포함된다. 하지만 주전 1627-1626년에 만들어진 캘리포니아 나무들의 나이테에 반영된 나쁜 날씨가 지역적 현상이었는지 혹은 산토리니 화산 폭발로 생긴 화산재 때문인지 우리는 알 수 없다. 예를 들어 그 당시 캘리포니아 인근에서 엘니뇨 현상이 일어났거나 혹은 알래스카에서 화산 폭발이 발생했다면 오히려 거리적인 영향을 고려할 때 그것들이 주전 1627-1626년에 캘리포니아에 나타났던 비정상적인 날씨를 쉽게 설명할 수 있다. 그 먼 옛날 캘리포니아에 발생한 나쁜 날씨를 설명하기 위해 굳이 1만 킬로미터 이상 멀리 떨어져 있는 산토리니 화산 폭발을 끌어들일 이유가 별로 없어 보인다.

또한 어느 누구도 주전 1627-1626년의 캘리포니아의 나쁜 날씨와 북부 유럽과 터키의 나무들의 성장 발육을 둔화시켰던 유럽의 나쁜 날씨 사이를 연결하는 고리를 제공할 수 없다. 그러므로 유럽의 나무들이 캘리포니아 나무들이 나쁜 날씨를 경험했던 바로 그때에 동일한 나쁜 날씨를 경험했다고 결론 내리는 것은 결코 이치에 맞지 않는다. 달리 말하면 주전 1627-1626년의 미국 서부의 나쁜 날씨는 산토리니 화산이 언제 폭발했는지에 관하여 아무런 자료도 제공해주지 못한다.

따라서 주전 1627-1626년 연대 가설은 원래 발표되었을 때 보여주었던 견실함을 유지하지 못한다. 그런데 이 추정 연대가 과녁을 빗나간 가설임을 보여주는 다른 표시들도 있다.

우선, 황산염 자료에 근거한 추론은 별다른 도움이 안 된다. 그린란드의 얼음에는 많은 양의 황산염이 함유되어 있다. 그러나 그것은 주전 1627년보다 조금 이른 연대인 주전 1623년에 형성된 황산염이다. 문제는 수령 측정 연대기에 토대를 둔 연대 추정(주전 1627년)은 오류가 없는 매우 정확한 것으로 분류되고 있다는 점이다. 하지만 주전 1627년대 가설에는 그것을 지지해주는 황산염 자료가 없다. 수령 측정 연대기는 주전 1623년이 아니라 1627-1626년이 "나쁜 날씨"가 기승을 부린 연대라고 가리킨다.

나아가 주전 1627-1626년의 나무 성장 발육의 원인이 된 나쁜 날씨

표 13.1. 성경의 이집트 재앙들: 연대기적 배열

구체적 발생 시점	이집트 재앙
화산 폭발이 일어난 첫 해 7-9월 (정기 홍수 철에 날아온 화산 투하물)	붉은 나일 강, 개구리들, 그리고 킨님과 아롭 (첫째-넷째 재앙)
같은 해 9/10월에 내린 비 (처음 내린 산성비 다음 해 3월까지 계속)	소 떼를 죽이고 나무를 훼손하고(다섯째 재앙) 피부와 가죽에 화상을 야기한 폭풍우들 (여섯째 재앙)
다음 해 2월 (첫 겨울)	우박 폭풍(일곱째 재앙)
다음 해 11월 (메뚜기 철, 이듬해 5월까지 이어짐)	동쪽에서 날아온 메뚜기 떼(여덟 째 재앙)
다음다음 해 3월 (산토리니 화산의 두 번째 폭발)	만질 수 있는 흑암, 즉 낮은 고도의 화산 구름 (아홉째 재앙)
다음다음 해 3-4월 (주전 1600년 봄의 첫 번째 보름달)	초태생 제사로 이집트인 장자들과 가축의 초태생들이 죽음. 반면에 히브리인들은 인신 희생제사 관행을 금하고 레위인들을 초태생의 속량물로 야웨께 바친다(열째 재앙).

나 주전 1623년의 높은 황산염의 비율도 약 2년간에 걸쳐 엄청난 양의 화산재를 내뿜었던 산토리니 화산 폭발을 재현할 수 없다.

이집트의 열 가지 재앙 중 처음 네 재앙은 최소 두 달에 걸쳐 발생했을 것이다. 산토리니의 화산 구름이 이집트에 도착하기까지 소요된 하루, 개구리들을 제방 위로 몰아냈던 산성화된 강물이 나타날 때까지 걸린 한 달, 곤충들이 알을 낳는 데 걸린 시간, 알들이 부화하고 애벌레가 되어 기어 다닐 때까지 걸린 몇 주, 그리고 곤충들이 성충이 되는 데 걸린 여러 주가 합쳐지면 최소한 두 달은 소요되었을 것이다. 우리가 이미 앞에서 살펴본 증거에 따르면, 다섯째 재앙은 오직 7월이나 8월 즈음에 발생할 수 있는 재앙이다.

열째 재앙은 3월 혹은 4월에 발생했다. 따라서 나무들은 한 해 동안이 아니라 연속된 두 해 동안에 성장 발육을 방해받았을 것이다. 그런데 문제는 캘리포니아 나무들은 성장 발육이 두 해 동안 방해받은 것은 아니라는 점이다. 마찬가지 이유로 주전 1623년의 산성 봉우리(acid peak)도 2년 이상에 걸쳐 형성되어 퍼져 있었어야 한다.

더욱이 주전 1626년 가실을 시사하는 모든 추상은 주전 1626년에 미국 서부에 영향을 끼쳤던 극심하게 나쁜 날씨가 틀림없이 산토리니 화산 분출에 의해 야기되었다는 추측 위에 구축되어 있다. 하지만 그 가정을 뒷받침할 만한 어떤 증거도 없다. 유럽에 있는 나무들(물론 그 생장 연도도 확인이 안 된 나무들) 사이에서도 나쁜 날씨에 영향을 받았음을 증명할 수 있는 어떤 연결 고리도 나타나지 않았다. 더욱이 주전 1626년 연대 가설은 아포피 재위 10년이 되는 해에 이집트에 재앙들이 일어났음을 가리키는 이집트의 일기 자료인 『린드 수학 파피루스』(87)와 양립하지 못한다. 아포피의 통치는 분명히 주전 1625년보다 한참 늦게 시작되었다.

또한 산토리니 화산 폭발이 주전 1626년에 일어났다고 보는 가설은 힉소스 왕조에 대한 남부 이집트의 폭동이 60년 정도 지속되었을 것이라는 점과, 그 기간에 오직 두 세대의 이집트 지도자들—세케넨레 타오와 그의 두 아들들, 카모세와 아모세—이 이 폭동 전쟁을 이끌었을 것이라고 전제한다. 이것은 가능성은 있지만, 실제로는 거의 지지되기 힘든 가설이다.

더 나아가 이집트의 열 가지 재앙들을 재구성해보면 두 단계에 걸쳐 일어난 산토리니 화산 폭발은 21-22개월(어떤 "해"의 여름부터 "다음다음 해"의 봄까지)에 걸쳐 일어난 사건임이 드러난다. 따라서 나무의 생장 발육은 적어도 3년 동안 부진했을 것이다.

이 소요된 기간은 산토리니 화산으로부터 확보된 지질학적 자료를 토대로 화산학자들이 독립적으로 구성한 화산 폭발 시나리오와 완전히 일치한다. 화산학자들에 따르면 산토리니는 최소 두 달의 시간 간격, 최장 2년의 시간 간격을 두고 두 단계에 걸쳐 폭발했다.

첫째 재앙은 늦은 여름에 발생했다. 다섯째 재앙은 우기 동안, 즉 9월이나 10월에 최초로 시작되었다. 일곱째 재앙은 다음 해 2월경에 발생했다. 메뚜기 재앙은(여덟째 재앙) 그해 가을 늦게 발생했을 것이다. 마지막으로 아홉째 재앙이 일어난 후 며칠 안 되어 일어난 열째 재앙은 그 다음 해 3월 말이나 4월 초의 한 시점에 일어났을 것이다. 달리 말하면, 재앙들은 대략 21개월에 걸쳐 일어났다. 하지만 나무의 나이테들은 대략 주전 1627년 혹은 주전 1626년에 일어났던 단 하나의 사건에만 영향을 받은 것으로 나타난다.

그런데 앞에서 이미 제시되었듯이, 역사적·고고학적·성경적 자료의 종합으로 구성된 예상 연대기 추정에 따르면 산토리니 화산은 주전 1611-1581년 사이에 일어난 사건이다. 주전 1626년이나 1627년의 화산 분출은 이러한 자료들의 다차원적인 증언과 조화될 수 없다. 이 연도는 너무 이르다. 그러므로 이 가설은 보다 늦은 연대 가설을 위해 기각되어야 한다.

사실상 주전 1627-1626년 연대 가설을 결정적으로 포기하게 만드는 사실은 그것이 화산 분출을 직접적으로 반영하지 않는다는 점이다. 아무도 주전 1626년에 캘리포니아의 나쁜 날씨를 야기했던 원인이 무엇인지 모른다. 확실히 열악한 나무 성장은 나쁜 날씨 때문이다. 하지만 나쁜 날씨를 초래한 요인들이 워낙 다양하기 때문에 굳이 화산 폭발로 인한 기후 변동이 유일한 요인으로 선택될 필요는 없다. 주전 1626년 캘리포니아의 나쁜 날씨는 아마 전 세계적인 현상이라기보다 지역적인 현상이었을 가능성이 크다.

우리는 나무 나이테에 반영된 나쁜 날씨보다는 더 직접적인 방법에 의지해 연대 추정을 시도해야 한다. 즉 화산 활동을 직접 반영하는 연대 추정 방법에 호소해야 한다. 그런데 마침 그런 방법이 존재한다. 그것은 앞서 말한 그린란드에 갇혀 있는 얼음의 산성도다. 이제 관건은 그린란드 얼음 산성도 관련 자료를 다른 이용 가능한 자료들과 조화시키는 일이다.

제14장

세상이 바뀐 연도

산토리니 화산 폭발 연도를 찾아가는 퍼즐 그림판에 과학적 자료들을 하나둘씩 끼워 맞춰보니 아이러니하게도 과학자들인 화산학자들이 산토리니 화산 분출 연도로 내세웠던 가장 강력한 후보 연대들이 탈락했다(주전 1645년과 1627년). 거듭 말하지만, 이것은 화산학의 약점을 나타내는 것이 아니라 오히려 성경에 묘사된 재앙 현상늘이 얼마나 복합적이고 난해한가를 보여주는 표지다.

덧붙여 말하자면, 우리는 앞에서 이 연대 추정을 위해 이용 가능한 방사성 탄소 측정 자료들과 그 자료들이 우리가 예상 연대기 범위를 결정할 때 고려된다면 어떤 기여를 할 것인가에 대하여 간략하게 언급했다. 재앙들이 일어났음이 틀림없는 연대기의 범위는 주전 1611-1581년 사이다. 아포피가 권좌에 오른 지 11년째 되던 그해는 결코 주전 1611년 이전의 연도일 수는 없다. 『린드 수학 파피루스』에 따르면 첫째 재앙은 시리우스 역법을 기준으로 그의 재위 10년의 마지막 시점에 일어났다. 또한 우리는 주전 1581년으로 추정되는 카모세의 사망 시점 이전에 재앙들이 일어났다는 것을 안다.

방사성 탄소에 의한 연대 추정이 맡은 중심적 역할은 아마도 넓게 벌려 있는 우리의 연대기 범위를 한 단계 더 좁혀주거나 아니면 그것을 부서뜨릴 것이다. 방사성 탄소 연대 측정은 한 물체가 만들어졌거나 한 사람이 살았던 시점 혹은 한 사건이 발생했던 시점을 결정하는 표준적 방법이다. 그 방법은 이름 그대로 방사능을 지렛대로 사용한다. 오늘날 방사능은 일반적으로 원자 핵무기들과 관련된다. 또한 전기 생산에 관여한다. 그 용어는 종종 히로시마 원폭, 체르노빌 원자로 사고, 그리고 많은 사람들이 예언하였지만 다행히도 일어나지 않은 핵전쟁으로 인한 인류 대학살을 상기시킨다.

좀더 전문가적인 관점으로 보면, 방사능은 아(亞)원자(양자, 전자) 수준에서 일어나는 물질 변화에 존재한다. 그 변화는 전기를 만들기 위해 물을 가열하고, 증기를 발생시키는 데 필요한 대량의 에너지를 방출한다. 또한 우리는 폭탄을 만들고, 과학 실험을 수행하고, 항암 치료를 하고, 불필요한 미생물을 죽임으로써 음식물을 오래 보존하기 위해 방사능 에너지를 이용할 수 있다. 끝으로 방사능은 또한 역사를 연구하는 데 사용될 수 있다.

비록 방사능이 사람들의 생각 속에서는 인공적 활동들과 쉽게 연결되지만, 그것은 사실상 자연 안에 존재한다. 한 예는 우주선(cosmic ray)으로부터 오는 방사능 빛인데, 그것은 대기 중에서 "표준적인" 질소(중성자 7개, 양자 7개)를 무거운 탄소로 바꾸는 광선이다. "표준적인" 탄소는 6개의 중성자와 6개의 양자를 포함하는데, 이것은 또한 ^{12}C라고 불린다. 우주선으로부터 나온 좀더 무거운 탄소는 ^{14}C(혹은 방사성 탄소)로 불리는데 8개의 중성자와 6개의 양자를 포함하고 있다. 안정적인 ^{12}C와 달리, 좀더 무거운 방사성 탄소 ^{14}C는 물리적으로 불안정하거나 방사성을 띠고 있다.

방사성 원소들이 화학적으로 불안정하다는 것은, 그것을 구성하는 원자들이 다시 원래의 안정적인 "표준적인" 질소로 되돌아가려는 시도 속에서 자발적으로 변형될 것이라는 의미다. 이 과정이 바로 방사성 붕괴*라고 알려진 현상이다. 방사성 물질의 원자핵 절반이 붕괴되어 감소하는 데 필요한 시간을 반감기(半減期)라고 한다. 예를 들어 방사성 인(^{32}P)의 반감기는 2주다. 방사성 유황(^{35}S)의 반감기는 3개월이다. 방사성 수소(^{3}H)의 반감기는 16년이다. 방사성 탄소(^{14}C)는 반감기가 꽤 길어서 5,770년이다.

그래서 이 방사성 탄소가 특별히 중요하다. 왜냐하면 모든 생물들은 단백질, 당류, 지방, 그리고 그것들에서 파생된 상당한 양의 탄소를 갖고 있기 때문이다. 우리는 살아가면서 자연 안에 존재하고 있는 상이하고 다양한 형태의 탄소—방사성 탄소(^{14}C)를 포함하여—를 흡수한다. 탄소는 음식을 통해 섭취된다. 식물은 공기 중에 있는 이산화탄소(CO_2)로부터 방사성 탄소를 모은다. 동물과 사람은 야채와 풀, 과일, 나뭇잎, 그리고 다른 야채와 또 야채로 만든 음식물을 먹음으로써 식물의 탄소를 섭취한다. 육식과 채식을 모두 하는 동물은 양쪽으로부터 방사성 탄소를 얻는다.

생명체는 죽을 때에야 비로소 탄소 흡입을 멈춘다. 시간이 흐르는 동안 죽은 동물이나 식물은 탄소 흡입이 멈춰서 발생한 방사성 손실을 보충할 수 없기 때문에 방사성을 계속 잃어간다. 그리하여 남은 방사성 탄소의 양을 통해 검사받는 생명체가 언제 탄소 흡입을 그쳤는지, 즉 언제 그 생명체가 죽었는지를 알 수 있다. 따라서 방사성은 사건들, 사물들의 연대를 추정하는 데 사용될 수 있다.

● 용어 해설을 보라.

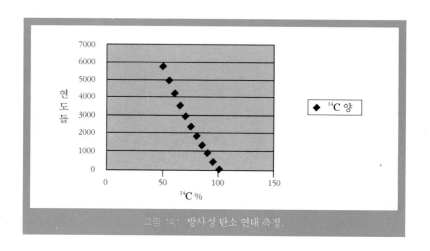

그림 14.1. 방사성 탄소 연대 측정.

    화산 분출의 연대를 추정하기 위해 우리는 두 개의 독립적인 물질의 견본들을 검사했다. 즉 화산 분출 시기에 산토리니에 있었던 유기물질의 견본과 화산 분출 시기에 이집트에 있었던 유기물질의 견본을 자세히 검사했다. 이 견본 물질의 연대는 통상 물리학 혹은 물리화학 교재와 수업 시간에 널리 사용되는 아래와 같은 등식 덕분에 계산될 수 있다(그림 14.1을 보라). 연대 추정은 방사성 원자 종의 반감기와 비교하여 남아 있는 방사성 탄소의 양에 근거한다.

$$\ln[^{14}C]/[^{14}C_0] = -(0.693/t) \times T$$

    그 견본 물질의 방사성 탄소 농도는 $[^{14}C]$로 표시된다. 반면에 $[^{14}C_0]$은 공기 중에 있는 방사성 탄소의 농도를 가리키고, t는 방사성 탄소의 반감기(5,770년)를 가리키고, T는 견본 물질이 더 이상 방사성 탄소를 흡입하지 못한 때를 기점으로 경과한 연수(죽은 견본 물질을 제공한 생명체가 죽은 이후에 경과된 연수)를 가리킨다. 따라서 만일 어떤 (죽은) 동물이 공기 중에 있는 통상적인 탄소 농도의 절반에 해당되는 방사성 탄소 농도를 갖고 있다면 다음과 같은 공식이 성립될 것이다.

$$\ln(0.5) = - (0.693/5770) \times T$$

혹은

$$T = 0.693/(0.693 \times 5770) = 5770$$

즉 어떤 (죽은) 동물이 공기 중에 있는 평균적인 탄소 농도의 절반에 해당되는 방사성 탄소 농도를 갖고 있다면 그것은 죽은 지 5,770년 되었다는 말이다. 방사성 탄소(^{14}C)는 반감기가 5,770년이기 때문이다. 하지만 논점을 좀더 분명하게 하기 위해 다른 예를 들어보자. 남아 있는 방사성 탄소의 비율이 0.8인, 죽은 지 덜 오래된 견본 물질이 있다면, 그 공식은 아래와 같이 될 것이다.

$$\ln(0.8) = - (0.693/5770) \times T$$

혹은

$$T = 0.223/(0.693 \times 5770) = 1858$$

이 공식에 따르면 이 견본 물질은 1,858년 전에 탄소 융합을 멈췄다는 것을 가리킨다. 방사성 탄소 기술의 백미는 그것이 피(被)검사용 물질에 대하여 이론상으로 정확한 연대를 제공한다는 점이다.

그런데 이 방사성 탄소 기술의 사용에도 최종적인 왜곡이 발생할 여지가 있다. 연대가 결정될 때, 그 방정식에서부터 얻은 연도들은 방사성 탄소 분석이 이뤄진 그해로부터 감축된 것이 아니라 원자 시대를 개시했던 1950년이라는 "출발선"(baseline)을 기준으로 감축된 연도들이다. 1950년은 인공적 방사성 오염 물질로 인한 대기 오염이 발생한 첫 해이기 때문이다.

산토리니 화산 분출과 관련된 유기물질은 곡식들, 그리고 산토리니 섬에 떨어진 화산재를 뒤집어쓴 항아리들에서 발견된 다른 물질들이다. 제일 먼저 이 유기물질(곡식 등)들이 분석되었다. 남아 있는 방사성의 양이 결정되었고, 그것들이 탄소 융합을 멈춘 시점이 언제인지 역순으로 계산되었다. 그 결과 주전 1630-1530년의 어느 한 시점에 화산 폭발이 일어난 것으로 드러났다.* 또 하나의 유사한 분석은 주전 1695-1617년 사이의 한 시점을 산토리니 화산 폭발이 일어났을 개연성이 있는 연대로 제시했다.** 이 두 번째 분석의 수정안은 주전 1685-1539년 사이의 한 시점을 제시했는데 이것은 연대기 범위를 더 좁힌 것이 아니

* G. W. Pearson and M. Stuiver, *Radiocarbon* 28 (1986): 839-862.
** M. Stuvier and B. Becker, *Radiocarbon* 28 (1986): 863-910.

라 오히려 더 넓혀버렸다!*

이후 이런 방사성 탄소 측정 결과들이 산토리니 화산 분출로 발생했을 가능성이 있는 이집트의 물질에서 도출된 자료들과 비교되었다. 즉 나일 강 삼각주의 호수 밑바닥에서 발견된 산토리니의 재와 비교된 것이다. 화산재는 불에 탄 나무가 아니라 미세한 유리 조각들에 가깝다. 이 화산재 자체만으로는 방사성 탄소 기술을 사용한다 해도 연대 추정이 불가능하다. 탄소를 포함하고 있지 않기 때문이다. 하지만 재는 두 층의 진흙 사이에 끼어 있었고, 그 진흙층은 분해된 잎, 갈대, 동물, 플랑크톤과 같은 유기물질을 포함하고 있었다.

좀더 나중에 형성된 진흙 표층을 검사함에 따라, 70년의 증감오차를 가진 주전 824년이 계산되어 나왔다. 보다 더 오래된 진흙층은 95년 증감오차를 가진 주전 2394년이 산출되어 나왔다. 이 자료들을 상호 비교하고 대응시켜본 결과 두 진흙층 사이에 끼어 있던 화산재의 연대가 수전 1609-1526년 사이의 한 시점으로 산정되었다.** 이것은 무엇을 의미하는가? 방사성 탄소 연대 측정에 따른 분석들이 각자 다르고, 결과적으로 서로를 배제하는 대립적인 연대 추정들이 이뤄졌다. 도대체 왜 이런 일이 일어났을까?

위에서 살펴보았듯이, 방사성 탄소 연대 측정도 진폭이 크게 차이가 난다. 비록 그것이 물질 붕괴 시점을 측정하긴 하지만, 그러나 종종 그 조사 대상이 되는 물질이 매우 극소하고 양이 적기 때문에, 방사능

* M. Stuiver and B. Becker, *Radiocarbon* 35 (1993): 35-65.
●● *Nature* 363 (1993): 610-612.

의 정확한 양을 측정하는 일이 불가능하지는 않더라도 매우 어려운 게 사실이다.

또 다른 기술적 문제는 ^{14}C가 "약한" 방사성 복합체이고(이것은 왜 우리가 20세 정도에 암으로 죽지 않고 아직도 건강하게 살아 있는지를 설명해준다), 매우 쉽게 소멸되고, 막힌다는 사실 때문에 발생한다. 이 사실 때문에 방사성 탄소의 양을 정확하게 탐지하는 작업이 그만큼 어려워진다.

결국 방사성 탄소 자료는 주전 1695-1526년이라는 비교적 넓게 퍼진 연대기 범위를 지지한다(그림 14.2). 하지만 이 넓혀진 연대기 범위는 연속적이라기보다는 오히려 상이한 분석 결과들을 절충해서 반영한 결과다.

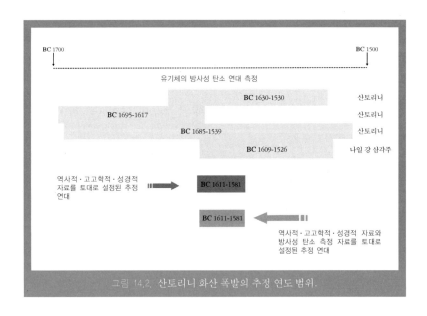

그림 14.2. 산토리니 화산 폭발의 추정 연도 범위.

따라서 화산 폭발의 연대를 결정하는 데 요청되는 정확한 자료가 여전히 부족하다. 예컨대 나무의 나이테를 세는 수령 측정 연대기는 이 경우에 전혀 쓸모없는 도구로 판명된다. 그것은 지중해에서 일어난 사건들의 연대를 결정하는 데 도움을 줄 수 있는 믿을 만한 달력이 아닌 것이다. 게다가 나무의 나이테들은 날씨를 반영하고, 따라서 나이테를 이상하게 형성시킨 여러 가지 요인들의 조합을 반영하는 것일 뿐, 화산 폭발의 영향만을 반영하지 않는다. 그래서 우리는 수령 측정 연대기를 우리의 당면한 분석에 유기적으로 통합할 수 없다.

비슷한 이유로 방사성 탄소 자료 역시 해결책을 제공하지 못한다. 우리는 나쁜 날씨보다는 더 직접적인 방법에 의지해야 한다. 사실상 화산 활동을 직접 반영하는 방법론이 필요하다. 우리는 정말 튼실한 과학적 자료를 찾아낼 필요가 있다.

그런 견실한 과학적 방법이 존재한다. 그것은 산성 침적물 분석 방법이라고 불리는 것이다. 1991년의 허드슨 화산 분출의 여파뿐만 아니라 성경의 첫째와 여섯째 재앙을 다루면서 이미 살펴보았듯이, 화산 분출은 화산재를 발생시키는데 그것은 중력 법칙이나 비나 눈을 통해 토양으로 떨어진다.

화산 폭발은 매일 일어나는 것이 아니며 특히나 거대한 화산 분출들은 아주 드물다. 하지만 오늘날 인류는 여러 다른 이유 때문에 발생하는 산성비에 익숙해져 있다. 산업혁명 이래로 점점 더 많은 미세 입자들이 공기 중으로 분출되고 있다. 이러한 미세 입자들은 종종 황산염을 포함하고 있다. 산업 활동이 증가함에 따라 더 많은 황산염이 공기 중에 퍼졌고 그 결과 더 많은 황산염들이 비에 섞여 땅으로 떨어졌다. 황산염들을 배출하는 원천과 바람의 방향이 어디냐에 따라 어떤 지역들은 산성비 피해를 입기 시작했다. 예를 들어 스칸디나비아의 호수와 연못들은 북유럽 나라들이 방출한 양보다 훨씬 더 많은 황산염이 섞인 산성비 때문에 큰 고통을 겪었다. 다른 나라들에서 발생한 산성이 강한 구름들이나 입자들이 바람에 날려 스웨덴과 그 주변국에 떨어졌기 때문이었다.

독일의 주간지 「슈피겔」(Der Spiegel)이 1981년 11월에 "숲이 죽어 가고 있다"라는 기사를 내보냈을 때, 범국민적 우려가 터져 나왔다. 세계는 이미, 구리와 니켈 광석을 취급하는 제련소가 엄청난 양의 황산염을 공기 중으로 방출하고 있던 캐나다 북부 온타리오의 서드버리(Sudbury) 지역 사태를 잘 알고 있었다. 결과적으로 산성비는 서드버리 지역의 초목을 파괴했고, 그 지역을 음산한 달나라처럼 보이게 만들었다. 당국은 그 자리에 다시 식물을 심고, 그 지역의 강과 호수에 물고기를 풀어놓는 식으로 그 사태에 간여했다. 마찬가지로 독일 정부도 더 좋은 차량용 가솔린을 개발하기 위해 고투했고, 고속도로 주변에 나무를 줄지어 심어 방재림(防災林)을 구축함으로써 황산염 방출 폐해를 제한했다.

하지만 산업혁명이 일어나기 이전 시대에는 산성비가 화산 분출물 입자 때문에 생겼다(주전 30년에서 주후 476년 사이에 있었던 로마 제국의 거대한 채굴 활동과 같은 소수의 경우들을 제외한다면). 따라서 산업혁명 이전 시대에 내렸던 산성비는 화산 분출 때문이었다고 볼 수 있다.

수 세기를 거쳐 축적된 얼음은 제방을 형성한다. 북반구에 있는 이런 얼음 제방의 대표적 예가 그린란드의 빙원이다. 둥근 천장 모양으로 형성된 빙원은 긴 원통형 구멍을 뚫어 제거해야만 열 수 있다. 다수의 학자들은 지난 몇천 년 동안 형성된 얼음에 대한 산성 봉우리를 얻기 위해 긴 얼음 응결체를 분석했다. 그래서 나온 커다란 산성 봉우리들은 당연히 과학 문헌에 보고되었다.[*] 그러자 "어떤 산성 봉우리들이 산토리니 화산 폭발로 분출된 황산염을 함유하고 있는가?"라는 질문이 제기되었다.

혹자는 지난 만 년 동안에 지구에서 발생한 가장 거대한 화산 분출을 그린란드의 만년설로 덮여 있는 산성 잔류물의 거대한 축적과 일치시켜보려는 유혹을 받을 수도 있다. 하지만 청동기 시대에 형성된 황산염을 나타내는 봉우리는 아무리 거대한 황산염 양을 가지고 있다고 할지라도 산토리니 화산 폭발 연도를 제공해주지 못할 수도 있다. 비록 산성도가 직접적으로 화산 활동을 반영한다고 할지라도, 두 가지 요인들 때문에 더 높은 황산염 농도가 바로 더 강한 화산 폭발을 함의하지는 않는다.

그 두 가지 요인은 지리학과 화학이다. 그린란드와 가까운 화산은 그곳에서 멀리 있는 화산보다 더 많은 황산염 이온을 그린란드 위의 대기 중에 발생시킬 것이다. 그리고 그것들은 고스란히 그린란드에 투하될 것이다. 게다가 모든 화산 물질이 동등한 양으로 분출되지는 않는다. 예를 들어 화산 물질들 중 어떤 것은 황산염을 많이 포함하고 어떤 것은 적게 포함하는 등 그 화학적 구성물의 비율이 다르다. 따라서 더 강력한 화산 분출이 덜 강력한 분출보다도 황산염 농도가 더 낮은 화산 물질을 만들어낼 수 있다. 즉 더 강력한 화산 폭발이 그린란드의 만년

- *Science* 264 (1994): 913, 948-952.

설 위에 더 적은 양의 황산염 축적물을 남겨놓을 수 있다. 각 쟁점당 하나씩의 예, 즉 두 가지 예를 들어봄으로써 문제가 되는 상황을 명료하게 설명할 수 있을 것이다.

화산 폭발지수(VEI), 폭발 연도들, 그리고 그린란드에 남긴 황산염 축적물이 이미 알려진 두 화산들을 생각해보자(표 14.1). 1970년에 폭발한 아이슬란드의 헤크라(Hekla) 화산의 경우 화산 폭발지수가 3이었고, 그린란드 얼음의 황산염 내용물은 10억 분의 83만큼의 입자들(ppb)을 함유하고 있었다. 1883년에 폭발한 인도네시아 군도의 크라카토아(Krakatoa) 화산의 경우 화산 폭발지수가 6.1이었다. 즉 크라카토아 화산이 헤크라 화산보다 1,000배나 더 강력했다는 말이다. 하지만 그린란드의 얼음은 크라카토아 화산 폭발로 생긴 황산염(46ppb)이 헤크라 폭발이 만든 황산염의 대략 절반 정도였음을 보여준다.

표 14.1. 여러 화산들과 그린란드와의 거리와 잔류 황산염 양 비교[*]

화산	VEI	잔류 황산염 (ppb)	연도	거리(km)
크라카토아	6.1	46	1883	16,000
헤크라	3	83	1970	1,600
외레파예쿨	4	25	1727	1,600
산토리니	6.9	?	?	5,000

●   Zielinski et al., *Science* 264 (1994): 948-952 참조.

왜 이런 상황이 발생했을까? 지리적 거리 때문에 이런 황산염 축적물의 차이가 발생한다. 견본 얼음층이 채취된 그린란드 조사 지점에서 대략 1,600킬로미터 떨어진 지점에 헤크라가 위치하고 있는 데 비해, 남반구에 있는 크라카토아는 그곳으로부터 대략 16,000킬로미터 떨어진 지점에 있다. 아이슬란드의 헤크라 화산에서 분출한 "더 많은" 양의 황산염들이 그린란드 하늘 위를 맴돌았을 것이고, 결국 훨씬 멀리 떨어진 인도네시아에서 일어난 화산 폭발로 분출된 황산염보다 더 많은 양의 황산염이 그린란드에 투하되었을 것이다.

　　이제 폭발지수와 지리적 위치가 비슷한 두 화산을 비교해보자. 1970년에 있었던 헤크리 화산 분출은 화산 폭발지수가 3이었고 그린란드 얼음에 남긴 황산염 내용물은 83ppb였다. 1727년에 아이슬란드 부

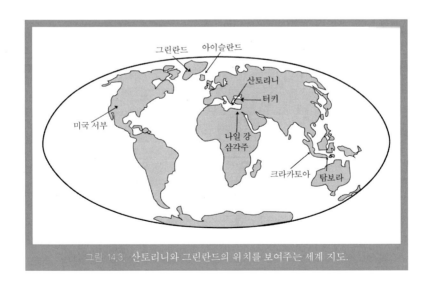

그림 14.3. 산토리니와 그린란드의 위치를 보여주는 세계 지도.

근에서 폭발한 외레파예쿨(Öræfajökull) 화산은 폭발시수가 4였다(즉 헤크라보다 약 10배 더 강력했다). 그러나 그린란드의 얼음에 남긴 황산염 축적물은 25ppb밖에 안되었다(즉 황산염 농도가 헤크라에 비해 3분의 1 수준이었다). 이런 황산염 농도 차이를 설명하기 위해서는 더 약한 헤크라 화산 폭발로부터 분출된 물질이 1727년의 외레파예쿨 화산 폭발로부터 나온 물질보다 더 높은 황산염 농도를 갖고 있었다고 보아야 한다.

그린란드 만년설 자료는 화산 폭발의 크기와 정도를 반영한다. 그런데 이 크기와 정도는 황산염 농도에만 비례하지 않는다. 황산염의 양은 폭발 규모를 나타내는 지표를 제공하지만, 두 개의 독립적 화산 폭발들의 규모를 단순히 그린란드 얼음 안에 함유된 황산염의 내용물을 비교하는 것을 토대로 해서만 비교할 수는 없다는 것이다.

이 문제를 제대로 이해하기 위해서 우리는 주전 1700-1500년 사이에 폭발한 화산들 중에서 그린란드의 얼음층에 거대한 산성 잔류물을 남겼을 법한 모든 화산들을 살펴보려고 한다(표 14.2).

가장 오래된 경우부터 살펴보면, 첫 번째 화산 폭발이 그린란드의 얼음층에 매우 거대한 화산재 축적물을 남겼음을 알게 된다. 하지만 그것이 화산 폭발을 입증할 수 있는 유일한 요소다. 또한 그것이 폭발한 연도는 우리가 이제까지 확보한 성경의 이집트 재앙들의 역사성을 입증해주는 고고학적·역사적·성경적 자료와 일치하지 않는다. 게다가 오로지 1년간에 걸쳐서 흩뿌려진 화산재 흔적만 있다. 이것은 두 차례에 걸쳐 폭발하였고 또 21-22개월에 걸쳐 화산재를 두 번이나 퍼뜨렸던 산토리니 화산 폭발과 부합되지 않는다. 끝으로 그린란드의 얼음에 쌓여 있는 화산재 잔여물들에 대한 방사성 탄소 연대 측정으로부터 지원

받을 수 있는 것은 매우 빈약하다.

그 다음에 일어난 화산 폭발은 주전 1669년에 일어났다. 그린란드의 얼음층에 쌓여 있는 황산염 축적물 수치는 상당히 높다(78ppb). 하지만 이 연도는 앞에서 우리가 밝혀냈던 고고학적·역사적·성경적 자료와 맞지 않는다. 언제인지는 모르지만 오직 1년 동안만 흩뿌려진 화산재 흔적만 있다. 그것은 두 차례 폭발했고, 21-22개월에 걸쳐 화산재를 두 번씩이나 퍼뜨렸던 산토리니 화산과 부합되지 않는다. 방사성 탄소 측

표 14.2. 그린란드 얼음 들판에서 찾아낸 추출물에 근거한 주전 1700–1500년 화산들의 잔류 황산염 양 비교*

연도	잔류 황산염 (ppb)	화산
주전 1695	213	알려지지 않은 화산 폭발(들)
주전 1669	78	산토리니 화산 폭발로 추정되는 화산 폭발**
주전 1623	145	산토리니 화산 폭발로 추정되는 화산 폭발***
주전 1602	58	알려지지 않은 화산 폭발(들)
주전 1600	40	알려지지 않은 화산 폭발(들)
주전 1594	30 ·	알려지지 않은 화산 폭발(들)
주전 1577	29	알려지지 않은 화산 폭발(들)

- Zielinski et al., *Science* 264 (1994): 948-952 참조.
- ● ● Zielinski et al., *Science* 264 (1994): 948-952 참조.
- ● ● ● Zielinski et al., *Science* 264 (1994): 948-952 참조.

정이 제시하는 자료에 관한 한 증거가 미약하다.

주전 1643년에도 확실히 화산 폭발이 있었다고 가정되었으나, 주전 1643년 화산 폭발설은 오류가 있는 가설로 판명되었다. 어떤 근거도 확보하지 못했기 때문이다.

그 다음 폭발은 주전 1623년에 있었다(잔류 황산염은 145ppb). 비록 방사성 탄소 측정 자료가 그해에 일어났던 화산 폭발을 약간 신빙성 있게 만들어주긴 하지만, 이 연대는 우리가 확보한 고고학적·역사적·성경적 자료와 맞지 않는다. 그 화산 폭발에서 발생한 화산재 역시 21-22개월에 걸쳐 두 번 투하된 것이 아니라 오직 한 해 동안 분출된 것으로 보인다.

그 다음 폭발은 주전 1602년에 발생했다. 이 경우 황산염의 양은 현저하게 많은 양은 아니었다. 이 연대 역시 우리가 확보한 고고학적·역사적·성경적 자료와 맞지 않는다. 화산재는 21-22개월에 걸쳐 두 번 흩뿌려진 게 아니라 오직 한 해 동안만 분출된 것으로 보인다. 방사성 탄소 측정 자료는 이 연도를 강력하게 지지한다.

주전 1600년에 일어난 화산 폭발에 대해서도 같은 이야기를 되풀이할 수밖에 없다. 상당한 양의 황산염이 발견되었으나 현저하게 많은 양은 아니었다. 이 연대는 고고학적·역사적·성경적 자료와 부합하며, 방사성 탄소 측정 자료도 이 연대를 강력하게 지지한다. 하지만 화산재는 21-22개월에 걸쳐 두 번 흩뿌려진 게 아니라 오직 한 해 동안에만 분출된 것으로 보인다.

그리고 주전 1594년에 또 다른 화산이 폭발했다. 이 폭발의 경우 황산염의 양이 일정 수준 이상 되며, 폭발 연대가 고고학적·역사적·성경적 자료와 부합한다. 방사성 탄소(^{14}C) 증거는 이 연대를 강력하게 지지한다. 하지만 역시 마찬가지로 화산재는 21-22개월에 걸쳐 두 번 흩뿌려진 게 아니라 오직 1년 동안에만 흩뿌려진 것으로 나타난다.

끝으로 화산 폭발 후보가 하나 더 있다. 주전 1577년에 있었던 폭발이다. 방사성 탄소(^{14}C) 연대 측정은 이 연대를 어느 정도 지지한다. 하지만 황산염의 양은 다른 모든 후보 화산들 중에서 가장 적고, 화산 폭발과 관련한 전체 상황이 우리가 이제까지 확보한 고고학적·역사적·성경적 자료와 맞지 않거나, 21-22개월에 걸쳐서 흩뿌려진 화산재 투하

표 14.3. 그린란드의 얼음층에 함유된 황산염 양, 역사적·고고학적·성경적
자료, 산토리니의 청동기 시대의 화산 폭발의 위력,
방사성 탄소 자료에 토대를 둔 화산들의 비교[●]

폭발 연도	잔류 황산염 (ppb)	역사적·고고학적·성경적 자료	폭발 역학 (dynamics)	^{14}C 자료
주전 1695	213	없음	없음	매우 약함
주전 1669	78	없음	없음	매우 약함
주전 1623	145	없음	없음	약함
주전 1602	58	있음	없음	매우 강함
주전 1600	40	있음	없음	매우 강함
주전 1594	30	있음	없음	매우 강함
주전 1577	29	없음	없음	강함

● Zielinski et al., *Science* 264 (1994): 948-952 참조.

상황과도 일치하지 않는다. 따라서 우리의 모든 기준을 만족시키는 폭발 사건은 없는 것처럼 보인다. 우리가 이 과정에서 무언가를 간과하지만 않았다면 이런 결론은 불가피해 보인다.

그런데 한 가지 가능한 시나리오가 남아 있다. 만일 우리가 주전 1602년과 1600년의 폭발들을 개별적으로 살피지 말고, 그 둘을 하나로 통합해서 살펴본다면 어떤 결론에 이를 수 있지 않을까? 주전 1602-1600년에 일어난 화산 폭발 사건은 현저하게 많은 양의 황산염을 발생시켰다(98ppb). 이 연대는 우리가 확보한 고고학적·역사적·성경적 자료와 완벽하게 부합한다. 방사성 탄소 측정 자료는 이 연대를 강력하게 지지한다. 결정적으로 중요한 사실은 이 폭발에서 발생한 화산재가 21-22개월에 걸쳐서 두 번 퍼뜨려진 것으로 밝혀졌다는 것이다. 이보다 더 완벽한 일치는 불가능할 것이다.

이제 우리는 우리가 지금까지 확보한 다차원적인 증거 자료와 부합하는 이 화산 폭발 사건의 연대를 결정할 수 있는 이상, 그것이 촉발시켰던 재난들의 전개 과정을 복기해볼 수 있을 것이다.

첫째 재앙은 주전 1602년 중반에 발생했고, 그때는 힉소스 왕조를 통치했던 아포피 재위 10년째 되던 해의 마지막 시기였다. 둘째, 셋째, 넷째 재앙들은 첫째 재앙이 있었던 시점을 기준으로 몇 주 후(안)에 일어났고 그 시점은 그해 여름이 끝나기 전이었다.

다섯째 재앙(폭풍우)은 주전 1602년의 9-10월경의 우기를 다른 해보다 앞당겼고, 사람과 동물들의 피부에 화상을 입히는 여섯째 재앙이 곧장 뒤를 이었다. 일곱째 재앙은 주전 1601년 2월에 발생했으며 농경지를 다 망쳐놓았다. 촌락과 경작지에 더 많은 피해가 발생했는데 그것은 주전 1601년 가을에 몰려온 메뚜기 떼 때문이었다.

　얼마 후, 즉 주전 1600년 3월에는 산토리니가 마지막 폭발 단계에 돌입했다. 어마어마한 양의 연기와 화산재가 화산을 빠져나와 중동 지역 구석구석을 돌아다녔고, 낮은 고도를 유지하면서 결국 북부 이집트에 도착했다. 주전 1600년의 3월 말과 4월 초 무렵에 새로운 일련의 재앙들을 상상하면서 공포에 질린 힉소스인들, 이집트인들 그리고 나일 강 삼각주에 살고 있던 모든 족속들이 각각 자신의 신들에게 심각하게 희생제사들을 드리기 시작했다.

　이런 일련의 재난 속에서 히브리인들은 그들의 하나님이 행하신 일을 보았다. 힉소스인들은 처음에는 그 재난들을 자신에게 유리하게 해석했다. 화산 구름의 도착을 기록한 『린드 수학 파피루스』와 힉소스 왕이 그 나라의 모든 야전 사령관급 장군들에게 복종을 요구하는 상황을 기록한 『세케넨레 타오와 아포피 이야기』에 따르면, 그들은 이 모든 재난들을 이집트를 완전히 지배할 기회를 주려고 그들이 섬기던 폭풍신이 신호를 보낸 것으로 보았다. 『이푸웨르 파피루스』와 『엘-아리쉬 내실 문서』에 따르면, 이집트인들은 처음에는 그 재난들을 신이 자신들을 저주하는 것으로 이해했으나, 그 후에는 힉소스족에 대한 신의 저주라고 보았다.

표 14.4. 이집트 재앙들의 연대기적 발생 순서

시기	성경의 재앙들
주전 1602년 중반 (우기 전에 화산 분출물 나일 강 삼각주 도착)	붉은 나일 강, 개구리들, 그리고 킨님과 아롭 (첫째~넷째 재앙)
주전 1602년 9/10월 (처음 내린 산성비, 다음 해 3월까지 계속) 주전 1601년 2월 (첫 겨울)	소 떼를 죽이고 나무를 훼손하고(다섯째 재앙) 피부와 가축에 화상을 야기한 폭풍우들 (여섯째 재앙) 우박 폭풍(일곱째 재앙)
주전 1601년 11월 (메뚜기 철, 이듬해 5월까지 이어짐)	동쪽에서 날아온 메뚜기 떼(여덟째 재앙)
주전 1600년 3월 (산토리니 화산의 두 번째 폭발)	만질 수 있는 흑암. 즉 낮은 고도의 화산 구름 (아홉째 재앙)
주전 1600년 3-4월 (주전 1600년 봄의 첫 번째 보름달)	초태생 제사로 이집트인 장자들과 가축의 초태생들이 죽음. 반면에 히브리인들은 인신 희생제사 관행을 금하고 레위인들을 초태생의 속량물로 야웨께 바친다(열째 재앙).

결론

이 학문적 탐사 여정을 처음 시작했을 때, 우리는 이집트를 덮친 재앙들에 대한 성경의 중요한 이야기가 도대체 얼마나 말이 되는 것인지를 궁금해했다(표 15.1). 그 사건에 대한 고고학적 발굴들, 과학적 자료, 역사적 기록들은 서로 모순되는 것처럼 보였다. 어떤 자료들은 특정한 왕휘하에서 일어난 사건과 관련한 기록으로서 잘 설명할 수 있었고, 또 어떤 자료들은 또 다른 시대에 일어난 사건에 대한 증거 자료로서 잘 해석되었다. 어떤 성경 구절들은 한쪽 방향을 가리켰고, 또 어떤 구절들은 다른 방향을 가리켰다. 그것은 마치 토네이도가 퍼즐 놀이 그림판을 찢어서 수많은 퍼즐 조각을 여기저기로 흩어버린 것 같았다. 우리는 단일한 퍼즐 그림판이 처음부터 존재했으며, 흩어진 퍼즐 조각들이 서로 상관없는 여러 개의 퍼즐 그림판으로부터 떨어져 나온 것이 아니라, 하나의 단일한 퍼즐 그림판으로부터 나눠진 것임을 입증할 수 있는 온전한 퍼즐 그림판을 다시 복구하기 위해 무던히 애를 썼다.

성경이 말하는 재앙들을 연구하여 참과 거짓이 뒤섞인 결론들을 얻은 학자들도 있었다. 그 혼합된 결과들은 마치 엠페도클레스(Empedokles)가 묘사한 상황과 유사하게 보였다. 이 그리스 철학자는 무질서가 질서에 앞서며, 인류가 등장하기 전에는 혼돈이 지배했다고 생각했다. 즉 몸의 팔, 다리와 다른 지체들이 개별적으로 존재했다가 아무렇게나 재결합하던 때가 있었다는 것이다. 머리가 없는 몸들과 몇 개의 발을 가진 덩어리들이 다른 흥미로운 지체들로 구성된 조합물을

표 15.1. 성경의 이집트 재앙들 목록
(시편 77:12-21과 시편 144:5-8은 재앙들의 개관을 제공한다)

출애굽기 7:14-13:16	시편 78:43-51	시편 105:27-36	신명기 28:23-42
		흑암 (시 105:27-28)	청동색 하늘 (신 28:23-24)
			독종들, 시계 차단 (신 28:27-29)
붉은 강물과 죽은 물고기 (출 7:14-25)	붉은 색을 띠고 독으로 오염된 강물 (시 78:43-44)	붉은 강물과 죽은 물고기 (시 105:29)	
개구리 떼 (출 8:1-15)	개구리 떼 (시 78:45)	개구리 떼 (시 105:30)	
기는 벌레들 (출 8:16-20)	기는 벌레들 (시 78:45)	기는 벌레들 (시 105:31)	
곤충 떼 (출 8:21-25)	벌레들 (시 78:46)	곤충 떼 (시 105:31)	
죽은 동물들 (출 9:1-7)	뇌우로 죽은 동물들과 우박과 서리에 훼손된 포도나무와 무화과나무들 (시 78:47-48)		죽은 동물들과 훼손된 포도나무들 (신 28:30-31)
피부병들 (출 9:8-12)			종기들 (신 28:35)
			메뚜기 떼 (신 28:38)
우박 (출 9:13-35)		우박과 번갯불에 손상된 포도나무와 무화과나무 (시 105:32-33)	손상된 포도나무와 감람나무 (신 28:39-40)
메뚜기 떼 (출 10:1-20)		메뚜기 떼와 벌레들 (시 105:34-35)	메뚜기 떼 (신 28:42)
흑암 (출 10:21-29)	맹렬한 분노와 질식 (시 78:49)		
장자의 죽음 (출 11:1-13:16)	장자의 죽음 (시 78:50-51)	장자의 죽음 (시 105:36)	

만났다는 것이다. 그 이후 어떤 힘의 적당한 작용을 받아 이 무질서하게 돌아다니던 지체들이 적절히 결합해서 마침내 인간의 몸이 되었다는 것이다.

이런 일이 정확하게 지금까지의 우리의 연구 과정에 일어났다. 고고학적·역사적·과학적·성경적 자료가 한데 모여 그토록 바라던 단일한 몸을 구성하게 된 것이다. 또한 그 결과로 우리는 성경의 재앙들이 구체적인 한 시점에서 일어났던 실제 사건이었음을 알게 되었다. 이집트의 재앙들과 그것들이 성경 본문 안에 보도된 순서는 하나의 화산 폭발 사건과 밀접하게 관련되어 있었다. 청동기 시대에 발생한 그 화산 폭발은 산토리니 섬을 뒤흔들었다. 재앙들이 일어난 시간적 배경은 고대 이집트 역사의 한 특별한 시점과만 일치했다.

열 가지 재앙과 출애굽 이야기의 역사적 토대를 세우는 작업은 몇몇 개별 학문의 영역에서 이루어진 학문적 성과들에 대한 면밀한 검토를 요청한다. 가장 눈에 띄는 역사학, 신학, 고생물학, 화산학, 문헌학의 성과를 반영해야 한다. 화산 폭발이 동부 지중해 연안의 문명 변동에 미쳤던 핵심적인 역할을 고려해보면, 이 화산이 폭발한 시점에 대한 우리의 지식을 넓힘으로써 소기의 성과를 얻을 수 있다는 것은 당연하다.

첫째, 이제 우리는 청동기 시대에 강력하게 분출했던 산토리니 화산 폭발이 언제 일어났는지를 좀더 정확하게 확정할 수 있다. 산성도가 높은 황산염 퇴적층을 대표하는 두 개의 황산염 봉우리가 정확한 연대 결정을 가능케 한다. 이 자료에 따르면 첫 번째 폭발은 주전 1602년에, 두 번째 폭발은 주전 1600년에 일어났다. 성경의 자료는 폭발이 진행된 2년 동안의 둘째 해에 있었던 폭발의 구체적 시점(3월 말 혹은 4월 초)뿐 아니라, 그 재난들의 위력에 관한 정보를 제공했다.

좀더 정확하게 주전 1602년의 몇 월에 첫 번째 폭발이 있었는지는 『린드 수학 파피루스』에서 도출될 수 있지만, 그러기 위해서 우리는 약간의 부가적 시간 경과들을 살펴볼 필요가 있다. 주전 1321년 7월 21일에 시리우스별이 나선형을 그리며 지평선 위로 떠올랐는데, 시리우스별이 똑같은 나선형을 그리며 상승한 것은 주전 1602년 6월 20일경 새벽에 일어났다. 『린드 수학 파피루스』 87이 세트의 생일을 언급한 점으로 보아, 첫째 재앙은 그해 6월 17일경에 발생했을 것이다. 이 날짜가 중요하다. 왜냐하면 그때는 나일 강의 수위가 낮아서 많은 양의 화산재에 더 크게 영향을 받았기 때문이다. 그때가 홍수 철이었더라면 화산재는 훨씬 더 많은 수량 때문에 쉽게 묽어졌겠지만, 그때는 갈수기였던 것이다.

주전 1600년도의 화산 활동 시점에 대한 좀더 정확한 정보는 나사의 우주비행센터(NASA/Goddard Space Flight Center)가 운영하는 한 웹사이트(sunearth.gsfc.nasa.gov/eclipse/phase/phasecat.html)에서 얻을 수 있다. 그 웹사이트는 주전 1999년 이후로 달의 차고 기우는 단계들을 개산(槪算)한 목록을 제공하고 있는데, 주후 3000년까지 달의 차고 기우는 단계들도 잠정적으로 개산해 두고 있다. 주전 1600년에는 우리가 찾고 있는 초승달이 3월 13일에 떴을 것이라고 추정된다. 그렇다면 유월절 사건은 3월 27일에 일어난 셈이 된다.* 이 달의 구체적 단계는 아홉

● 유월절은 히브리인들이 정한 새해 첫 달의 14일째 되는 날에 일어났기 때문이다. 시리우스역 3월 13일이 히브리인들의 첫 달 첫째 날이었던 셈이다—옮긴이.

째, 열째 재앙들과 연결되었다. 달리 말하면 달의 그 단계(초승달)는 나일 강 삼각주를 뒤덮어버린 화산 구름이 흑암 재앙을 야기하기 전에(즉 3월 27일 이전에) 벌써 시작되었다. 성경 문서들은 또한 그 흑암 재앙이 3일간이나 지속되었고 그 후에야 비로소 히브리인들이 이집트를 떠날 준비를 했다고 보도하고 있다. 그 이집트 탈출 준비에는 적어도 틀림없이 하루는 소요되었을 것이다. 따라서 그 화산 구름은 아무리 늦어도 3월 23일에(3일간의 어둠과 하루의 준비 기간을 고려한다면), 가장 빠르게는 3월 14일에(초승달 단계에 대한 관찰을 고려한다면) 나일 강 삼각주를 뒤덮기 시작했다.

성경 본문들에서 발견되는 하나의 흥미로운 세부 진술이 훨씬 더 그럴듯하면서도 정확한 날짜를 제공한다. 탈출하는 날에 맞추어 유월절 축제가 시작되기로 예정되지 않고 오히려 나흘 먼저, 즉 음력으로 그 달의 열흘째 되는 날에 시작되기로 계획되었다는 진술이다(출 12:1-3). 비록 성경 본문에는 명시적으로 언급되어 있지는 않을지라도, 이 세부 상황은 흑암, 즉 아홉째 재앙의 출현 상황과 조화를 이룬다. 이 세부 진술에 따르면 탈출 준비를 하는 데 필요한 이틀의 말미가 생기는 셈이기 때문이다. 만일 이 가설을 받아들일 수 있다면 우리는 한 단계 더 전진할 수 있다. 우리는 두 번째 화산 폭발이 먼저 흑해 쪽으로 이동했던 그 화산 구름을 내뿜었다는 것을 알게 된다. 그 후에야 비로소 그 화산 구름은 남동쪽을 향하여 이동했고, 아나톨리아의 중부 지역을 지나, 마침내 이집트 해변에 도달하였다. 이 이동 길이가 대략 2,500킬로미터 정도 된다는 사실을 고려하면, 그 화산 구름은 화산 폭발 후 이틀 정도가 지난 후에야 이집트에 도달했을 것이다.

따라서 우리는 두 번째 화산 폭발이 주전 1600년 3월 14일과 3월 23일 사이의 한 시점에 일어났다고 추정할 수 있다. 아마 3월 19일이나 20일에 일어났을 가능성이 가장 크다(각각 음력 달의 일곱째 날, 여덟째 날). 이렇게 구체적 날짜를 확정해두면, 달이 만월로 변화되는 과정은 적어도 며칠 동안 관찰될 수 있기 때문에 그 새 달이 어떤 달인지를 확정할 수가 있다. 이 날짜 확정은 또한 나일 강 삼각주를 뒤덮은 3일간의 흑암 재앙과 히브리인들이 이집트를 탈출하는 데 소요된 이틀간의 준비 시간뿐만 아니라, 나일 강 삼각주에 도착하기 전까지의 화산 구름의 이틀간의 여정을 설명해준다.

마지막으로 우리는 또한 비블로스의 필론으로부터 나온 자료가 제시하는 32년간에 걸친 엘(El) 신의 행패를 이해할 수 있다. 그 신은 거대한 사건이 일어날 것이라고 예고하는 소문과 함께 그의 가족 구성원들인 신들을 학대했다.

따라서 산토리니 화산 폭발은 주전 1634년에 관찰된 진동들과 함께 조금씩 준비되고 있다가, 주전 1602년 6월 17일경에 처음으로 붉은 화산재를 내뿜었다. 그 화산은 몇 달간 휴지기 상태로 있다가—비록 진동이 여전히 탐지되고 있었지만—주전 1600년 3월 마지막 날(혹은 4월의 첫째 날에)에 한 번 더 폭발했다. 결국 준비 기간을 포함하면 산토리니 화산은 30여 년에 걸쳐 폭발한 셈이다. 이 30년이 역사의 행로를 바꾸었고, 수많은 사람으로 하여금 보금자리를 떠나 새로운 거주지를 찾아 나설 수밖에 없도록 몰아갔다. 그것은 농작물을 비롯하여 생활환경에 총체적 피해를 초래했고, 사람과 동물들을 죽였으며, 히브리인들과 이집트인들에게 자유를 선사했고, 성경 문서들의 신학을 형성하였으며, 사실상 옛 세계를 종식시키고 새 세계를 열어젖혔다(표 15.2를 보라).

플라톤은 이집트 기록들을 이용하여 당시 가장 진보한 것으로 알려진 문명, 즉 아틀란티스 섬에서 번성했던 문명에 대하여 말한다. 헤라클레이토스와 파에톤 이야기는 정상궤도를 이탈한 태양에 대하여 말한다. 어떤 신들은 거세당했고, 어떤 신들은 태어났고, 또 다른 신들은 죽임을 당했다. 거인들이 섬들을 휩쓸었다가 결국 죽임을 당했다. 세상은 홍수로 침수되었다. 땅은 저주받았고 하늘로부터 재앙이 떨어졌다. 이렇게 옛 세계가 사라져버렸다.

또한 산토리니 화산 폭발이 초래한 일련의 재난들은 히소스 제국을 멸망시켰다. 그때는 미노스 문명을 주도한 사람들이 부득이하게 쇠락하던 시기였다. 또 이집트인들이 그들의 나라를 재통일하던 때였다. 그리스 민족이 이전의 기득권 세력으로부터 에게 해를 빼앗아오던 때였다. 히타이트족이 아나톨리아 전역에 걸쳐 지배권을 주장하던 시기였고, 아모리인들이 시리아를 차지하던 때였다. 바로 그때가 히브리인들이 신학에 토대를 둔 복합적 문화를 가진 한 나라로 태어나던 때였다.

오늘날 만일 산토리니 화산과 비슷한 규모의 화산이 폭발한다면, 언론매체는 성경과는 다르게 보도할 것이다. 그러나 그것에 대한 논평과 해설에 사용되는 용어들은 우리 조상들이 사용했던 용어들과 별반 다르지 않을 것이다. 즉 "어떤 신이 우리에게 벌을 내리고 있다" 혹은 "우리가 무엇을 잘못했을까?" 등의 반응이 잇따를 것이다. 화산 폭발이 초래한 사회정치적인 결과들 또한 매우 유사할 것이다. 파괴, 생존자들의 도피, 공포, 기근이 발생할 것이다.

이제까지 우리가 수행한 연구에 동원된 수십 개의 문서들은 우리

표 15.2. 산토리니 화산 폭발: 화산 활동 진행과 역사적·성경적 자료

사건	에게 해 자료	아나톨리아의 자료
주전 1634년경에 진동이 시작되어 몇 년간 지속됨.	우라노스가 폭군 행세를 하고 자스가 크토니에게 구애한다.	아누는 아라루의 자리를 차지하는 게 아니라 섬기고, 쿠마르비에게는 섬김을 받는다.
주전 1602년 6월 17일경 산토리니는 분홍빛 재들을 하늘로 내뿜는다. 그것은 남동쪽으로 이동하다가 이집트에 다다른다.	크로노스가 우라노스를 거세한다. 자스 대(對) 크토니: 한 나무가 나타난다. 레토의 신화 로도스의 텔키네스인들 판테온 신화	아라루는 쿠마르비에 의해 거세된다. 태양과 에리니에스 켄크리오스/카이스트로스 강이 붉게 변한다. 마르시아스 강이 붉게 변한다. 루키아에 있는 개구리들
두 해 사이의 과도기: 땅의 진동과 "핵겨울"	제우스가 태어난다. 레의 임신 판테온 신화	쿠마르비가 그의 운명을 낳는다.
주전 1600년 3월 말경 산토리니 화산이 두 번째로 폭발해 섬의 대부분을 파괴한다.	제우스 대(對) 타이폰/군대들 간의 전쟁이 벌어진다. 판테온, 듀칼리온, 오리온, 아틀란티스 섬과 관련된 홍수가 발생한다.	테슈브가 울리쿰미를 패배시킨다. 바우키스와 필레몬 신화
새로운 화산 구름이 북동쪽으로 이동한 후 남쪽으로 움직인다. 사람들은 "가장 소중한" 희생제물, 즉 맏아들과 동물의 초태생을 바침으로써 신들을 달랠 수 있다고 생각한다(주전 1600년 3월 말-4월 초).	부시리스 신화	

시리아 자료	이집트 자료	성경 자료
에피게이오스 아우토크톤이 신들을 전율케 한다.		
엘이 에피게이오스 아우토크톤을 거세한다. 바알은 엘을 거세한다. 히에라폴리스에서 물고기들이 죽는다	신들이 투트모세 왕 때 분노한다. 이상한 소음이 들린 후 비가 내린다. 비는 물을 마실 수 없게 만든다. 옷들이 더러워지는 "재난"이 임한다 눈과 피부가 손상당하고 벌레들의 공격에 노출된다. 나일 강 삼각주가 진흙밭으로 변한다.	청동색 하늘과 유사한 흑암이 임하고 하늘에서 먼지비가 내린다. 몸에는 종기들이 생기고 볼 수 없는 상황이 벌어진다 나일 강물은 붉고 마실 수 없고, 물고기와 개구리들에게 치명적인 영향을 미친다. 벌레들이 나타나고 파리 떼가 그 뒤를 잇는다.
농업이 망할 때 데마루스가 태어난다. 얌은 신들의 승인을 받는다.	유별나게 추운 날씨로 농촌 지역이 황폐화된다. 소 떼가 돌아다니고, 나무들과 농작물이 파괴된다. 화상 입은 사람들이 치료를 받는다. 땅이 흔들리고 먼 남부 이집트에서도 지신 피해가 발생한다.	농촌 지역이 파괴되어 폐허가 된다. 죽은 소들이 즐비하고, 폭풍우는 무화과나무와 포도나무를 파괴한다. 사람들과 동물들은 종기로 뒤덮인다. 우박이 아마와 보리를 손상시키고 있는 동안, 메뚜기와 벌레들이 들판의 남은 농작물을 먹어치운다.
엘은 데마루스를 죽인다. 바알이 얌을 이긴다. 홍수가 발생한다.	하늘로부터 내려온 불이 "나라의 적들"을 공격한다. 흑암이 임한다. 사람들은 안질뿐만 아니라 감기와 천식도 치료했다.	
신들에게 어린이들을 희생제물로 바친다. 히에라폴리스에서 인신 희생제사가 드려진다.	선택된 어린이들의 대량 학살이 발생한다. 힉소스족이 오누에서 인신 희생제사를 드린다. 인신 희생제사들은 "테케누"라는 제물로 명명되어 세트 신에게 드려진다.	사람들의 맏아들과 동물들의 초태생이 죽는다. 하지만 히브리인들의 어린이들은 제사에 바쳐질 수 없다고 선언된다. 그들의 초태생은 야웨께 "속량되었기" 때문이다. 레위인들이 열째 재앙이후로 맏아들을 대신해서 야웨께 바쳐진다.

가 이러한 산토리니 화산 폭발과 그것들이 연쇄적으로 일으킨 사건들을 결합시켜 하나의 온전한 인과적인 이야기를 구성하도록 도와준다.

이집트 역사의 관점에서 보자면 그때는 소위 두 번째 중간기였다. 이집트가 많은 군사적 영웅들에 의해 분할 통치되던 시기였다. 여러 세력들 간의 전쟁은 힉소스족의 군대가 주도하고 있었다. 이 힉소스 세력은 주전 1675년에 이집트의 중심 항구인 아바리스를 차지했고, 일련의 통치자들을 배출한 왕조를 세웠다. 비록 힉소스 (통치) 세력은 수적으로는 열세였지만, 이집트의 사회 계급들을 이간질시켜 서로 싸우게 하는 전략을 구사하고 또한 보다 더 선진적인 전쟁 기술을 받아들임으로써 이 약점을 극복했다.

대략 40년간 통치했던 힉소스 왕조의 카얀(Khayan) 왕은 이집트 주변의 더 넓은 세계와 접촉했다. 즉 그는 시리아인들뿐만 아니라 아나톨리아의 히타이트인들, 에게 해의 여러 족속들을 지배했다. 그는 자신의 아들 얀사스(Yansas)에게 왕위를 물려주기 위해 그를 준비시키고 있었다. 그런데 그의 치세 동안에 이상한 현상이 일어났다. 즉 케프티우(Keftiu) 섬들의 지층이 주전 1634년 이후 계속 격렬하게 흔들리기 시작한 것이다.

주전 1612년에 아포피가 힉소스 왕조의 새로운 통치자가 되었다. 그는 아우세르–레(Auser-Re)라는 이름을 왕명으로 삼았다. 이는 태양신 레처럼 위대하고 강력한 왕이 되길 원했기 때문이었다. 그는 힉소스족의 신으로 선택된 폭풍의 신을 매우 독실하게 섬겼고, 문화를 사랑하는 왕이었다고 전해진다.

이집트로 이주해온 많은 외국인들 중에는 이집트인들이 아주 하기 싫어했던 농사일을 하기 위해 가나안으로부터 이주해온 특이한 집단이 있었다. 히브리인들이었다. 이 이주민들은 나중에 강제 노동 수용소 같은 임시 거주지에 억류되었는데, 이들은 새로운 왕이 특별 사면령을 내려 자신들을 강제 노동으로부터 해방시켜줄 것을 열망하고 있었다. 그 집단의 지도자는 사막에서 금욕적 고행으로 단련된 삶을 거쳤으며 후일 히브리인의 조상신 야웨로부터 받았던 한 메시지를 힉소스 당국자들에게 전달하기 위해 그들을 만나러 갔다. 그 신은 힉소스 왕에게 히브리 노예들을 사유롭게 풀어주라고 요구했다. 아포피는 실용적인 사람이었기 때문에 그가 보기에는 사막에서 미쳐버린 한 사람의 망상적인 헛소리 같은 말을 듣지 않았다. 그래서 히브리인 대표자의 요청은 묵살되었다.

비록 아포피가 힉소스족의 전통들을 간직하고 있긴 했지만, 그러나 그는 자신을 진정한 이집트의 지도자처럼 보이고자 스스로를 이집트 문화에 동화시켜가면서 그 땅을 계속 통치했다.

아포피의 치세는 상대적으로 평온했다. 하지만 주전 1602년 6월 중순에 그는 역사 속에 영원히 남게 되었다. 이상한 큰 굉음이 들렸고 잠시 후 하늘이 청동색으로 변했다. 청동색 하늘은 단순한 비가 아닌 엄청난 먼지를 하염없이 아래로 쏟아냈다. 이것은 모래 폭풍과는 완전히 다른 것이었다. 그 먼지는 매우 산성이 강했고 눈과 코를 따갑게 만들었다. 또한 그것은 나일 강과 운하를 오염시켰고, 물고기들을 죽였으며, 개구리들을 제방 위로 몰아냈다. 그것이 옥외에 있던 사람들의 피부나 동물의 몸에 닿자마다 화상이 발생했다. 의사들은 화상과 목, 눈, 그리고 몸의 다른 기관들에 영향을 끼치는 질병들에 대한 적절한 치료법을 고안하느라 바빴다. 그 치료법들은 『에버스 파피루스』와 『런던 의학 파피루스』의 대부분을 차지할 것이었다. 그 화산재가 초래한 재난이 나일 강이 범람하기 전에 한 달 혹은 그 이상 동안 이집트 북부를 타격했다는 사실은 그 화산재가 입힌 피해 강도가 훨씬 컸음을 강조한다. 만일 홍수가 범람하는 시기에 그런 화산재가 투하되었다면 피해 규모는 훨씬 작았을 것이다.

산토리니 화산 폭발의 영향을 전체적으로 파악하기 위해서는 먼저 그 섬 주변의 해안선이 어떻게 황폐화되었는가를 기록한 『해리스 마술 파피루스』를 살펴보면 된다. 나일 강 삼각주는 그곳을 향해 불어오는 강력한 바람을 맞았는데, 그 바람의 영향으로 해변을 세차게 타격하고 강을 뒤로 밀어내는 너울들 때문에 거대한 진흙 웅덩이로 변했다. 평상시 같으면 도리어 물고기들과 개구리들이 곤충들을 잡아먹었겠지만, 이제는 죽은 채로 물위를 둥둥 떠다니는 물고기들과 제방을 따라 죽어 있는 개구리들의 사체에는 거대한 양의 알을 낳는 해충들이 득실거렸다. 알들이 부화하자 수백만 마리의 애벌레들이 쏟아져 나와 사방을 기어 다녔다. 그리고 이 애벌레들은 얼마 못가 수백만 마리의 날개 달린 곤충 떼로 성장했다. 땅 위에 널브러진 개구리와 물위에 떠다니는 물고기 사체들에서 태어난 이 날개 달린 곤충은 유별나게 성가신 재앙이었다.

힉소스 왕조의 지도부는 이 모든 사건들을 그들이 섬기던 폭풍의 신, 곧 이집트의 다른 신들에 대하여 선전 포고를 했던 세트로부터 온 메시지로 이해했다. 이집트 나머지 지역을 정복하라는 메시지로 해석한 것이다. 그래서 힉소스의 통치자 아포피는 이 절호의 기회를 살려 사실상 군벌들에 의해 분할 통치되던 이집트 전역을 차지하려고 시도했다. 아포피는 힉소스 왕조의 수도 아바리스와 힉소스족의 고향인 아시아 지역 사이에 세워져 있던 요새도시 자루(Zaru)를 기습적으로 공격했다. 자루는 주전 1602년 7월 중순에 함락됐으며 그리하여 힉소스 왕조는 물자 공급을 위한 강력한 보급로를 확보한 셈이었다. 그 후 힉소스 군대는 멤피스와 이티아위(Itjawi) 같은 왕궁 소재 도시들과 신전 도시 오누(Iunu)를 공격하기 위해 남서쪽으로 진격했다.

하지만 앞서 말한 화산재 전무가 땅으로 투하되었던 것은 아니었다. 대기는 화산 폭발로 생긴 잔여 분출물들, 즉 사실상 어마어마한 양의 미세 화산 입자들을 여전히 품은 채 이동하고 있었다. 태양 광선을 통과한 이 미세 입자들은 태양빛을 차단함으로써 소위 "핵겨울"을 초래했다. 정상적인 때보다 기온이 낮고, 평소보다 나쁜 추운 날씨를 야기한 것이다.

주전 1602년 9월경에 정기적인 우기로 막 접어드는 때에 이 입자들이 거대한 폭풍우를 형성시켰다. 격렬한 폭풍우가 이집트를 공포에 몰아넣었다. 많은 소들이 번갯불에 맞아 죽었다. 그 사이 포도원들과 무화과나무들이 파괴되었다. 공기 중에 떠 있던 화산재 입자들은 비가 되어 땅으로 투하되었다. 폭풍우에 실려온 이 (강)산성 물방울들이 강력한 산성비가 되어 동물들과 사람들을 흠뻑히 적셨다. 그 결과 사람과 동물들 모두 몸에 화상을 입었다. 이집트 의사들은 전염병 수준의 이 질병을 고칠 치료법을 찾기 위해서 분투했다.

그런데도 나쁜 날씨는 끝나지 않았다. 그것이 일으킨 가장 눈에 띄는 부작용은 또 다른 폭풍우였다. 주전 1601년 2월경, 공기 중에 떠 있던 화산재 입자들 중 남아 있는 입자들이 우박을 만들어 땅으로 투하했다. 우박을 동반한 폭풍우는 유난히 큰 피해를 입혔다. 이미 굶주리고 있던 이집트인들이 의지하고 있던 보리와 아마 등 농작물을 파괴했기 때문이다. 이 농작물 파괴로 인해 광범위한 기근이 이집트의 거민들을 덮쳤다. 많은 이집트 사람들이 음식을 얻기 위해 평소 불결한 동물이라고 여겼던 돼지와 먹을 것을 놓고 싸우기까지 했다.

나쁜 날씨, 즉 주전 1602년 7월 말에 정기적으로 발생하는 나일 강의 범람과 핵겨울과 관련된 뒤이은 재난들이 진격하던 힉소스 군대의 속도를 늦추었음이 틀림없다. 그럼에도 불구하고 마네토의 『이집트 총람』(Aigyptiaka)을 통해 우리가 알 수 있듯이, 비록 무력하기는 했으나 합법적인 왕이었던 "두디모세"(Dudimose, 이집트 제13왕조의 왕)는 폐위되었다. 우리가 『린드 수학 파피루스』 87로부터 산출했듯이, 오누는 주전 1601년 3월 중순 혹은 4월 중순경에 힉소스 군대에게 함락되었다. 힉소스 군대의 정복 대열은 이제 남쪽을 겨냥했다.

그런 중에도 땅은 계속 흔들렸다. 주전 1601년 가을에 이르자 한층 높아진 대지 습도가 해충의 번식을 촉진시켰고, 자신들의 주번식지인 아라비아 반도의 높은 습도 때문에 엄청나게 불어난 메뚜기들을 이집트 쪽으로 끌어들였다.

첫 번째 화산 폭발이 일어난 지 1년 만에 화산재는 이집트를 쑥대밭으로 만들어버렸다. 그것은 이집트를 사회정치적 혼돈 상태로 몰아갔다. 식물들, 나무들, 곡식들이 철저히 파괴되어버렸다. 농촌의 길마다 이리저리 헤매고 다니는 방치된 소 떼로 가득 찼다. 사람들은 굶주렸고 먹을 것을 구하기 위해 필사적으로 나섰다. 사막과 나일 강 계곡 지역 사람들 사이에서 이뤄지던 교역은 물론이요, 에게 해 지역과 이집트 사이에 이뤄지던 수지맞는 교역도 중단되었다. 이집트의 법은 먹혀들지 않았으며 혈연적 유대도 무의미해졌다. 나그네를 친절하게 대접하는 환대 법칙은 더 이상 준수되지 않았다. 절도, 살인, 강도 행위가 나라 전체에 들끓었다.

이런 절망적 상황 한가운데서 그리고 땅 밑에서 계속 들려오는 부글거리는 소리에도 불구하고, 이집트는 1월에 싹이 나서 2월에 무르익기 시작하는 새로운 곡식들이 열매 맺기를 학수고대하고 있었다.

이집트인들에게는 신들의 진노로 이해되었고, 힉소스인들에게는 신들의 상서로운 징조로 이해되었고, 히브리인들에게는 그들을 강제 노동 수용소로부터 해방시키려는 하나님의 메시지로 이해되었던 그 무시무시한 연속적 재난들이 드디어 일단 멈춘 것처럼 보였다. 하지만 이집트 쪽으로 점점 더 가까이 오는 새로운 흑암이 얼마 전의 연기와 재로 가득 찬 구름과 유사한 현상임을 알아차린 관측자들이 나타났다. 흑암은 단순히 평범한 어둠이 아니었다. 그것은 느끼고 만질 수 있는 어둠이었고, 사람들을 질식시키며 눈, 목, 폐에 화상을 입히는 어둠이었다. 얼마 전에 발생했던 재앙과 기근이 다시 엄습한다고 생각한 사람들은 공포에 질린 채 자신들을 향한 신들의 진노가 아직 풀리지 않고 있다고 생각하기에 이르렀다.

각각 자신들의 종교적인 확신에 따라서 이집트인들, 힉소스인들, 가나안 이주자들, 그리고 에게 해 섬에서 몰려온 피난민들 모두는 자신들의 신께 희생제사를 드림으로써 신들을 달래보려고 했다. 자신들이 직면한 재난의 심각함을 고려하여 그들은 단순히 동물 희생제사를 드리는 것은 충분하지 않다고 생각했다. 그들은 자신들의 초태생, 즉 첫째 상속자들을 희생제물로 바치려고 하였다. 또한 그들은 자신들이 소유한 가축 떼 중에서도 초태생을 골라 희생제물로 바쳤다. 고대 이집트 사람들은 해마다 신들이 그들의 분노를 갱신하지 못하도록 달래기 위해서 매년 희생제사를 드리는 관습에 정통해 있었다. 이집트 사람들이 희생제사들을 행하기 위해 선택한 그 장소는 나라에서 가장 거룩한 성소였다. 포르피리오스(Porphiry)가 증언하듯이, 태양신 신전이 있던 오누가 가장 성스런 신전 도시로 선택되었다. 당시의 희생제사들은 힉소스족이 장악하고 있던 것으로 보이던 도시, 즉 시리아의 히에라폴리스만큼이나 먼 북단 도시에서도 드려졌다(De Dea Syria에 따르면).

히브리인들도 그들의 몫을 감당하고 있었던 것처럼 보였다. 이집트인들의 눈으로 볼 때 히브리인들은 흠이 없는 양들로 희생제사를 지냈고, 3일간 걸어서 도달할 수 있는 사막의 한 장소에 가 제사를 드리려고 준비하고 있었다. 아마도 그곳에서 히브리인들이 매년 모여 임시로 만든 장막들과 오두막에서 거주하며 그들의 오래된 전통을 기렸을 것이다. 그곳은 "숙곳"(Sukkoth)이라고 불리는 장소였다. 히브리인들이 "숙곳"에서 종교 집회를 열고자 한 본래 목적은 인신 제물을 바침으로써 그들의 신 야웨께 종교적 충성심을 나타내기 위함이었을 것이다. 이집트 내의 다른 지역들은 야웨로부터 그 같은 수준의 호의를 경험하지 못했을 것이다. 게다가 이집트인들이 생각하기에, 그 숙곳이라는 장소는 이집트 본 거민들이 사는 곳에서 멀리 떨어져 있었기 때문에, 히브리인들 사이에서는 정상적으로 용납되었으나 이집트인들과 그들의 신들에게는 혐오스러웠던 희생제사를 히브리인들이 드릴 수 있게끔 했다.

이때 히브리인들은 힉소스 왕과 힉소스인들의 축복을 받고 떠났으며, 심지어 힉소스인들은 히브리인들에게 금을 주기까지 했다. 히브리인들이 숙곳을 향해 떠났을 때 많은 비(非)히브리인 출신 가나안 이주민들도 함께 자기들의 고향을 향해 탈출하려고 했다. 나일 강 삼각주 지역을 덮칠 더 많은 재앙들이 무서웠기 때문이다. 비옥한 와디 투미라트(Wadi Tumilat)에 있던 텔 엘-마스쿠타(Tell el-Maskhutah)의 경우 도시 전체가 텅 비었다[고고학자 홀라데이(Holladay)의 연구에 따르면 주전 1600년경에].

히브리인들은 조상들의 유골들을 챙기고, 자기 민족 중 동원 가능한 인원을 최대한 모아서 농촌 지역에 있던 숙곳에 모였나. 하시만 히브리인들은 인신 희생제사를 드리기 위하여 모이지 않았다. 이집트인, 에게 해 지역 사람들, 힉소스족과는 달리 히브리인들은 몰록에게 제사를 바치는 행위, 곧 힉소스 왕과 그의 종교적 신념들을 거부했다. 그 대신 히브리인들은 자기들의 초태생에 내하여 그들의 신에게 몸값을 지불했다. 그들은 열두 지파 중 하나인 레위 지파를 구별하여 야웨께 바쳤다.

숙곳을 떠난 히브리인들은 감사한 마음을 품고 거룩한 산을 향해 광야로 들어갔다. 이 광야 여행은 그들을 하나님의 산으로 그리고 종국에는 그들의 기업(基業)인 땅으로 이끌어줄 여정이었다. 히브리인들이 희생제사를 드리겠다고 말한 장소에서 돌아올 기미가 안 보이자, 아포피는 자신이 속았다는 것을 깨닫고 히브리인들을 잡으러 군대를 급파했다. 그러나 그가 보낸 군사들은 발을 내디디면 깊이 빠져버리는 젖은 유사 모래층에서 익사했고 따라서 결코 돌아오지 못했다.

그 사이 히브리인들은 고향으로 되돌아가고 있었다. 그들이 이집트에서 살았던 흔적들은 몇몇 이집트 성전 보관 문헌에 남겨졌다. 이집트 사람들의 기억으로는 히브리인들의 이집트 탈출이 힉소스족이 이집트를 지배했던 시기와 긴밀하게 연결되어 있었다. 그때는 이집트를 괴롭혔던 재난들의 시대, 즉 전면적 파괴와 신적 저주를 맛보던 시절이었다. 그래서 이집트인들은 히브리인들을 힉소스족과 연결지어 기억했고, 이마저도 시간이 지나면서는 그 둘 사이에 있는 경계선조차 희미해졌다. 예를 들면 이집트 역사가 마네토는 헬리오폴리스 제사장이었다가 일련의 문둥이들을 이끌고 가나안으로 탈출한 오사르세프(Osarseph) 이야기가 이집트로부터 탈출한 히브리인의 이야기라고 이해했다.

힉소스 왕조는 히브리인들이 이집트를 탈출한 것 말고도 또한 날씨가 점점 좋아지고 있다는 것을 알아차렸다. 한층 좋아진 날씨 덕분에 힉소스 군대는 이집트를 향한 공세를 계속 유지할 수 있었다. 힉소스 왕조는 우선 그들의 군사적 위력을 간단히 과시한 후, 과연 이집트의 어떤 장군이 전투를 치르지 않고 항복할 것인가를 기대하며 지켜보려고 했다. 아포피는 이집트를 분할 통치하던 군웅들에게 아포피 자신을 대군주로, 힉소스의 신을 곧 테베의 최고신으로 인정하라고 요구하는 전갈을 지닌 사신들을 보냈다. 사신들 중 하나가 테베의 통치자이자 "만유의 주군"이라고 불리는 강력한 야전군 사령관인 세케넨레 타오의 궁전에 도착했다. 그 메시지는 기이했으며 정확히 세케넨레를 겨냥하고 있었다. 그는 더 이상 힉소스족이 성스럽다고 여기는 동물인 하마를 괴롭힘으로써 힉소스의 신을 불쾌하게 할 수 없었다. 이 상황에 대해서는 많은 기록이 남아 있다. 오늘날 『샐리어 파피루스』로 알려진 한 문서에 그 만남이 잘 요약되어 있다.

세케넨레 타오는 일단의 궁중 참모들을 모아놓고 자문을 요청했다. 그 참모들 중 한 명이 개진한 의견이 세월의 침식을 이기고 오늘날까지 남아 있는데 그것이 바로 오늘날 『이푸웨르 파피루스』로 알려진 문서다. 아마도 이푸웨르는 가장 명민하거나 혹은 적어도 가장 영향력 있던 테베의 조언자들 중 하나였을 것이다. 먼저 그는 이집트가 직면한 총체적 위기 상황을 보고했다. 그는 이집트가 예전에는 훨씬 더 좋았다고 덧붙였으며 또 어떻게 하면 이집트가 예전의 영광을 되찾을 수 있는가를 제시했다. 하지만 이집트의 이런 노력을 방해하고 있는 가장 큰 장애물은 역시 동일한 곤경에 빠져 있던 압제적인 이민족 지배자들이었다. 이푸웨르는 이민족 지배자에게 굴복하지 말고 대항할 것을 제안했다. 겉보기와는 달리 그들은 엄청나게 강하지도 않으며, 더군다나 이집트는 믿을 만한 동맹국들까지 확보하고 있음을 왕에게 주지시켰다.

그래서 세케넨레 타오는 전쟁을 벌이기 위해 백성들을 징집해놓고 그 자리에서 자신이 악몽을 꾸던 중 이시스(Isis) 여신을 보았다고 밀했다. 이 상황은 나우크라티스의 카이레몬(Chairemon of Naucratis, 주후 25-75년경)의 글에 묘사되어 있다. 그 꿈 이야기는 전쟁을 독려하기 위한 세케넨레 타오의 거짓말이었다. 이런 속임수는 흔한 일이었다. 이보다 더 이른 시기에 드조세(Djoser) 같은 왕들도 거짓말을 사용했고, 후에(주전 15세기 후반) 투트모세 3세(Thutmosis III) 같은 왕들도 그런 임시방편적인 속임수에 호소했다. 세케넨레는 꿈에 나타난 이시스 여신이 불결한 백성이 이집트 전역과 신전들을 유린하도록 내버려둔 것 때문에 자신을 책망했다고 말하였다. 알렉산드리아의 리시마코스(Lysimachus of Alexandria)가 지적하려고 했듯이, 이런 부정한 족속들이 이집트를 떠나야 이집트를 강타한 재앙들은 그칠 것이라고 말했다는 것이다. 즉 불결한 이민족들과 그들의 불결한 신들이 이집트에 저주를 가져왔었기 때문에 재앙이 일어났다는 것이다. 세케넨레가 꾸며낸 거짓 메시지는 이제 하나의 위력적인 신탁이 되어 테베 사람들에게 결사항전의 동기를 촉발시켰다.

그 결과 그는 아포피와 전쟁을 벌였고, 일련의 전투에서 승리를 거두기도 했다. 그래서 테베는 힉소스족에 맞서 독립 전쟁을 이끄는 선봉 세력으로 부상했다. 하지만 초기의 승리들 이후에는 전쟁이 뜻대로 전개되지 않았다. 힉소스 왕조는 자신들이 이집트와 시리아 두 전선에서 압박해오는 적군과 대치하고 있다는 것을 깨달았다. 시리아에서는 그 이전에 전투를 거치면서 먼저 알알아크(Alalakh)를 상실했고, 얼마 후 주전 1600년에는 에블라(Ebla)가 철저히 파괴되는 패배를 맛보았다. 힉소스 군대들은 더 이상 시리아 전선에서 전쟁을 지속할 수가 없는 지경에 내몰렸고, 아포피는 부득이 중대한 결정을 내리지 않으면 안 되었을 것이다. 그는 시리아에서 군대들을 철수시켜 지중해 동부의 해안 지역만을 자신의 정치적 영향력 아래 두기로 결정했다. 지중해 동부 해안 지역은 원래는 그가 직접 통제하기보다는 보호령 정도로 간주하여 간접적으로 지배하던 지역이었다. 아포피는 시리아에서 철수한 새로운 군대들을 이집트의 반란군을 제압하는 데 투입하려고 생각하고 있었던 것이다. 아포피의 모험적인 도박은 성공했다. 항전 세력의 선봉이었던 세케넨레 타오가 전투에서 죽고 테베는 점령되었다.

당시 이집트 사람들은 계속되는 재난과 이민족의 압제에 시달리면서 삶의 고달픔과 무의미성에 눈을 떴으며 그 결과 죽음 이후의 내세의 삶에 치중하고 있었다. 그런 분위기에 편승해서 "사자의 서(書)"라고 불리는 문학 장르가 창조되었다. 이 "사자의 서"(reu nu pert em hru)는 직역하면 "오는 세상에 관한 가르침들"이다. 사망한 사람들의 무덤에 새겨진 주문들은 죽은 자의 영혼을 보호하며 그에게 더 좋은 내세를 보증해주는 것으로 믿어졌다. 다른 결정적인 계기들과 마찬가지로(1000년을 맞이한 유럽에서 혹은 14세기 중반에 흑사병이 유럽 대륙을 유린했을 때와 마찬가지로), 그처럼 혹독한 위기의 순간에는 개인적인 영적 정화가 중요한 관심사였다.

문명을 수호하는 개화된 인물이라고 평가받는 다른 독재자들처럼, 아포피도 서기관들을 힉소스가 섬유했던 시역들에 파견해 채집과 필사가 가능한 일체의 문헌을 연구하고 베끼도록 명했다. 테베의 아몬 신전과 거룩한 문서들도 아포피가 보낸 필사자들에 의해 연구되었던 것처럼 보인다. 아포피 자신은 스스로 이집트의 문화를 존경한다고 주장했다. 힉소스족은 스스로를 훌륭한 이집트 사람이라고 생각했지만, 정작 이집트인들은 그들의 소행을 나쁘게 생각했다. 이집트 사람들에게 있어 힉소스족은 단지 이집트 신전들을 침입해 더럽히고 이집트의 신들을 힉소스의 신에게 종속시킨 이민족 출신 압제자들일 뿐이었다.

한때나마 힉소스 군대에게 함락된 테베는 세케넨레 타오의 아들 카모세의 지도 아래 수복되었다. 카모세의 출정은 성공한 것처럼 보였다. 아포피가 테베를 협공하기 위해 누비아 사람들과 조약을 맺었음에도 불구하고 힉소스 군대가 포진했던 전선들이 무너졌기 때문이다. 카모세는 아바리스와 심지어 그 부속 궁전들이 보이는 곳까지 진격해갈 수 있었다. 그러나 테베에 또다시 불운이 찾아왔고 카모세는 전쟁중에 죽었다.

테베는 주전 1518년에 또다시 힉소스에 대항하여 일어섰다. 이번에는 세케넨레 타오의 아들이자 카모세의 동생인 아모세가 해방 전쟁을 이끌었다. 아모세는 효과적으로 군대를 배치할 뿐만 아니라 좀더 신중한 전략을 구사하며, 즉 첩자들과 반역자들의 동태에 더욱 신경을 곤두세우며 마을을 차례대로 정복했다. 그는 오누를 힉소스 치하에서 해방시켰고 인신 희생제사를 중단시켰다. 또한 그는 주전 1569년에 아바리스를 포위했다.

힉소스족의 본거지인 아바리스는 육로와 수로 모두 고립된 채 오랫동안 포위되어 있었음에도 불구하고 여전히 건재했다. 아모세는 힉소스의 세력이 쇠락하고 있다는 것을 감지했지만, 동시에 그 도시를 전면적으로 공격했을 경우 치러야 할 대가를 대략이나마 계산해보지 않을 수 없었다. 그 결과 그는 협상을 선택했다. 이번에는 승리할 수 없을 것이라는 것을 깨달은 힉소스족은 그들이 가나안에 마련해둔 요새들로 퇴각할 수 있을 것이라고 생각했다. 주전 1567년에 힉소스족은 아모세에게 아바리스를 넘겨주고, 아마도 일부 이집트 인질들을 데리고서 아바리스를 떠날 수 있었다.

하지만 일단 힉소스족이 이집트 밖으로 나가자, 아모세는 한 번 더 그들을 후방에서 공격했다. 그는 자신의 군대를 가나안의 접경 지역까지 출병시켰으며 마침내 "루비콘 강"*을 건넜다. 이 경우 루비콘은 빗물

● 용어 해설을 보라.

의 급류에 의해 움푹 파진 개울로서 가나안과 시나이 반도를 분리하는 한 건천(wadi)이었다. 아모세는 그의 형과 아버지 그리고 모든 이집트 민족의 원수를 갚으며 전투를 치를 때마다 요새를 하나씩 점령했다. 3년에 걸친 전쟁 끝에 이집트인들은 가나안에 있던 힉소스 요새들을 파괴했고, 힉소스 왕조의 봉신 노릇을 했던 이집트 군웅들이 힉소스 왕조에게 바쳤던 충성심을 뒤바꾸어놓았다. 게다가 동쪽에서부터 온 아모리 이주민들과 북쪽에서부터 온 히타이트 이주민들이 이집트로 들어와 힉소스 왕조의 붕괴로 생긴 그 공백 지역에 정착했다.

주전 1564년 즈음에 아모세는 이집트 본국으로 돌아갔는데, 이제 반대 방향에서 그 "선전" 구비곤을 지나가고 있을 때, 그는 자신의 전쟁 이야기를 증언하고 기억할 전적비를 세우도록 명령했을 것이다. 그 비석은 이민족들을 위협하고, 이집트 민족 외의 다른 민족이 나일 강 지역을 공격하려고 시도했을 때 무슨 일을 당하는지를 상기시키기 위한 것이었다. 한참 후대인 주전 300-100년경에 프톨레마이오스 왕조의 통치자들은 이 비석을 한 작은 신전 내실에 옮겨다 놓았다. 그래서 그것은 『엘-아리쉬 내실 문서』로 알려지게 되었을 것이다. 다시 본국으로 돌아온 아모세는 더 많은 토건(土建) 프로젝트를 추진하려고 했다. 실제로 그는 전쟁, 혼란, 재난들 그리고 남부 이집트를 침수시킨 거대한 홍수로 인해 황폐해진 전 이집트를 재건하려고 했다. 아모세는 그의 가족 영지에 속한 고도(古都) 테베를 변화시켜 재통일된 이집트의 새 수도로 삼으려고 했다. 테베에 있는 그는 한동안 이집트를 타격했던 모든 파괴적 사건들로부터 나라를 재건설하려는 그의 의지를 선언하기 위하여 아몬의 신전에 또 다른 석비(『폭풍우 석비』)를 세우려고 했을 것이다. 그는 이집트인들에게 이민족 점령자의 손에 당했던 고통을 기억해야 한다고 말하고 싶었을 것이다. 우리는 그 전쟁이 끝나고 100년 후에 제작된 『스페오스 아르테미도스 비문』과 그 전쟁 후 400년 이상이 지난 후 쓰인 『해리스 파피루스 I』에서 그 내용을 찾아볼 수 있다.

힉소스족의 지원을 받지 못하게 된 가나안과 기타 지역들은 이제 군웅들의 무대가 되었다. 아말렉(힉소스)족의 쇠락과 이집트인들의 귀환 소식을 알고 있던 히브리인들은 암약했던 곳에서 나와 가나안을 향해 계속 전진했다.

이 연구를 수행하면서 우리가 조사해본 몇몇 이집트 문서들에 대해 약간 더 언급할 필요가 있다. 사실상 이 문서들이 지금까지 간과되었던 사건들의 또 다른 진면목을 밝혀준 것은 우리가 이집트의 열 가지 재앙 이야기를 하나의 유기적 시나리오로 재구성한 후였다.

이집트 역사에서 중요한 단계인 두 번째 중간기를 바로 이해하려고 할 때 직면하는 한 가지 문제는 2세기에 걸쳐 공존해온 다섯 왕조(제13-17왕조)의 연대를 산정하는 과제였다. 제13왕조는 주전 1786년에 시작되었는데 그 왕조는 두 가지 특징을 갖고 있었다. 그때는 나라 전체가 분열되어 있었다는 것과 형식적인 권력만을 가졌던 군주들이 매우 짧은 기간 동안 다스렸던 시기였다. 제17왕조는 두 번째 중간기의 마지막 왕조로서 주전 1567년에 끝났다. 마네토가 남긴 단편 기록에 의하면, 제13왕조의 왕인 두디모세가 급작스런 이민족들의 공격과 더불어 하나의 신적 심판을 목격했다. 우리는 두디모세가 본 그 신적 활동이 바로 주전 1602년에 발생했던 재앙들의 시작을 의미한다고 본다. 신적 심판을 보았던 두디모세는 힉소스족에게 폐위당했다(주전 1602년 혹은 그 다음 해에). 그런 가운데서도 제13왕조는 힉소스 군대 사령관들에게 조종당하면서도 연명해나갔다. 실제로 『튜린 왕명록』에도 두디모세 이후 10명의 왕이 이집트 왕명 목록에 올라 있다.

또한 이 사실 때문에 우리는 두디모세 전까지의 제13왕조의 36명의 왕들의 통치 연한에 좀더 현실적인 공간을 할애할 수 있다. 그들의 총 통치 기간은 이제까지 전체 111년으로 산정되어 왔다. 이것은 누가 보아도 비현실적으로 끼워 맞춘 인위적인 연대기 틀이었다. 그러나 앞에서 우리가 새롭게 구성한 제13왕조 연대를 적용해보면 그들의 총 통치 연한이 183-184년 정도까지 늘어날 수 있다. 그렇다면 제13왕조가 힉소스족에 의해 조종된 10명의 왕들과 함께 몇 년간 더 지속되었다는 것을 납득할 수 있다.

이 문제와 다른 문제 하나는 힉소스족의 전체 통치 기간에 관한 것이다. 마네토는 힉소스 통치자들의 목록을 작성해본 후에 250년이 넘는 통치 연한을 제시했다. 이것은 두 번째 중간기(주전1786-1567년)보다 더 긴 기간이다! 이에 대해 헤로도토스는 106년, 『튜린 왕명록』은 108년의 통치 기간을 기록했다.

우리는 마네토가 제공한 통치자들의 통치 연한 목록은 그들이 "사실상" 얼마나 오랫동안 권좌에 있었던가를 가리킨다고 본다. 마네토가 제공한 목록은 왕으로 정식 등극하기 전에도 사실상 권력을 장악한 상황이었다면 그의 통치 연한에 포함시켰다고 보는 것이다. 그의 목록은 왕실 출신이 아니었던 첫 번째 통치자와 왕가에서 태어나 후일 권좌에 오른 왕들을 구분한다. 그래서 첫 번째 통치자의 통치 연한은 그가 야전 사령관이었던 햇수와 왕으로 직접 통치했던 햇수 모두를 더해 산정되었다. 나머지 왕들은 사망시의 나이와 함께 왕명 목록에 등재되었다. 그들은 왕자로 태어난 이유만으로도 왕이 될 자격을 갖추었다고 본 것이다. 그러므로 힉소스족이 실제로 이집트를 통치했던 총 통치 기간은 『튜린 왕명록』에 기록된 햇수들을 반영해야 한다. 이 자료와 헤로도토스의 자료가 2년의 차이를 보이는 이유는, 우리가 이해하고 있듯이, 헤로도토스는 아모세가 아바리스를 포위했던 기간을 힉소스의 통치 햇수에 포함시키지 않았기 때문이다. 즉 힉소스 통치자들은 이집트에 남아 있던 그들의 유일한 성벽에 갇혀 있던 왕들에 불과했기 때문이다.

우리가 어쩌면 해결책을 찾을 수도 있는 한 가지 문제가 더 남아 있는데 그것은 힉소스 통치자들의 순서다. 마네토는 모두 여섯 왕의 이름을 제공하는데 처음 세 이름은 일정하지만 나머지 세 이름은 다르다. 『튜린 왕명록』은 다른 난제를 제기한다. 거기에는 일곱 개의 이름이 있지만(그중 오직 마지막 이름만이 세월의 침식을 견뎌내어 살아남았고 나머지 이름들은 희미해졌다), 실제로는 오직 여섯 명의 통치자들만 알려져 있다. 맨 처음의 익명의 통치자는 3년간 통치하였고, 두 번째 통치자는 8년 3개월간, 그 다음 왕은 누군지 알려지지 않고 있으며, 그 다음 왕은 40년간 통치하였다. 그리고 그 다음 왕은 알려지지 않았고, 그 뒤를 이은 왕도 알려지지 않았으며, 마지막 왕 카무디(Khamudy)는 이름은 알려졌지만 그의 통치 연한이 어느 정도인지는 알려져 있지 않다. 도널드 레드포드(Donald B. Redford) 교수에 의해 자세히 기술된 것처럼,* 고고학

---

*   Donald B. Redford, *Egypt, Canaan, and Israel in Ancient Times* (1992).

398   이집트 10가지 재앙의 비밀

발굴을 통해 열 개가 넘는 힉소스족의 이름들이 식별되었다. 레드포드는 마네토의 목록과 『튜린 왕명록』이 제공하는 정보, 그리고 고고학적 유물들에 새겨져 있거나 파피루스에 쓰여 있는 진술들이 제공하는 정보를 모두 한데 합쳐 힉소스족의 총 통치 연한을 산정하려고 노력했다.

우리는 표 15.3에 표시되어 있는 방식으로 힉소스 통치자들의 순서를 이해한다. 그 이해의 열쇠는 아포피의 재위 11년이 되는 연도가 주전 1602년인가에 달려 있다. 다른 모든 정보는 이 핵심 사실을 중심으로 재해석된다. 우리는 아포피가 "몇 년 동안" 권력의 자리에 있었는지는 모른다. 그러나 우리는 『린드 수학 파피루스』에 기록된 수학 문제들이 그의 재위 33년에 필사되었다는 것을 안다. 따라서 그는 적어도 주전 1579년까지 통치한 셈이 된다.

더 이른 시기의 통치자들에 관해서는 마네토의 명단이 정확해 보인다. 그는 결코 다르게 나타나지 않는 첫 세 명의 이름들을 보존하고 있다. 살리티스(Salitis)는 야전 사령관으로서 16년 동안 그리고 왕으로서는 3년 동안 통치했을 것이다(『튜린 왕명록』에 따르면). 그의 후계자 브논(Bnon)은 아마도 벤-온(B'n-On), 곧 태양신 온(On)의 아들(B'n)이라는 이름을 가졌을 것이다. 그는 44세에 죽었고 또한 쉐쉬(Sheshi)라고도 불린다. 『튜린 왕명록』에 의하면 그는 8년간 통치했다. 세 번째 왕은 아파크난(Apachnan)이었다. 그는 또한 야콥-하르(Yakob-Har)로도 알려졌는데, 심지어 태양신 레처럼 강력하고 힘 있는 왕이라는 의미의 이집트식 왕명인 으세르-레(wser-re)로도 불렸다. 그는 37세에 죽었다.

다음 세 명의 왕은 모두 아포피라는 이름을 갖고 있다. 그것은 또한 세 개의 "아포피" 이름을 지니고 있는 고고학적 유물들로부터 나온 비

표 15.3. 힉소스 통치자들의 순서

마네토의 정보	『튜린 왕명록』	정돈된 왕들의 재위 순서
살리티스(Sa[l]itis) 19년	x 3년	살리티스(Salitis) 출생연도: ? 전쟁 군주: 주전 1694-1675년
브논(Bnon) 44년	x 8년 3개월	벤−온(B'n On) 혹은 쉐쉬 출생연도: 주전 1708년 재위 기간: 주전 1672-1664년
아파크난(Apachnan) 37년	x 미상	아파크난 혹은 야콥−하르 출생연도: 주전 1689년 재위 기간: 주전 1664-1652년
아포피스/스탄 (Apophis/Staan) 61년	x 40년	아포피 카얀(Apopi Khayan) 출생연도: 주전 1673년 재위 기간: 주전 1652-1612년
	x 미상	얀사스(Yansas). 왕세자였으나 통치한 적은 없다.
얀나스/아르클레스 (Iannas/Archles) 50년	카무디(Khamudy) 미상	아포피 혹은 아우세레 출생연도: ? 재위 기간: 주전 1612-1579년 이후
아시스/아포피스 (Assis/Apopis) 49년	카무디 미상	아포피 혹은 아시스 혹은, 카무디 출생연도: 주전 1613년 재위 기간: 주전 1579-1567년 이후 주전 1564년에 샤류헨에서 죽음

문들과도 일치한다. 첫 번째 아포피는 카얀(Khayan)이며 40년간 통치했다. 역시 으세르−레를 포함하고 있는 그의 이집트어 왕명은 이집트 주변국들의 문서에서도 입증된다. 그 뒤를 이어 그의 아들 얀사스(Yansas)

가 왕이 될 예정이었으나 일찍 죽었음이 거의 확실하다. 『튜린 왕명록』에는 통치자의 자리에 오르지 못했던 한 통치자의 이름을 적기 위해 한 줄이 더 첨가되어 있다. 이 첨가된 한 줄은 왕이 되지 못하고 죽은 왕자 얀사스를 위한 여백이었을 것이다. 카얀은 61세에 죽었다.

다음 통치자는 주전 1612년에 통치를 시작했는데 이집트를 강타한 재앙들을 목격했던 바로 그 유명한 아포피일 것이다. 재위 33년째 되던 해에 그는 적어도 두 차례의 반란을 진압한 후 수학 문서들을 사본으로 만들어 놓도록 명령했다. 그는 50세에 죽었다. 마지막 통치자는 또 다른 아포피인 카무디(Khamudy)다. 쇠락해져 가던 힉소스 왕조의 권력을 승계한 그는 아바리스를 빠져나가는 문제로 테베의 이집트 군대와 협상을 주도했으며, 그 후 그의 군대는 가나안에서 아모세 군대의 후방 공격을 받아 전멸되었다.

여기서 분명히 밝혀야 할 또 하나의 진술은 마네토가 남긴 또 다른 단편 자료의 설명이다. 그것은 헬리오폴리스의 옛 사제로서 채석장에서 일하고 있는 문둥이들에게 그들이 즐거워하는 일은 뭐든지 할 수 있다는 백지 위임장을 줌으로써 자신의 휘하에 집결시켰던 오사르세프에 대해 말하고 있다. 한 이집트의 통치자가 그를 공격했다. 처음에는 오사르세프에게 유리했던 긴 전쟁 후에, 그 통치자는 그를 나라 바깥으로 내쫓았다. 그의 무리 중에 일부가 가나안에 정착했다. 어떤 사람들은 이 이야기를 순전히 헛소리라고 생각하고, 또 어떤 사람들은 그 이야기가 히브리인들의 출애굽을 묘사하고 있으며 오사르세프는 사실상 히브리 민족의 지도자 모세라고 생각한다.

그런데 우리는 다른 견해를 갖고 있다. 마네토는 어떤 이민족 지도자를 확실하게 말하는 것이 아니라, 태양신 온(On)의 신전이 있던 도시 헬리오폴리스 출신의 한 옛 제사장에 대해 말하고 있다. 이름 일부에 으세르-레(wser-re)라는 표현이 들어간 힉소스 왕은 모두 세 명인데 그들은 이와 같은 이름을 통해 태양신 레(Re)에 대한 충성과 경배를 고백하고 다짐했던 셈이다. 야곱-하르(Yakob-Har)는 벤-온(B'n-On), 곧 "태양신 온의 아들"로 더 잘 알려진 왕이다.

힉소스족은 신전 도시였던 오누, 이집트어 이름으로는 헬리오폴리스에서 해마다 인신 희생제사를 드렸다. 이것은 오사르세프가 힉소스족일 가능성이 더 크다는 사실을 암시한다. 게다가 오사르세프와 모세 사이에는 그 이름에 있어서 단 하나의 유사성도 발견되지 않는다. 하지만 오사르세프(Osar-Seph)는 마네토에 의해 그리스어로 으세르(wser-)라는 단어를 가진 이름으로 번역될 수도 있었을 것이다. 만일 그렇다면 우리는 오사르세프와 이집트인들 사이에 벌어진 전쟁, 즉 처음에는 오사르세프에게 유리했다가 나중에는 이집트인들 쪽으로 전세가 기울어졌던 그 전쟁을 역사적으로 설명할 수 있다. 오사르세프를 따르던 무리는 또한 가나안으로 도망쳤다고 이야기된다. 사실 그것이 정확하게 힉소스족이 보여준 행로였다.

사실상 오사르세프는 "[바알]-제폰[Zephon(힉소스의 신)]처럼 위대하고 강력한"이라는 의미일 것이다. 우리는 여기서 힉소스족이 자신들의 권력을 신장하고 유지하기 위하여 계급투쟁을 어떻게 사용했는가를 일별할 것이다. 앞서 말했듯이, 그들은 한 사회 집단과 또 다른 사회 집단을 서로 투쟁하게 함으로써, 즉 사회 계층 간의 갈등을 촉발시킴으로써 자신들의 권력을 확장하고 유지했다. 우리는 『이푸웨르 파피루스』로부터 빈곤 계층의 사람들이 혼란과 무질서를 조장하는 데 앞장섰다는 사실을 알고 있다. 또 이런 총체적인 혼란과 무질서의 책임이 힉소스족으로 드러난 이민족들에게 전가되었다는 것도 알고 있다.

그렇지만 왜 레가 으세르(wser-)가 붙은 이름에서 바뀌게 되었을까? 아마도 이는 통치자들의 진정한 제휴 관계를 반영하기 위해 레가 세프(Seph)로 바뀌었을 것이다. 결국 "레(Re)처럼 위대하고 강력한"으로 불리는 왕이라면, 오사르세프가 레의 나라 이집트에서 내쫓김을 당할 때 겪었던 굴욕을 겪지 않았을 것이기 때문이다. 흑 그런 일이 일어난다면, 이집트인들이 보기에는 자기 나라를 지배하려고 덤벼드는 힉소스족에 의해서 이미 그 권위가 크게 손상됐을 레 신에게 또 다른 치명타가 되었을 것이다.

이집트인들이 힉소스족에 대해 느꼈던 혐오감은 지중해 일대의 해안 지역인 레반트 사람들이 힉소스족에 대하여 가졌던 다소 이중적인 감정과는 대조된다. 오늘날 알렙(Alcp)으로 알려진 지역의 이웃 도시인 알알아크가 함락되어 파괴되었던 때에 있었던 전쟁은 분명 적어도 주전 1650/1620년부터는 시작되었을 것이다. 히에라폴리스(신성한 도시) 신전은 재앙들을 관찰해왔음을 입증하는 몇몇 요소들을 갖고 있는데 그중 가장 중요한 것 요소는 듀칼리온(Deucalion)에 대한 경배와 인신 희생제사였다.

그런데 셈족의 여신 세미라미스(Semiramis)가 오직 자신만이 독점적으로 경배를 받는 신이 되어야 한다는 요구를 내걸면서 하늘로부터 질병들과 재난들을 쏟아 부었다는 논의가 남아 있다. 『시리아 여신에 관하여』에서 루키아노스가 이런 주장을 하고 있는데, 이 주장은 힉소스족이 그들의 신을 시리아인들에게 강요한 사실(마치 그들이 이집트인들에게 그랬듯이)과 산토리니로부터 화산재가 날아온 사건과 밀접하게 관련된다. 농경지 위에 가해진 재난들을 고려하면, 당연히 시리아인들은 농업을 관장하는 신들에게 보다 세심한 관심을 기울였을 것이다.

우리의 연구로부터 발견되는 또 다른 흥미로운 사항 하나는 가나안 사람 산쿠니아톤(Sanchuniathon)이 가나안 역사를 기술할 때 토대로 삼았던 한 묶음의 자료들이다. 그의 저작은 적어도 독립적인 두 자료에 토대를 두고 있다. 그 두 자료는 이에우오(Ieuó) 신의 제사장이면서 베이루트(Beirut)의 왕인 아비발(Abibal)의 검열 아래서 히에롬발(Hierombal)이 남긴 자료와 테베의 아몬 신전에 보존되어 있던 타오토스(Taautos)가 남긴 거룩한 기록들이다. 그 자료들은 난제로 가득 차 있지만, 그 난제들은 이 책에서 우리가 수행한 연구에 의해 해결될 수 있다.

한 가나안 사람이 자신의 민족의 역사를 기록하기 위해서 가나안 고문서들을 입수하는 것과 또 당국자에 의해 공식적으로 승인된 자료들을 얻는 것은 당연하다. 하지만 베이루트는 한참 후에야 핵심적인 역할을 했으며 또 여기에 연루된 이름들은 의심스러워 보인다. 학자들은 히에롬발(Hierombal)이 성경 문서들에 등장하는 어떤 이름, 즉 여루발(Jerubal)과 연결될 수도 있다고 생각했다. 게다가 히에롬발이 섬겼던 신 이에우오(Ieuó)가 성경의 야웨(Yhwh)였을 수도 있다는 것이다. 더 나아가 여기에 사용된 이집트 자료 또한 이상하다. 타오토스(Tauutos)가 글자의 창시자요 이집트의 신인 토트(Thoth)로 소개된다는 점이다. 그는 큰 고난의 때에 남부 이집트를 관할하는 책임을 떠맡은 후 크로노스(Kronos) 신으로부터 융숭한 대우를 받았던 것으로 묘사된다.

산쿠니아톤이 그의 저작에서 베이루트를 언급한 것은 시대착오라는 점은 이미 언급했다. 이제 여룹발 문제를 살펴보자. 심지어 성경 본문에서도 여룹발은 나중에 기드온이라는 이름으로 야웨 예배자가 되었던 한 사람의 가나안식 이름("바알 신으로 하여금 싸우게 하소서")이다.

따라서 히에롬발로스(Hierombalos)는 이교도 이름이지 히브리인의 이름이 아니다. 게다가 그 이름은 그리스-가나안 혼종어가 아닐까 하는 의혹을 불러일으킬 수도 있다. 즉 히에로스(hieros는 그리스어로 "거룩한")와 바알(Baal은 가나안어로 "주")의 합성어로 볼 수 있다는 말이다. 그런 혼종어 이름들에 대한 전례가 있다. 그리스의 전통은 "벨스"(Belos, "바알"의 그리스어 음역) 혹은 유사한 이름말을 보존해왔다. 그런 이름을 가진 사람들의 자녀들은 "다나오스"(Danaos)와 "에집토스"(Aigyptos) 같은 정통 그리스어 이름들을 가졌다. 특히 "에집토스"라는 이름은 겉모습에도 불구하고 정통 그리스 이름이다. 고대 이집트에서 이집트는 케메트(Kemet)로 불렀기 때문이다. 이와 유사하게 예루살렘은 거룩한 평화, 즉 히에로스-살람(Hieros-Salaam)에서 파생되었을 수 있는 말이다. 여기서 히에로스(hieros)는 그리스어고 살람(salaam)은 셈족어다.

반면에 히에롬발로스(Hierombalos)는 또한 순전히 그리스어 어근들의 조합으로도 설명될 수 있다. 즉 히에로스 옴팔로스(hieros omphalos)라는 합성어라는 것이다. 이것은 거룩한 중심으로 번역되는데, 그리스의 신학에 따르면 이 거룩한 중심은 세계의 중심에 있는 바위를 지칭한다.

그리스-가나안의 혼혈 혹은 순전히 그리스적 기원을 가진 이교도 히에롬발로스는 이 시점에서 쉽게 설명될 수 있다. 미노스 문명의 존재는 레반트 해변 지역에 남겨진 역사적 흔적들에 의해 입증되고 심지어

카브리(Kabri), 카트나(Qatna), 알알아크(Alalakh) 같은 내륙 지역에 산재해 있는 미노스 양식의 궁전들과 마리(Mari)에 있는 프레스코 벽화를 통해서도 입증된다. 그리스의 선원들, 상인들(미노스 왕국을 위해 일했던 미케네인들)은 미노스 왕국의 배를 타고 사방으로 돌아다녔을 것이다.

게다가 히에롬발로스가 섬겼던 신의 이름 또한 히브리적 기원을 갖기보다는 에게 해 지역에서 유래한 것처럼 보인다(미노스 혹은 미케네). 이오(Io)와 그것과 관련된 모든 이름들은 에게 해 지역 신학과 문화의 일부다[이오-그-아버지(Io-the-father)라는 뜻의 이아페토스(Iapetos)].

결국 산쿠니아톤이 사용한 자료들이 한 지방 신전에 보관된 가나안 역사에 관한 고문서들이었다는 판단은 말이 된다. 아마 그는 몇몇 국가들과 접촉했던 자신의 나라의 역사의 지평을 풍요롭게 하기 위해서 가나안 역사를 저술했을 것이다. 그가 사용했던 자료는 레반트 해변 지역으로 이주했던 이주민들이 남긴 문서였을 가능성이 크다.

그가 사용했던 두 자료 중 이집트 자료를 이제 살펴보자. 우리는 아포피가 테베인들을 역습했고 그 과정에서 세케넨레 타오가 죽임을 당했다는 것을 살펴보았다. 필로에 따르면 힉소스 군대가 남부 이집트 전역을 정복했고, 그 이집트 정복의 책임자가 바로 타오토스였다. 타오토스와 "이집트 학문들의 신"이 동일시된다는 점과 아포피가 지식에 대해 가졌던 알려진 열정을 고려한다면, 이 타오토스가 바로 아포피라는 판단은 타당하다. 이 힉소스 지도자는 테베에 들어가 틀림없이 그 지역의 아몬 신전에 보관된 고문서들을 정독했을 것이다. 그 결과 산쿠니아톤은 테베의 고문서들의 내용이 무엇인가를 파악할 수 있었다.

이제 우리가 자세히 검토해야 할 문명이 하나 남아 있는데 바로 에게 해 문명이다. 성경의 재앙들은 이집트를 덮친 산토리니 화산 폭발의 여파였음이 결국 드러났다. 그 화산은 오늘날의 그리스에 있고, 그 재난들이 그리스에 끼친 파괴적 결과는 바다 건너편에 입힌 피해보다 훨씬 참혹했다.

성경의 재앙들을 재구성한 우리의 시나리오는 고대 그리스(고전 시대 이전의)가 남긴 신화들(mýthoi)의 역사적 가치를 발굴함으로써 고대 그리스에 대한 새로운 이해를 가능케 한다. 산토리니 화산 폭발은 에게 해 문명에 있어서 문명사적 분수령이 된 획기적인 사건이었다. 고전 시대의 그리스인들은 주전 776년에 열린 첫 번째 올림피아 제전*을 기점으로 역순으로 이전의 역사적 사건들이 일어났던 연대를 추산했다.

고전 시대의 그리스 사람들과 비교해볼 때 그들보다 더 이른 시기의 그리스 거주자들은 전혀 다른 방식으로 사물과 사건들을 바라보았던 것으로 보인다. 고전 시대 이전의 그리스 사람들은 산토리니 화산 폭발을 신들이 미증유한 방식으로 현현(顯現)한 사건으로 이해했다. 화산 폭발에 관한 기억과 지식은 일종의 신학적 문학 장르인 신화(mýthos/mýthoi) 속에 아로새겨졌다. 그런데 그것은 암호화되어 기록되었고, 그 암호화된 모습 그대로 후세에 전해졌다.

시간이 흐름에 따라 그리스는 급진적인 변화들을 겪었다. 주전 20-15세기 동안 미노스 문명은 오늘날로 보자면 남부 그리스 지역을 지배했다. 정확하게 말하면 미노스는 그리스가 아니었다. 그들의 정치

● 체육 및 문화 행사를 아우르는 고대 그리스의 종합 축제다―옮긴이.

체제들은 주전 15-12세기에 그리스어를 말하던 미케네 문명인들의 정치 체제로 대체되었다.

미케네인들은 과거의 미노스 관습에 따라 궁전을 건축하고 생활을 영위했다. 따라서 그들은, 산토리니 재난을 목격했고 그 목격담과 경험을 신화의 형태로 남겨 구전해주었던 앞선 시기의 미노스 문명인들의 역사 또한 물려받았다. 아마도 거의 틀림없이 미케네인들도 이런 재난들에 대한 그들 고유의 이야기들을 갖고 있었을 것이다. 결국 두 갈래의 이야기들이 공존했던 셈이다. 하피(여자의 얼굴을 하고 몸에 새의 날개를 가진 탐욕스러운 괴물)들의 이야기는 레토의 임신 이야기와 공존했고, 우라노스가 거세당한 이야기는 세상을 뒤엎으려고 했던 거인들의 이야기와 같은 시대에 공존했다.

여기서 떠오르는 한 가지 중요한 질문은, "그러한 신들의 이야기가 역사적으로 일어났던 실제 사건들을 묘사하고 있다는 것은 미케네인들에게 얼마나 확실했는가?"이다.

결국 미노스 사람들이 주도하던 에게 해 문명은 그 시대의 가장 강력한 화산 폭발로 인해, 그리고 다른 언어를 말하고 덜 세련된 문화를 가진 미케네인들이 미노스 문명을 점령함에 따라 한 세기 안에 엄청난 동요를 겪게 되었다. 이 충격은 라틴 민족이 아닌 이민족들의 손에 로마 제국이 붕괴되는 충격에 비견될 수 있을 것이다. 후자의 예에서 우리는 좀더 원시적인 사회가 로마 제국 붕괴가 남긴 그 빈자리를 한동안 채웠고 문화가 질식당했다는 사실을 안다. 당시 문화의 혜택을 받지 못한 문맹의 정복자가 선진 문명을 무너뜨리고 등장함으로써 역사적 정보들이 상실되기도 했다. 미케네인의 미노스 문명 전복은 유사한 결과를 가져왔다. 실제로 미케네인들은 소위 "직선체 B"(Linear B)라는 글자를 사용했는데, 그것은 미노스 사람들이 사용했던 "직선체 A" 글자의 파생 서체처럼 보인다. 하지만 이것을 읽고 쓸 수 있었던 사람은 소수의 특권층이었다. 결국 대중들의 수준에 맞추기 위해 신화라는 장르가 탄생되었을 것이다. 신화는 실제로 일어난 사건들을 성스러운 신들의 이야기로 극화시켰다. 이 과정에서 물리–자연적 사건들은 의인법 혹은 신인동형론적인 렌즈를 통해 묘사되었고 그로써 그 사건들의 의미를 표현했다. 이렇게 해서 신화들은 저나마 생뚱함을 얻었고 대중들의 눈높이에 맞춰진 "신들의 이야기"가 되었다. 기기에서는 인간들처럼 행동하는 신들(실부하거나 참을성 없는 모습을 지닌)이 신들과 인간들 양쪽에게 동일하게 영향을 끼쳤던 재난들을 일으켰던 장본인들이다.

우리는 과거에 일어났던 중요한 사건들에 대한 정보가 시대를 거쳐 망실되었다는 것을 잘 안다. 왜냐하면 주전 500년경에 헤라클레이토스는 자신이 다른 사람들이 삼자는 동안 잃어버렸던 지식의 분실물 저장소라고 과감하게 진술하고 있기 때문이다. 헤라클레이토스가 말한 그 지식은 순전히 철학적 구성 요소를 가졌으나(예를 들어 대조적인 실재들의 변증법적 상호 작용), 또한 그것들은 이집트의 영향력을 보여주는 요소들은 물론이거니와 산토리니 화산 폭발이 촉발시킨 위력적 재난들을 가리키는 측면들도 포함하고 있었다.

미케네 문명이 주전 1200-1175년경에 붕괴했을 때, 그리스의 인구는 줄어들었고, 소위 암흑시대로 진입하고 있었다. 그러자 그리스인들은 조상들과의 유일한 연결 고리였던 그리스적 전통에 집착했을 것이고, 전승 자료들을 확실히 전수받으려고 각별히 노력했을 것이다. 하지만 그 무렵에는 이미 신화의 원래의 의미가 망실되고 말았다. 전쟁을 벌이고 사랑에 빠지며 기타 다른 활동들에 참여하는 신들에 대한 묘사는 남아 있었지만, 이러한 활동들 이면의 참된 의미는 사라져버린 것이다. 우라노스가 거세당한 사건은 더 이상 물리-자연적 현상을 가리키지 않았고, 신들의 특별한 행동 양식에 대한 시적 표현에 불과한 것으로 치부되었다. 그리스인들은 신화에 근거한 세계관을 떠나서, 순수한 이성적 관점에 근거한 로고스(*lógos*)* 세계, 즉 이성 중심의 세계관으로 이행하고 있었다. 물리-자연적 사건들의 의미를 암호화해두었던 신화는 우리가 현재 사용하는 경멸적인 의미의 그런 "신화"로 전락해가고 말았다. 따라서 이 원래의 신화에는 어떠한 가치도 부여되지 않았다.

이것은 왜 주전 850년경에 헤시오도스가 당시에 존재하던 신화적 이야기 자료들이 우주 탄생에 대한 고대인들의 묘사였다고 믿었음에도 불구하고, 그것이 자신보다 수 세기 전에 살았던 사람들이 목격했던 특정한 역사적 사건들을 묘사한다는 점을 깨닫지는 못했는지를 설명한다. 헤시오도스는 다만 그리스의 과거를 더 잘 전달할 수 있기를 바라면서 이러한 옛 신화들을 수집하고 외견상 질서정연해 보이는 방식으로 함께 연결시키는 작업이 중요하다고 생각했음이 틀림없다. 그것이 그의 공이라면 공이다.

이와 비슷하게, 이런 신화들 외에도 다양한 이야기들이 그리스 문명에서 생겨나고 유포되었다. 어떤 이야기는 여러 시기에 걸쳐 필사되

● 용어 해설을 보라.

기도 했다. 몇몇 이야기를 제외하고는 다른 이야기는 모두 다 사라졌을 것이다. 헤시오도스의 『작품들과 일자들』(Works and Days), 아폴로도로 스의 『수집』(Library), 아폴로니우스의 『아르고나우티카』(Argonautica), 오비디우스의 『변형』(Metamorphoses), 그리고 몇몇 다른 작품이 산토 리니 화산 폭발 시절에 관한 언급을 담고 있다.

신화(mýthos, 신들의 활동들에 근거한 견해)에서 이성(lógos, 보편적 법 칙에 근거한 견해)으로의 이 문명사적 이행은 초기(소위 소크라테스 이전 의) 그리스 철학을 채색했고 나아가 모든 후대의 사상가들에 영향을 끼쳤다. 후대의 사상가들과 사람들은 점점 더 확신을 갖고 그리스의 고 대 역사를 동화에 지나지 않는 것이라고 조롱했다. 이 과정은 후에 18 세기 프랑스 계몽주의 시대와 20세기 독일의 비신화화 운동이 성경에 대해 보인 반응과 유사하다. 두 경우 모두, 기독교 문서들은 계몽된 근 대인들의 대중적인 경시를 받으며 조롱받았다.

서기 50년경에 에게 해 문명권에 전파된 기독교가 375년경에 그 지 역의 유일 종교로 격상되자, 기독교 또한 그리스 신화가 담지했던 어 떤 신학적 잠재성도 인정하지 않고 그것을 더욱 조롱하기만 했다. 재 미있는 것은 사실 그 신화가 성경이 말하는 이집트를 덮친 재앙들에 대 한 하나의 대안적인 해석을 제공한다는 사실이 기독교 문명권에서도 전혀 인정받지 못했다는 점이다. 오직 외경으로 분류되는 『마카베오 상』에서만 하나의 대안적인 해석이 간략히 언급되었을 뿐이다.

기독교 저술가들이―비록 신화들이 자연을 한 신의 창조물로 보지 는 않았지만―신화들의 배후에는 신들로 묘사된 물리-자연적 작용에 토대를 두고 있는 세계에 대한 독특한 이해가 작동하고 있다고 본 것은 정확한 판단이었다. 하지만 기독교 저술가들은 기독교적 관점에서 볼 때 역사의 결정적인 중심 사건(출애굽 사건)과 동일한 사건들(산토리니 화산 폭발)의 역사성을 자기 자신도 모르게 부정하고 있다는 것을 인지하지 못했다. 이 결정적인 역사의 중심 사건이 일어났던 그때야말로 하나님께서 당신을 계시하신 순간이었고, 장차 예수 그리스도의 수난, 죽음, 부활을 통한 구속의 복음을 준비하기 위한 문화적 배경을 제공했던 순간이었음을 그들은 인식하지 못했던 것이다.

고대 그리스의 과학과 그 땅에 영향을 끼쳤던 물리적 사건들 사이의 적합한 상관성이 점차 희미해져갔음에도 불구하고, 그리스 철학을 깊이 연구해보면 그 "고대 그리스의 지혜"가 반드시 나타나게 되어 있다. 마르틴 하이데거(Martin Heidegger, 1889-1976년)는 소크라테스 이전의 철학자들이, 좀 늦은 후대의 사상가들에게서 희미하게 사라져버린, 하이데거 자신이 "존재 자체(Being)의 계시"라고 불렀던 것을 전수하고 있었다는 것을 어렴풋이 감지했다. 하이데거는 다만 그가 존재 자체에 의한 계시로서 인식했던 것 저변에 한 역사적 사건이 있었다는 것을 깨닫지 못한 채 순전히 철학적인 용어로 그 문제를 이해했다.

우리는 이제야 회의의 안개를 걷어내고서 성경에 기록된 이집트를 덮친 열 가지 재앙의 역사성을 주장할 수 있게 되었다. 이 책에서 진행된 우리의 작업은 이 주제에 관한 성경 이야기가 역사적 사건들을 반영하고 있음을 증명한다. 히브리인들이 이집트에서 거주하며 강제 노동 수용소 같은 임시 거주지에 억류되어 있던 때가 있었다. 그 후에 일련의 재앙이 이집트를 괴롭혔다. 이러한 재앙의 결과로 히브리인들은 이집트의 압제를 피해 도망칠 수 있었다.

우리가 진행해온 이 작업의 결과들이 끼칠 모든 충격과 영향을 평가하기에는 아직 너무 이르다. 성경 문서들에 대한 합리주의자들/최소주의자들°의 견해들은 역사적 사건과 성경의 진술 사이의 "단정되고 추정된" 불일치들을 과장하면서 그것에 편승해 전성기를 구가했다. 하지만 한 가지는 확실하다. 합리주의자들/최소주의자들의 전제들 중 일부는 우리의 연구 결과 잘못된 것임이 드러났다.

이러한 합리주의자들/최소주의자들의 이론들에 따르면, 주전 5세기 무렵에 유대인 제사장들이 실제로는 설고 존재한 석이 없었던 히브리 민족에 대한 "거룩한" 과거 역사를 날조했다고 한다.

그런 식의 이론을 주장하는 입장에서 보자면, 성경의 재앙들과 그것들이 보고되는 순서가 청동기 시대에 일어났던 산토리니 화산 폭발의 물리적 결과들과 완전히 조화를 이룬다는 사실은 꽤 달갑지 않은 사태일 것이다. 그런 이론들도 심지어 더 정교해진다. 합리주의자들/최소주의자들의 이론들은 토라의 성경 이야기들이 J, E, P, D라고 불리는 네 가지 다른 전승층과 그것들 각각에 추가된 편집적 해석(R이라고 불리는 자료)이 결합되어 산출된 것이라고 보는 문서가설°°에 의존한다. 이런 합리주의자들/최소주의자들이 보기에는 성경의 이집트 재앙 이야기도 문서가설의 원칙에 따라 합성된 이야기일 뿐이다. 그 이야기는 본시 단일한 저자와 저작 구도에 따라 쓰인 이야기가 아니고, 그 이야기 이곳저곳에 해석적 논평을 추가했던 R이라는 편집자가 인위적으로 합성한

- 용어 해설을 보라.
- 용어 해설을 보라.

이야기라는 것이다. 최소한 두 개의 자료들이 합성되어 오늘날 우리가 성경에서 보는 이 재앙 이야기를 구성했다는 것이다.

그리하여 리처드 엘리엇 프리드만(Richard Elliott Friedman)은 자신의 책 『누가 성경을 썼는가?』*에서 열 가지 재앙 이야기에는 E 자료층과 D 자료층이 전혀 보이지 않는다고 확언한다. 또한 해럴드 블룸(Harold Bloom)과 데이빗 로젠버그(David Rosenberg)는 공저인 『J의 책』**에서 재앙들 중 일부가 J 자료층에서만(킨님 그리고 죽은 동물들) 혹은 P 자료층에서만(종기들) 나타난다고 확신한다.

그런데 만일 이것이 사실이라면, 이론상으로만 존재한다고 전제된 그 해석적 편집자 R은 그 재앙들을 조밀하게 연결시키는 방법을 어떻게 알게 되었을까? 우리의 재구성 시나리오에 따르면 킨님은 개구리 재앙 다음에 나오는 것만이 이치에 맞고, 다른 어떤 순서에 배치된다면 그 논리성을 잃게 된다. 이와 유사하게 동물들의 죽음은 "핵겨울"로 인해 기상 악화가 시작되는 계절에 일어나야 이치에 맞고, 다른 순서에 놓이면 전혀 말이 안 된다. 종기는 동물들을 죽였던 뇌우가 내리던 동안에 비에 맞아 발생해야 이치에 맞다. 게다가 재앙들의 발생 경과와 그것이 일으킨 결과들 역시 한 힉소스 왕조 시대에 동부 지중해 지역에 존재하던 사회정치적 상황과 잘 어울린다. 이 재앙들의 결과로 거의 틀림없이 주전 1567년에 이집트에서 힉소스족이 철수했을 것이다(신 28:25 참조).

- Richard Elliott Friedman, *Who Wrote the Bible?* (1987).
- ● Harold Bloom and David Rosenberg, *The Book of J* (1990).

설사 재앙들에 관한 성경 이야기가 다양한 자료들(다양한 필사자들)로부터 유래했다 할지라도, 그 자료들은 목격자의 증언임이 틀림없다. 다른 목격자들이 보는 앞에서 진술하고 있는 목격자들에 의해 결합된 증언록임이 틀림없다. 이 목격자의 증언이야말로 진술의 정확성을 보증하는 원천이다. 히브리인들은 문서들을 작성할 때마다 일어났던 사건들을 성실하게 보고했다. 사실에 충실한 보고였다는 점이 중요하다.

합리주의자들/최소주의자들이 갖고 있는 신념이나 전제들을 고려하면 이것이 이렇게 가능한가에 대한 완전한 설명은 불가피한 일이다. 그 설명은 언제 이러한 이야기들이 기록되었는가라는 질문을 반드시 고려해야 한다. 그 이야기들이 실제로 기록된 과정이 현대 문서가설의 행로를 거쳤을 가능성은 극히 희박하다. J, E, D, P라 불리는 네 개의 독립적 자료가 주전 900-600년경의 어느 시점에 각각 쓰인 후, R로 불리는 편집자에 의해 주전 450년경에 첨삭되고, 최종적으로 하나의 책으로 결합되었다는 이 문서가설의 시나리오대로 성경의 재앙 이야기가 기록되었을 가능성은 거의 없다.

드보라 다르넬과 존 다르넬(Deborah & John Darnell)에 의해 연구되었고 또한 대중언론에도 보도되었던 이집트의 엘–홀 건천(Wadi el-Hol) 비문들은 이집트에서 거주하던 셈족 거주민들이 제12왕조 후기, 즉 주전 1850년경 전부터 알파벳으로 기록된 문서를 알고 있었음을 보여준다. 따라서 일련의 재앙에 대하여 말하는 성경 본문들 혹은 몇몇 문서들은, 재앙이 일어났던 주전 1600년에, 즉 재앙이 발생한 직후에 우선 간략하게 기록되었다고 보는 것이 타당하다. 이것은 성경 본문들이 산토리니 화산 폭발의 여파에 대해서, 그리고 문서가설을 허물어뜨리는 다른 사건들을 어떻게 그토록 정확하게 묘사할 수 있었는가를 설명해 준다. 예를 들어 주전 625년경 요시아 왕 시대에 하나님의 전(殿)이라고 불리는 예루살렘 성전을 수리하는 과정에서 토라 원본이 발견되었다고 주장되었다. 다른 예는 주전 5세기 이전에(아마도 어쩌면 주전 1100년만큼 더 이른 시기에) 히브리인들과 결별했으며, 자체적으로 완전한 토라 사본들을 갖고 있었다고 주장한 사마리아인들로부터 나온다. 이처럼 토라는 이미 오래전에 기록되어 사용된 문서였다.

성경의 이집트 재앙 이야기의 역사성을 추적해온 이 탐사 여정의 마지막 지점에 다다른 지금, 우리는 애초에 예상했던 것보다 더 많은 결과들 얻었다고 자신 있게 말할 수 있다. 산토리니 화산 사건에 대한 기억을 철학적인 저작에 보존했던 그리스의 헤라클레이토스의 말을 빌려 말하자면, 금을 구하는 사람은 한 조각의 금을 얻기 위해서라도 엄청난 양의 땅을 파야 할 필요가 있다고 우리는 말할 수 있다.

우리의 경우 지금껏 들인 노력이 그럴 만한 가치가 있었음이 증명되었다. 우리가 발견했던 금은 금 자체의 중량 이상의 훨씬 더 큰 가치가 있는 보물로 판명되었다. 과학적 자료, 이집트의 기록들, 성경 이야기들, 그리스의 신화들 모두를 동시에 연구하고 그 결과를 자세히 비교해봄으로써 우리는 산토리니 화산 폭발과 그것이 초래한 사회정치적 결과들을 자세히 설명해주는 종합 시나리오를 재구성할 수 있었다.

우리는 문서들과 역사적 기억의 잔해더미 위에 겹겹이 쌓여 있던 먼지들을 떨어내고 그 안을 탐사하였다. 우리는 여러 세기에 걸쳐 잔뜩 쌓여 있던 물리적 먼지뿐 아니라 무지와 경멸감이라는 먼지도 털어냈다. 천 년의 세월이 흐르는 동안 산토리니 화산 폭발 사건에 대한 그리스인들의 기억은 서구 문명에서 웃음거리로 전락했다. 그러는 동안 동일한 사건을 기록하고 있는 히브리인들의 문서도 야훼 신을 섬기던 주전 5세기 제사장들의 자기기만적 망상의 산물로 폄하되었다.

청동기 시대의 산토리니 화산 폭발은 역사의 행로를 바꿨다. 그 폭발은 수많은 사상자를 냈고, 이루 헤아릴 수 없는 파괴들을 초래했으며, 동부 지중해 일대를 쑥대밭으로 만들어버렸다. 그 폭발은 여러 민족을 원래 살던 곳에서 전혀 다른 지역으로 이동해서 재정착하게 압박했다. 히브리인들은 시나이 반도와 트랜스요르단을 거쳐 가나안으로, 아모리인들은 시리아로, 히타이드인들은 아나톨리아로 건너가게 했다. 오랫동안 이집트를 지배하던 힉소스족은 가나안으로 이주하지 않을 수 없었고(그리고 거기서 살아남은 생존자들은 사막으로), 에게 해 지역 사람들은 바다를 건너 그리스 본토로 이주하지 않을 수 없었다. 그 화산 폭발은 그 폭발의 영향권 아래 있던 민족들과, 또 역사 계승의 법칙 아래 그런 민족들과 어떤 식으로든 연결되어 있는 오늘날 전체 세계 인구의 절반이 넘는 사람들의 역사와 신학을 결정적으로 형성하였다.

산토리니 화산 폭발과 그 여파는 신화라는 문학 장르를 탄생시켜 신들을 등장시켰다. 또한 산토리니 화산 폭발과 그 여파는 세케넨레 타오와 그의 신하와 가족을 추동했다. 그 화산 폭발과 여파는 어떤 사람들을 노예로 만들기도 했지만, 히브리인들과 이집트인들을 이전의 노예 상태로부터 각각 해방시켰다. 또한 앞으로 시작될 수 세기 동안 그 사건의 위력은 철학자들에게 세계를 이해하는 한 모형을 제공했다.

¹⁴C

소위 "동위원소 탄소 14"라고 불리는 원소의 화학 기호. 이 형태의 탄소는 방사선을 방출하기 때문에 방사성 탄소로도 알려져 있다. 대략 5,770년에 걸쳐서 방사성의 반(半)이 감소된다. 과학자들은 이 붕괴 비율을 토대로 분석 대상이 되는 물질에 남아 있는 탄소의 양을 측정하여 그것이 얼마나 오랫동안 존재했는지를 파악할 수 있다.

노메(Nome)

고대 이집트의 군주들은 이집트 전역을 행정적으로 세분했는데, 이 단어는 그 세분화된 행정 구역들에 대한 그리스어 이름이다. 그리스어 사용은 헬레니즘 시대의 이집트에서 일상화되었고 그리스어는 로마 시대에도 오래 지속되었다. 노메(nome)의 우두머리는 지방수령(nomarch)이라고 불렸다.

동위원소(Isotopes)

화학 원소들은 여러 형태들, 혹은 동위원소로 존재한다. 방사성 동위원소가 그중에서 가장 유명하고 가장 불안정하다. 불안정하다는 것은 동위원소들이 변화되기 쉽다는 것을 의미한다. 동위원소들은 전자를 방출하면서 스스로 변한다. 이런 과정을 거쳐 동위원소는 안정성을 되찾는다.

두 번째 중간기(Second Intermediary Period, 주전 1786-1567년)

헬레니즘 시대의 역사가들은 이집트 역사를 위대한 영광의 시대들과 고통을 겪었던 불행한 시대들을 기준으로 시대 구분을 했다. 두 번째 중간기는 소위 중왕국의 마지막 시점에서 시작되었고, 아모세가 주전 1567년에 전체 이집트를 재통일함으로써 그의 군벌 가문(제17왕조, "테베" 통치자들)을 이집트 전체를 통치하는 지배 왕조로 격상시킬(제18왕조, "이집트" 통치자들) 때까지 2세기 동안 지속되었다.

로고스(*Lógos*)

이 단어는 주로 우주를 다스리는 "법칙" 그리고 세계에 대한 총괄적인 "물리적 설명"으로 이해된다. 에페소스의 철학자 헤라클레이토스 같은 몇몇의 소크라테스 이전의 철학자들은 이 단어를 좀더 형이상학적 의미로 묘사했다.

루비콘(Rubicon)

주전 49년에 카이사르는 로마 정부(원로원)에 의해 승인된 경우에만 장군이 군대를 통솔하고 진입할 수 있는 로마의 영토 경계선에 이르렀다. 그 경계선은 군대를 지휘하는 야전 장군들이 일시에 쿠데타를 일으켜 정권을 잡으려는 원시적 권력욕에 추동되어 피비린내 나는 내전을 일으킬 가능성을 미연에 봉쇄하려고 설정된 것이었다. 그 경계선은 작은 강, 루비콘으로 표시되었다(오늘날의 리미니에서 북쪽으로 20킬로미터 지점). 카이사르는 군사들과 함께 그 강을 건넘으로써, 정권을 잡든지 아니면 모반죄로 처형당하든지 둘 중 하나를 맞이해야 할 중차대한 사태에 돌입했다. 역사가들의 표현을 빌면, 카이사르는 주사위를 던졌고 세상의 준엄한 평결을 받을 준비를 한 것이었다.

마네토(Manetho)

다른 고대 저자들의 저작에서 인용되어 널리 알려진 이집트의 역사가. 그는 이집트 역사에 관한 방대한 자료를 편찬해 『이집트 총람』이라는 요약본 이집트 역사서를 저작했던 것으로 여겨진다. 그는 왕조를 중심으로 왕들을 분류했는데, 세 번의 영광의 시대가 어떻게 도식적으로 쇠락했는가를 보여준다. 영광의 시대들은 불행의 시대에 의해 계승되었고, 그것은 결국 이집트에 대한 이민족의 점령 시대(후기 시대)로 귀결되었다. 마네토 자신은 프톨레마이오스 왕조 시대에(주전 330-30년)에 살았는데, 그의 저작 목적은 이집트를 다스리던 그리스인 통치자에게 영예를 돌리기 위함이었다고 여겨진다.

마카베오(Maccabees)

헬레니즘 세력의 이스라엘 점령과 지배에 대항해 녹립 전쟁을 벌였던 유대인 가문의 이름. 그들의 활동들은 네 권(『마카베오』 1, 2, 3, 4권)의 외경들에 기록되어 있다. 이 외경은 그리스 문화에 익숙한 기독교인들에게는 구약성경의 일부로 받아들여졌지만, 팔레스타인 본토 유대교 권위자들에게는 성경으로 받아들여지지 않았다. 개신교 종교개혁자들도 성경 목록에서 이 네 권을 빼 버렸다. 반면에 가톨릭교회는 트렌트 공의회에서 정경의 범위를 넓혀 그것들 중 일부를 성경으로 받아들였으며(1545-1563년), 네 권 중 처음 두 권(『마카베오상·하』)만을 성경에 포함했다. 그리스 정교회는 처음 세 권의 책을 성경 목록 안에 유지하고 있으며 네 번째 책은 부록에 달고 있다.

메르넵타 석비(Merneptah stela)

이집트 왕 메르넵타가 아시아에서 거둔 군사적 정치적 치적들을 기록한 선전용 석비로서 그의 재위 5년에 세워진 것으로 추정되었다(주전 1208-1207년). 그 비석은 이스라엘 민족이 학살당했다고 진술하고 있어서 유명하다. 그러므로 이것은 주전 13세기 말경에 가나안에 살고 있던 이스라엘의 존재를 보여주고 있는 성경 외적인 역사 기록물이다.

문서가설(Documentary Hypothesis)

모세오경을 구성하는 각각의 부분들 안에서 발견되는 유사점들이 특정 저자의 관점을 반영한다고 생각하는 가설. 이 가설에 따르면 그 전제된 저자들은 다른 시대에 그들의 자료를 저작했고 후대의 한 해석적 편집자가 각각 다른 시대에서 유래된 부분들을 결합시켜 오늘날의 모세오경을 저작했다. 문서가설을 주창한 독일 학자들은 모세오경 안에 네 가지 주요 자료층이 발견된다고 주장했다. 히브리인들의 신을 가리키는 표현으로 야웨(Yhwh)라는 단어를 사용하는 자료는 J 자료로 불린다. 야웨는 독일어로 Jahve이기 때문에 Y 자료가 아니라 J 자료로 불린다. 또 다른 자료는 히브리인들의 신을 엘로힘(Elohim)이라고 부르기 때문에 E 자료로 불린다. 셋째 자료는 예루살렘 성전 제의 전승을 표준적인 전승으로 전제하고 있으며 예루살렘 성전 제사장들(Priests)이 저작한 자료라고 추정되어 P로 불린다. 넷째 자료는 신명기(Deuteronomy)와 거의 완전히 일치하기 때문에 D로 불린다. 이 네 자료는 주전 900-600년경에 각각 다른 저자들에 의해 저작되었다고 가정된다. 주전 450년경 한 최종 편집자가 그 네 자료들을 유기적으로 결합시켰는데 이 과정에서 그는 자신의 신학적 해설과 해석을 중요한 행간마다 추가했다고 전제된다. 이 마지막 편집자를 R이라고 하는데 그것은 "편집자"를 의미하는 독일어 레닥토르(Redaktor)에서 유래했다.

방사성 붕괴(Radioactive decay)

불안정한 원소들이 자신의 일부를 방출하거나 상실함으로써 안정을 유지하려고 하는 현상. 불안정한 원소들은 전자들을 방출함으로써 안정적인 구조로 되돌아가려는 경향이 있다. 이 원소 내부의 재배열을 통해 종종 원소의 본성이 변화되기도 한다. 예를 들어, 루비듐(rubidium, ^{87}Rb)은 스트론튬(strontium, ^{87}Sr)으로 바뀐다. 이런 변화과정에서 방사선이 방출된다.

산토리니(Santorini)

에게 해에 있는 화산섬. 대부분의 섬은 청동기 시대에 일어났던 폭발 동안에 파묻혀 버렸거나 침수되었다. 그 섬의 이름은 중세 시대에 그 섬을 점령했던 베네치아 사람들이 붙인 것으로 성 이레네(Saint Irene)를 의미한다. 그 섬은 또한 테라[Thera(=짐승)] 섬으로도 알려져 있다. 테라는 산토리니 섬의 그리스어 이름으로 그 섬의 더 오래된 이름은 "칼리스토"(*Kallisto*, "가장 아름다운")였던 것으로 보인다.

성경 이외의 문헌(Extrabiblical data)

문자 그대로, 성경에 포함되지 않지만 성경 연구에 유용한 자료를 가리킨다. 성경 외적 문서들은 성경의 정보와 다른 수단들을 통해 기록된 사건들을 비교하기 위해 사용된다. 히브리인, 유대인, 기독교인이 남긴 자료도 그것이 성경 밖에 있는 자료라면 성경 외적 자료로 분류된다. 예를 들어, 종교적으로 가장 거룩하게 여겨지지는 않았기 때문에 "성경"의 일부로 포함되지는 않았으나 여전히 성경 연구에 유익한 방대한 양의 히브리 문서(외경, 위경)들이 있는데 그것들도 성경 외적 자료다.

수령 측정 연대기(Dendrochronology)

나무의 나이테 숫자를 토대로 들보 등 목재의 나이를 결정하는 기술.

시리우스 달력(Sothic)

시리우스별을 기준으로 만든 원래의 이집트 역법을 헬레니즘식으로 지칭하는 말. 1년은 총 360일 + 5일, 즉 365일로서 세 계절로 구성되어 있고, 한 계절은 네 달로 구성되었으며, 한 달은 30일로 구성되었고, 그리고 마지막으로 5일이 추가되었다. 360일에 추가된 5일은 각각 다섯 신의 생일을 나타내는 날이다. 새해는 소티스(Sothis) 별, 즉 시리우스별이 어느 여름날 새벽에 하늘에 나타나 보일 때 시작되는 것으로 정해져 있다. 이 사건은 요즘 달력으로 보면 7월 21일경에 발생한다. 하지만 이집트식 1년은 태양 주위를 도는 지구의 실제 공전보다 약간 짧았으며 매 4년마다 대략 하루가 더 짧았다. 그래서 시리우스별의 이동을 관측하는 시점이 조금씩 바뀌기 시작했고, 새해는 해마다 이동했다. 그리하여 1,460년마다, 새해와 실제적 천문학적 새해가 일치했다.

신화(Mýthos/mýthoi)

고전 시대의 그리스인들은 신들이 인간의 일상 생활에 간섭했고, 그들 자신을 변덕스러운 존재로 현시했다고 이해했다. 신화는 신들의 현시와 활동을 묘사하는 문학 장르로서 미래 세대를 위해 신들의 현시와 활동을 극화된 이야기 형태로 보존한 기록물이다. 그것의 의도는 미래 세대에게 훨씬 이전 시대에 있었던 사건들을 알리려는 것이었다. 그리스 문화가 바뀜에 따라, 신들의 현시와 활동과 관련된 거룩한 재진술들에 대한 후대 그리스 사람들의 태도도 바뀌었다. 주전 4세기 플라톤은 신화를 대중에게 복잡한 사상들을 설명하기 위해 창작된 허구적 이야기로 이해했다. 기독교가 후에 고대 그리스의 훨씬 이른 시기의 종교들을 대체하는 중심 종교로 부상했을 때, 그리스 신화들은 마침내 이교도들에 의한 동화 혹은 자기 망상으로 폄하되었다.

아바리스(Avaris)

하와레트(Hawaret)라는 이집트 도시의 그리스 이름. 주전 2000년경에 세워졌다고 추정되는 이 도시는 강력한 경제력을 바탕으로 주전 1775년 이래로 계속 이민자들을 끌어모으는 자석 역할을 떠맡았다. 그 도시는 주전 1715년경 전염병 창궐에 의해서 심각한 위기에 봉착했고 몇 년 후에는 용병 군대들의 공격으로 시련을 당했다. 주전 1675년에 힉소스족은 아바리스를 그들의 수도로 삼았다. 힉소스 왕조의 붕괴로 주전 1550년 즈음에 이 도시는 세상 사람들에게 천천히 잊혀져가는 쇠락을 맛보았다. 그 도시의 폐허 근처에 제19왕조의 왕들이 처음으로 새 수도를 건설할 계획을 세웠었고, 마침내 주전 1275년경에 제19왕조의 왕들은 그들의 새로운 수도, 피–람세스(Pi-Ramesse)를 아바리스의 폐허 근처에 세웠다. 제19왕조가 끝나갈 때, 아바리스/피–람세스 지역의 정치적 영향력도 끝났다.

아틀란티스(Atlantis)

문자 그대로, "아틀라스의"라는 뜻. 아틀란티스는 아주 먼 옛날 현재 유럽 일대의 바다 문명들을 지배했으며, 오레이칼코스(*oreikhalkos*)라는 청동(靑銅) 채굴로 유명했던 전설적인 섬이다. 이 섬은 거대한 지진과 뒤따라온 파도에 침몰되어 버렸을 것이라고 추정된다. 이 섬 이야기에 대한 관심은, 모든 서구 문명들의 모태 문명이었으나 그 섬이 현재의 "대서양" 속으로 완전히 가라앉았다고 가정한 19세기 사람들 사이에서 크게 진작되었다. 20세기 이후 진행되어온 에게 해역에 대한 고고학 작업은 이제까지 전해지고 있는 아틀란티스 섬 이야기와 미노스 문명 사이에 매우 인상적인 유사점이 있음을 보여줬다. 비록 그 섬의 정체가 확실히 식별되지는 않았지만, 최근까지의 연구에 의하면 미노스 문명이 그 섬이 이룬 문명사적 성취와 가장 근접한 것으로 나타나고 있다.

야웨(Yhwh)

하나님의 이름을 인간의 알파벳 철자로 쓰는 것이 허용되었을 때, 쓰여진 히브리인들의 하나님의 거룩한 이름.

에게 해(Aegean)

그리스와 터키 중부 아나톨리아 사이에 존재하는 해역. 이 지역은 신석기시대 말경(주전 3000년경)에 복잡하고도 독립적인—하지만 동질적이지 않은—문명을 발전시켰다. 이 문명은 주전 2000년 후에는 미노스 사람들의 영향하에 있었고, 주전 1500년 후에는 미케네 문명에 융합되었다.

에르그(Erg)

에너지를 측정하는 단위로서 1다인(dyne, 1gram × centimeter/second²)의 힘이 그 방향으로 물체를 1센티미터 움직이는 일을 표현한다.

오컴의 면도날 원칙(the principle of Ockham's razor)

어떤 사건이나 현상을 조사할 때 극도의 논리 절약을 요구하는 논리적인 주장. 더 간단하고 더 복잡한 설명 사이에서 전자가 더 정확할 가능성이 높다고 생각하는 것이 상식에 가깝다는 원칙이다. 즉 쉽게 설명하는 가설이 복잡하게 설명하는 가설보다 옳을 가능성이 크다고 보는 원칙이다.

유대인(Jewish)

히브리인들의 후손들. 유대인들은 주전 540년경 바벨론 유수로부터 풀려나 고토 이스라엘로 돌아온 후 유대 지역에 흩어져 살았던 사람들이다. 이들은 자신들이 고대 히브리의 문화를 계승한다고 주장했다.

이집트 역법(Egyptian Calendar)

나일 강은 이집트의 생명이었기 때문에, 이집트 사회들은 지구 주위의 태양과 나일 강 수위들의 외형적 운동과 유사한 역법 체계를 발전시켰다. 따라서 나일 강이 범람하는 여름이 새해의 시작이었다. 한동안 사라졌다가 몇 달 후

새벽에 지평선 위로 다시 등장하는 시리우스별(천랑성)과 나일 강 범람이 어느 정도 일치했기 때문에, 이집트인들은 시리우스를 나일 강과 연결시켰다.

청동기 시대(Bronze Age)

19세기 덴마크의 고고학자 크리스티안 톰센(Christian J. Thomsen, 1788-1865년)이 각각의 시기에 사용된 기술들을 기준으로 문명들을 연구하기 위해 수립한 체계에서 나온 용어. 돌연장이 금속연장보다 먼저 사용되었다는 것과 제철 기술이 상대적으로 늦게서야 익혀졌다는 사실을 주목하여 톰센은 석기 시대, 정농기 시대, 철기 시대라는 문명 발전 도식을 고안했다. 중동에서는 석기 시대가 주전 2200년경에 끝났고 철기 시대는 주전 1200년경에 시작했다.

최대주의자(Maximalist)

성경 문서들을 역사적 연구를 위해 가능한 많이 활용하려고 하고 종종 성경 문서들의 어떤 부분을 사실 그리고 혹은 드러난 진실로 간주하려는 사람.

최소주의자(Minimalist)

성경 문서들의 사실적 내용을 최소한으로 줄이려는 사람들로서 이들은 때때로 성경의 역사적 가치를 무(無)로까지 깎아내린다(따라서 성경을 역사적인 내용과 전혀 상관없는 이야기로 보는 성경 허무주의자와 부분적으로 일치한다). 최소주의자는 성경 문서 안에서 발견할 수 있는 어떤 역사적 자료에 대해서 성경 자체의 논리에 따라 역사성을 논구하지 않고 성경 외적 자료나 타 문명권의 병행 자료들과의 비교를 통해 그것의 역사성을 평가한다. 또 역사적 생동감이 넘치는 성경 이야기도 기존 타 문명권 이야기의 복사품 혹은 모방으로 보려고 한다. 따라서 성경의 요셉 이야기에 나오는 한 여자가 한 남자를 유혹하는 이야기는 어딘가 존재해 있던 다른 외국의 병행 자료들로부터 왔음이 틀림없다고 판단한다. 그것은 이집트 문헌의 "누 형제들 이야기"로부터 독립적으로 나온 것임에 틀림없다는 것이다. 그들은 요셉의 나머지 이야기와 이집트의 그 이야기의 나머지 사이에는 병행 관계가 존재하든지 말든지 더 이상 관심을 갖지 않는다. 그들의 방법론은 일관성이 없다.

케모스타트(Chemostat)

미생물의 개체수가 균형 있게 유지될 수 있도록 배양균의 계속적 제거와 물과 양분의 투입을 조절함으로써 미생물을 성장시키게 만드는 미생물 배양 실험 용기.

테프라(Tephra)

화산들은 많은 종류의 화산 물질(부스러기)을 내뿜는다. 그런 물질이 공중으로 운반되고 따라서 바람에 따라 이리저리 이동하는데 그런 종류의 가벼운 화산 분출물을 테프라(tephra) 또는 화산쇄설물(化山碎屑物)이라고 한다.

토라(Torah)

창세기, 출애굽기, 레위기, 민수기, 신명기를 한데 묶어 총칭하는 말(모세오경)이거나 두루마리들에 적혀 모아져 있는 모든 구약성경을 가리키는 말이다. 이러한 문서들은 각각 히브리인, 유대인, 사마리아인들의 신학을 위한 토대가 되었고 기독교 신학을 형성하는 데 결정적인 역할을 했다. 이슬람도 이러한 문서들을 참고한다고 주장한다.

「튜린 왕명록」(Turin Royal Canon)

주전 1250년경에 마무리된 문서로서 신들이나 인간이 아닌 준 신적인 존재들이 역사를 주도하던 신화 시대부터 인간이 주도하는 역사 시대에 이르기까지 이집트를 다스렸던 모든 왕의 이름을 등재해놓은 왕명 목록이다. 그것은 가장 세부적인 고대 이집트 문서다. 불행히도, 그 파피루스는 많이 손상된 채 전해졌다.

파피루스(Papyrus)

이집트의 나일 강둑을 따라서 자라는 식물. 그 섬유질이 풍부한 파피루스 잎은 종이와 매우 유사한 물질의 면을 만드는 데 사용될 수 있다(따라서 파피루스라는 이름은 식물의 명칭에서 유래한 것이다). 이집트 서기관들은 파피루스 위에 글을 기록했고 다량의 파피루스를 모아 두루마리를 만들었는데 그것은 각각 개인용, 왕실용, 혹은 신전 기록물 도서관용으로 만들어져 널리 사용되었다.

합리주의자(Rationalist)

"이성이 있는"이라는 의미의 라틴어 "라티오"(*ratio*)라는 단어에서 나온 말. 합리주의는 논리적 사고를 강조한다. 데카르트(1596-1650년)가 합리주의자의 창시자로 인식되고 있다. 성경 연구에 적용되는 합리주의는 성경 본문들에 포착된 신의 초자연적인 간섭들을 부정하는 최소주의자들의 입장과 제휴한다. 최소주의자들과는 달리, 합리주의는 성경 이야기에 대하여 조건적인 개방성을 갖고 있다. 만일 어떤 성경 본문들을 입증해줄 만한 사실이 나타나기만 하면 기꺼이 믿을 마음을 갖고 있다는 점에서 합리주의자는 최소주의자와 다르다.

핵겨울(Nuclear winter)

핵무기 폭발은 폭발과 방사선 방출을 통해 생명체와 사물들을 파괴시키는 것 외에도, 대양 광선으로부터 지구를 막아버리는 엄청나게 거대한 양의 민지들을 만들어낼 것이다. 그 결과, 지구 온도는 정상적인 수준을 크게 밑돌며 급랭

될 것이며 시종일관 겨울 같은 날씨가 비정상적으로 오래 지속될 것이다. 이것이 핵겨울이다. 거대한 화산 폭발들 또한 거대한 양의 먼지를 내뿜는데, 그것도 날씨 형태에 영향을 끼칠 것이다.

허무주의자(Nihilist)

이 단어는 "무"(無)를 의미하는 라틴어, "니힐"(*nihil*)에서 왔다. 허무주의는 자신이 연구하는 대상을 아무것도 아닌 것, 즉 무로 변질시켜버리려고 하는 의도를 가진 이데올로기를 가리킨다. 그런데 성서학계에서는 이 단어가 성경의 역사성을 전적으로 부정하는 학자들의 태도를 가리킨다. 그것이 성경 문서들에 대한 최소주의자들의 회의주의적 태도를 지칭하기 위해 사용된 것은 단지 최근 일이다. 그 단어는 19세기에 노동자들의 천국을 설립하는 유일한 길로서 현존하는 사회 질서를 파괴하라고 제안했던 마르크스주의의 이념적 후예를 규정하기 위해 사용되기도 했다. 이 허무주의는 수십 년간 만개했고 러시아 차르 전제정치에 가장 현저하게 영향을 끼쳤다. 허무주의는 또한 니체(1844-1900년)에 의해 철학에 도입되었다. 니체는 기존 현실을 신주단지처럼 소중하게 여기는 것은 무한한 가능성에 열려 있는 현실의 잠재성을 평가절하하는 태도라고 보며 이 태도는 결국 자기 파멸로 이끌 것이라고 비판했다.

헬레니즘적(Hellenistic)

주전 4세기에 알렉산더 대왕이 이집트를 정복했을 때, 그리스와 비그리스 문화들이 이화수분(異化受粉) 작용을 한 결과 그리스 모방 문화가 뚜렷한 경향을 이루며 나타났다. 아울러 그리스 문화의 영향을 반영한 국제주의적 문화가 일어났다. 이것을 헬레니즘이라고 부른다. 이 새로운 시대 정신은 그리스어를 당시의 세계 공용어로 격상시켰고, 그것의 특징 중 하나는 헬레니즘에 깊숙이 박혀 있는 다른 지역 문화들을 존중하고 이해하려는 노력이었다.

화산 폭발지수(VEI)

화산의 폭발성을 나타내는 지수로서, 폭발에 의해서 방출된 물질 부피의 양을 측정하는 지수. 그 규모는 아라비아 숫자로 표시되는데 지수에서 1의 차이는, 폭발에 의해 방출된 물질 부피의 10배 차이를 나타낸다.

히브리인(Hebrews)

모세오경을 비롯하여 구약성경을 만들어낸 민족으로서 이 구약성경 특히 토라는 시간이 지날수록 히브리인들의 역사와 문화 자체로 인식되었다. 간략하게 말하면, 히브리인들은 신적 계시를 받았던 한 족장으로부터 시작된 민족이라고 주장된다. 그 족장 시대 후에, 이집트에 정착한 히브리인들은 나중에 강제 노동 수용소 같은 임시 거주지에 억류되어 살게 되었다. 그 민족의 새로운 "통치자"의 이상적인 모본이 될 운명을 타고난 모세의 영도 아래 히브리인들은 이집트를 엄습한 일련의 재앙을 틈타 이집트를 탈출했다. 히브리인들이 그들을 다스릴 왕을 세우고자 했을 때 국론 분열이 일어났다. 전제적인 지배자인 왕을 세우기를 싫어하는 일종의 청교도적 사람들(훨씬 후에 사마리아 사람들이 사용한 용어에 의해 더 잘 알려진 말인 자칭 "보호자들"로 불린 사람)과 나머지 사람들 사이에서 일어난 분열이었다. 중앙집권적 권력을 가진 왕을 세운 왕정 실험은 몇 세대 못 가 두 왕실이 일어나 각축하는 바람에 금세 실패한 실험으로 끝나버렸다. 북이스라엘 왕국은 주전 722년경에 멸망했고, 남유다 왕국은 주전 587년경에 정복당했다. 그 후 히브리인들의 유산은 국가 공동체가 아니라 유대인들의 문화 속에서만 잔존할 수밖에 없었다.

히타이트(Hittites)

인도–유럽어를 말했던 아나톨리아 중앙 지역의 사람들로서 히타이트 제국을 건설했다. 그 제국은 주전 1600년부터 계속 이집트 군대들과 봉신들과 충돌을 감행하며, 에게 해역과 티그리스, 유프라테스 강을 따라 확장되었다. 시리아의 카데쉬(Qadesh) 전투(주전 1275년)에서 패배함으로써 히타이트 제국의 확장은 중단되었다. 그들의 제국이 주전 1100년경에 어떻게 멸망당했는지는 여전히 신비로 남아 있다.

힉소스(Hyksos)

주전 1675-1567년, 즉 1세기에 걸쳐 북부 이집트를 중심으로 이집트를 다스렸던 이민족 점령자들로서, "힉소스"라는 이름은 "이민족 왕들"을 의미한다. 그들의 인종적 정체성은 아직도 뜨거운 논쟁거리로 남아 있다. 이 책은 힉소스족이 토착 이집트 세력들의 중앙 권력이 안고 있는 약점들을 잘 감지하고 이용하면서, 자신들의 정치적·군사적 야심을 극한까지 채우려고 모험했던 이방 용병들과 동일하다고 본다. 주전 1710년경 아바리스에 나라를 세우려던 그들의 첫 시도는 실패했다. 그들은 결국 주전 1675년에 성공했다. 힉소스족은 산토리니 화산 폭발(주전 1602-1600년)로 발생한 재난들의 여파 속에서도 이집트 남부 지방을 분할 통치하던 이집트 군웅들로부터 이집트 전체를 빼앗아 지배하려는 야심을 드러냈다. 하지만 남부 이집트의 중심 도시인 테베를 본거지 삼아 세력을 키우던 한 군웅 가족이 주도했던 반힉소스 해방 전쟁은 힉소스의 패배로 끝났고 결국 테베의 군벌에 의해 이집트는 재통일되었다. 결과적으로 힉소스족은 이집트 밖으로 추방되었다.

역사 속에 일어난 하나님의 구원―성경의 가장 대담한 계시

성경의 가장 대담한 선언 중 하나는 하나님이 인간 역사에 개입하셨다는 주장이다. 인간 역사 속에 하나님의 목적 지향적인 간섭이 일어났다는 주장은 유대교를 넘어 기독교 신앙의 가장 근본적인 신앙 고백이 되었다. 성경의 신앙 고백은 역사 속에 일어난 하나님의 위대한 구원 사역에 대한 감사와 잔양, 그리고 그것에 대한 응답이다. 구약의 중심에 있는 신앙 고백은 창조주 하나님이 아브라함의 후손인 히브리 노예들을 이집트의 노예살이로부터 구원하시고 마침내 하나님의 성민(聖民)으로 선택하셨다는 믿음이다. 그래서 이스라엘은 자신들의 역사는 하나님의 구원 활동이 뚜렷하게 각인된 구원사라고 주상한다.

그 구원사의 첫 시작이 출애굽(出埃及) 구원으로("애굽" 또는 "애급"은 19세기에 북한 지역에서 이집트에 대해 사용한 한글 음차로 "출애굽"은 히브리 노예들의 "이집트 탈출"을 가리킨다), 이 출애굽 사건이 이스라엘을 형성시킨 결정적인 사건이었다. 좀더 구체적으로 출애굽기는 하나님이 열 가지 재앙을 연쇄적으로 보내사 압제적인 이집트 왕국을 초토화시킨 후 히브리 노예들을 해방시켜주셨다고 고백한다. 출애굽 구원에서 고백되는 하나님의 활동은 두 가지로 나타난다. 이집트 파라오 체제를 무너뜨린 열 가지 재앙 사건과 홍해 바다를 갈라 물길을 내어 히브리 노예들을 구출해내신 사건이다.

이성과 인과적인 자연법칙의 정합성 기준으로만 역사적 사건들을 설명하려는 역사주의적·실증주의적 세계관에 익숙한 현대인들에게 이 주장은 상당히 낯설지도 모른다. 그런데 성경은 하나님의 구원을 드러낸 이적과 기사들이 자연법칙을 파괴하고 희생시킴으로써 일어났다고 보지 않는다. 오히려 이성과 실증주의적인 인과관계로도 설명될 수 없는 "빈틈에" 혹은 "창조의 여백"에 하나님의 개입이 일어났다고 본다. 이런 점에서 출애굽 구원 사건은 자연 질서 안에서 일어난 사건이지만 동시에 그것의 여백과 빈틈에서 일어난 하나님의 구원활동의 명백한 사례다. 열 가지 재앙과 홍해 한가운데 물길을 내신 사건은 역사 속에서 육하원칙을 따라 기술할 수 있는 사건이라는 점에서 일반 역사와 똑같은 역사적 사건이지만, 그것들을 경험한 이스라엘 백성들에게는 하나님이 일으키신 사건으로 믿게 되었기에 또한 구원사다. 이 출애굽 구원사는 근대 이전까지는 한 번도 의심되거나 부정되지 않았다.

그런데 출애굽 구원사는 18세기 이래 서구 계몽주의 역사관에 의해 지배를 받는 합리주의자들에 의해 그 역사성이 의심되었다. 역사비평학은 성경의 이적과 기적을 부인했고, 이스라엘이 하나님께서 베푸셨다고 믿었던 모든 구원사의 은혜들을, 자기암시적인 원시적 세계관에 속박된 히브리인들이 지어낸 종교적 드라마라고 단정했다. 그래서 역사비평학을 신봉하는 그리스도인들은 성경의 이적과 기사들을 문자적으로 해석하기보다는 가능한 한 합리적으로 이해하려고 노력한다.

어떤 의미에서 이 책도 출애굽 구원사를 최대한 합리적으로, 역사적으로, 자연과학적으로 설명하려고 하는 점에서 계몽주의적이고 실증주의적 세계관 전통에 서 있다. 하지만 이 책의 목적은 구원사의 역사성을 부정하려는 데 있지 않고 증명하려는 데 있다. 그것은 이집트의 열 가지 재앙과 출애굽 사건이 창조 질서의 여백에서 일어났다는 믿음으로 자연적 사건들과 현상을 통해 이스라엘을 구원하신 하나님의 활동을 과학적으로 방증하려고 한다. 이 책은 주전 1600년대 에게 해 산토리니 섬의 화산 폭발의 결과로 일어난 열 가지 재앙의 연쇄적 발생 과정을 설명하고 이어서 출애굽 연대까지 추정하려 시도하는 야심작이다.

물론 저자 시로 이기노 트레비사나토 박사의 초점은 "성경에 기록된 그내토", 즉 하나님의 간섭 때문에 열 가지 새앙이 일어났다고 믿도록 도와주는 데 있지 않고, 오히려 신학적으로 해석되기 이전의 제앙 사태의 자연적 면모를 보여수는 데 있다. 열 가지 재앙이 사실상 연쇄적으로 일어난 사건들이었으며, 물리화학적·기상학적 대격변 사태였다는 점을 밝히는 데 주력한다. 이 책은 다차원적인 접근방법론뿐만 아니라 중심 논지를 논증해가는 자연과학적 치밀성, 그리고 그 결과로 나온 훨씬 더 앞낭겨신 출애굽 연대 추성 때문에 기존 구약학계에 창소적인 논란을 촉발시킬 것임에 틀림없다.

구약학계의 주류 출애굽 연대 가설

이 책이 구약학계에 던지는 파장을 가늠하기 위해서는 그동안 구약학계에서 있었던 출애굽 연대 논쟁의 역사를 개관할 필요가 있다. 구약학자들 대부분이 히브리 노예 탈출을 통해 이스라엘의 국가 기초가 될 인적 공동체가 건설되었다는 데는 이견이 없다. 다만 언제 히브리 노예들의 탈출이 있었느냐가 문제가 되어왔다. 주류 구약학계의 출애굽 연대 가설은 크게 두 견해로 나눠진다. 하나는 레온 우드(Leon J. Wood)와 존 빔슨(John Bimson) 등을 중심으로 하는 초기 연대설로, 주전 15세기 중엽을 지목한다. 다른 하나는 윌리엄 올브라이트(William F. Allbright)와 버나드 앤더슨(Bernard W. Anderson) 등이 주창하는 후기 연대설이다. 전자는 출애굽 연대를 직간접으로 언급하는 성경 구절들에 대한 문자적 해석에 치중하고 후자는 출애굽기 1장의 상황, 그리고 그 상황과 이집트 역사의 관련성, 그리고 부분적인 고고학적 방증에 의지한다.

초기 연대설은 이스라엘 자손들이 이집트에 산 지 430년이 되었다고 증언하는 출애굽기 12:40과 이스라엘이 자손이 헤스본과 그 인근 촌락들에 산 지 300년이 되었다고 말하는 사사 입다의 말(삿 11:26), 그리고 이스라엘이 자손이 출애굽 한 지 480년 만에, 즉 솔로몬 재위 4년에 성전공사가 착공되었다고 말하는 열왕기상 6:1에 대한 문자적 해석의 결과다. 이 입장을 지지하는 논거로는 이 성경 구절들 외에도 『아마르나 문서』(Amarna Tablets), 투트모세 4세(Thutmose IV) 『꿈 석비』(the Dream Stela) 등 이집트 고고학 유물과 성서 고고학 유물들이 있다.

우선 이 입장은 열왕기상 6:1에 근거하여 성전 착공이 일어난 솔로몬 재위 4년이 주전 966/960/957년 어간이라고 보아 출애굽 연대를 1446년이라고 제시한다.

그리고 사사기 11:26에 따르면 입다(주전 1100년과 1050년 사이 활동)가 등장하기 전에 이스라엘은 이미 요단 동편에 300년째 거주하고 있었다. 여호수아의 정복 연대를 1400년과 1350년 사이로 잡고 광야 40년 방랑 생활의 연수를 고려하면, 출애굽은 주전 1440년과 1390년 사이에 일어난 셈이다. 이 입장은 투트모세 3세(Thutmose III) 때 출애굽이 일어났다고 본다.

이집트 제19왕조 왕인 메르넵타의 가나안 정복 전적비인 『메르넵타 석비』(주전 1220년)는 이미 이스라엘이 가나안 땅에 공동체를 이루고 존재하고 있었음을 증언한다. 이스라엘이 주전 13세기 말에 벌써 공동체를 이루고 있었다면 주전 13세기보다 더 이른 시기에 가나안에 들어갔음을 증명한다고 볼 수 있다. 즉 오래전에 이스라엘이 가나안 땅에 정착했다고 보는 게 더 자연스럽다는 것이다.

또한 주전 14세기경의 아마르나 서신들은 하비루에 의해 초래된 혼란상(아마도 히브리인들일 가능성)을 증언한다. 하비루들 중 일부가 히브리인들이었다고 보면 히브리인들은 주전 14세기 선에 이미 가나안 땅에 들어가 가나안 사회를 전복시키는 사회혼란세력으로 부상되었다고 보아야 한다는 것이다.

또 하나 간접적인 증거로서 투트모세 4세 『꿈 석비』에서 그가 합법적인 왕위 계승자가 아니었는데 왕이 되었다는 기록이 나온다(아마도 합법적인 왕위 계승자는 열 번째 재앙으로 죽었을 것이다). 투트모세 3세가 출애굽 때의 파라오였음을 암시한다고 보는 것이다. 이스라엘 역사 연대기 전문 연구자인 에드윈 틸레(Edwin Thide)도 이 견해와 유사한 의견을 내놓는다(주전 1450년). 그도 투트모세 3세 때 출애굽이 일어났다고 본다. 1978년 이후 출애굽 연대를 집중적으로 연구해온 존 빔슨도 유사한 의견을 제시한다.•

• 참고. 유대교의 전통적인 출애굽 연대는 주전 1312년이다(2세기경의 문서인 *The Seder Olam Rabbah*)[Jack Finegan, *Handbook of Biblical Chronology* (Rev. Ed.;

이 주류 학설에 대립하는 또 다른 주류 학설은 출애굽 후기 연대설, 즉 주전 13세기설(주전 1290-1280년)이다. 이 입장은 윌리엄 올브라이트가 본격적으로 주창하고 버나드 앤더슨 등이 널리 유포시켰다.

올브라이트가 위의 초기 연대설을 배척할 수밖에 없던 이유는 고고학적 증거 자료의 결핍 때문이었다. 1818년에 발견된 투트모세 3세의 미이라에서 히브리인들의 축출과 탈출에 대한 어떤 암시도 없었고 성경이 말하는 어떤 재앙도 언급되거나 전제되지 않았기 때문이다. 더 나아가 1930년대의 이스라엘 고고학 발굴 작업들은 주전 1400년경의 동시다발적으로 파괴된 가나안 도시 흔적을 밝혀내는 데 실패했다. 초기 연대설 옹호자들이 명백한 고고학 증거로 제시하는 여리고에는 주전 15세기에는 아무도 살고 있지 않았던 것으로 밝혀졌다.

그래서 올브라이트는 주전 1250-1200년 가설을 주창한다. 이 시기에 일어났을 것으로 추정되는 벧엘 파괴 증거, 비슷한 시기에 나타난 특이한 주거 형태, 목 테두리 달린 항아리 형태 등 누적적인 증거들에 비추어볼 때 이 시기가 가나안 땅에 막 들어온 이스라엘 사람들이 남긴 흔적일 것이라고 판단했던 것이다. 이 입장의 적극적 논거는 출애굽기 1장의 토목 공사 본문과 몇 가지 이집트 자료와 고고학적 자료들이다. 가장 결정적인 증거는 대규모 토목 공사와 요셉을 모르는 새 왕 치하에서 일어나는 고센 지역(삼각주) 재건 사업이다. 올브라이트는 이것은 이

Hendrickson Publishers, 1998), 111]. 1세기 유대인 문필가였던 요세푸스는 이스라엘을 제18왕조(주전 1550-1530년)에 의해 축출된 힉소스족과 동일시하면서 출애굽을 이보다 더 이른 시기에 일어났던 것으로 본다.

집트 제19왕조의 왕 치하에서 일어난 일임이 거의 틀림없다고 보았다. 그는 출애굽기 1:8의 요셉을 알지 못하는 새 파라오를 이집트의 제18왕조 후기의 왕 아모세(Ahmose I)라고 보고 아모세가 약 200년간 이집트 나일 강 하류 지역을 중심으로 이집트를 지배한 아시아 셈족 출신의 힉소스 지배 체제를 종식시킨 왕이라고 본다. 이 입장에 따르면 요셉에게 호의를 베푼 왕은 힉소스 족의 왕이었다(G. E. Wright).

이 올브라이트의 입장을 약간 수정해서 대중적으로 유포시킨 버나드 앤더슨도 올브라이트와 마찬가지로 힉소스 족속의 이집트 지배 시절이 요셉과 히브리 노예들에게 호의를 베풀던 시기(제15-16왕조, 주전 1720-1552년)라고 본다. 이집트 신민족주의의 부흥기를 연 제18왕조(주전 1552-1306년) 후에 들어선 제19왕조가 사실상 출애굽기 1장 상황이라고 본 것이다. 그가 출애굽기 1장이 14세기 말에 시작된 제19왕조 상황을 전제한다고 보는 이유는 새 왕조가 수도를 테베에서 다시 나일 강 삼각주 지역으로 옮기고 대규모 도목 공사를 시작하는 것으로 묘사되고 있기 때문이다. 그는 이집트 제19왕조의 창건자 세티 1세(Seti I, 주전 1305-1290년)가 옛 힉소스 수도 아바리스를 재정복해 수도로 재건했고 세티 1세를 뒤이은 아들 람세스 2세(Ramses II, 주전 1290-1224년)가 부왕의 토목 공사를 계승하는 과정에서 출애굽 사태가 일어났다고 본다. 결국 앤더슨은 모든 것을 고려해볼 때 주전 1280년경에 출애굽 구원이 일어났다고 판단한다.

이처럼 전문적인 구약학자들 사이에서는 초기 연대설과 후기 연대설이 대립하고 있는 가운데, 대중적인 출애굽 연구가들 사이에서는 보다 더 급진적인 초기 연대설이 널리 퍼졌다. 대부분 대중적인 연구가들은 출애굽 연대를 주전 1440년보다도 훨씬 더 이른 시기로 잡는다. 가장 대표적인 통속 가설은 주전 1600년대 에게 해의 테라 섬(산토리니 섬) 화산 폭발과 출애굽을 연결시키려는 시도들에 의해 대표된다. 바바라 시베르트센(Barbara J. Sivertsen)은 이집트의 재앙들에 대한 자연적 설명을 제공하려는 시도를 했다.• 트레비사나토 박사의 『이집트 10가지 재앙의 비밀』은 대중적인 연구가의 저서라고 하기에는 너무나도 전문적이고 치밀함에도 불구하고 큰 틀에서 보자면 전문적인 구약학자들의 선행 연구에 전혀 영향을 받지 않았다는 점에서 아마추어 연구서로 분류할 수 있겠지만, 또한 그만큼 참신한 연구 성과를 제시하고 있다.

안타깝게도 그동안 구약학자들은 출애굽의 토대가 된 열 가지 재앙 사건과는 전혀 독립적으로 출애굽 연대만 추정하려고 했지 그 열 가지 재앙의 역사적 토대를 규명하는 데는 진지한 노력을 기울이지 않았다. 심지어 출애굽 연대를 주전 15세기로 설정하는 학자들까지도 열 가지 재앙의 역사성 문제를 연구하고 그것과 출애굽의 인과관계를 규명하는 데 관심을 기울이지 않았다. 이런 점에서 화산 연구, 지질학적 연구,

---

• Barbara J. Sivertsen, *The Parting of the Sea: How Volcanoes, Earthquakes, and Plagues Shaped the Story of the Exodus* (Princeton: Princeton University Press. 2009). 이 책도 성경 본문과 고고학 자료를 연동시켜 출애굽과 홍해가 갈라진 사건을 화산 폭발과 지진, 쓰나미 현상으로 설명한다. 그녀는 두 차례 출애굽을 주장한다는 점에서 트레비사나토의 책과 다르다. 방법론은 유사하지만 결론은 다소간 다르다. 그녀는 첫 번째 출애굽은 처음 아홉 재앙을 촉발시킨 주전 1628년의 미노아 화산 폭발 직후에 일어났으며, 두 번째 출애굽은 2세기 후 에게 해의 얄리(Yali) 섬 화산 폭발로 인해 촉발되었다고 주장한다. 이 두 번째 화산 폭발로 흑암 재앙이 일어나고 홍해를 가르는 쓰나미가 일어났다고 본다. 이 책은 트레비사나토의 책에 비해 너무 포괄적인 주제(가나안 정착 과정의 고고학 자료까지 포함)를 다루기 때문인지 정교한 논증이 부족해 보인다. 가장 큰 문제점으로는 2세기라는 기간을 두고 일어난 두 번의 화산 폭발을 설정한다는 점이다.

기상학적 연구 등을 종합해서 이집트에 닥친 열 가지 재앙이 주전 1602-1600년에 폭발한 산토리니 섬의 화산이 뿜어낸 화산재와 그것의 후속적 파급 효과 때문에 연쇄적으로 도미노 효과를 일으키며 일어났다고 주장하는 이 책은 그 나름의 주목할 만한 가치를 가진다고 볼 수 있다.

이 책의 중심 논지와 논거

이 책의 저자 트레비사나토 박사는 분자생물학자이자 화산연구가로서 역사학, 자연과학, 성서 연구를 통해 출애굽기 7-13장에 나타난 이집트의 열 가지 재앙의 역사적 신빙성을 입증하려고 한다. 이 책은 이집트의 열 가지 재앙의 발생 과정에 관한 성경의 신학적 주장까지 입증하려고 하지는 않고, 다만 그 신학적 진술의 토대가 된 자연적·역사적 상황을 재구성하는 데 치중한다.

이집트의 열 가지 재앙은 히브리 노예들을 풀어주라는 하나님의 요구에 저항하던 파라오와 그가 통치하던 이집트에 연쇄적으로 발생한 재앙들이다. 그 재앙들은 히브리 노예들을 풀어주라는 야웨 하나님의 명령을 거부한 파라오에 대한 심판 행위였다. 첫째 재앙은 나일 강물이 피로 변하는 사태였고(출 7:14-25), 둘째 재앙은 개구리들이 강물에서 나와 육지, 인가, 왕궁까지 쇄도하는 사태(출 8:8-15), 셋째 재앙은 아론의 지팡이를 통해 일어난 킨님, 즉 "이"(혹은 "등에") 재앙(출 8:16-19), 넷째 재앙은 파리 재앙(출 8:20-30), 다섯째 재앙은 악질로 인한 가축들의 떼죽음(출 9:1-7), 여섯째 재앙은 풀무의 재가 사람과 동물의 몸에 일으킨 독종 재앙(출 9:8-12), 일곱째 재앙은 뇌성, 우박, 불의 재앙(출 9:13-

35), 여덟째 재앙은 메뚜기 재앙(출 10:1-20), 아홉째 재앙은 흑암 재앙(출 10:21-29), 그리고 열째 재앙은 이집트 사람들의 장자들과 가축들의 초태생들의 집단적 죽음(출 11:1-12:36)이다. 많은 경우에 모세와 아론의 이적 능력을 통해 재앙들이 실현되며 열째 재앙에서는 죽음의 천사라고 불리는 천상적 존재의 개입이 이뤄진다. 저자는 이 책에서 이 열 가지 재앙을 청동기 시대의 중반에 발생했던 그리스 반도 앞의 작은 섬 산토리니의 화산 폭발이 촉발시킨 연쇄적인 재난들임을 밝히고 있다.

그동안 이집트의 열 가지 재앙 이야기에 대한 성서학자들의 연구는 출애굽 연대 추정과 관련하여 매우 주변적으로 이뤄져왔다. 그들의 방법론은 성서 문헌에 대한 비평적 분석 내지는 몇 가지 고고학 자료와 고문서들과 출애굽기 본문의 비교였다. 출애굽기 7-13장에 나오는 이 열 가지 재앙 본문에 대한 역사적–비평적 학자들의 주장은 일단 재앙 숫자가 원래는 열 가지가 아니었다고 본다. 예를 들면, 독종 재앙과 이 재앙은 원래는 같은 재앙을 가리키는 말이었던 것이 전승 과정에서 다르게 표현되다가 마지막에는 마치 다른 두 재앙인 것처럼 전달되었다는 것이다. 그들은 결국 셋째 이 재앙, 여섯째 독종 재앙, 그리고 아홉째 흑암 재앙은 원래는 같은 재앙인데 서로 다른 자료에서 전승되다가 독립적인 재앙으로 다뤄졌다고 판단한다. 재앙 이야기들이 처음에는 각각 독립적인 이야기들이었을 텐데 전승 과정에서 현재 모습의 열 가지 재앙 이야기가 되었다고 본다. 따라서 이 가설은 몇 가지 자료들이 합해지는 과정에서 열 가지 재앙들이 되었기에 열 가지 재앙을 구분해 그것의 발생 원인을 규명하려는 것은 무의미하다고 본다.

일부 과학자들과 성경 연구가들도 이집트의 재앙들이 원래는 보통의 자연 재난 이야기였는데 전승되는 과정에서 도덕적·신학적 교훈을 가진 이야기로 윤색되고 탈바꿈되었다고 주장한다. 그럼에도 불구하고 일부 자연과학에 근거하여 성경을 연구하던 사람들 사이에서는 이집트의 열 가지 재앙에 대한 자연적·물리환경적 설명이 있었던 게 사실이다. 그러나 그것들은 대부분 단편적이었으며, 열 가지 재앙 모두를 설명하는 데 실패해 사변적 가설로 끝났다. 그중에서도 2006년에 <출애굽 암호해독>(Exodus Decoded)이라는 다큐멘터리를 만든 유대계 캐나다 영화제작사 심하 야코보비치(Simcha Jacobovici)에 이르기까지 화산 폭발과 이집트의 열 가지 재앙을 연결시켜온 학자들이 없지는 않았다. 그 가운데서도 이집트에서 북서쪽으로 650마일, 약 1,000킬로미터 이상이나 멀리 떨어진 산토리니(테라 섬) 화산 폭발로 생긴 화산재가 이집트의 열 가지 재앙들의 원인이 되었다는 학설이 가장 유력하게 부상했다.

이 학설이 학계에 발표된 이후로 이 화산 폭발의 범지구적 영향에 대한 다각도의 연구와 실측이 이뤄지기 시작했다. 그 결과 나일 강 삼각주의 화산재 퇴적물 지층, 미국 서부의 브리슬콘 소나무의 혹한기 나이테들, 그린란드의 잔류 황산염이나 화산재 퇴적층 등이 산토리니 화산섬의 화산 폭발물 흔적으로 밝혀지고 있다. 그런데 문제는 산토리니 화산 폭발이 일어났을 것으로 추정된 연대들이 이제까지 알려진 출애굽 사건 연대보다 수백 년 앞선다는 점이었다. 그래서 이 모순을 해결하기 위해 절충적인 의견들이 제시되었다. 산토리니 화산 폭발은 일부의 재앙들만 일으켰거나 출애굽 사건 직전에 일어나지 않고 그보다 훨씬 더 전에 일어났다는 주장들이다. 이러한 배경에서 시로 이기노 트레비사나토 박사의 역저 『이집트 10가지 재앙의 비밀』이 출간되었다.

이 책에서 트레비사나토 박사는 열 가지 재앙이 두 단계(주전 1602 년, 주전 1600년)에 걸쳐 폭발한 산토리니 화산에 의해 촉발되었으며, 나일 강물을 핏빛으로 물들인 엄청난 양의 화산재가 첫째 재앙을 만들고 두 차례의 폭발로 생긴 화산 구름들과 화산 분출물들이 후속적인 재앙들의 촉매제 역할을 했다고 논증한다. 그는 북부 이집트의 아바리스에 본거지를 둔 힉소스족이 이집트 남부를 정복하려던 시기에 화산 폭발이 일어났으며, 아홉째 재앙을 불러일으킨 두 번째 화산 구름이 결정적으로 이집트에 거주하는 모든 족속들로 하여금 인신 희생제사를 드려서라도 신들의 진노를 달래게 하였고, 그래서 사람의 장자들과 가축들의 초태생들이 죽게 되었다고 주장한다.

트레비사나토 박사는 다양한 고대 문서들과 자료들, 그리고 다양한 분야의 과학적 자료들을 섭렵하여 출애굽기에 기록된 이집트의 열가지 재앙을 인과관계와 발생 순서에 세심한 주의를 기울이며 재구성하고 있다. 이집트에 닥친 열 가지 재앙을 아주 자세하게 재구성한 후 저자는 세 가지 중요한 결론에 이른다. 첫째, 성경의 열 가지 재앙 이야기는 신학적 논지를 주장하기 위해 날조된 허구나 과장이 아니라 역사적·물리화학적 사건들이다. 둘째, 이 열 가지 재앙은 도미노 효과를 일으키는 방식으로 연쇄적이고도 인과적으로 일어난 재앙들이다. 셋째, 이 재앙들은 주전 1602-1600년 중기 청동기시대 에게 해의 산토리니라는 섬에서 일어난 엄청난 화산 폭발로 인한 화산재가 일으킨 직간접의 영향으로 일어났다.

이런 결론을 도출하기 위해서 저자는 화산학과 고생물학 분야 연구 외에도 치밀한 성경 본문 연구를 수행한다. 출애굽기 7-13장과 신명기 28장, 시편 78편과 105편에 기록되어 있는 이집트에 닥친 재앙들에 대한 저자의 다차원적인 연구와 그 결과 구축된 열 가지 재앙 시나리오는 탄탄하다. 이 시나리오를 바탕으로 저자는 성경의 재앙 이야기의 역사적 신빙성과 그 재앙들의 결과로 일어난 출애굽 사건의 역사적 토대를 진지하게 받아들이도록 설득력을 발휘한다. 그리고 그는 다양한 역사적·신화적·고고학적·과학적 자료들을 성경본문 연구에 융합함으로써 히브리 노예들이 어떤 구체적인 상황에서 이집트를 떠날 수 있게 되었는가를 아주 생동감 있게 재구성한다.

몇 가지 질문

저자는 분자생물학자이지만 성경과 고대 근동의 역사와 문헌뿐만 아니라 고대 그리스 및 이집트 문서도 널리 섭렵하고 있다. 그중에서도 두드러지는 것은 고대 그리스 및 고대 근동 신화들에 대한 저자의 해석이다. 이 부분은 참신한 주장이면서도 다소 아쉬움을 남기는 부분이다.

저자는 고대 그리스와 고대 근동의 신화들이 산토리니 화산 폭발에 대한 직접적인 기억과 그것에 대한 재진술을 반영하고 있다고 주장한다. 한갓 신화로 조롱되어서는 안 될 역사적 사건들을 독특한 방식으로 기억하고 표현하는 특수 장르의 문헌이라는 것이다. 이 신화들은 산토리니 화산 폭발 사건의 충격을 고대인들 특유의 방식으로 극화하여 의미를 추출했던 흔적이라는 것이다. 그는 이 신화가 나중에 고전 시대의 그리스 사상가들에 의해 경멸적인 의미의 신들의 이야기, 즉 신화라는 말로 폄하되고 평가절하되었다고 본다.

더 나아가 저자는 고대 그리스 및 고대 근동 신화들이 어떤 점에서 산토리니 화산 폭발의 충격을 기억하고 보존했는지를 증명하기 위해서 신화 주인공들의 독특한 행동들과 신들의 전쟁 장면이 화산 폭발의 전반적인 국면들과 그 파급 효과를 가리키는 것으로 보고 양자 간의 일대일 관련성을 발견하려고 시도했다. 그리스 및 고대 근동 신화에 대한 단편적인 언급이나 인용을 통해 신들의 활동들과 화산 폭발의 여러 단계를 간략하게 비교한 후에, 그 신화들이 산토리니 화산 폭발의 충격을 반영하고 있다고 결론을 내린다.

　　그러나 우리는 이러한 질문을 던질 수 있을 것이다. 신화들이 산토리니 화산 폭발이 아닌 다른 화산 폭발들을 기억하고 있는지 어떻게 확신할 수 있는가? 더 나아가서 화산 폭발이 아니라 다른 천재지변 사태, 즉 운석이나 혜성 충돌, 기상 악화, 전쟁 등의 여러 사태가 신화 형성에 기여했을 수도 있지 않을까? 왜 그리스 신화와 고대 근동 신화들이 굳이 주전 1602-1600년에 일어난 산토리니 화산 폭발 사건과만 연결되어야 하는가? 그렇다면 주전 20세기 이전부터 있었을 가능성이 있는 우파니샤드나 길가메쉬 서사시 전통 등 고대 메소포타미아의 신화나 인도의 신화들, 중국 신화들도 모두 화산 활동의 여파를 기록했다는 말인가? 고대인들의 신화적 세계관을 화산 폭발 하나와만 연결시키는 것이 과연 공평한가? 그리스 신화들과 산토리니 화산을 연결시키는 부분은 훨씬 더 견실하게 논증되어야 할 것이다.

이 책의 특장(特長)과 가치

그럼에도 불구하고 이 책은 구약학자들뿐만 아니라 성경에 관심 있는 일반 독자들에게 흥미롭게 다가갈 재미있는 책이다. 이 책의 첫째 특장은 논리를 전개해가는 방식이 탐정수사 기법이라는 점이다. 열 가지 재앙의 원인을 추적해가는 추리소설 기법의 글쓰기가 독자들의 책읽기를 도와준다. 둘째, 복합적이고 학제적이며 대화적인 연구 방법론이다. 저자는 열 가지 재앙의 역사성 토대를 찾기 위해 다양한 학문 영역을 넘나들며 자료를 모으고 학자들과 토론하여 가설들을 자세히 심승한다. 심지어 자신이 세운 가설도 중간마다 다시 검증해간다. 이 철저한 귀납적·과학적 성경 연구는 성경 본문과 관련되는 역사 문서 등을 대충 읽고 성경을 연구하는 성서학자들에게 세찬 도전과 신선한 자극을 제공한다. 누군가가 저자의 결론에는 시비를 걸 수 있을지 몰라도, 역사적 진실을 찾기 위해 저자가 구사한 그 철저한 귀납적 방법론을 그 누구도 시빗거리로 삼을 수는 없을 것이다.

셋째, 이 책은 다시금 기독교 신앙의 역사적 토대가 얼마나 중요한지를 일깨워준다. 어떤 사람들에게는 이집트의 열 가지 재앙의 역사성 규명이 뭐가 그리 중요하냐고 물을지도 모른다. 역사를 믿는 것이 아니라 말씀의 화육이신 예수 그리스도를 믿는 믿음으로 구원받는다는 교리 때문인지 여전히 일부 성서학자들은 본문의 역사성 규명 작업을 무가치한 일로 여기는 경향을 보여왔다. 그러나 이스라엘이 구체적인 역사 속에서 하나님의 구원과 해방을 경험했고 그 결과 하나님 백성으로서의 자기 정체성을 형성했기에, 기독교 신앙에서 역사는 참으로 중요하다. 구체적인 역사 속에 하나님의 구원 사역이 일어났기 때문이다.

특별히 이집트의 열 가지 재앙 사건과 출애굽은 이스라엘 역사 더 나아가 기독교 구원사의 토대 사건이 아닌가? 이 토대 사건의 역사성을 규명하지 않고도 성경에 기록된 고백이니까 믿어야 하는 진리라고 가르치는 것만으로는 부족하다. 물론 모든 성경 구절의 역사성을 다 규명할 수 있는 것도 아니요, 모든 성경 구절이 역사성을 규명해야만 그것의 계시성과 영감성이 확증되는 것은 아니다. 그러나 어떤 본문은 역사성이 반드시 입증되어야만 하나님의 인격적 사랑과 구원 의지를 생동감 있게 경험할 수 있다는 점도 사실이다. 특히 열 가지 재앙과 출애굽 본문은 역사성이 규명되지 않으면 기독교 신앙이 형이상학적 신념 체계나 가현설로 전락할 위험에 빠지게 된다. 이런 점에서 트레비사나토 박사가 이집트의 열 가지 재앙과 출애굽 사건의 역사적 신빙성을 입증하기 위해 쏟은 학문적 노작(勞作)은 아무리 칭찬해도 지나침이 없다.

마지막으로 이 책은 이제까지 나온 어떤 출애굽 연대 가설보다 종합적이고 귀납적인 가설을 제시하는 듯 보인다. 그동안 열 가지 재앙과 출애굽 구원의 인과관계를 이렇게 치밀하게 연구한 저작은 없었다. 이집트의 열 가지 재앙 사건에 대한 더 설득력 있는 시나리오가 나타날 때까지는 이 책에 나타난 트레비사나토 박사의 재구성 시나리오는 상당한 주목을 받을 것이다.

감사의 말

이 책을 초역하는 데 동참했던 황혜정, 한민아, 김윤경 자매에게 감사드린다. 전문적인 학술서임에도 불구하고 나름대로 최선을 다해준 초역자들에게 고마움을 전한다. 역자는 이들의 초역을 받아 원본을 두 번 읽고 자세히 초역본을 검토하며 번역을 마칠 수 있었다. 작업 과정에서 그림과 지도들을 일일이 사진을 찍고 컴퓨터 그래픽 프로그램을 통해 깔끔하게 정리하여 큰 도움을 준 딸 하은에게 깊이 감사한다. 이 책을 기꺼이 출판해주신 새물결플러스의 김요한 대표와 출간 작업을 진행한 정지영 실장, 정모세 편집장에게도 감사드린다. 이 책을 번역하는 데 결정적인 계기를 만들어주신 숭실대 영문과 전은경 교수님과 기독교학과 박정신 교수님에게도 감사를 표하고 싶다. 오랜 시간 인내로써 이 책의 완역과 출판을 기다려주신 시로 트레비사나토 박사님에게 감사드린다. 끝으로 번역 원고를 최종적으로 정독하여 독자들이 읽기 편한 책이 되도록 교정을 보아준 김윤정 자매에게도 진심으로 고마움을 전한다. 마지막 순간 몇 가지 전문 용어들을 번역하는 데 도움을 준 서울대 자원공학과 박형동 교수님에게 감사드린다.

이 책이 모쪼록 한국 성서학계는 물론이며 구약성경에 관심을 갖는 그리스도인들과 성경을 탐구해보고자 하는 일반 독자들에게도 널리 읽히는 책이 되기를 바란다.

2011년 5월
파주 심학산 산자락에서
역자 김회권

이집트 10가지 재앙의 비밀

고고학, 역사, 과학이 밝혀낸 출애굽의 기적들

Copyright ⓒ 새물결플러스 2011

1쇄발행_ 2011년 6월 1일
2쇄발행_ 2015년 12월 2일

지은이_ 시로 트레비사나토
옮긴이_ 김회권
펴낸이_ 김요한
펴낸곳_ 새물결플러스
편 집_ 왕희광·정인철·최율리·박규준·노재현
       최정호·최경환·한바울·유진·권지성·신준호
디자인_ 이혜린·서린나·송미현
마케팅_ 이승용
총 무_ 김명화·최혜영
영 상_ 최정호

홈페이지 www.hwpbooks.com
이메일 hwpbooks@hwpbooks.com
출판등록 2008년 8월 21일 제2008-24호
주소 (우) 07214 서울특별시 영등포구 양평로 11, 5층(당산동 5가)
전화 02) 2652-3161
팩스 02) 2652-3191

ISBN 978-89-94752-06-8   03230